KB268942

백화점식 내 점포 경영

- 점포개발 연구를 토대로 한 실무 전서

김배한 지음

미래문화사

머리말

이 책은 필자가 신세계 백화점에서 근무할 때 소매업 점포 경영의 난제를 실감하고 이를 해결하기 위해 일본·미국 기타 선진국의 경영을 바탕으로 우리 환경에 맞는 경영 방식을 연구하여 실무에 적용함으로써 얻은 성과를 수록한 것이다.

21세기에 진입하면서 소매업 점포 경영은 심한 경쟁 속에서도 결국 소매업 본연의 위치에 접근하고 있다고 볼 수 있겠다.

그것은 생활자(소비자)의 변화가 소득 증대와 정보의 일반화 현상 등으로 생활욕구의 단계, 생활스테이지의 변화, 생활체계의 변화라는 자연스럽고 단계적인 생활자의 니드 변화와 이에 대한 소매업계의 적극적인 대응으로 생활자의 가치 창출을 보다 더 크게 하고자 하는 노력이 소매업계에 확산되면서 업태의 분화, 시설의 확대, 가격 구조의 개편, 서비스 기준의 변화 등이 눈에 띄게 나타나고 있는 점에서 소매업 본연의 위치 접근이라고 평가할 수 있기 때문이다.

10人 1色과 10人 10色의 단계를 거쳐 1人 10色의 다양한 소비자의 욕구 수용이라는 시장환경 변화와 선진 유통기업의 진출 등으로 소점포업계는 지금까지의 노력과 기획만으로는 변화에 적극적인 대응이 어렵다고 생각한다.

우리는 연일 가격 파괴라는 단어를 맞이하게 되었으며 단순경쟁에 의한 이익 감축의 경쟁 차원에서 이와 같은 변화에 대응한다면 자영업 수준의 점포이거나, 기업형 대규모 소매업에 있어서도 그 결과는 매우 바람직하지 못한 방향으로 이행될 것이다.

미국은 섬유, 직물, 의류 산업계 및 일용잡화 업계는 이미 1985년에 QR(Quick Response) 제도로, 가공식품 업계는 1991년

ECR(Efficient Consumer Response) 제도로 원료산업에서부터 제조업, 도매업, 소매업이 고객의 가치 창출을 더욱 높이기 위해 실로 전산업계가 산업동맹적 차원에서 통일된 제도를 구축하여, 외국의 제품과 경쟁은 물론 보다 더 싼 가격에 양질의 상품을 공급하기 위한 노력을 실시하고 있다.

또 점포간, 기업간 경쟁은 물론 외국 기업과 치열한 경쟁을 해야 하는 업계로서는 새로운 경쟁시스템을 갖추어야 할 필요성이 그 어느 때보다 높아졌다.

필자는 그간 백화점, GMS, 하이퍼마켓, 슈퍼마켓, 전문점 및 종합 건설업과 리조트 산업 분야에서 실무와 경영을 하면서 상업 시설 개발과 운영에 있어 이론적 체계의 바탕이 실무자나 경영층에 있어 상대적으로 부족함을 아쉽게 생각하여 왔었다.

특히 중간 간부 이하에서는 소위 몸으로 부딪치는 사고방식이 강하고 이론과 실무의 병행에 의한 새로움의 창출에 대해서는 특정된 사람들의 영역인 것처럼 인식되어 왔다고 해도 지나친 표현은 아니라고 생각한다.

원가를 인정하지 않는 고객, 동종업계만이 아닌 이 업종과의 경쟁까지 실현되는 무한경쟁시대, 국내 기업간만이 아닌 국제 기업과의 경쟁 상황에서 볼 때 소매업 점포 경영의 기본적 이론을 최하급 직원에서 최고 경영층까지 같은 수준에서 함께 이해함이 경쟁을 위한 조직의 노력을 최소화하는 방법이라고 생각해 왔다.

그것은 원칙을 공통적으로 이해하는 구성원이나 집단인 경우는 컨센서스가 잘 이루어져 점포나 기업의 방향 정립 및 실행에 있어 조직 전체의 응집력이 승수 효과를 나타낼 수 있기 때문이다.

이와 같은 측면에서 충분치는 못하지만 그간의 실무를 통한 경험과 이론, 수많은 해외 견학 및 연수 등을 통한 작은 지식을 나름대로 정리하여 본서를 출간하게 되었다.

내용의 순서는 제1장 매가 · 원가 · 점출차익, 제2장 발주 · 진열 · 재고, 제3장 판매 및 작업, 제4장 매출액 예측 및 목표 달성,

제5장 효율과 작업, 제6장 현상 분석과 대책, 제7장 투자 효율의 타당성 검토, 제8장 QR과 ECR로 정리하였다.

가능한 한 소매업 점포 경영에 있어 필요한 내용을 함께 다루려 했으나 상품별 관리, 진열과 VMD, 레이아웃 등의 분야는 다음 기회로 미루게 됨을 죄송스럽게 생각한다.

또한 최하급 직원에서 최고 경영층까지를 대상 수준으로 정리함으로써 독자에 따라 너무나 구체적으로 기술되어 있는 부분도 있다고 생각할 것이다.

아무쪼록 소매업계에 종사하는 여러분들에게 조금이라도 도움이 되었으면 한다. 아울러 의도가 충분히 전달되지 못하였거나 미진한 부분에 대해서는 계속 연구를 거듭할 것을 약속드린다.

독자 여러분의 끊임없는 지도를 부탁드리며, 끝으로 본서의 출간까지 물심양면에서 협조를 아끼지 않으신 미래문화사 임종대 사장께 심심한 감사를 드린다.

2000년 3월
저자 김배한

차 례

IX. 상품 계획

X. 발주 비용과 재고 유지비

제3장 판매 및 작업

I. 로스(Loss)의 종류와 형태

II. 객수 및 객단가

III. 경쟁점 조사

Ⅳ. 접객 태도와 방법

Ⅴ. 매가환원법

제4장 매출액 예측 및 목표 달성

Ⅰ. 매출액 예산에 영향을 주는 요소

Ⅱ. 간단한 매출액 예측

Ⅲ. 연간 이동 합계치에 의한 단기 예측 ····················· 277

Ⅳ. 계절 변동의 감안 방법

제5장 효율과 작업

Ⅰ. 상품 회전율과 교차주의 비율

Ⅶ. 안정성 분석

Ⅷ. 종합평가와 대책

제7장 투자효율의 타당성 검토

Ⅰ. 투자 효율

Ⅱ. 고정 투자의 계수

매가·원가·점출차익

제1장 매가·원가·점출 차익

I. 매가·원가·점출 차익

1. 매가·원가와 점출 차익과의 관계

가. 용어

1) 매가란 무엇인가

상품을 매입하는 가격(원가)에 상품의 판매를 통하여 고객의 만족에 대한 대가로 예정된 보수(성과) 금액(점출 차익)을 더하여 계산된 금액이다. 고객이 구매하는 가격으로서 엄밀하게 보면 매가는 원가와 무관하며, 가공비나 재료비와도 무관하다.

나. 매가의 종류

1) 정가(定價)

제조업자가 독자의 의지로 결정하여 소매점에 그 가격대로 판매되기를 기대하는 매가를 말하며, 정가는 비교적 경영력이 없는 영세업자라도 충분한 이익을 얻을 수 있도록 배려하는 것이 일반적인 기준이다.

이에 따라 정가를 유지하는 것은 ㉮고객 측에서는 그 이상 싸게 할 수 없음으로 인해 손해가 되며, ㉯점포 측에서도 경영 노력에 의한 보다 싸게 공급되지 않음으로 인해 경영의 합리화가 추진되지 못하는 면이 있다.

따라서 정가는 자유롭고 공정한 경쟁에 의한 원가 절감이 정체되고, 소비자는 부당하게 비싼 가격으로 구매하는 결과가 된다. 소비자의 요구 가격은 소매업자가 고객과의 접점의 위치에 있으므로 가장 잘 이해하고 있는바 소매업자가 제조업자에 대해 소비자의 요구를 대변한 머천다이징을 하지 않는다면 진정한 유통혁명은 이룩될 수 없다.

2) 재판매 가격 유지계약에 의한 가격

주로 의약품 등에 적용되고 있으나 공정거래법상 문제가 되고 있다.

3) 시가

일반의 소매 점포에서 실제로 판매되고 있는 가격을 말한다. 점포별로 경영 노력이나 능력이 다르기 때문에 점포에 따라 가격이 다른 것이 일반적이다.

그러나 소비자 측면에서의 시가는 ㉮ 그 지역에서, ㉯ 그 상품을, ㉰ 가장 많이 판매하는 점포의, ㉱ 매가를 시가라고 할 수 있다.

다. 싸다는 것은 무엇을 말하는가

이 상품의 매가는 비싸다, 혹은 싸다라는 말을 많이 한다. 그런데 싸다, 비싸다라는 말은 원래 비교의 뜻인바 이러한 것엔 비교의 기준이 있어야 한다.

그러면 비교의 기준은 무엇인가? 그것은 바로 시가다.

시가는 대다수 소비자가 구매코자 생각하는 가격인바, 결국 소비자가 인정하는 그 상품의 가치가 된다. 따라서 시가를 결정하는 것은 그 지역에서 그 상품을 가장 많이 취급하는 점포가 되며 우리는 이것을 Price Leader고 부른다. 따라서 싸다는 것은 Price Leader가 결정한 가격보다 쌀 경우에 소비자는 싸다는 감을 느끼게 된다. 소위 시가보다 싼 매가의 경우 그 차액은 소비자가 갖는 이익이 된다. 이럴 때 또한 싸다고 느끼게 된다.

세일상품이란 소비자의 이와 같은 이익을 점포로부터 지정해 놓은 상품을 가리킨다고 보아야 옳다.

라. 점포 측의 착각

점포 측은 매가가 싸다는 것을 매입원가에 대한 점출 차익률을 적게 하는 것이 싼 것으로 생각하는 경우가 많다.

그러나 앞에서 살펴보았듯이 싸다던가, 비싸던가 하는 것은 소비자의 느낌에 따라 결정되는 것이지 점포 측의 느낌은 아닌 것이다.

소비자는 점포가 이익을 남긴다거나 적자가 발생하는 것에 대해 관심이 없다. 그들에겐 시가보다 싼가, 비싼가만이 판단의 기준이 된다. 따라서 매가는 원가와 직접적인 관계가 없다고 할 수 있다.

마. 매가의 결정 방법

매가는 매입원가에 의해 결정되는 것이 아니다. 소비자가 그 상품에 인정하는 가치, 즉 시가에 의해 결정된다. 따라서 매입원가에 어느 일정한 비율의 마진을 감안하여 매가를 결정하는 것은 잘못된 방법이라고 할 수 있다.

점포에서 임의의 매가를 결정하였을 경우 그 상품이 팔리느냐, 안 팔리느냐 하는 것은 시가의 이상이나, 이하냐에 따라 결정된다. 따라서 매입원가에 점출 차익률을 낮게 하여 매가를 결정하는 것을 양심적인 결정으로 생각하는 것은 큰 착각이다. 그러므로 시가의 기준을 이해하여야 한다. 물론 경영을 하는 이상 어느 정도의 이익률은 필요하다. 그러나 그것은 평균 이익률의 개념으로 이해되어야 하며, 개개의 상품에 대해서 무조건적으로 적용되어서는 안된다.

개개의 상품에 대한 매가는 시가에 의해 결정되어야 한다. 이익은 매입원가에 중첩되는 것이 아니라 타동적인, 즉 매가에서 차인되어 결정되어지는 것으로 생각하여야 한다.

따라서 이익률이 다른 상품을 어떻게 조합하여 판매할 것인가와 이에 따른 필요한 이익을 어떻게 확보할 것인가가 문제가 된다.

바. 매가의 변화

매가는 항상 변화한다. 동일한 상품에 있어서도 상품에 대한 고객의 가치가 떨어지면 상대적으로 매가가 떨어지고 반대의 경우 상승하게 된다.

예를 들어, 생선식품과 같이 시시각각 선도가 저하되어 가치가 떨어지는 경우 최초의 매가가 싸다 할지라도 시간의 경과에 따라 그 가격 자체로는 매가가 비싸게 느껴지게 된다.

유행 상품이나 계절 상품도 이와 같은 패턴에서 이해되어야 한다.

예를 들어, 새차 상태로 보존이 되었다 하더라도 해가 지나면 가치가 떨어지게 된다. 사람이나 물건을 운반하는 데 있어서는 아무런 변화가 없음에도 불구하고 가치는 떨어지게 된다. 상품의 상태가 일부 손상된 경우는 말할 필요도 없다.

사. 매가는 타동적이다

매가는 항상 변한다. 소비자가 인정하는 그 상품의 가치, 즉 시가보다 싸게 책정된 매가라도 타경쟁점에서 그 이상 싸게 할 경우에는 시가가 변화하므로 결과적으로 그 점포의 매가는 높은 것이 된다. 이와 같은 시가의 변화를 항상 조사하지 않게 되면 자신만이 싸게 공급한다는 착각 속에 소비자는 가격이 비싼 점포라는 인상을 갖게 되므로 깊은 주의가 요구된다.

이와 같이 매가는 전적으로 타동적인 성격을 갖고 있다. 언제나 자동적이 되기 위해서는 ①그 지역에서, ②그 상품에 대하여, ③다른 곳보다도 가장 많이 팔 수 있는 점포가 되는 것이 필요하다.

이것을 단품의 지역 제패라 한다. 여기서 주의하여야 할 것은 보다 가장 많이 판매한다는 것은, 점포 전체 매출액 기준이 아닌 어느 단품에 대해서 적용되어야 하는 것이다.

따라서 작은 규모의 점포일지라도 어느 상품에 대해서는 단품 지역 제패의 Price Leader가 될 수 있는 것이다.

소위, 다량 판매가 아닌 대량 판매가 되어야 한다.

아. 매가 가격표 변경

매가가 변하게 되면 그 사실을 즉시 고객에게 알려야 한다. 구체적인 방법은 가격표의 변경 부착이다.

고객은 가격표 이외에는 상품 가격을 확인할 방법이 없다.

따라서 매가를 인하하여 소비자에게 매가가 싸다는 인식을 하게 함으로써 구매로 연결시키려는 의도가 점포에서 가격표 변경이 즉시 이루어지지 않으면 그 상품이 설사 싸다 하더라도 판매 전략상 차질이 생기게 된다.

일반적으로 대형 점포에서도 매가 변경의 조치가 때때로 정확하게 이루어지지 않는 경우가 많다. 매가 변경의 전달 시스템에 대해 깊은 주의가 요구된다. 매가 변경의 지연, 오류 등을 방지하기 위해서는,

① 매가 변경이 요구되는 상품과 동일한 것인가의 확인

② 매가 변경상품 수량의 확인

③ 매가 변경 전 금액과 변경 후 금액의 확인

④ 매가 변경 전표를 발행하여 확실한 기록의 유지 등이 필요하다.

이와 같은 절차를 확실하게 하지 않을 경우 차후 상품 로스 계산 등에 영향을 주게 된다.

2. 점출 차익률(店出差益率)과 매출 이익률

가. 점출 차익

점출 차익은 매가에서 매입원가를 제한 나머지로서 매가 결정시 최초로 예정된 매매 이익을 말한다. 따라서 매가에 대한 점출 차익의 비율을 점출 차익률이라 한다.

$$\cdot \frac{점출 \ 차익}{매 \quad 가} = 점출 \ 차익률$$

점출 차익은 상품의 판매를 통한 고객의 만족 대가로 예정된 금액이며, 또한 고객의 만족을 통한 보수(성과)로서 얻는 예정 금액이다.

점출 차익 및 점출 차익률을 계산하는 경우에는 2가지로 검토할 수 있다.

1) 단품별 적용 경우

예를 들면, 80원에 매입된 상품을 100원으로 매가를 결정코자 할 경우 점출 차익액은 20원이고 점출 차익률은 20%가 된다.

2) 상품 그룹 별로 적용 경우

예를 들어 아래 표와 같은 경우이다.

⟨표 1-1⟩

품명	수량	매 입		판 매		점출차익	점출차익률 (%)
		원가	매입원가	매가	판매예정가		
A	40	100	4,000	120	4,800	800	16.7
B	20	90	1,800	100	2,000	200	10.0
C	40	50	2,000	60	2,400	400	16.7
D	10	120	1,200	160	1,600	400	25.0
E	60	70	4,200	80	4,800	600	12.5
F	30	60	1,800	80	2,400	600	25.0
G	50	100	5,000	140	7,000	2,000	28.6
합계	250	80	20,000	100	25,000	5,000	20.0

표상의 상품 A는 수량 40개, 매입 단가 100원이다. 따라서 매입 금액은 4,000원, 매가 120원에 판매 예정가는 4,800원으로 판매 예정 금액에서 매입 금액의 차를 뺀 점출 차익은 800원이며 점출 차익률은 16.7%가 된다.

매입 단가에 매입 수량을 곱한 것에 대한 원가를 매입 원가, 판매 예정가를 매입 매가라고 한다.

따라서 매입 매가라는 것은 매입된 상품이 매가 인상, 매가 인하, 폐기, 로스 등의 요인 없이 매입시에 결정된 매가로 100% 그대로 판매되었을 때의 매출액을 말한다.

이와 같이 단품의 경우와 수량을 곱한 동일그룹 상품에 대해서 특별히 구분하는 것은 다음 표와 같은 용어의 구분 사용을 위해 필요하다.

⟨표 1-2⟩

단품	매가	원가	점출차익	점출차익률
동일그룹상품	매입매가	매입원가	점출차익계	평균점출차익률

나. 점출 차익률의 공식

- $\dfrac{\text{점출 차익}}{\text{매 가}} = \text{점출 차익률}$ ·· ①

- 점출 차익＝매가－원가 ·· ②

  ①식에 ②를 대입하면

- $\dfrac{\text{매가－원가}}{\text{매가}} = \text{점출 차익률}$ ··· ③

- $1 - \dfrac{\text{원가}}{\text{매가}} = \text{점출 차익률}$ ··· ④

- $1 - \text{점출 차익률} = \dfrac{\text{원가}}{\text{매가}}$ ··· ⑤

- $\text{매가} = \dfrac{\text{원가}}{1 - \text{점출 차익률}}$ ·· ⑥

- 원가＝매가(1－점출 차익률) ·· ⑦

어느 원가에 대해 희망하는 점출 차익률에 의한 매가를 구하고자 할 경우에는 ⑥번 식을 사용하면 된다.

예를 들어, 원가 80원의 상품에 대해 20%의 점출 차익률을 적용하는 매가를 구하고자 할 경우에는,

$$\text{매가} = \frac{\text{원가}}{1 - \text{점출 차익률}} = \frac{80원}{1 - 0.2} = 100원$$

즉 매가는 100원이 된다.

또한 주변 시가를 기준으로 한 매가가 결정되고 희망하는 점출 차익률을 적용할 때 구하고자 하는 원가산출 방식은 공식 ⑦을 적용하면 된다.

- 원가＝매가(1－점출 차익률)

예를 들어 매가 200원에 점출 차익률 25%를 희망하는 경우 희망 원가를 계산하면 다음과 같다.

- 원가＝200원×(1－0.25)＝150원

다. 로스는 합계로 계산한다

점출 차익은 실현하고자 하는 매매이익이다. 그러나 현실적으로 점출 차익 그 자체가 매매이익으로서 실현되는 경우는 거의 없다. 그것은 판매 과정에 있어서 매가의 변경, 즉 인상, 인하 또는 로스 등의 요인으로 점출 차익이 변경되기 때문이다.

어떤 특정 단품에 대해 점출 차익에 매가 인상이나 인하에 의한 매가 변경 폭을 가감하게 되면 매출이익이 된다. 그러나 하나의 단품일지라도 판매 수량이 많은 경우에는 그 판매 과정에서 필히 로스가 발생하게 된다.

그러나 그 로스의 발생 순간에 로스의 확인은 현실적으로 불가능하다. 로스가 발생된 상품은 그 상품의 매가에 손실이 발생된다. 로스의 크기는 개개 상품의 로스 순간에 파악되지 않고 나중에 역산에 의해 결과적으로 매출액 부족이라는 형태로 나타나게 된다. 이것을 도표화하여 보면 다음과 같다.

〈표 1-3〉

매입매가(판매예정가)			
매입원가	점출차익 합계		매가 인상
예정　　(순)매출이익		매가 인하	
실제　　(순)매출이익	로스		

라. 순매출 이익

〈표 1-3〉에서 보듯이 점출 차익 합계에서 매가 인상, 인하 또는 로스를 뺀 실제 실현된 매출 이익액을 순 매출 이익액이라 한다. 따라서 점출 차익과 매출 이익은 엄밀하게 구분하여 사용하여야 한다. 오랫동안 소매업을 영위한 사람들도 점출 차익과 매출 이익을 동일시하는 경향이 있는데 이것은 잘못된 것이다.

마. 상품 로스의 계산

상품 로스를 개개의 단품에 대해 조사하는 것은 단품별로 상세한 매출 기록을 하지 않으면 불가능하다. 따라서 통상적으로 부문별(상품 그룹)로 계산한다.

또한 어느 일정 기간에 매입된 상품이 전부 점출 차익 기준에 의한 매가로 판매되는 경우가 거의 없으므로 현실적으로 기수 및 기말재고액을 기준으로 하지 않으면 안된다.

그리고 동일 기업 내의 점포간 및 동일 점포 내의 부문간 계정 대체도 고려되어야 한다.

이것을 도표로 설명하면 다음과 같다.

〈표 1-4〉

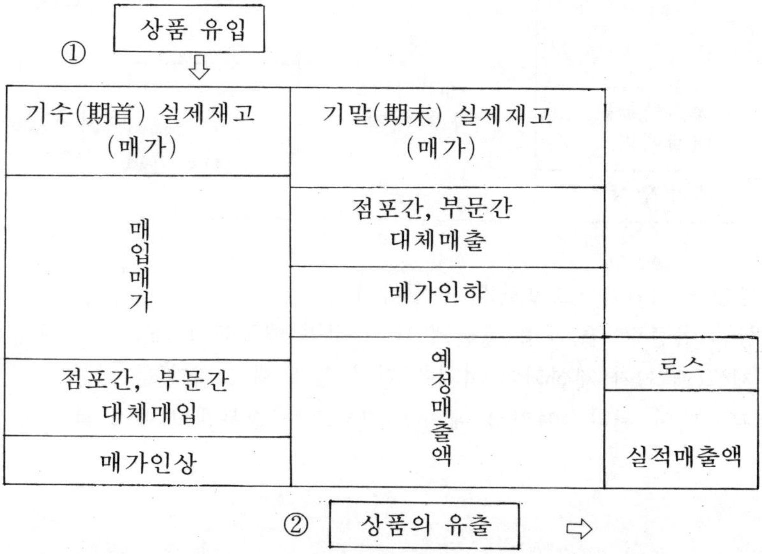

① 상품 유입	
기수(期首) 실제재고 (매가)	기말(期末) 실제재고 (매가)
매입매가	점포간, 부문간 대체매출
	매가인하
점포간, 부문간 대체매입	예정매출액 / 로스
매가인상	실적매출액

② 상품의 유출 ⇨

상기 표는 전체의 상품을 매가로 평가하여 계산한 것이다.

①상품의 유입

기수 실제재고 매가는 전기(前期)에서 당기(當期)에 유입된 것이다. 이러한 기수재고에 매입매가, 점포간·부문간, 대체매입 및 매가 인상의 합계액이다.

②상품의 유출

기말 실제재고는 당기에서 차기(次期)로 유출되는 것이다. 기업 내 타점포로 불출된 상품 매가 및 동일 점포 내의 타부분으로 불출된 상품 매가, 매가 인하 등의 소계를 ①에서 설명한 유입상품 매가 합계액에서 공제한 것이 예정된 매출액이며, 예정된 매출액에서 실제 판매된 실적 매출액을 공제한 나머지 금액이 상품 로스액이다.

〈표 1-5〉

① 상품 유입

기수 실제 재고(매가)	점포, 부문간 대체매출	
매입매가	매가인하	
	실적 매출액	
점포, 부문간 대체매입	예정기말 재고(매가)	로스
매가 인상		기말 실제 재고(매가)

② 상품의 유출

㉮ 상품 유입란은 〈표 1-5〉와 동일하며,

㉯ 상품 유출란 중 예정 매출액 대신 실적 매출액이 계산되어 예정 기말 재고(매가)가 계산되어 여기에 기말 실제 재고(매가)를 제한 것이 상품 로스액이 된다. 여기서 예정 기말재고는 장부재고(매가)를 말한

다.

〈표 1-4〉와 〈표 1-5〉는 결과적으로 동일한 내용인 셈이다. 그러나 실무적으로는 〈표 1-5〉를 사용하는 것이 좋다. 왜냐하면, 장부재고는 항상 산출이 가능하며, 또한 언제든 실제재고를 파악하면 로스의 계산이 되기 때문이다.

바. 원가에 의한 상품의 흐름

〈표 1-6〉

상품의 유입

기수 실제재고 원가	기말 실제재고 원가		
매입원가	점포, 부문간 대체매출	로스	로스
	매출원가	매출이익	실적매출액
점포, 부문간 대체매입		매출원가	

상품의 유출 →

〈표 1-6〉은 상품의 흐름을 원가 측면에서 검토한 것이다. 원가의 경우 매가 인상이나 매가 인하에 대한 문제는 없다. 또한 예정 매출 원가가 아닌 원가의 경우는 매출 원가 그 자체가 된다. 상품 로스는 손실된 매출액이 되며, 손실된 매출 이익이 된다.

경비의 변동이 없이 순이익의 손실로 직결되므로 로스의 퇴치는 매우 중요한 경영 요소이다.

사. 상품 흐름에 있어서 매가와 원가

⟨표 1-7⟩

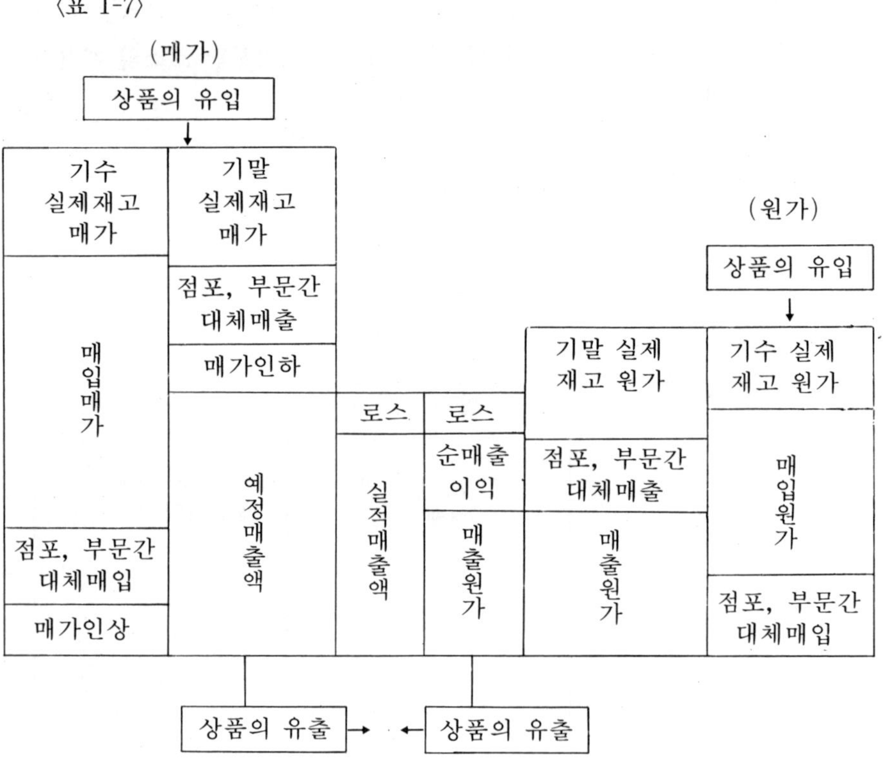

3. 점출 차익 계산 방식

가. 계산 방식

문제를 간단하게 하기 위해 기수 및 기말의 상품 재고액의 증감 및 점포간 또는 부문간 상품 이동이 없는 것으로 가정할 때 다음과 같은 산식이 성립된다.

- 매입 매가＋매가 인상－매가 인하＝예정 매출액 ·················· ①
- 매입 매가＝매입 원가＋점출 차익 ························· ②

  ②식을 ①식에 대입하면,

- 매입 원가＋점출 차익＋매가 인상－매가 인하＝예정 매출액 ········· ③

  양 변에서 로스액을 공제하면,

- 매입 원가＋점출 차익＋매가 인상－매가 인하－로스액

  ＝예정 매출액－로스액 ····························· ④

- 예정 매출액－로스액＝실적 매출액 ······················ ⑤

  ⑤식을 ④식에 대입하면,

- 매입 원가＋점출 차익＋매가 인상－매가 인하－로스액

  ＝실적 매출액 ······························· ⑥

  좌변의 매입 원가를 우변으로 옮기면,

- 점출 차익＋매가 인상－매가 인하－로스액＝실적 매출액

  －매입 원가 ······························· ⑦

이 경우 재고 및 상품 이동의 증감이 없다면 매입 원가는 그 자체가 매출 원가와 같게 된다.

- 실적 매출액－매출 원가＝순매출 이익 ···················· ⑧

  ⑧식을 ⑦식에 대입하면,

- 점출 차익＋매가 인상－매가 인하－로스액＝순매출 이익 ··········· ⑨

나. 매출 대비율의 계산

⑨식의 양 변을 매출액으로 나누면 다음 공식이 성립된다.

- 점출 차익률＋매가 인상률－매가 인하율－로스율

  ＝순매출 이익률 ······························ ⑩

여기서 문제는 예정 매출액으로 나눌 것인지, 아니면 실적 매출액으로 나눌 것인지의 검토가 필요하다. 일반적으로 순매출 이익률의 경우에는 순매출 이익을 실적 매출액으로 나누어 계산한다. 로스율을 계산할 경우도 일반적으로 실적 매출액으로 한다. 따라서 ⑩식을 순매출 이

익률을 중심으로 검토하면 실적 매출액으로 나누는 것이 편리하다.

그러나 매가 결정을 위해서는 예정매출액으로 나누는 것이 정확하다. 사실 어느 것으로 하여도 크게 문제가 되지 않으나 실적 매출액으로 나눌 경우 이론적으로 다소 이견이 있을 수 있다. 그러나 그 오차는 그다지 문제가 되지 않는다.

예를 들어 점출 차익률을 계산할 경우 예정 매출액과 실적 매출액으로 나누는 경우의 차이를 검토해 보면 다음과 같다.

예정 매출액을 S, 점출 차익액을 M, 상품 로스액을 R이라고 할 때 실적 매출액=S−R이다.

양자의 차이는 $\dfrac{M}{S-R} - \dfrac{M}{S} = \dfrac{SM-SM+RM}{S(S-R)} = \dfrac{RM}{S(S-R)} = \dfrac{M}{S} \times \dfrac{R}{(S-R)}$ 이다.

$\dfrac{M}{S}$(점출 차익률)을 20%, R(로스액)을 2%로 한 경우 상기 오차는 $\dfrac{M}{S} \times \dfrac{R}{S-R} = \dfrac{20}{100} \times \dfrac{2}{100-2} = \dfrac{40}{9,800} ≒ 0.004$로 0.4%가 된다.

그리고 $\dfrac{M}{S}$=15%, R=1%인 경우는 0.15%가 된다.

$$\cdot \text{순매출 이익률} = \dfrac{\text{점출 차익}+\text{매가 인상액}-\text{매가 인하액}-\text{로스액}}{\text{당초 매가}+\text{매가 인상액}-\text{매가 인하액}-\text{로스액}}$$

$$= 1-\text{원가율} \quad \text{⑪}$$

다. 상품 로스는 매가 기준이다

앞에서 설명한 바와 같이 상품 로스액은 손실된 매가이며 매출액이 된다. 따라서 상품 로스액은 원칙적으로 매가로 계산되어야 하며 원가로 계산되어서는 안된다.

그러나 어떤 경우에는 상품 로스액을 매출 원가의 일부로 생각하여서, 본래의 매출 원가에 가산하여 예정 매출액에서 차인하여 순매출 이익을 계산하는 경우가 있다. 이 산식을 보면 다음과 같다.

- 예정 매출액—(매출 원가＋로스액)＝순매출 이익
  (예정 매출액—로스액)—매출 원가＝순매출 이익

이 경우 매가 변경은 관계가 없으므로 고려하지 않는다. 상품 로스액을 매가로 검토할 것인가, 원가로 검토할 것인가에 대해 하나의 문제를 제기하면, 도자기를 생산하는 사람이 열심히 생산한 도자기를 판매 중 한 개를 떨어뜨려 깨졌다고 한다면 이때의 손실은 얼마가 되는가?

그 도자기의 매가는 2,000원이고 원가는 1,000원이라고 할 때 손실 금액의 해답은 2가지로 보아야 한다.

즉 판매 물량이 품절되어 깨진 도자기를 판매할 수 없게 된 경우 손실은 2,000원이 되고, 재고가 언제나 남아도는 경우의 손실은 원가인 1,000원이 된다.

상품의 특성에 따라 2가지 중 하나를 선택할 수 있겠으나 소매업에서는 모두 매가를 기준으로 하고 있는 실정이다.

4. 매가의 끝숫자

가. 매가의 단수

화폐 단위가 1원까지 되어 있으나 1원이나 5원짜리는 금융기관의 이자 계산 또는 국세·지방세 등 세금 계산에서나 볼 수 있으며, 매가 기준은 최하가 10원 단위이며 대개는 100원 단위로 사용한다. 약간 고가이면 천원 또는 만원 단위의 매가 단위 기준이 적용되기도 한다.

그러나 소매업에서 단품 1개당 순매출 이익은 매우 작은 수준이며 특히 식품이나 일용 잡화의 경우는 순매출 이익의 폭이 매우 낮은 실정이다. 이와 같이 낮은 순매출 이익으로 인해 매가를 결정할 때 단수를 절상할 것이냐, 절하할 것이냐의 결정에 따라 순매출 이익에 차이가 발생하게 된다.

예를 들어, 개당 240원에 매입되는 상품에 20%의 마진을 붙여 매가를 결정한 경우(240원×1.2＝288원의 매가가 되기 위해서는 점출 차익률 16.66%가 적용되어 240÷0.8334＝287^{97}원≒288원) 단수 8원을 절상할 것인가,

절하할 것인가에 따라 이익률은 매우 큰 차이가 발생한다.

〈표 1-8〉

		매가	점출차익	점출차익률	차이
288원	절상	290원	50원	17.24%	2.95%
	절하	280원	40원	14.29%	

절상, 절하에 따라 상기의 예에서 점출 차익률이 2.95%의 차이가 난다.

현실적으로도 매가가 290원이면 판매가 매우 부진하고 280원이면 전량 매진되는 형태의 예는 별로 없을 것으로 생각한다. 이 경우 매가 인상이나 매가 인하가 없고 로스는 동일하다고 보면 그 자체가 순매출 이익의 차이가 된다.

또한 이 상품을 1개 판매하는 데 투입되는 변동 경비가 20원이라고 한다면 1개당 한계 이익(순매출 이익에서 변동 경비를 제한 금액)의 차이는 다음과 같다.

〈표 1-9〉

	점출차익(순매출이익)	변동경비	한계이익	한계이익률 차이
절상	50원	20원	30원	10.34%
절하	40원	20원	20원	7.14% 3.2%

한계 이익률의 차이가 크게 벌어진 것을 알 수 있다. 결국 절하한 경우는 절상한 경우보다 25% 이상의 매출이 신장되어야 순매출 이익의 동일 영향을 받게 됨을 알 수 있다.

현실적으로 업계에서는 5의 숫자를 기준으로 이상은 절상, 이하는 절하를 하고 있으나 이익은 수학적 계산만을 위한 것이 아니므로 일률적인 기준의 절상, 절하가 아닌 시가와 필요 이익 등을 감안한 사내 기준을 수립할 필요가 있다.

나. 숫자의 이미지(단수)

모든 상품에는 매가가 있다. 자동차에서부터 라면까지 크든 작든 각각의 매가에 따라 '싸다'라는 느낌을 주려는 노력을 하고 있다.

매가의 숫자는 다음과 같은 일반적인 원칙이 있다. 제 1 의 원칙은 숫자에 따라 이미지가 다르다는 것이다. 숫자는 0에서 9까지 10가지밖에 없다.

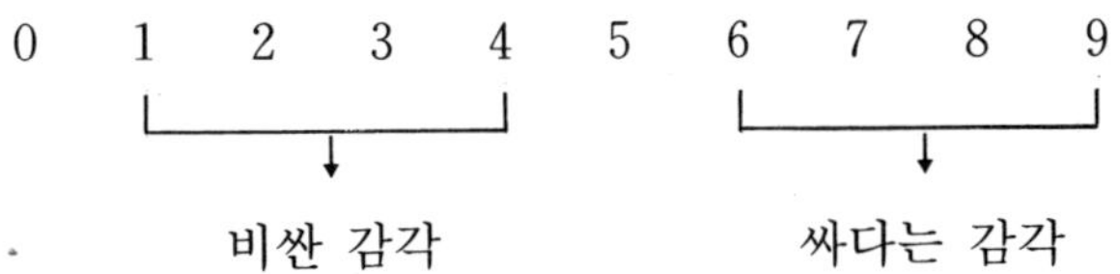

상기 10가지 숫자 중 0과 5는 비교적 중간적인 이미지를 갖고 있다. 그러나 1에서 4까지는 비교적 비싸다는 느낌을 받고, 6에서 9까지는 비교적 싸다는 느낌을 받는다.

예를 들어 101원과 99원은 사실상 2원밖에 차이가 나지 않지만 이미지로서는 그 이상의 차이를 느끼게 된다. 매가를 결정할 경우 될 수 있는 한 최후의 숫자가 6에서 9까지의 숫자로 끝나는 것이 1에서 4까지 끝나는 것보다 판매 효율상 좋다.

〈표 1-10〉단수 숫자 빈도

시어즈로벅			
단수숫자	빈도	%	
0	18	10.2	
1	—	—	
2	1	0.4	
3	2	1.2	2.8
4	2	1.2	
5	2	1.2	
6	4	2.3	
7	32	18.2	
8	88	50.0	85.8
9	27	15.3	
계	176	100	

〈표 1-11〉

몽고메리워드			
단수숫자	빈도	%	
0	22	13.4	
1	—	—	
2	—	—	
3	4	2.4	15.8
4	22	13.4	
5	1	0.7	
6	13	7.9	
7	10	6.1	
8	59	36.0	70.1
9	33	20.1	
계	164	100	

〈표 1-12〉

일본 어느 수퍼마켓			
단수숫자	빈도	%	
0	87	17.4	
1	17	3.4	
2	31	4.2	}26.2
3	61	12.2	
4	32	6.4	
5	110	22.0	
6	32	6.4	
7	29	5.8	}32.4
8	71	14.2	
9	30	6.0	
계	500	100	

상기 숫자의 통계적 근거 및 절대성을 주장할 수는 없으나 편의품에 비해 선매품에 대한 단수의 조정이 깊게 검토됨을 느낄 수 있으며 수퍼 마켓 등과 같은 편의품의 경우는 의도적 조작이 상대적으로 적음을 알 수 있다.

이것은 점출 차익의 대소에 따라 단수 조작으로 인한 영향도가 그 원 인으로 생각되며 9의 사용 빈도가 9의 개념보다 약한 것은 9라는 숫자 가 싸다는 이미지를 약하게 하는 느낌과 8이 9보다 눈에 잘 띄는 것도 이유인 것 같다.

다. 연속된 숫자의 이미지

제2의 원칙은 매가의 끝숫자 부분을 같은 숫자로 병렬시키는 것이 보다 강한 인상을 주게 된다.

예) 850원   880원

순간적으로 볼 경우 880원이 850원 쪽보다 강한 인상을 준다.
같은 규모의 매가이나 30원의 차이는 약 3.5%에 해당된다. 이것은

순매출 이익면에서는 매우 큰 차이가 된다. 그러나 850원이라고 판매가
잘 되고 880원이라고 판매가 잘 되지 않는 상품은 그리 많지 않다.

⟨표 1-13⟩

시어즈로벅			
연속두자리숫자	빈도	%	
00	17	9.7	
11	—	—	
22	1	0.6	
33	2	1.1	2.8
44	2	1.1	
55	—	—	
66	3	1.7	
77	2	1.1	
88	83	47.2	64.2
99	25	14.2	
소계	135	76.7	
기타	41	23.3	
계	176	100	

⟨표 1-14⟩

몽고메리워드			
연속두자리숫자	빈도	%	
00	20	12.2	
11	—	—	
22	—	—	
33	4	2.4	7.3
44	8	4.9	
55	—	—	
66	13	7.9	
77	3	1.8	
88	53	32.3	61.5
99	32	19.5	
소계	133	81.0	
기타	27	19.0	
계	160	100	

⟨표 1-13⟩과 ⟨표 1-14⟩에서 보듯이 연속된 숫자의 대부분이 66에서 99
사이에 집중되어 있음을 알 수 있다.

라. 한계 이익의 비교

이상과 같은 원칙에 따라 숫자의 이미지를 고려하여 매가를 결정할
필요가 있다. 앞에서 본 바와 같이 850원에서 880원으로 변경하는 것은
용이하나 반대로 필요 점출 차익률을 고려하여 계산 결과가 900원이 되
었을 경우 어떻게 하는 것이 좋겠는가.
900원보다는 880원이 싸다는 이미지를 갖는 것은 확실하나 20원의 손
실이 검토된다. 이 20원은 순매출 이익에 해당되는 것이다. 이와 같은
경우 예를 들어 이 상품의 원가가 650원이라고 하면,

⟨표 1-15⟩

매　　가	점출차익	점출차익률	차이
900원	250원	27.78%	
880원	230원	26.14%	1.64%

이 상품의 1개당 변동 경비를 100원으로 하면 한계 이익은,

⟨표 1-16⟩

매　가	점출차익	한계이익	%	차　이
900원	250원	150원	16.67%	
880원	230원	130원	14.78%	1.89%

따라서 매가 880원의 경우 매가 900원에 비해 ($\frac{150}{130}=1.1516$) 약 15.2% 이상 추가 판매가 이루어진다면 880원이 매가로서 더 효과적이라 할 수 있다.

결국 한 개당 한계 이익의 비교에 의해 결정될 문제이다. 이러한 차원의 검토하에 매가를 결정함이 매우 중요하고 바람직하다고 하겠다.

5. 번들 세일(Bundle Sale)

가. 번들 세일이란

번들 세일은 복수 이상의 수량을 묶음 단위로 판매하는 것을 말하며, 통상적으로 낱개 판매시보다 할인 판매를 하는 것이 일반적 관행이다.

나. 번들 세일의 이익률

원가 70원, 매가 100원의 상품이 있다고 할 때 5개 묶음을 판매시 20%를 할인하여 판매하는 경우와, 매가는 5개 가격을 받고 수량을 한 개 추가하여 6개 묶음으로 판매하는 경우 어느쪽이 득이 되는가를 검토하여 보자. (이 경우 매가 인상, 매가 인하, 로스는 없다고 가정함.)

① 5개 묶음을 20% 할인 판매하는 경우,

- 매출액＝100원×(1−0.2)×5개＝80원×5개＝400원
- 매출원가＝70원×5개＝350원
- 순매출 이익＝400원−350원＝50원
- 순매출 이익률＝$\dfrac{50원}{400원}$×100%＝12.5%

② 6개 묶음에서 1개를 무료로 서비스하여 판매하는 경우,

- 매출액＝100원×5개＝500원
- 매출 원가＝70원×6개＝420원
- 순매출 이익＝500원−420원＝80원
- 순매출 이익률＝$\dfrac{80원}{500원}$×100%＝16%

즉 1개를 무료 서비스하는 것이 금액으로는 80원−50원＝30원이 되어 30원의 이익 차이가 발생되며 순매출 이익률은 16%−12.5%＝3.5%로 3.5%의 이익률 차이가 발생한다.

순간적으로 생각하기에는 비슷한 비율일 것으로 생각될 수 있으나 실제로는 큰 차이가 발생하게 된다. 물론 이 3.5%라는 순매출 이익률의 차이는 경비의 변화가 없으므로 그것은 순이익률의 차이로 나타나게 된다.

또 한 개를 사면 한 개를 서비스로 무료 제공하는 것과 한 개를 구입하면 50%를 할인하여 주는 경우 어느 것이 더 득이 되는가를 검토해 보자.

a개를 사면 b개를 서비스하고 a개를 사면 $\dfrac{b}{a}$ 할인하는 경우의 순매출 이익의 차와 순매출 이익률의 차이를 나타내는 일반식을 만들면 다음과 같다. (여기서 매가를 P, 원가를 c라고 가정한다.)

① a개를 사면 b개를 서비스하는 경우,

- 매출액＝Pa
- 매출 원가＝c(a+b)
- 순매출 이익＝Pa−c(a+b)

② a개를 사면 $\dfrac{b}{a}$ 할인하여 주는 경우,

- 매출액 $=Pa(1-\dfrac{b}{a})$

- 매출 원가 $=Ca$

- 순매출 이익 $=Pa(1-\dfrac{b}{a})-Ca$

따라서 순매출 이익의 양자의 차이는,

- 순매출 이익의 차액 $=\{Pa-c(a+b)\}-\{Pa(1-\dfrac{b}{a})-ca\}$

$=Pa-ca-cb-Pa+Pb+Ca=Pb-bc=b(p-c)$ ···· 순매출 이익의 차

즉 1개당 순매출 이익에 서비스 갯수를 곱한 것이 된다.

- 순매출 이익률의 차이 $=\dfrac{Pa-(a+b)C}{Pa}-\dfrac{Pa(1-\dfrac{b}{a})-ca}{Pa(1-\dfrac{b}{a})}$

$=1-\dfrac{(a+b)c}{Pa}-1+\dfrac{Ca}{Pa-Pb}=\dfrac{Ca}{P(a-b)}-\dfrac{(a+b)C}{Pa}$

$=\dfrac{Ca^2-C(a+b)(a-b)}{Pa(a-b)}=\dfrac{Ca^2-C(a^2-b^2)}{Pa(a-b)}$

$=\dfrac{Ca^2-Ca^2+Cb^2}{Pa(a-b)}=\dfrac{Cb^2}{Pa(a-b)}=\dfrac{C}{P}\times\dfrac{b^2}{a(a-b)}$

$\dfrac{C}{P}$, 즉 원가율인 (1-순매출 이익률)에 $\dfrac{b^2}{a(a-b)}$ 를 곱한 것만큼 순매출

이익률의 차이가 발생한다.

앞의 일반공식에 앞의 사례의 숫자를 대입하여 보면 a=5, b=1, P =100원, C=70원이었으므로,

- 순매출 이익의 차이는
    $b(P-C)=1\times(100원-70원)=30원$
- 순매출 이익률의 차이는
    $\dfrac{C}{P}\times\dfrac{b^2}{a(a-b)}=\dfrac{70원}{100원}\times\dfrac{1^2}{5(5-1)}=0.7\times\dfrac{1}{20}=0.035$가 된다.

다. 매입의 경우는 반대현상 발생

지금까지 검토한 것은 어디까지나 판매 차원에서 검토된 손익 개념이며 사는 입장 즉 상품을 매입하는 경우에는 수량으로 서비스를 받고 매입하는 것이 손해가 된다.

따라서 매입할 경우는 할인하여 매입을 판매할 경우는 수량 서비스에 의한 판매가 가장 큰 이익이 된다는 것을 명심하여야 한다.

라. 한계이익 차원에서 검토

어느 상품의 원가가 20원, 매가는 25원, 1회 판매에 따른 변동비는 2원이라 할 때 이 상품을 1개씩 판매하는 경우와 2개를 하나로 묶어 1원을 할인하여 판매하는 경우 어느쪽이 더 많은 이윤을 남기겠는가?

① 1개씩 2회에 걸쳐 판매되는 경우
　　매출액＝25원×2＝50원
　　매출 원가＝20원×2＝40원
　　순매출 이익＝50원－40원＝10원
　　변동비＝2원×2회＝4원
　　한계이익＝순매출 이익－변동 경비＝10원－4원＝6원

② 2개를 1조로 하여 1원 할인하여 한번에 판매하는 경우
　　매출액＝25원×2개－1원＝49원
　　매출 원가＝20원×2개＝40원
　　순매출 이익＝49원－40원＝9원
　　변동비＝2원
　　한계이익＝9원－2원＝7원

즉 2개를 1조로 하여 1원 인하하여 한번에 파는 것이 더 많은 이윤이 남게 된다.

2개의 상품을 한번에 파는 경우와 1개씩 판매하는 경우 변동비에 차

이가 있겠느냐에 의문이 있을 수 있으나 엄밀히 따지고 보면 다소 차이가 있다. 그러나 경우에 따라서는 무시하여도 괜찮은 경우도 있다.

마. 특매품은 번들 세일이 원칙이다

앞에서 본 바와 같이 한계이익 차원에서 보면, 매가는 1개당 판매시보다 번들 세일의 경우가 싸게 될지라도 변동비가 절약되므로 결과적으로 한계이익에 있어서는 큰 차이가 없게 된다.

매가를 싸게 하더라도 수량이 대량으로 취급되면 그 상품의 한계이익의 합계는 1개씩 판매시보다 크다는 것을 알 수 있다.

따라서 특매품의 경우는 필히 이러한 법칙을 적용할 필요가 있다. 특히 곤도라 엔드에 대량 진열하는 특매품의 경우는 가능한 한 번들 세일의 진열이 바람직하다. 미국의 수퍼마켓에서는 일반적으로 곤도라 엔드의 특매품은 번들세일을 한다.

- 2개에 99원(1개는 50원)
- 3개는 97원(1개는 35원) 등과 같이 번들 세일의 매가는 기수(奇數)가 많은 것이 특징이다.

제 2 장

발주·진열·재고

제2장 발주·진열·재고

I. 진열과 재고의 숫자

1. FACE와 FACING

가. FACE는 무엇인가

상품에는 몇 개의 면(얼굴)이 있다. 이러한 상품의 면을 FACE라 한다. 진열에 있어서 상품의 어느 면을 고객에게 보이게 할 것이냐는 매우 중요하다.

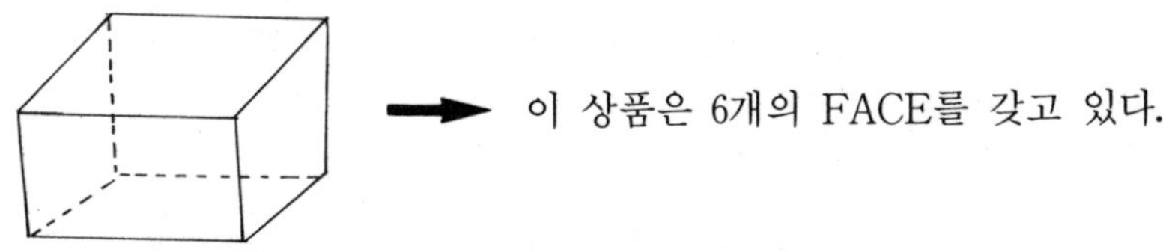

나. FACE의 결정 방법

FACE를 결정할 때 먼저 검토되어야 할 것엔 2가지 전제가 있다.
① 어느 면을 고객에게 보임으로써 그 상품의 가치를 가장 크게 전달할 수 있을 것인가.
② 어느 면을 향해 진열하여야 진열이나 보충·정리 등을 무리없이 빨리 할 수 있느냐의 작업 COST면이다.

· 상품의 가치를 전달하는 FACE의 조건
① 상품이 보이고
② 내용물이 보이며
③ 상품명, 규격, 용량, 용도, 가격 등이 보이며
④ 상품의 보여주고 싶은 곳을 보여준다.

· COST가 들지 않는 FACE의 조건
① 집기 편하고 쉽게 빠지고 취급하기 편하게
② 걸어두기 편하게
③ 보기 편하게
④ 정리하기 쉽게
⑤ Space를 차지하지 않도록
⑥ 청소하기 편하게

앞에 기록한 바와 같은 조건으로 결정된 FACE는 필히 지키며, FACE가 흐트러져 있을 때는 본래의 FACE로 즉시 교정하여야 한다.

다. FACING은 무엇인가

FACING은 진열대의 최전열(最前列)에 옆으로 나란히 진열된 상품의 열수(列數)를 말한다.

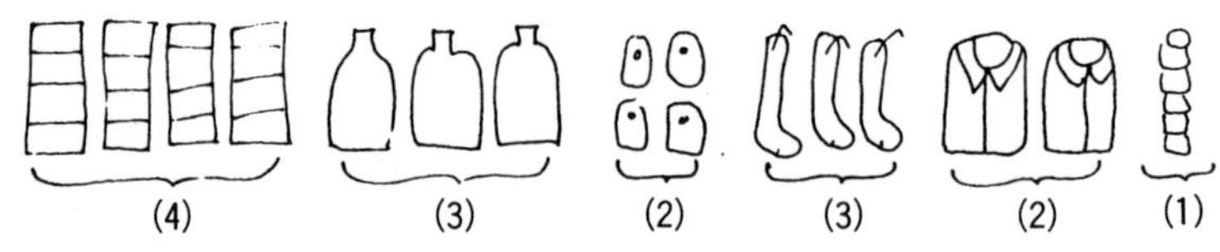

〈표 2-1〉 FACING의 수

고객에게 보여주는 상품의 수량 정도를 결정하는 것으로서 진열의 효과를 결정하는 데 있어 중요한 요소 중의 하나이다. 일반적으로 FACING 수가 많은 정도에 따라 그 상품의 표현, 주장의 정도가 결정

되며 고객에게 소구하고자 하는 크기의 결정에 따라 FACING의 숫자
가 결정된다.

라. FACING과 매출의 관계

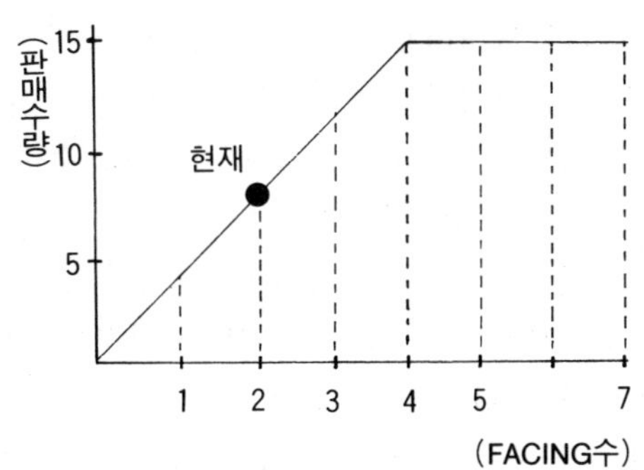

FACING수	판매수량
1	3
2(현재)	7
3	12
4	15
5	15
6	15

⟨표 2-2⟩

앞에서 FACING의 수가 많으면 고객에 대한 소구력이 커진다고 했
다. 그러나 ⟨표 2-2⟩에서 보듯이 FACING 2에서는 7개 이상의 판매가
되지 않다가 FACING 4에서는 15개의 판매가 이루어졌다. FACING 4
이상에서는 판매 숫자가 같게 됨을 볼 때 상기 품목의 진열재고는 4
FACING이 최적이며 그 이상이면 재고 과다현상을 유발하게 된다. 따
라서 각각의 상품에 대한 FACING 수의 적정선을 검토하는 것은 영업
활동에 있어서 상당히 중요한 요소이다.

2. 단품, 품목과 품종

가. 품목은 무엇인가

품목이란 상품 관리상 더 이상 세분류가 필요치 않는 상품의 분류 단
위를 말한다.

물론 상품 그 자체를 검토할 때의 최소 단위를 단품이라고 하나, 실
제 상품 관리상 전단품에 대해 실무적으로 관리를 한다는 것은 매우 번

거롭고 비능률적일 수 있으므로 몇 개의 단품을 그룹핑하여 품목 단위로 상품을 관리하게 된다. 그러나 단품 그 자체가 상품 관리상의 최소 단위인 경우에는 단품 그 자체가 품목이 되게 된다.

예를 들어, 동일 가격과 동일 사이즈, 동일한 디자인, 동일한 소재와 무늬로 되어 있는 방석이 있다 하자. 그런데 바탕 색깔이 갈색과 청색으로 되어 있을 경우, 갈색 제품이 품절되었을 때 고객들은 청색 제품이 있다 하더라도 구매하지 않고 그 반대의 경우도 구매하지 않는 경우가 자주 발생할 경우 갈색과 청색 제품이 각각 대체되지 않음으로 인해 상품 관리상의 최소 단위로서 판매 수량과 재고를 관리하지 않으면 안 된다. 이와 같은 경우는 단품과 품목이 동일한 경우가 된다.

그런데 이와 같은 경우라 할지라도 갈색과 유사한 미색 방석이 있을 경우 고객들이 청색은 대체 구입하지 않더라도 미색을 대체 구입하는 빈도가 높다면 갈색과 미색은 각각 단품이 되며, 이 두 제품을 묶어서 하나의 품목으로 처리하는 것이 바람직하다.

즉, 품목을 결정하는 것은 고객측에서 볼 때 상품을 구매할 경우 대체상품으로 만족하지 않는 최소 단위가 품목이 된다. 따라서 소매업의 종사자는 담당 상품에 대해 품목 단위로 상품을 조사, 정리하여 품목별로 판매 수량을 예측하고 상품 관리를 하는 품목 기준 상품관리의 노력이 필요하다. 매장에서 일상적으로 사용되는 용어 중 단품 관리라던가 UNIT CONTROL이라는 용어를 많이 듣게 되는데, 이것은 상품을 분류한 단위(품목)을 결정하여 단위별 매출 수량과 재고 수량을 관리하는 것을 의미하며 상품의 단품 그 자체를 의미하는 것은 아니다.

- 단품 ≤ 품목
  - 단품은 상품 그 자체의 최소 단위
  - 품목은 상품 관리상의 최소 단위
  - 품목은 고객이 상품을 구입할 경우 대체 상품으로는 만족하지 않는 최소 단위
  - 단품 관리란 품목을 관리하는 것이다.

나. 품목과 품종의 관계

품종이란 몇 개의 품목을 사용 목적에 따라 GROUPING한 상품의 분류 단위를 말한다.

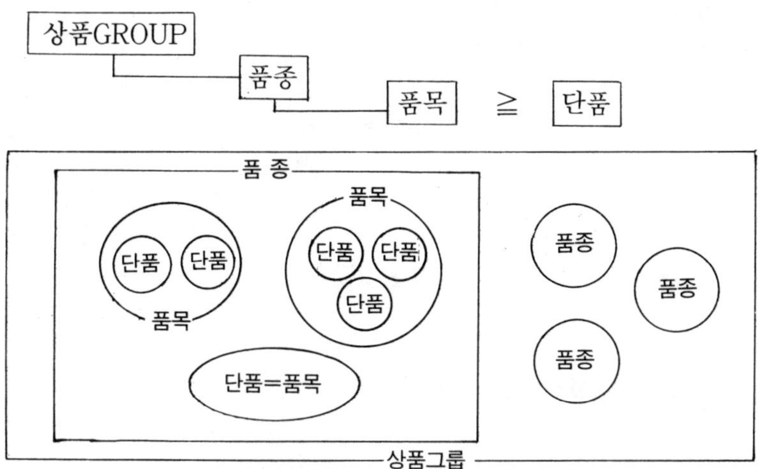

3. PRICE ZONE과 PRICE LINE

가. PRICE ZONE이란 무엇인가

하나의 상품(품종) 매가의 상한선에서 하한선까지의 간격을 PRICE ZONE이라 한다.

〈표 2-3〉 스커트의 PRICE ZONE

	최저가격	최고가격
A점포	2,900원	12,000원
B점포	3,900원	7,800원

〈표 2-3〉을 기준으로 한다면 A점포의 스커트 가격 ZONE은 2,900~12,000원이며, B점포는 3,900~7,800원으로 B점포의 ZONE이 좁다.

나. PRICE LINE은 무엇인가

하나의 상품(품종) PRICE ZONE 내에서 매가의 종류를 말한다.

예를 들면, 〈표 2-3〉에서 B점포의 PRICE ZONE이 3,900원~7,800원까지인데 그중 3,900원, 4,900원, 5,800원, 7,800원의 매가가 있다면 이 4가지 가격을 PRICE LINE이라 한다.

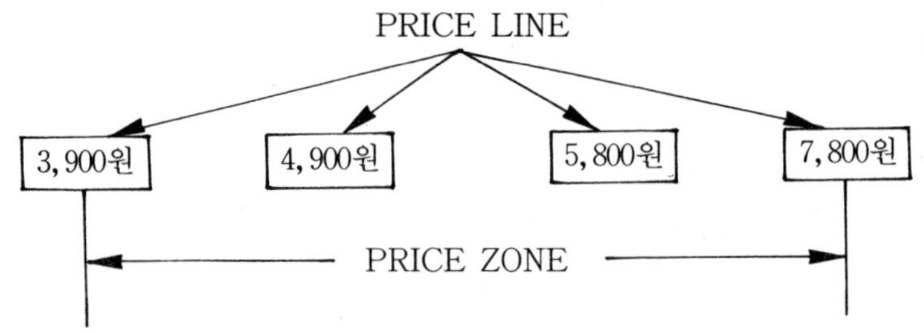

4. 상품의 풍부함이란 무엇인가

대개의 소매업은 경영의 이념을 영업활동을 통한 지역사회의 봉사라는 개념을 정리하여 사용하고 있다. 즉, 고객이 구하고자 하는 좋은 상품을 고객이 원하는 가격에 공급하고, 풍부한 상품 가운데 고객이 필요로 하는 것을 자유롭게 선택하게 하고, 즐거운 쇼핑이 될 수 있도록 좋은 환경을 조성해 주는 것을 경영의 이념과 목표로 하고 있다.

그러면 위에서 본 풍부한 상품이란 무엇을 의미하는가.

어느 고객이 40,000원 정도의 스커트를 구매하는 경우 그 점포에 39,000원의 스커트 품목이 2종류가 있고 각각 50매 정도 있다면 이 경우를 풍부한 상품이라고 할 수 있는가. 매수는 100매로 작은 물량이 아니나 선택할 수 있는 상품이 2종류밖에 되지 않는 것이 문제다. 이러한 경우 고객은 같은 상품투성이고 갖고자 하는 상품이 없는 것에 대해 불만을 갖게 된다.

같은 케이스로 39,000원 짜리의 스커트 품목이 10품목 있는데 각각 소재와 디자인이 다양하다고 하자. 그럴 경우 각각 6매의 수량이 진열되어 있다면 총매수는 60매로서 앞의 예보다는 적지만 고객은 10개 품목 중에서 마음대로 선택할 수 있는 즐거움을 갖게 될 것이므로 앞의 경우보다 후자의 경우가 선택 상품이 많고 풍부하다는 느낌을 받게 될 것이다.

〈표 2-4〉 A점포와 B점포의 PRICE LINE별 품목 수의 예(스커트)

	5,000원	6,000원	6,900원	7,800원	8,000원	12,800원	15,800원	19,800원	29,000원	29,800원	합 계
A점	2	2	2	2	2	2	2	2	2	2	20품목
B점	0	3	4	6	4	3	0	0	0	0	20품목

전부 20품목의 스커트를 취급하고 있는 A점과 B점에 있어서 각각의 PRICE ZONE이 다르고 각각의 PRICE LINE별 품목 수가 〈표 2-4〉와 같을 때 7,000원 전후의 스커트를 항상 구입하는 고객이 있다면 이 고객은 A점과 B점 중 어느 점포가 상품이 풍부하다고 느낄 것인가. 이 고객은 6,900원과 7,800원 대의 합계 4가지 품목을 갖고 있는 A점포보다 6,900원 대에 4품목, 7,800원 대에 6품목, 즉 10품목 중에서 선택할 수 있는 B점포가 더 풍부한 상품을 갖고 있다고 생각할 것이다.

A점포가 20개 품목의 스커트를 갖추고 있다 하더라도 7,000원~8,000원 정도의 스커트를 필요로 하는 고객의 입장에서는 5,000원이나 10,000원 이상의 상품에 대해서는 관심을 갖지 않게 된다.

즉, 상품의 풍부함은 고객이 쇼핑할 때에 구매코자 하는(관심이 있는) 상품의 품목 수가 많아 비교 구매할 수 있는 즐거움을 느낄 수 있게 하는 것이 POINT가 된다.

이제까지는 이해를 돕기 위해 가격 요소만을 이야기하였으나 고객은 가격 이외에 소재, 타입, 디자인, 색상, 사이즈(식품의 경우는 용량), 용도 등의 요소가 믹스되어 상품 진열의 내용에 따라 상품의 풍부함을 결정하게 된다.

상품의 풍부함은 고객의 흥미 있는 상품의 품목수×진열수이다.

고객이 쇼핑시 구매하고자 하는(관심이 있는) 상품의 품목 수가 많고 비교구매의 즐거움을 가질 수 있는, 즉 고객이 풍부하다는 느낌을 받을 수 있게 상품을 진열하여야만 풍부한 상품 중에서 선택의 빈도를 높일 수 있다.

5. 상품의 풍부함과 PRICE ZONE, PRICE LINE

가. 프라이스 존과 프라이스 라인의 범위 한정

상품에는 실로 많은 종류가 있다. 스커트의 경우 프라이스 존은 3,000원에서 수십만 원까지, 즉 저가격에서 고액 상품까지 다양하게 있으나 각각의 가격 기준에 의한 충분한 상품 구성이 되지 않으면 고객은 품목 구성에 만족을 느끼지 못한다. 또한 모든 상품을 다 취급한다는 것은 비효율적이며 비경제적인바, 점포는 대상으로 설정한 객층을 상대로 그 객층의 대다수 고객이 구입하고자 하는 가격대를 중심으로 PRICE ZONE의 범위를 한정함으로써 그 한정된 범위 내에서 품목을 풍부하게 하여 상품의 풍부함을 실현하여야 한다.

이와 같이 PRICE ZONE이 설정되면 그 가운데 고객이 구매코자 하는 가격을 3~5종류 정도 설정하는 것이 좋다. 가격(PRICE LINE)의 종류가 많음으로 인해 고객은 불필요한 품목과 단품이 증가함에 따라 선택의 어려움을 겪게 된다. 이와 같은 상황은 오히려 구매의 축소를 가져올 수 있다.

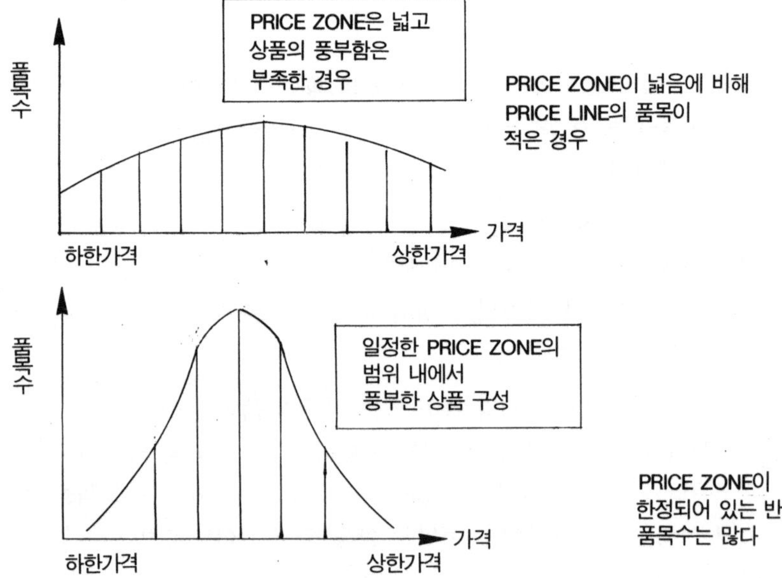

상품이 풍부하다는 것은 가격의 종류가 많음을 뜻하는 것이 아니라 같은 PRICE LINE의 상품 품목이 많은 것을 말한다.

나. PRICE POINT와 PRICE RANGE

PRICE LINE 중 어느 것에 중점을 두어 품목을 많이하여 고객에게 상품의 풍부함을 전할 것인가 하는 것은 매우 중요한 결정사항이 된다.

이 경우 PRICE LINE 중에서 대상으로 하는 고객의 과반수가 구매코자 하는 가격을 PRICE POINT(합리적 가격, 적정한 가격)라고 한다.

이 PRICE POINT를 중심으로 그 전후의 가격대가 판매를 주도하는 가격대임을 고려할 필요가 있다. 이 PRICE POINT를 중심으로 판매 숫자가 특별히 많은 가격대를 PRICE RANGE라고 한다.

많이 판매한다는 것은 고객의 요구가 많은 상품을 취급한다는 것이므로 PRICE POINT를 중심으로 PRICE RANGE의 품목수를 많이하는 것이 PRICE ZONE 전체의 품목수를 결정하는 POINT가 된다.

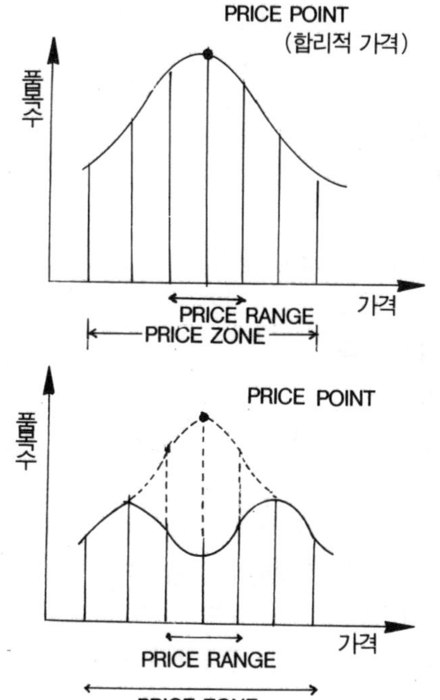

프라이스 POINT를 중심으로
PRICE RANGE의
품목을 많이 한다

비교구매의 즐거움과
상품의 풍부함을 느낀다.

PRICE POINT, PRICE RANGE의
품목이 적다

· 비교상품이 적고
· 매장의 매력이 없고
· 풍부함이 없다

6. 진 열

가. 진열의 요소

상품의 풍부함을 매장에서 실현시키기 위해서는 무엇을(품목), 어느 정도(수량) 진열할 것인가가 중요한 POINT가 된다.

여기서 진열이라는 것은 어느 품목을 어느 정도 장식하는 것으로 생각하여서는 안된다. 진열 그 자체는 최후의 문제이며, 가장 중요한 것은 본질적인 문제이다. 여기서의 본질적 문제라는 것은,

첫째, 무엇을 진열할 것인가의 문제이다.

물리적으로 한정되어 있는 매장에 어떤 품목은 진열하고 어떤 품목은 진열하지 않을 것인가를 결정하는 것이다.

이때 진열 결정의 기준은,

① 소비량이 많은 상품

② 소비빈도가 많은 상품

③ 인지도가 높은 상품

④ 균질한 상품

⑤ 소비량이 증가되고 있는 상품

⑥ 취급 비용이 과다하게 들지 않는 상품

⑦ 점출 차익률이 높은 상품(리베이트 포함)

⑧ 대량 취급 매장이 근처에 없는 상품

⑨ 품질이 기업의 이미지를 손상시키지 않을 상품

⑩ 대중지향의 상품(중산층 및 젊은 층)

⑪ 점포의 개성을 나타낼 수 있는 상품

⑫ 언제라도 판매하기 쉬운 상품

이외에도 기준을 추가 검토할 수 있겠으나 상기 항목이 될 수 있는 한 합치되는 품목을 선정하여,

둘째, 그 품목을 어느 정도 진열할 것인가의 문제이다.

앞의 첫째항의 기준이 질의 문제라면 이것은 양의 문제이다. 이러한 질과 양의 조합을 상품 구성이라 한다.

셋째, 그 상품을 어디에 진열할 것인가의 진열 위치의 문제이다.

진열의 위치가 진열대의 상, 중, 하의 위치에 있음으로 인해 상부엔 보이고자 하는 상품, 눈에 잘 띄게 하고자 하는 상품 등이 진열되어야 하며, 중간 위치 진열은 상품 접촉이 잘 되도록 하여 판매를 신장시키고자 하는 상품을, 아래쪽엔 특별한 판매 노력을 기울이지 않아도 판매가 되는 상품을 진열하는 것이 일반적인 기준이다.

또한 좌우의 진열 순서에 있어서도 배색의 효과 또는 분류상의 문제가 기준이 된다.

넷째, 진열 형식을 어떻게 할 것인가의 문제이다.

상품의 어느 면을 향해 진열할 것인가의 문제로 FACE의 검토와 전면 진열량인 FACING의 문제이다.

다섯째, 마지막으로 즐거운 감각으로 고객이 상품을 선택할 수 있도록 배색 효과를 검토하는 것이다.

이상의 5가지 요소가 하나 하나의 품목에 대한 정확한 기준에 의해 결정되지 않으면 안된다.

나. 전진 입체진열

1) 전진 입체진열의 의미
전진 입체진열은 진열의 박력(볼륨감)을 연출하기 위한 진열의 형식으로 진열에 있어 가장 기본적인 방법이 된다. 즉 전진 입체진열은 상품의 진열면을 풍성하게 보일 수 있도록 박력을 나타내는 진열이다.

2) 전진의 의미
가) 고객의 손 앞까지 상품을 적치하여 진열하는 것이다.

나) 여기서 고객의 손 앞이라는 것은 진열대를 1㎝의 공간도 없이 앞으로 진열시키는 것을 뜻한다.

※ 전진 진열시 주의할 것은 고객의 통행중 상품과 부딪쳐 진열이 흐트러지는 것을 염두에 두어야 한다.

3) 입체의 의미
2개의 경우 1개를 뒤에 두는 것이 아니라 바로 위에 입체적으로 쌓는 것이다. 따라서 상부 진열판 밑까지 3단계, 4단계 등 공간 범위 내에서 적당히 진열하는 것이다.

4) 전진 입체진열의 효과

가) 고객측에서 볼 때 상품이 풍성하고 풍부하게 느껴진다.

나) 상품의 판매량을 눈으로 보아 쉽게 판단할 수 있다.

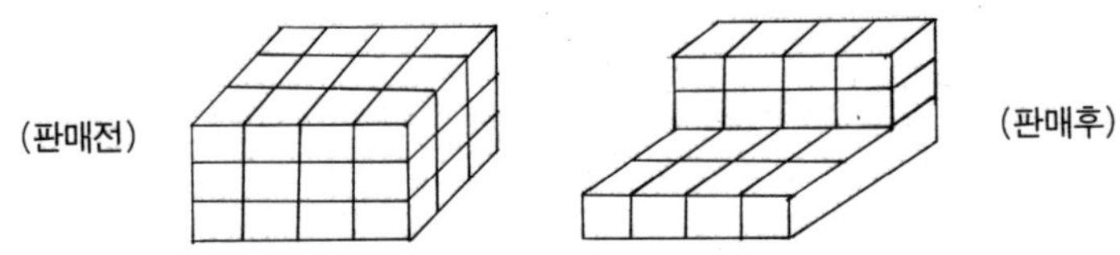

다) FACING이 유지될 수 있다.

5) 전진 입체진열의 실시

최소한 1일 1회 이상 실시하되 담당 상품의 판매 빈도에 따라 진열 횟수를 결정하여야 한다.

6) 전진 입체진열의 방법

가) 진열대의 제일 전면부터 상품을 진열한다.

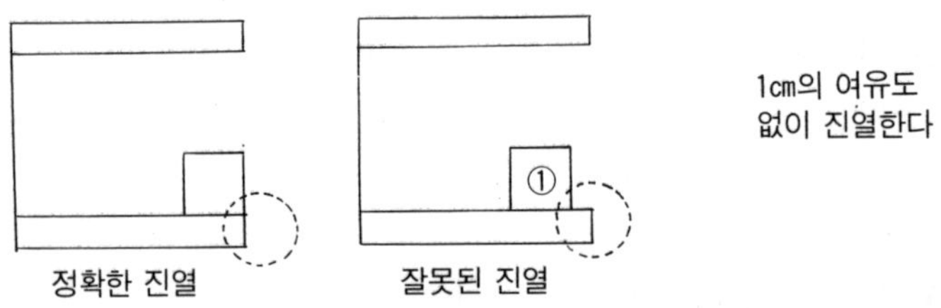

나) 입체적인 진열을 하기 위해서는 아래의 A도와 같이 최전열에 ①②③④의 순으로 적상하여 진열대 상부판에 가능한 곳까지 적상한다. 상부 진열대 판의 한도까지 전진 1열의 진열 이상 상품이 있을 경우는 ⑤ ⑥ ⑦ ⑧의 순으로 적상하는 것을 같은 방법으로 계속한다. 전진 입체진열과 반대의 진열을 평면 후퇴진열(B도)이라 한다. 이와 같이 안에서부터의 진열은 진열의 박력과 볼륨감이 없을 뿐 아니라 잘못된 진열의 형태이다.

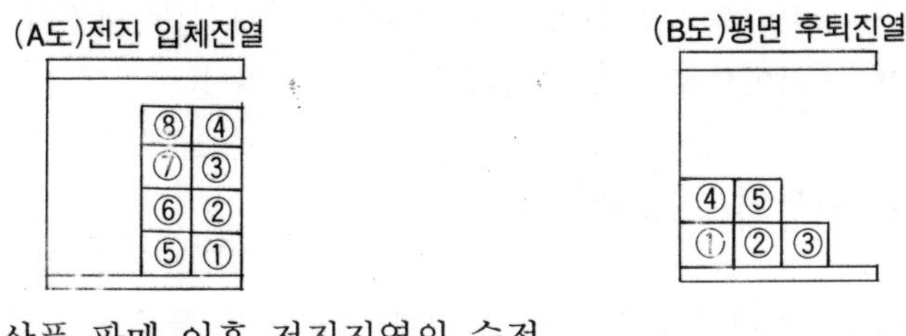

다) 상품 판매 이후 전진진열의 수정

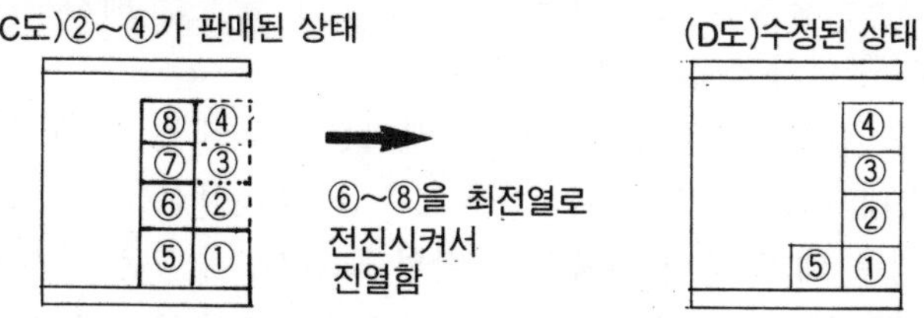

7) 전진 입체진열의 유지 방법

새로운 상품을 보충하는 경우에는 다음과 같은 주의가 필요하다.

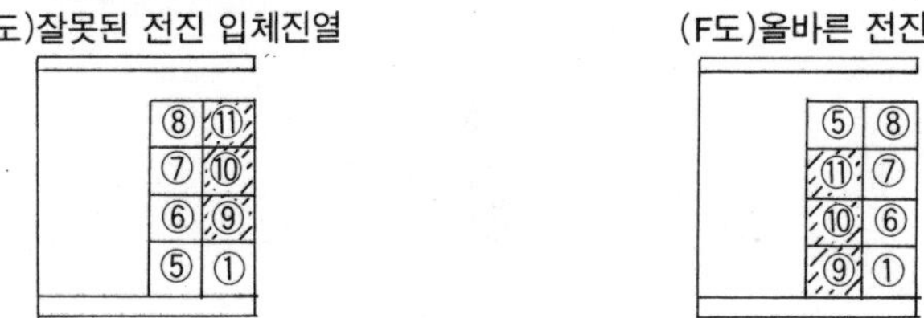

가) E도와 같이 8개 진열된 가운데 3개가 판매되고 ① ⑤ ⑥ ⑦ ⑧이 남은 상태에서 새로 진열하는 ⑨ ⑩ ⑪을 빈 공간에 그대로 적상한 경우는 형태적으로 보면 그것도 전진 진열형태이나 다음에 판매되는 것도 역시 ⑪ ⑩ ⑨가 될 것이고, 이러한 내용이 계속된다면 결국 ① ⑤ ⑥ ⑦ ⑧은 판매와 연결되지 않고 계속 재고 형태를 유지하게 될 것이다.

이에 따라 ① ⑤ ⑥ ⑦ ⑧의 상품은 포장이 더러워지고 때가 묻고 내용물의 변질도 예견될 수 있으므로 바람직하지 못한 상품 보충 방법이라 할 수 있다.

나) 따라서 올바른 보충 진열방법은 (F)와 같이 ⑥ ⑦ ⑧을 최전열로 이동 진열시킨 후 새로 보충하는 상품 ⑨ ⑩ ⑪을 진열하고 최후로 ⑤를 진열하는 것이 올바른 진열방법이다.

이와 같이 오래 된 상품은 전면으로 끌어내고 새로운 상품을 뒤에 진

열하는 것은 '선입(先入), 선출(先出)'이라는 판매상의 대원칙을 구체
화하는 기본 규칙이므로 철저히 실천할 필요가 있다.

7. 상품 구성의 그룹화

무엇을(품목) 얼마만큼(진열량) 진열할 것인가가 상품 구성이다. 그
리고 무엇이라는 품목을 선정하는 것과 선정된 품목을 매가로 전환하
였을 때 상품 구성의 그룹화가 될 수 있다.

세로 축으로 진열량을, 가로 축으로 매가를 나타내는 PRICE LINE
별에 의한 막대그래프, 또는 각 PRICE LINE의 정점을 잇는 선형을
그린다. 이 경우 매가 축의 좌측은 가격의 하한선, 우측은 가격의 상한
선으로 한 PRICE ZONE을 나타낸다. (앞에서 설명한 PRICE POINT와
PRICE RANGE 참고)

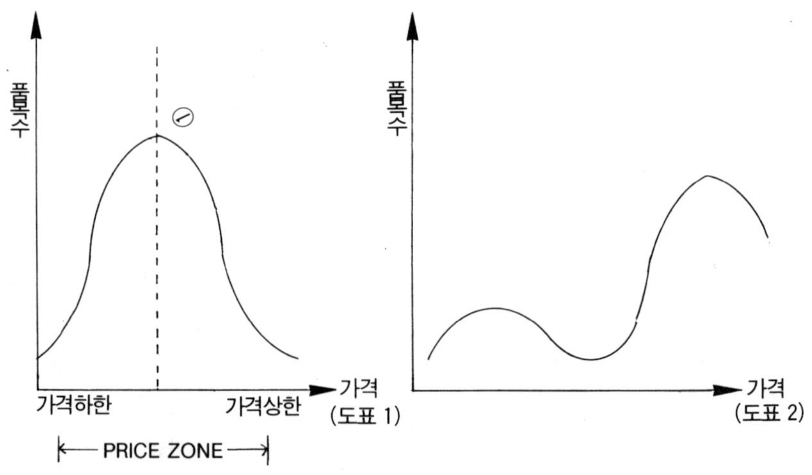

일반적으로 도표 1과 같이 정규분포 형태를 이루는 상품 구성은 대개
GMS와 같은 MASS MERCHANDISING을 하는 업태에서 볼 수 있으
며, 도표 2와 같은 경우는 도심 백화점에서 많이 볼 수 있다. 따라서
도심 백화점의 경우 PRICE ZONE의 폭이 크고 가격도 비싼 것이 많
음을 알 수 있다.

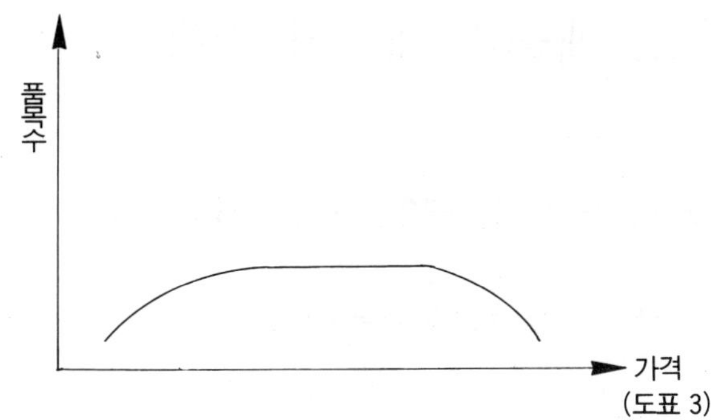

도표 3과 같이 품목의 풍부함이 없이 PRICE ZONE을 넓게한 점포는 상품 구성이 잘못되어 있는 것으로 매장의 판매 효율이 정체되는 경우를 보게 된다.

물론 PRICE ZONE의 폭이 커진다는 것은 상권의 폭이 확대되는 것을 의미하며 상기와 같은 경우는 다품종 소량 판매의 경우 나타날 수 있겠으나 상권 확대에 의한 점거율의 저하와 이에 따른 판촉비의 증가 등으로 일반 소매업의 경우는 바람직하지 못한 형태이다.

대량판매를 위해서는 PRICE ZONE의 압축과 특히 PRICE RANGE의 설정에 많은 연구가 필요하다.

Ⅱ. 매입, 매출과 재고의 관계

1. 1일의 흐름으로 파악하는 매입, 매출, 재고

개점 전 재고+당일 매입=당일 매출+개점 후 재고

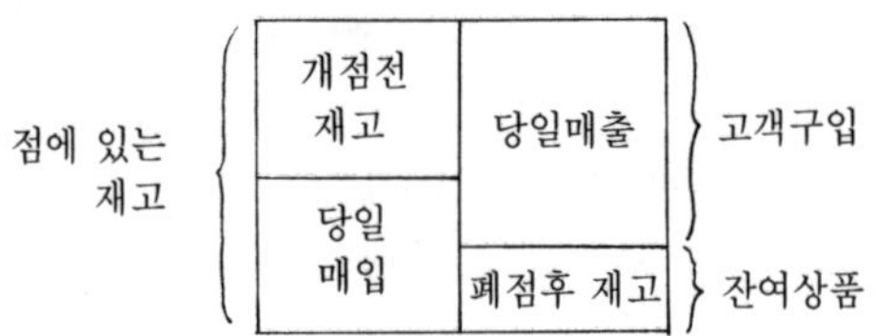

상품은 수량, 원가, 매가의 측면에서 각각 파악할 수 있으므로 상기 기준을 수량, 원가, 매가의 면에서 보면 다음과 같다.

2. 기간의 흐름에 의한 매입, 매출, 재고관계

상기의 1일 기준의 흐름을 월단위로 같은 방법으로 검토할 수 있다.

개점 전 재고 → 월초 재고(BOM→Beginning of the month)
당일 매입 → 당월 매입
당일 매출 → 당월 매출
폐점 후 재고 → 월말 재고(EOM→End of the month)

이것을 앞에서 한 것과 같은 흐름으로 수량, 원가, 매가를 파악하면

(편의상 1개월의 기준을 전월 25일에서 당월 24일 밤까지로 하면) 다음과
같다.

· **수량으로 파악시**

    월초 재고 수량＝25일 아침 재고 1

    당월 매입 수량＝2＋3＋2＝7

    당월 매출 수량＝2＋2＋2＝6

    월말 재고 수량＝24일 밤의 재고＝2

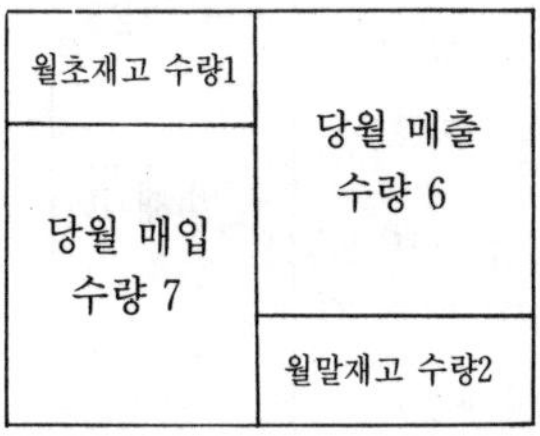

<table>
<tr><td>월초재고 수량1</td><td rowspan="2">당월 매출
수량 6</td></tr>
<tr><td rowspan="2">당월 매입
수량 7</td></tr>
<tr><td>월말재고 수량2</td></tr>
</table>

· **원가로 파악시**

    월초 재고 원가＝25일 아침 재고 원가＝70원

    당월 매입 원가＝7개×70원＝490원

    당월 매출 원가＝6개×70원＝420원

    월말 재고 원가＝24일 밤의 재고 원가＝140원

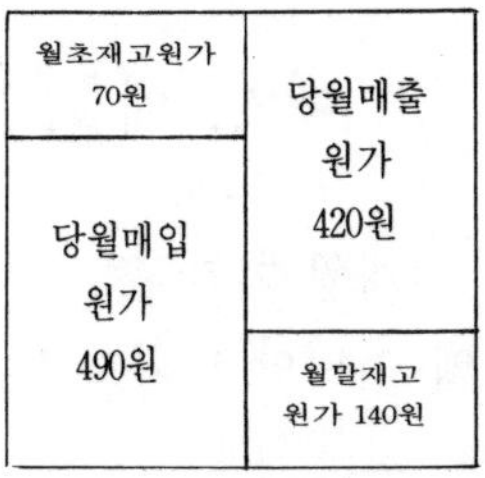

<table>
<tr><td>월초재고원가
70원</td><td rowspan="2">당월매출
원가
420원</td></tr>
<tr><td rowspan="2">당월매입
원가
490원</td></tr>
<tr><td>월말재고
원가 140원</td></tr>
</table>

· **매가로 파악시**

    월초 재고 매가＝25일 아침 재고 매가＝100원

    당월 매입 매가＝7개×100원＝700원

    당월 매출 매가＝6개×100원＝600원

    월말 재고 매가＝24일 밤의 재고 매가＝200원

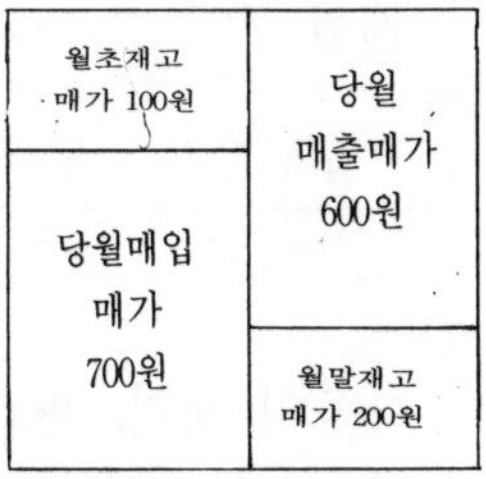

<table>
<tr><td>월초재고
매가 100원</td><td rowspan="2">당월
매출매가
600원</td></tr>
<tr><td rowspan="2">당월매입
매가
700원</td></tr>
<tr><td>월말재고
매가 200원</td></tr>
</table>

· 월초 재고＋당월 매입＝당월 매출＋월말 재고
· 월말 재고≒월초 재고＋당월 매입－당월 매출

복합된 상품의 경우도 마찬가지로 이해하면 된다.

〈표 2-5〉

상품	원가	매가	월초재고	당월매입	당월매출	월말재고
A상품	70원	100원	4개	15개	14개	5개
B상품	80원	120원	3개	10개	8개	5개
C상품	90원	140원	2개	5개	3개	4개
계			9개	30개	25개	14개

월초재고 수량 4+3+2 =9	당월매출 수량 14+8+3 =25	월초재고 원가 70×4 80×3 90×2=700	당월매출 원가 70×14 80×8 90×3 =1,890	월초재고매가 100×4 120×3 140×2 =1,040	당월매출 매가 100×14 120×8 140×3 =2,780
당월매입 수량 15+10+5 =30	월말재고 수량 5+5+4 =14	당월매입 원가 70×15 80×10 90×5 =2,300	월말재고 원가 70×5 80×5 90×4 =1,110	당월매입 매가 100×15 120×10 140×5 =3,400	월말재고매가 100×5 120×5 140×4 =1,660

3. 매입, 매출, 재고와 매가 변경, 로스와의 관계

1개월 기간 중 매가 변경, 로스가 발생된 경우에는 매입, 매출, 재고에 어떠한 변화가 발생될 것인가를 살펴보면 다음과 같다.

1개월 동안 상품의 흐름이 다음과 같다면,

원가	매가	월초재고	당월매입	당월매출	월말재고
70원	100원	1개	7개	6개	2개

· 상품의 매입, 매출, 재고의 매가관계는
  월초 재고 매가＝100원×1개＝100원
  당월 매입 매가＝100원×7개＝700원
  당월 매출액＝100원×6개＝600원
  월말 재고 매가＝100원×2개＝200원

월초재고 100원	당월매출 600원
당월 매입 700원	월말재고 200원

· 이 경우 상품을 20원 할인하여 판매한 경우
  월초 재고 매가＝100원×1개＝100원
  당월 매입 매가＝100원×7개＝700원
  당월 매출액＝ 80원×6개＝480원
  월말 재고 매가＝ 80원×2개＝160원

월초재고 100원	매가 인하 160원
당월 매입 700원	당월매출 480원
	월말재고 160원

· 재고조사시 1개가 부족한 경우는

　월초 재고 매가＝100원×1개＝100원

　당월 매입 매가＝100원×7개＝700원

　당월 매출액＝100원×6개＝600원

　월말 재고 매가＝100원×2개－100원＝100원

당월재고＋당월매입

＝당월매출＋월말재고＋매가변경＋
로스

⇩

월말재고＝월초재고＋당월매입
－매가변경－로스－당월매출
(단, 원가는 불변)

4. 매입·매출·재고와 점출 차익과 순매출 이익의 관계

가. 매입·매출·재고와 점출 차익

원가	매가	월초재고	당월매입	당월매출	월말재고
70원	100원	1개	7개	6개	2개

　　　월초재고　　　＋　　당월매입　　＝　　판 매

매　　가＝100원×1개＝100원　　100원×7개＝700원　　700원＋100원＝800원

원　　가＝ 70원×1개＝ 70원　　 70원×7개＝490원　　490원＋ 70원＝560원

점출차익＝100원－70원＝30원　　700원－490원＝210원　　210원＋ 30원＝240원

- 점출 차익＝총매가－총원가
- 총매가＝월초 재고 매가＋당월 매입 매가
  ＝100원×1개＋100원×7개＝800원
- 총원가＝월초 재고 원가＋당월 매입 원가
  ＝70원×1개＋70원×7개＝560원

따라서 점출 차익＝800원－560원＝240원

점출 차익률＝240÷800원＝30%

점출차익	월초재고 매가
월초재고 원가	
당월매입 원가	당월매입 매가

월초 재고 원가＋당월 매입 원가＋점출 차익률
＝기수 재고 매가＋당월 매입 매가

점출 차익＝기수 재고 매가＋당월 매입 매가
－월초 재고 원가－당월 매입 원가

$$점출\ 차익률 = \frac{점출\ 차익}{기수\ 재고\ 매가 + 당월\ 매입\ 매가}$$

나. 매입·매출·재고와 순매출 이익

원가	매가	월초재고	당월매입	당월매출	월말재고
70원	100원	1개	7개	6개	2개

월초 재고 ＋ 당월 매입 ＝ 매출 ＋ 월말 재고

	월초 재고	당월 매입	매출	월말 재고
매 가	100원×1개＝100원	100원×7개＝700원	100원×6개＝600원	100원×2개＝200원
원 가	70원×1개＝70원	70원×7개＝490원	70원×6개＝420원	70원×2개＝140원
점출차익	100원－70원＝30원	700원－490원＝210원	600원－420원＝180원	200원－140원＝60원

순매출 이익

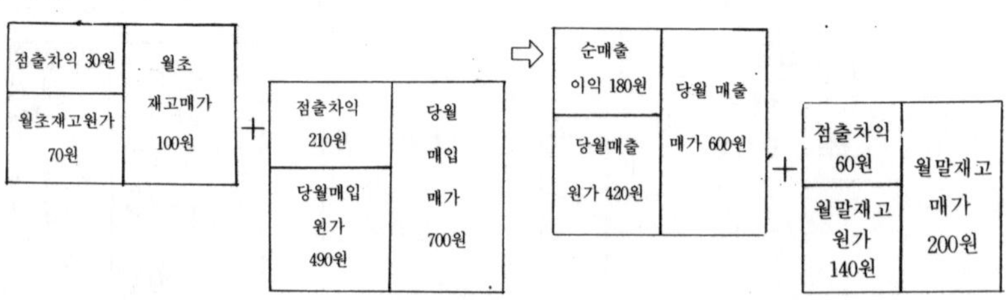

• 순매출 이익=매출액−매출 원가

매출액=100원×6개=600원

매출 원가=70원×6개=420원

순매출 이익=600원−420원=180원

위와 같이 정리될 수 있으나 실제로 매출액은 고객으로부터 수령한 금액이므로 파악이 가능하나, 매출 원가에 대해서는 취급 상품이 많으므로 각각 판매되는 상품마다 원가를 파악하기가 어렵다.

따라서 실무적으로는 다음과 같은 방법으로 처리한다.

월초재고 원가	당월매출 원가
당월매입 원가	월말재고 원가

• 매출 원가=월초 재고 원가+당월 매입 원가
　　　　　−월말 재고 원가
　　　　　=70원+490원−140원
　　　　　=420원
• 순매출 이익=600원−420원=180원

매가 변동과 로스가 발생되지 않는다면 점출 차익=순매출 이익이 되는 것은 앞에서 이미 설명되었으나, 기간적으로 점출 차익은 240원인 데 비해 순매출 이익은 180원이 되었는바 점출 차익=순매출 이익의 등식이 성립되지 않고 있다. 그 이유는 무엇인가.

월초 재고, 당월 매입의 관계　　　　매출, 월말 재고의 관계

점출차익 240원	월초재고매가 100원
월초재고원가 70원	당월매입매가 700원
당월매입원가 490원	

순매출이익 180원	당월 매출매가 600원	당월 매출
당월매출 원가 420원		
월말재고의 점출차익 60원	월말재고매가 200원	당월 판매 활동의 잔량
월말재고 원가 140원		

위에서 보듯이 월초 재고와 당월 매입 재고가 전부 판매될 경우에는 점출 차익=순매출 이익이 될 수 있으나 이 경우는 2개의 판매 후 잔량이 있으므로 그 상품의 점출 차익분만큼 감소하여서 결과적으로 이 기간의 순매출 이익은 180원이 되게 된다.

5. 재고조사의 의의와 목적

가. 재고조사

재고 조사는 점포에 있는 상품의 실제의 수량(실 재고)을 하나하나씩 전부 조사하여 조사 용지에 수량과 매가를 기입하여 실제의 재고 수량(금액)을 조사하는 것을 말한다.

나. 장부 재고

장부로부터 산출된 재고를 장부 재고라 한다. 예를 들어, 100원의 상품을 5개 매입하여 그 중 3개를 판매하였다면 장부 재고는 다음과 같다.

- 갯수로 파악하는 경우 ; 매입(5개)—매출(3개)=장부상 재고(2개)
- 금액으로 파악하는 경우 ; 500원—300원=200원

상기의 예를 1개월 단위로 검토하면,
- 월초 재고=500만원
- 월간 매입 재고액=3,000만원
- 월간 매출액=2,800만원

이 경우 장부 재고는 500만원+3,000만원—2,800만원=700만원이 된다. 따라서 이것을 공식화하면 다음과 같다.

- 월초 재고액+월간 매입 재고액—월간 매출액=장부상 월말 재고액

다. 장부 재고와 실재고와 로스

앞의 예에서 실재고 조사 결과 680만원의 실재고가 있다면

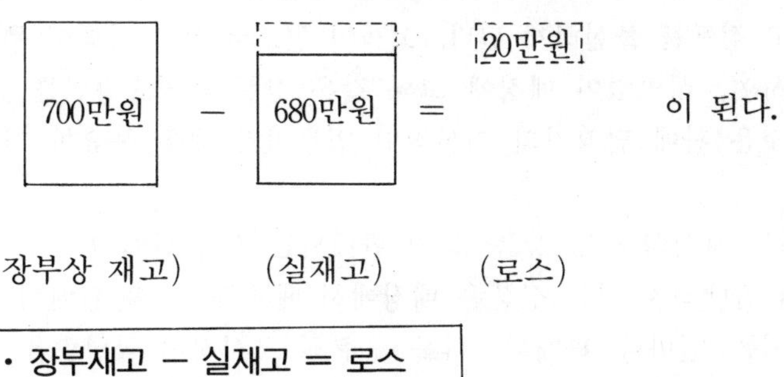

실재고는 장부 재고보다 같거나 작은 것이 원칙이나 재고 조사 결과 역로스라는 실재고가 더 많은 때가 있다.

이것은 재고 조사가 잘못되었거나 담당자가 거래선의 협조 등 부정한 방법으로 재고 조사시 부족분을 은폐키 위해 위장 재고를 만드는 경우로써 로스의 발생보다 그 원인을 더욱 철저히 규명할 필요가 있다.

라. 재고 조사의 목적

재고 조사의 첫번째 목적은 지금까지 설명한 바와 같이 실재고를 정확히 파악하는 데 있다. 그리고 두번째 목적은 재고 조사 과정에서 상품을 하나하나 체크함에 따라 불량이나 파손품, 오손품을 발견함으로써 매가 변경 또는 매장에서 철수 등의 적절한 조치를 취하기 위한 것이다. 세번째는 재고량을 정확하게 파악함에 따라 다음의 매입판매활동에 대응하기 위한 것이다. 마지막으로 장부 재고와 실재고를 대비함으로써 로스액을 파악하여 그 방지 대책을 수립하는 것이다.

로스액이 적으면 적을수록 매장의 관리 레벨이 높다는 것을 뜻한다.

Ⅲ. 보충 발주

　고객이 점포에서 구하고자 하는 상품이 없을 경우 고객은 매우 당황하게 되고 점포를 불신하게 된다. 고객이 필요로 하는 상품이 무엇인가를 파악하여, 끊임없이 매장에 그와 같은 상품을 필요량만큼 진열·준비하는 것은 판매 담장자의 기본적인 업무이자 매우 중요한 업무자세이다.

　담당자는 자신의 담당 상품 중 잘 판매되는 것과 판매가 부진한 것을 체크하여 판매되지 않는 상품은 매장에서 배제하고, 잘 판매되는 상품에 대해서는 얼마나 판매되느냐를 충분히 조사하여 적당량을 매장에 항상 진열하는 노력을 하여야 한다.

　이와 같은 업무를 우리는 상품 관리, 즉 발주 관리라 한다.

1. 정량 보충 발주와 부정량 보충 발주(정기보충 발주)

가. 상품 관리

　일반적으로 상품 관리는 크게 2가지로 구분할 수 있다. 즉, 금액 관리와 수량 관리이다. 또한 금액 관리는 매가에 의한 관리와 원가에 의한 관리로 나눌 수 있다.

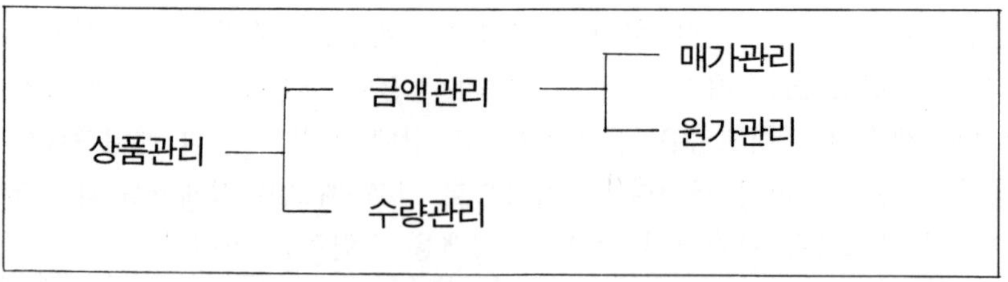

　금액에 의한 상품 관리는 매가를 기초로 하여 또는 원가를 기초로 하여 상품의 흐름을 금액, 즉 가치로써 환원시켜 놓은 것이다.

　미국에서는 이것을 Dollar Control이라 한다. 금액에 의한 관리에 있어서는 매가 관리, 상품 로스의 계산, 매가에 의한 장부 재고 등이 계산되며 원가 관리에서는 부문별 관리가 행해진다.

요컨대, 상품 로스 관리에 기초하여 부문별 관리에 의한 상품의 흐름을 가치로 환산한 것이 결국 이익 관리가 되며, 장부 재고 계산은 자금 관리의 기준이 된다.

또한 금액 관리로는 얼마나 팔렸느냐의 가치의 흐름은 알 수 있어도 무엇이 판매되었는가는 알 수 없다. 어디까지나 Total(합계) 관리이다.

상품 관리라고 하는 이상 개개의 상품, 즉 품목의 움직임을 파악하고 적절한 재고량을 갖고 가장 효율적으로 매출을 달성하지 않으면 안된다. 적은 양이라도 품목의 움직임을 수량으로 파악하지 않으면 안된다. 궁극적으로 상품 관리는 적정한 재고량을 유지하여야 하는데 그 재고량은 판매에 따른 발주의 방법을 결정하는 발주 관리가 그 중심이 된다.

따라서 상품 관리의 본질은 수량 관리이며, 품목별 개별 관리라는 것을 잊어서는 안된다.

바꾸어 말하면, 아무리 세분류를 하더라도 그것이 단품으로써 발주량 결정이 될 수 없으면 그것은 상품 관리가 아니다.

나. 수량 관리

상품 관리로서 어느 단품을 수량 관리하는 경우 주의하여야 할 것은 수량과 금액을 무리하게 묶어서 검토하는 것이다. 금액 관리는 이익 관리를 위한 것이며, 수량 관리는 발주 관리와 재고 관리를 위한 것이라는 것을 분명하게 구별하여 적용하여야 한다. 금액과 수량을 발주 관리 차원에서 어떤 형태로든 묶어서 검토하는 것은 사무량을 매우 많게 하는 결과가 되어 혼란이 야기된다.

또한 수량 관리에서는 단품의 갯수만이 아닌 그 용적, 중량 등도 검토되어야 한다.

다. 상품 관리란 발주 관리이다

상품 관리는 앞에서 검토한 바와 같이 궁극적으로는 판매 과정에 대응하기 위한 발주 관리이다. 발주 관리란 언제, 어느만큼 발주할 것인가의 문제이다.

이러한 발주 시기와 발주량의 2가지 요소에 의해 상품 재고량이 좌우되고 결정된다. 이와 같은 언제, 어느만큼 발주할 것인가의 기준을 정립한 것이 발주방식이다.

라. 최저 진열량과 품절의 의미

보충 발주 방식을 검토하기 전에 먼저 최저 진열량과 품절의 의미에 대해서 검토하고자 한다.

아래 표는 어느 상품의 판매 과정을 나타낸 것이다.

〈표 3-1〉

일 자	1	2	3	4	5	6	7	8	9	10
재고수량	100	85	75	64	52	39	29	16	13	9
1일 판매수량	15	10	11	12	13	10	13	3	4	2

1일부터 7일까지는 매일 10개~15개 정도가 판매되었으나, 8일 이후의 매출 수량은 급격히 저하되었음을 알 수 있다.

즉, 재고량이 어느 일정량 이하가 되면 매출 수량이 급속히 저하되는 재고량의 기준이 있다. 이 기준이 되는 최하 재고량의 일정량을 '최저 진열량'이라 한다.

〈표 3-1〉에서는 8일의 재고가 최저 진열량의 기준을 깨뜨리는 것이 된다. 또한 '품절'이라는 것은 하나의 재고도 없이 상품이 진열대에서 소진된 상태를 말하는 것이 아니라 최저진열량의 기준보다 적은 상태를 말하는 것이다.

결국 〈표 3-1〉에서는 8일 이후의 상태를 '품절'이라 할 수 있다.

이와 같이 최저 진열량 이하 또는 품절된 상태에서는 몇 개의 재고가 진열되어 있다 하더라도 예정된 매출을 기대할 수 없으므로 발주 수량을 검토할 경우에는 이와 같은 최저 진열량을 확실하고 정확하게 파악할 필요가 있다.

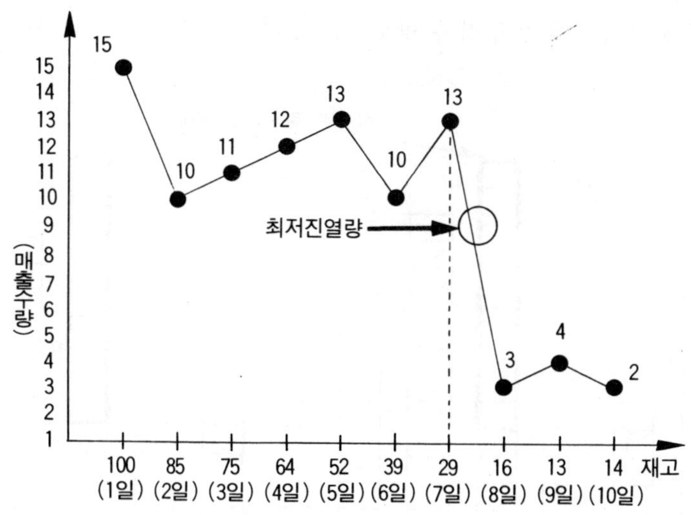

마. 상품의 발주 방법

발주 방법에는 정량 보충 발주(수시 보충 발주, 발주점법)와 부정량
보충 발주(정기보충 발주)의 2종류가 있다.

발주 방법 ┌ 정량 보충 발주(수시보충 발주, 발주점법)
         └ 부정량 보충발주(정기보충 발주)

1) 정량 보충 발주

발주일은 수시로 시행하나 발주량은 일정하게 하는 발주 방법이다.
즉, 상품 재고 수량이 일정량이 되는 시점(발주점)에서 이미 결정되어
있는 일정량을 자동적으로 발주하는 방법이다.

따라서 발주량은 항상 일정하나 발주점까지 재고 수량이 감소된 다
음 수시 발주하는 형태가 된다. 배송센터의 기능이 원활한 경우엔 이
방법은 효과적이다. 예를 들면, 재고가 5개가 됨에 따라 필히 10개를
발주하는 경우이다. 그렇다고 발주점 발주량을 한번 결정한 후에 절대

변경시키지 않는 것이 아니라, 동일 상품일지라도 계절이나 판매 수량의 변화에 대응하여 발주점과 발주량을 변경하는 것이 필요하다.

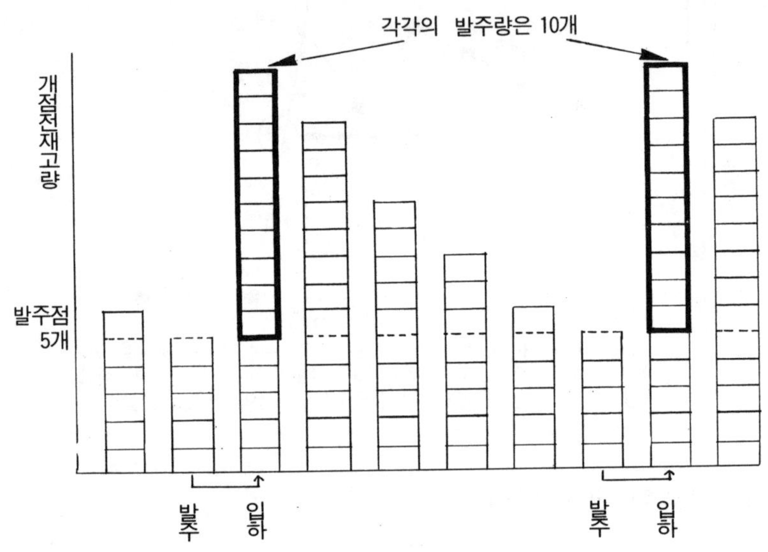

2) 부정량 보충 발주(정기 보충 발주)

발주하는 일자를 정기적으로 정해 놓고 발주하는 방법이다.

이것은 매출을 예상하여 그것을 기초로 발주 수량을 결정하므로 예상매출과 차이가 나게 발주하는 것이 보통이다. 그러나 품절 방지를 위하여 발주일을 상황에 따라 변경시킬 수도 있다.

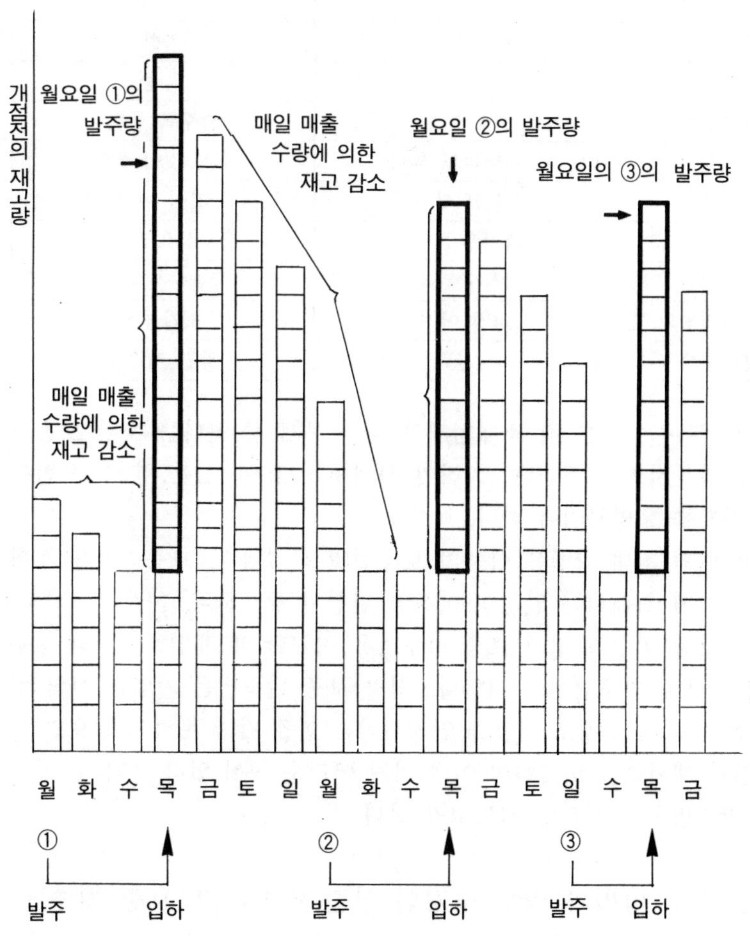

3) 발주법의 비교

정량 보충 발주법과 정기 보충 발주법의 장단점을 비교하면 다음 표
와 같다.

〈표 3-2〉

항 목	정량보충 발주법	정기보충 발주법
① 발주시기	부정기적	정기적
② 발주량	일정	가변
③ 금 액	적음	많음
④ 매출변동	작은 변동에 한해 적용	클수록 좋다
⑤ 품목수	많더라도 좋다	적은 것이 좋다
⑥ 표준성	표준적인 것이 좋다	표준적인 것이 아니라도 좋다
⑦ 매출예측	과거수준 적용	단기적으로 가능
⑧ 조달기간	짧을수록 좋다	짧을수록 좋다
⑨ 보충작업의 계획	약간 어려움	가능
⑩ 발주수속	간단	약간 어려움

체인스토아는 물론 각 소매업체의 당면 문제 중 하나는 소위 노동생산성을 향상시키는 것이다. 그러기 위해서는 될 수 있는 한 소수 인원으로 점포를 운영하여야 한다.

점포 내의 최대 작업은 상품의 보충진열 작업이다. 보충진열을 계획적으로 하기 위해서는 일정수 이상의 인원이 필요하다.

정량 보충 발주와 정기 보충 발주법을 비교할 때 체인스토아의 경우는 정기 보충 발주법이 유리하다. 정량 보충 발주법은 기업 자신의 컨트롤에 의해 어느 정도 매출을 안정시키는 힘을 갖지 못하고 있으면 보충작업의 계획화를 비롯하여 여러 가지 어려운 점이 있다. 다음은 정기 보충 발주법을 중심으로 검토코자 한다.

바. 발주 방법과 발주 수량의 산출 방법(정기 보충 발주)

매출 예측을 기초로 한 발주량을 정기 보충 발주 방법에 의거 검토코자 한다.

1) 상품의 발주량을 결정하는 요소
(가) 발주 사이클

매장에서 상품을 발주한 후 다음 발주일까지의 기간을 발주 사이클이라 한다. (주 1회 발주하는 경우 발주 사이클은 7일이 된다.)

(나) 조달 기간

발주된 상품이 발주일로부터 매장에 도착될 때까지 소요되는 기간을 조달기간이라 한다. (월요일에 발주하여 금요일에 점포에 진열되면 조달기간이 4일이 된다.)

(다) 최저 진열량

재고량이 일정량 이하로 되었을 때 매출 수량이 급속하게 저하되는 경우의 진열량을 도표화하면 다음과 같다.

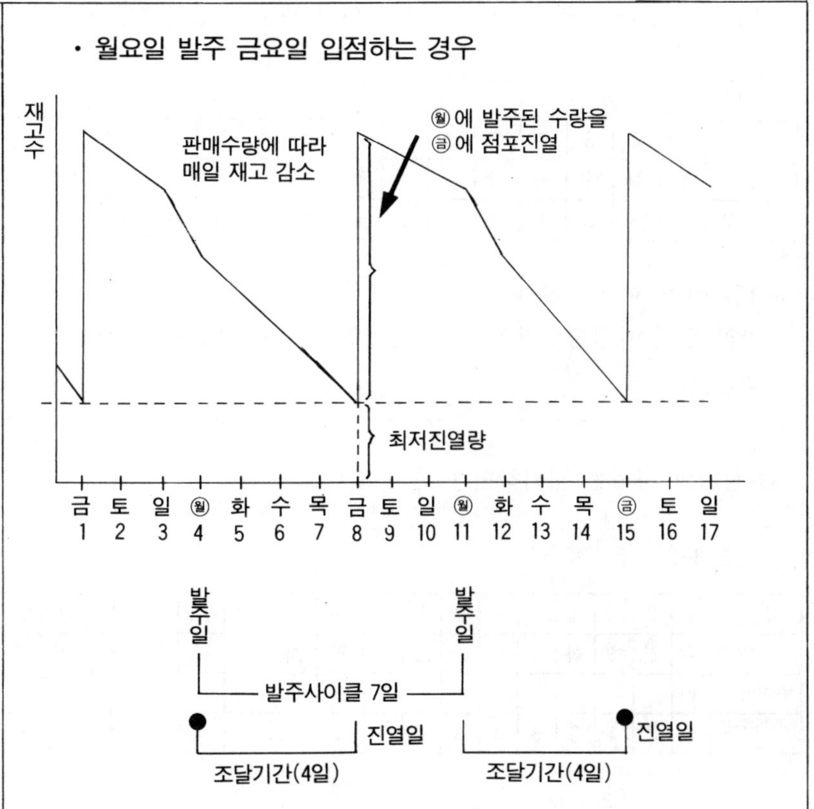

4일(월)에 발주된 상품은 8일(금)에 보충 진열된다. 그 양은 11일(월)에 발주된 상품이 보충 진열된 15일(금)까지에 최저 진열량에 부족한 양이 되지 않도록 하여야 한다.

2) 발주량 검토와 산출 방법

발주 사이클, 조달 기간, 최저 진열량의 3가지 요소에 의해 발주량을 결정하는데 이에 대한 사례를 검토해 보자.

◀ 사례 1 ▶
· A상품은 매주 월요일이 발주일로써 금요일 아침에는 진열이 된다.
· 최저 진열량은 10개
· 1일부터 판매 수량은 작년 자료에 의거 다음과 같이 예상됨

〈표 3-3〉

1	2	3	4	5	6	7	8	9	10	11	12	13	14	15	16	17
토	일	월	화	수	목	금	토	일	월	화	수	목	금	토	일	월
5	7	4	3	3	4	3	6	7	4	3	2	4	4	8	9	3

· 1일 아침 재고는 40개
  만약 당신이 담당자라면 3일(월), 10일(월)의 발주량은 얼마가 되겠는가.

㉮ 상기의 사례를 정리하면 다음과 같다.

〈표 3-4〉

일자	1	2	3	4	5	6	7	8	9	10	11	12	13	14	15	16	17
요일	토	일	월	화	수	목	금	토	일	월	화	수	목	금	토	일	월
재고(아침)	40																
판매수량(예측)	5	7	4	3	3	4	3	6	7	4	3	2	4	4	8	9	3

```
        발           진           발           진           발
        주           열           주           열           주
        └───────────┘           └───────────┘
          조달 기간               조달 기간
        └────── 발주 사이클 ──────┘
```

㉯ 따라서 만약 3일(월)에 발주하지 않는다면 재고는 어떻게 될 것인가.

〈표 3-5〉

일자	1	2	3	4	5	6	7	8	9	10	11	12	13	14	15	16	17
요일	토	일	월	화	수	목	금	토	일	월	화	수	목	금	토	일	월
재고(아침)	40	35	28	24	21	18	14	11	5								
판매수량(예측)	5	7	4	3	3	4	3	6	7	4	3	2	4	4	8	9	3

조달 기간

발주 사이클

이 경우 최저 진열량은 10개이므로 9일(일) 아침이면 최저 진열량이 부족하게 된다. 9일부터 기존 판매수량이 채워지지 않고 있다. 따라서 3일(월)에 발주를 하게 된다.

㉰ 3일(월)에 발주된 상품은 7일(금) 아침에는 점포에 진열(점출)될 수 있으나 중요한 것은 7일(금) 아침 재고로 언제까지 판매를 할 수 있겠는가가 문제다.

〈표 3-6〉

일자	1	2	3	4	5	6	7	8	9	10	11	12	13	14	15	16	17
요일	토	일	월	화	수	목	금	토	일	월	화	수	목	금	토	일	월
재고(아침)	40	35	28	24	21	18	14										
판매수량(예측)	5	7	4	3	3	4	3	6	7	4	3	2	4	4	8	9	3

발주 A개 → 입하 A개　　발주 B개 → 입하 B개

(14＋A개)

〈표 3-6〉과 같이 7일(금) 아침 재고(14＋A)로 다음 입하일인 14일의 전일 13일까지 판매가 무리없이 진행되어야 한다.

　결국 3일(월)에 발주하는 A개는 원칙적으로 7일에서 13일까지의 판매 예측 수량이다. 따라서 3+6+7+4+3+2+4=29개가 된다.

　㉴ 발주 수량이 29개가 되므로 3일에 발주하게 되면 어떻게 될 것인가.

〈표 3-7〉

일자	1	2	3	4	5	6	7	8	9	10	11	12	13	14	15	16	17
요일	토	일	월	화	수	목	금	토	일	월	화	수	목	금	토	일	월
재고(아침)	40	35	28	24	21	18	14	40	34	27	23	20	18	⑭			
발주 / 입하			29				29			발주				입하			
판매수량(예측)	5	7	4	3	3	4	3	6	7	4	3	2	4	4	8	9	3

　〈표 3-7〉에서 14일(금) 아침 재고가 14개로써 최저 진열량이 10개보다 많음을 알 수 있다. 이것은 품절 현상 없이 3일(월)의 29개 발주가 성공적임을 의미한다.

　14일 아침 재고는 최저 진열량 10개보다 4개나 여분이 있다. 그러면 여기서 왜 4개의 여분이 발생되었는가. 그것은 3일날 발주시 7일부터 13일까지의 판매 수량을 발주 수량으로 결정한 다음 발주일인 3일의 재고 수량을 감안하지 않았기 때문이다.

　㉲ 따라서 발주일 3일의 재고(28개)는 새로운 상품이 입하하는 7일 아침(또는 6일)까지의 판매 수량과 최저 진열량의 합계 수량보다 4개가 많은 점을 알 수 있다. 3일에서 6일까지의 판매예측 수량은 4+3+3+4=14개로써 최저 진열량은 10개인바 3일 시점의 재고는 14+10=24개로 아주 합리적인 재고 수준이다. 그러나 실제는 28개로서 4개가 고려되지 않고 있다. 따라서 정확한 발주 수량은 29개－4개=25개가 되어야 한다.

　3일 발주량을 25개로 한 경우 재고 변화를 확인하면 다음과 같다.

〈표 3-8〉

일자	1	2	3	4	5	6	7	8	9	10	11	12	13	14	15	16	17
요일	토	일	월	화	수	목	금	토	일	월	화	수	목	금	토	일	월
재고(아침)	40	35	28	24	21	18	14	36	30	23	19	16	14	⑩			
발주 / 입하			25				25			발주				입하			
판매수량 (예측)	5	7	4	3	3	4	3	6	7	4	3	2	4	4	8	9	3

14일 아침 재고는 정확하게 최저 진열량인 10개가 남게 된다.
지금까지 설명 내용을 정리하면 다음과 같다.

① 3일에 발주된 상품의 입하일(7일)에서 다음 입하일(14일)까지의 판매
   예측 수량 ; 3+6+7+4+3+2+4=29개
② 3일에 발주된 상품의 입하시까지 판매되는 수량 ; 4+3+3+4=14개
③ 최저 진열량 10개
④ 발주일(3일)의 재고가 28개
   상기 ①~④까지를 고려하여 발주량을 구하면
   ①－{④－(②+③)}＝①－④+(②+③)＝①+②－④+③ 이 된다.

이상과 같은 정기 보충에 의한 발주 수량을 공식화하면 다음과 같다.

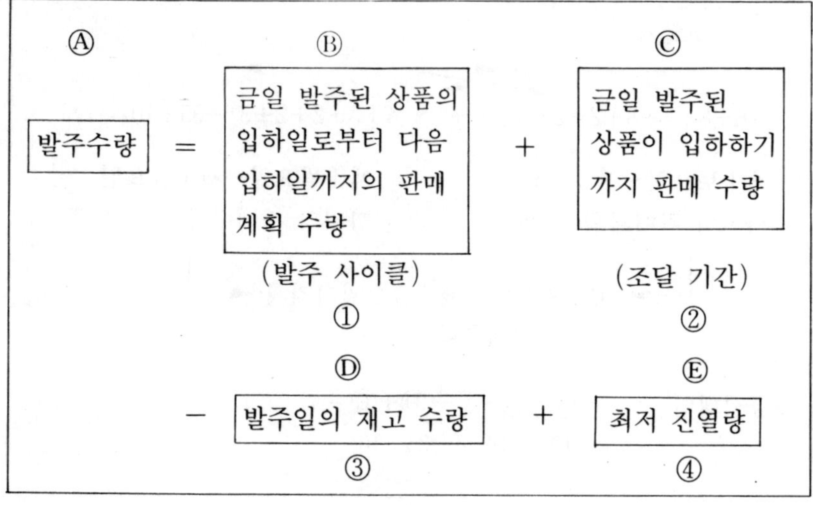

이 공식에 상기의 내용을(3일의 발주수량) 대입하면 $25=29+14-28+10$이 된다.

◀사례 2▶

· 요일별 매출 수량이 다음과 같이 일정하다고 가정하고,

〈표 3-9〉

월	화	수	목	금	토	일
4	3	2	2	3	6	8

· 발주일은 월요일에 주 1회 보충하며
· 입하일은 토요일로써 토요일 아침부터 판매 가능하며
· 최저 진열량은 10개
· 월요일 아침의 재고 수량은 35개
  이 경우 제1월요일의 발주량은 얼마나 되는가.

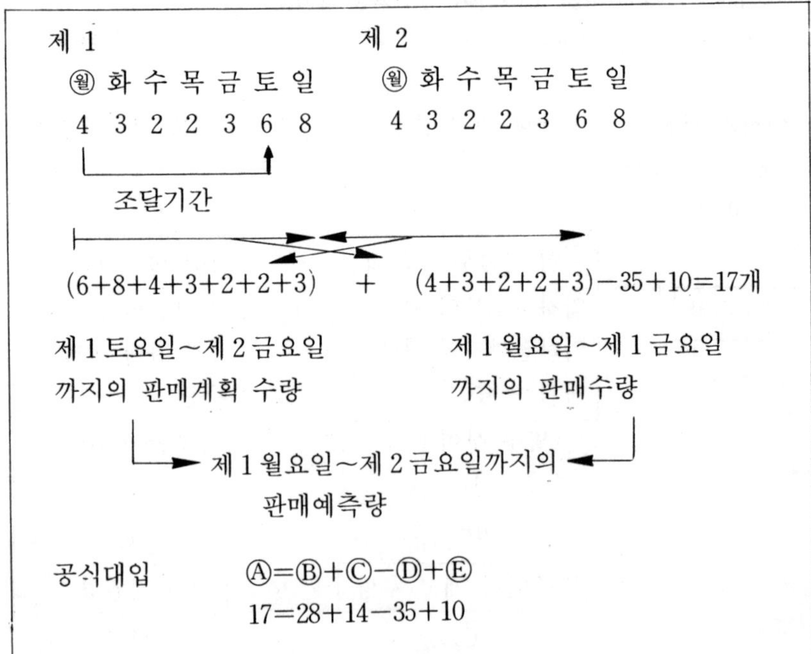

2. 발주 사이클은 고객을 위해 유연한 대응을

 판매수량을 정확히 예측하여 발주한 경우에도 품절 현상은 언제나 발생할 수 있다. 예를 들면 특별주문 사항이 있다든가, 여름 상품이 기온의 상승으로 단기간내 폭발적인 판매가 이루어진다든가 하는 경우가 종종 발생하기 때문이다. 문제는 이와 같은 경우의 대응 방법이다.

 가령, 금요일에 최저 진열량의 부족 현상이 일어나고 정기 발주일은 월요일인 경우, 다음주 월요일까지 기다리게 되면 매장은 판매 기회를 놓치게 되므로 바이어나 거래선 등과 적극적인 협의를 통하여 적은 양이라도 필요 재고량을 확보하여야 한다.

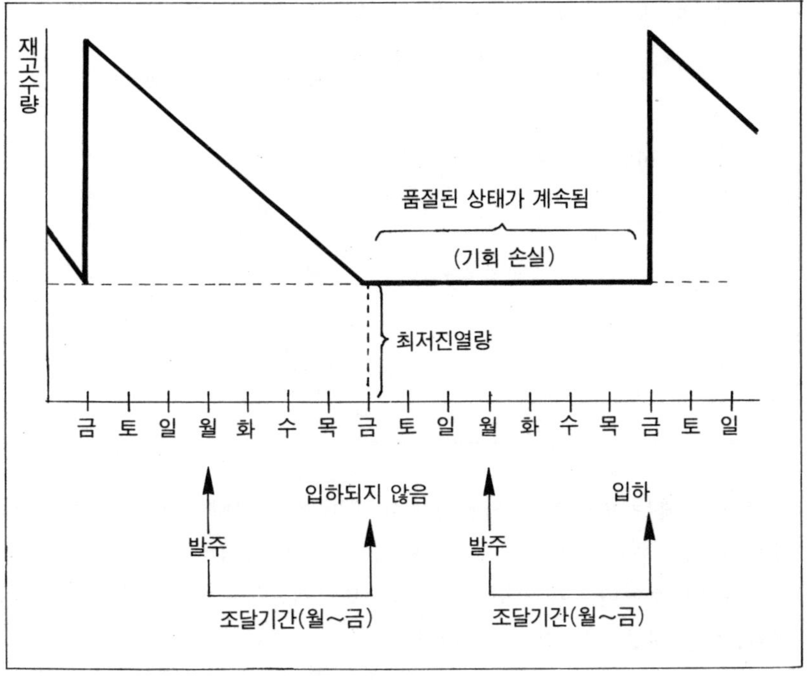

 상기 도표는 매주 일정하게 판매되는 상품이 입하 일자에 납품되지 않고 차기 입하일에 입하된 경우로써 최저 진열량 이하(품절 상태)의 상태가 지속되어 결국 판매 기회를 상실한 경우를 나타내고 있다.

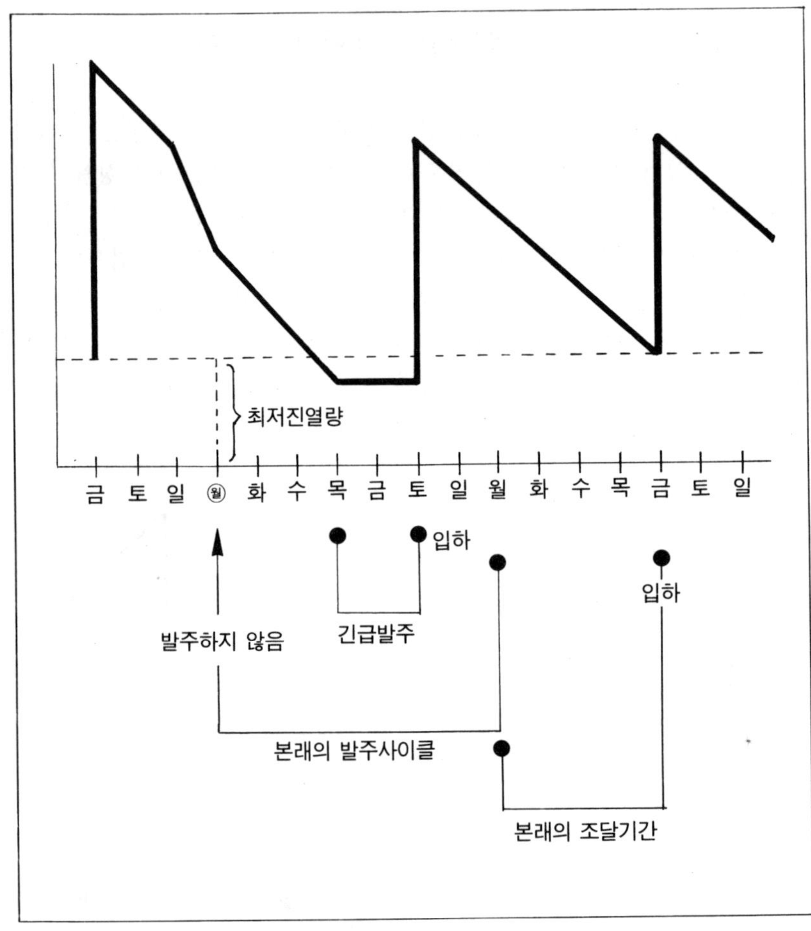

　상기의 예는 발주일인 월요일까지 판매가 부진하여 발주를 하지 않았으나 화~수요일까지 급격한 매출의 발생으로 긴급 발주를 한 형태를 나타낸 것이다. 이와 같이 고객의 요구에 따라 유연하게 발주 사이클을 조정 대응하는 것이 중요하다.

3. 상품의 라이프 사이클(LIFE CYCLE)

가. 상품의 라이프 사이클이란

어떠한 상품이든지 시장에 출시되면 판매가 서서히 증가하여 최성기에 들어갔다가 쇠퇴기를 맞으면서 최후에는 시장으로부터 소멸되는 흐름을 갖게 된다. 이것을 '상품의 라이프 사이클'이라 한다. 상품의 라이프 사이클은 그 기간을 크게 개발기, 도입기, 성장기, 성숙기, 쇠퇴기로 나눌 수 있는데 이 기간을 통한 판매량을 그래프로 나타내면 일반적으로 다음 도표와 같은 형태를 나타낸다.

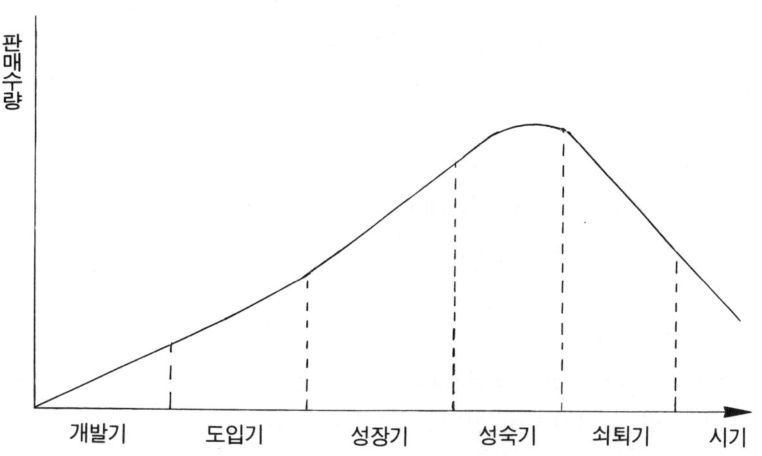

나. 상품의 라이프 사이클의 각 시기별 특징

상기 도표상 개발기, 도입기, 성장기, 성숙기, 쇠퇴기는 각각 다음과 같은 특징이 있다.

1) 개발기
판매되고 있는 점포가 적고 전문점이 중심이 된다. 가격이 비싸고 판매 수량이 매우 적다. 이 시기의 상품은 대형점에선 대개 취급하지 않고 있는 실정이다.

2) 도입기

취급하는 메이커가 증가하고 사람들의 화제에 올라 수요가 증가하기 시작한다. 그러나 판매 수량은 그다지 많지 않다. 이 시기는 대형점의 경우 상품 구성상 어필할 수 있는 중요한 시기가 되며, 다음의 성장기를 대비하여 고객에게 보이기 위한 VISUAL MERCHANDISING을 하는 것이 좋다.

3) 성장기

취급 메이커가 급속히 증가하고 품목도 풍부해지며 싸게 공급되기 시작한다. 어느 점포에서나 취급되는 상품으로 추가 보충이 빈번해지고 메이커의 재고 부족 등으로 상품 공급에 차질이 생기기도 한다.

4) 성숙기

경쟁이 격화되어 일부 점포에서는 특가품으로 등장되기도 하고, 급속한 가격 경쟁이 야기되기 쉽다.

5) 쇠퇴기

수요가 급격하게 감소하여 매출 규모가 줄고 값도 싸게 된다. 보유재고 과다로 매가 인하폭이 커지는 경향이 있다.

이와 같이 라이프 사이클 면에서 보면 고객의 관심과 상품의 판매량은 변화한다. 매장의 담당자들은 자신의 취급 상품에 대해 라이프 사이클상 어느 시기에 해당되는 상품인가를 잘 판단하여 각 시기에 맞게 대응하여야 한다.

다. 상품 라이프 사이클의 시기별 대응

1) 상품 라이프 사이클의 시기 인식

매장의 각각의 상품에 대한 라이프 사이클상의 위치를 파악하기 위해서는 자신의 점포에서 취급하는 상품을 검토함은 물론 업계의 상품 동향이나 타점포의 상품 구성에 관심을 가져야 한다. 그러기 위해서는 항상 거래선이나 상품 구매부, 업계 잡지 등으로부터 정보를 입수하고, 정기적으로 타점포의 취급 상품과 그 제공 방법을 조사하는 것이 포인트가 된다.

이와 같은 외부조사 자료를 기초로 한 후 자사의 취급 상품에 대해 품목별로 판매 수량을 조사하여 판매량이 증가 경향인지, 또는 피크 상태인지, 감소 경향인지 등을 구체적으로 데이타화하여 라이프 사이클을 파악하는 것이 좋다.

2) 라이프 사이클의 시기별 대응책

(가) 개발기

① 텔레비전, 매스컴, 잡지 등을 의식적으로 본다.
② 점포, 상품 부문별로 지정된 타점포를 정기적으로 조사한다.
③ 관계가 있는 전문점을 의식적으로 조사한다.
④ 상품부로부터의 정보를 주의 깊게 살핀다.
⑤ 시식, 시착, 시사용을 해본다.
⑥ 고객의 소리를 의식적으로 듣는다.

(나) 도입기

① 입하 상품을 고객의 눈에 잘 띄는 곳에 진열한다.
② 1~2주일간은 품목별 수량 관리를 철저하게 한다.
   (신규 취급 상품 중 무엇이 판매되는가를 수량으로 검토한다.)
③ P.O.P. 쇼카드 등을 필히 작성한다.
④ 적극적으로 접객을 하여 고객의 반응을 살핀다.
⑤ 조사 지정 점포를 정기적으로 조사한다.

⑥ 자사 내 타점포와 정보교환을 한다.
⑦ 판매 부진 품목은 진열을 변경한다.
⑧ 왜 판매되는가의 이유를 검토하여 데이타화한다.
(도입기에 품목수가 서서히 증가하는 경우와 판매가 부진한 경우가 나타날 수 있으며 성장기에 진입되지 못하고 바로 쇠퇴기로 접어드는 상품도 있다.)

(다) 성장기

① 중점 상품은 Full Stock 상태를 유지한다.
② 중점 상품의 Facing 변경을 행한다. (넓게)
③ 부진 품목은 상품부에 연락한다.
④ 관련 상품의 동향에 관심을 갖는다.
⑤ 주간 단위별, 품목별 판매수량을 파악한다.

(라) 성숙기

① 주변 경쟁점을 정기적으로 조사한다.
② 유사 상품에 대해 주의한다. (TV, 매스컴 등)
③ 진열 위치를 바꾸어 수량을 관리한다.
④ 발주량 결정에 최대한 주의한다.
  (쇠퇴기 진입시 대량 발주 지양)
⑤ 자사 내 타점포 동향 정보에 주의한다.
  (본부 상품부도 성숙기 상품의 판매 추이를 점포에 통보)

(마) 쇠퇴기

① 주간 단위로 재고 내용을 파악한다.
  (거래 중단 시기 결정을 위한 데이타 정리)
② Facing 변경을 행한다. (좁게)
③ 대체 상품의 판매 동향에 주의한다.
④ 재고 처분 판매의 진열을 연출한다.
⑤ 고객의 소리를 의식적으로 청취한다.

라. 라이프 사이클의 패턴

이제까지 이론적 차원의 라이프 사이클의 형태를 설명하였으나 실제로는 여러 가지 형태의 라이프 사이클이 나타난다.

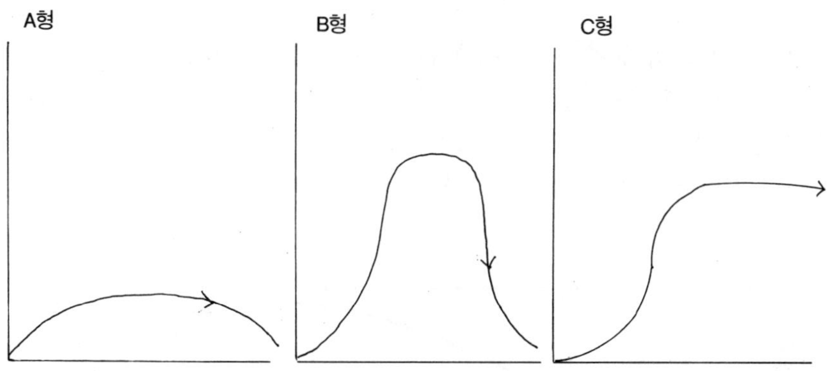

A형은 도입기부터 성장기로 진입되지 못하고 소멸되는 상품형태이다. 실제로 이와 같은 형태의 상품은 상당히 많다.

B형은 도입기부터 급속하게 성장기, 성숙기를 맞이한 후 소멸하는 형태이다. 패션성이 높은 상품에서 이와 같은 예를 많이 볼 수 있다.

C형은 도입기에서 성장기를 맞이하여 그 성장기가 비교적 길게 지속되는 상품 패턴이다. 이것은 가장 판매가 잘 되기 때문에 품절 현상이 나타나기 쉽다.

상품의 라이프 사이클에 대해서는 타점포나 거래선, 자체 상품부, 기타 외부 정보 및 고객의 동향 등과 단품 관리에 의한 판매 실적 데이타에 의거하여 상품의 라이프 사이클 패턴에 맞는 보충 발주를 결정하고 진열량의 증감을 검토함이 바람직하다.

Ⅳ. 품목별 판매 수량과 진열량의 균형

1. 중점관리 상품 파악 방법

판매실적 파악시 상품의 중점관리는 매우 중요한 요소이며 매출 전체에 큰 영향을 주는 품목(중점관리 상품)을 파악하는 것은 진열량의 결정 등 중점적인 관리를 필요로 한다.

예로써 아래 표와 같이 9개 품목의 매출액을 파렛트 곡선으로 표시하면 다음과 같다.

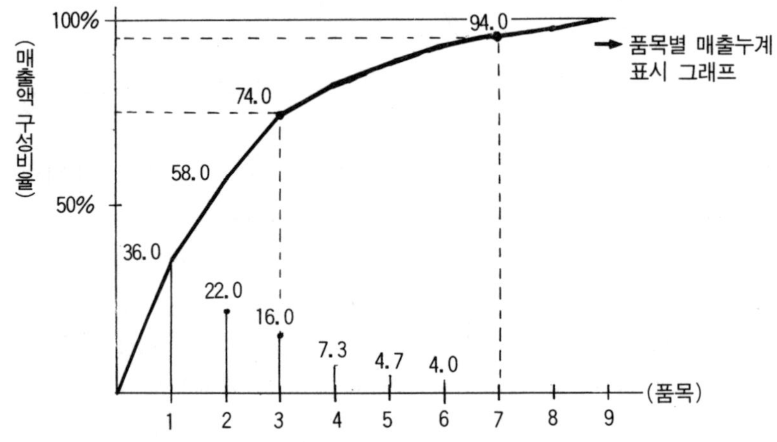

상기 표는 품목 1, 2, 3의 합계 매출 구성비가 74%를 점하고 있다. 따라서 1, 2, 3의 3품목은 전체 매출액에 주는 영향이 크므로 중점적으로 관리할 필요가 있다. 상품 전체 중에서 중점관리를 하기 위해 ABC 분석을 검토할 필요가 있다.

2. ABC 분석

ABC 분석은 품목이 많은 상품군의 경우에 그 품목을 ABC의 3가지 등급으로 나누어 각 등급별로 적합한 관리를 검토하는 것이다.

이 경우 ABC의 등급 구분은 보통 A는 매출 구성비의 75%를 점하는 품목, B는 매출 구성비의 75%~95%를 점하는 품목, C는 95%~100% 사이의 품목으로 구분하고 각각의 비중에 맞는 관리를 하는 것이다.

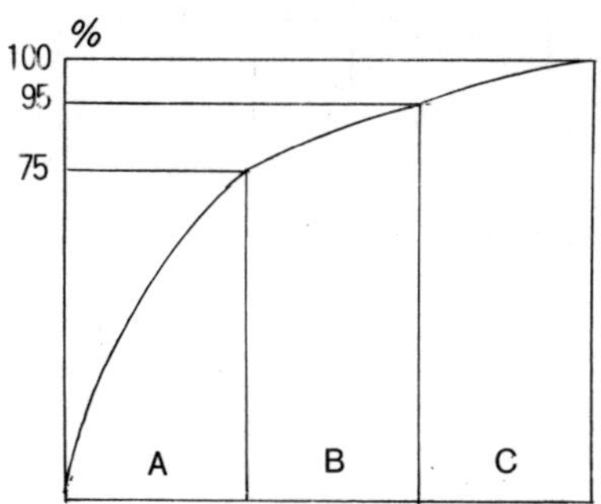

여기서 각각의 비중에 맞는 매출관리란 당연히 매출이 많은 A그룹 품목은 B그룹, C그룹 품목보다 진열량이 많아야 됨을 나타내는 것이다. 따라서 전체 품목의 진열량을 일정하게 하는 것이 아니라 A그룹 즉 중점관리 상품부터 순서적으로 진열량에 비중을 두어 처리하는 것이다.

다음은 ABC 분석에 기초하여 각각의 매출 수량의 크기에 맞는 진열량의 결정 방법에 대해 검토코자 한다.

3. ABC 분석에 의한 진열 상품의 결정 방법

다음 표는 품종 ×에 대한 품목 ㉮에서 ㉛까지의 매출 수량의 일람표이다.

〈표 3-10〉

	㉮	㉯	㉰	㉱	㉲	㉳	㉴	㉵	㉶	㉷	합계
1주간 판매 수량	35	180	30	110	10	50	60	20	40	40	575

상기 표를 파렛트 분석으로 바꾸기 위해서는 매출 수량이 많은 순으로 바꾼 후 그 매출 구성 비율을 구하면 된다.

〈표 3-11〉

	㉯	㉱	㉯	㉺	㉯	㉠	㉠	㉡	㉟	㉝	합계
매출수량 구성비율	13.3	19.1	10.4	8.7	7.0	7.0	6.1	5.2	3.5	1.7	100.0
누계		50.4	60.8	69.5	76.5	83.5	89.6	94.8	98.3	100.0	

이 표를 기초로 매출 수량 구성 비율의 파렛트 곡선을 그리면 다음과 같다.

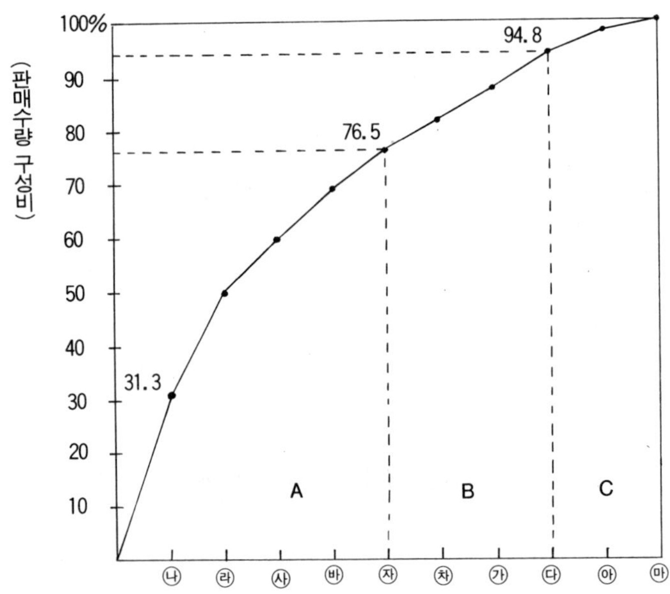

이 결과 판매 수량 측면에서 중점관리 상품, 즉 A그룹의 상품은 ㉯ ㉱ ㉯ ㉺ ㉯가 된다.

다음은 A그룹의 상품 진열 수량을 어떻게 할 것인가의 문제가 남는다. 이것은 실무적으로 매우 중요한 것으로 상기 파렛트 곡선에 약간의 수정을 가하게 된다.

가) 파렛트 곡선의 응용

지금까지 설명된 파렛트 곡선의 세로축에는 매출액 또는 매출 수량

의 구성비를 나타내고 매출액(수량)의 크기 순서대로 중점관리 상품을
정리(순위별)하였다. 이 경우 그래프의 가로축에는 매출액(수량)의 크
기 순으로 그 품목을 등간격으로 배치하는 것이 그래프 작성의 포인트
였다. 여기서는 이와 같이 작성된 파렛트 곡선을 어떻게 응용하여 각각
의 품목별 진열량을 결정하는 것이 좋은가를 검토코자 한다.

먼저 세로축에 각각의 진열 수량의 구성 비율을 작성하여 그래프를
작성한다.

품종 ×종의 품목 ㉮～㉠에 대해서 판매 수량과 평균 진열 수량 일람
표를 작성한다.

〈표 3-12〉

	㉮	㉯	㉰	㉱	㉲	㉳	㉴	㉵	㉶	㉷	합계
1주간 판매수량	35	180	30	110	10	50	60	20	40	40	575
평균진열수량	70	90	90	220	40	100	60	80	10	40	800

상기 표를 파렛트 분석으로 하기 위해 매출 수량의 크기순으로 각각
의 매출 구성비를 산출하고 누계의 매출 구성 비율을 구하는 것은 앞의
설명과 같으며 상기의 방법과 동일한 내용으로 각각의 평균 진열 수량
구성 비율을 구하고 또한 그에 대한 누계 구성 비율을 구한다.

이것을 표로 정리하면 다음과 같다.

〈표 3-13〉

	㉯	㉱	㉴	㉳	㉵	㉷	㉮	㉰	㉵	㉲	합계
매출수량 구성비율	31.1	19.1	10.4	8.7	7.0	7.0	6.1	5.2	3.5	1.7	100.0
누계		50.4	60.8	69.5	76.5	83.5	89.6	94.8	98.3	100.0	
평균진열수량 구성비율	11.2	27.5	7.5	12.5	1.3	5.0	8.8	11.2	10.0	5.0	100.0
누계		38.7	46.2	58.7	60.0	65.0	73.8	85.0	95.0	100.0	

상기 표에 의거 세로축에 판매 수량 구성 비율을, 가로축에 진열 수
량 구성 비율을 나타내는 그래프를 작성하면 다음과 같다.

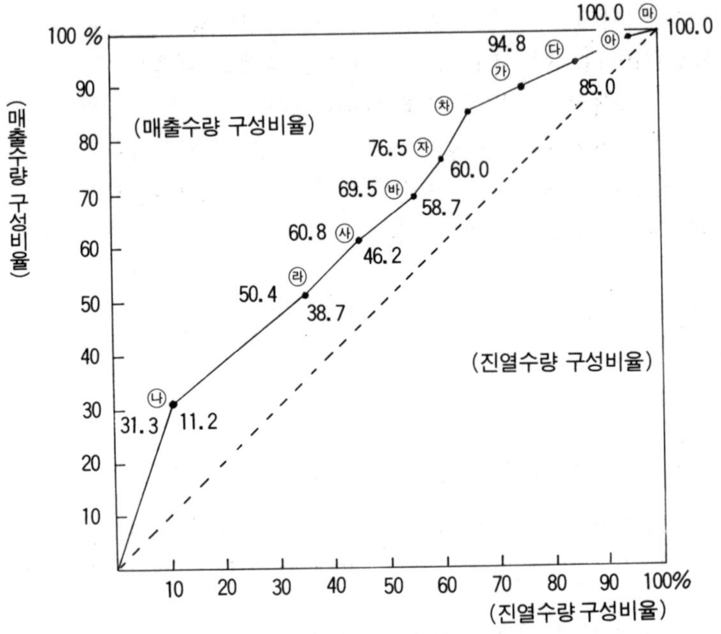

상기 그래프를 각 품목의 판매수량과 진열수량의 밸런스를 보기 쉽게 하기 위하여 다음과 같이 그래프를 일부 수정한다.

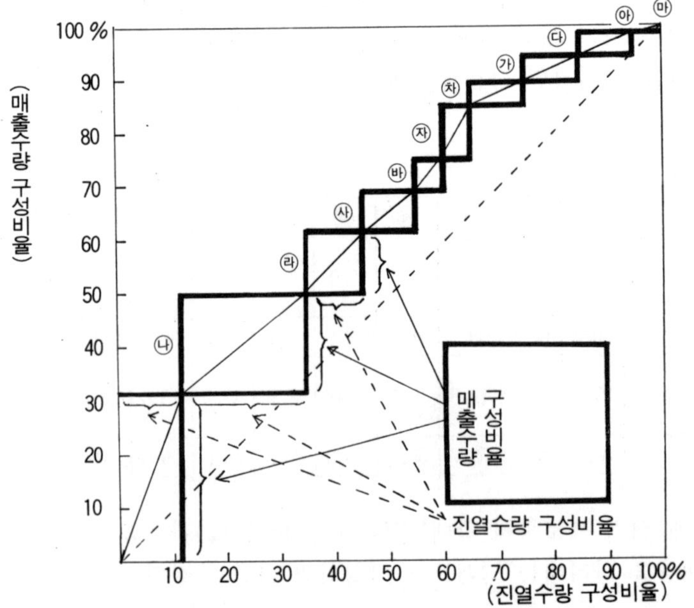

나) 매출 수량에 맞는 진열 수량의 조정

앞의 도표는 전체 품목에 대해서 세로로 매출 수량 구성 비율을, 가로로 진열 수량 구성 비율을 각각의 4각형 형태로 나타낸 것이다.

이 그래프는 품목에 따라 여러 가지 형태의 4각형을 나타내고 있으나 크게 나누어 가로가 긴 것, 세로가 긴 것, 정방형에 가까운 것 등 세 가지로 나눌 수 있다. 이 세 가지 형태의 4각형은 각각 다음과 같은 특징을 갖고 있다.

1) 세로가 긴 사각형의 상품

㉮ 진열 수량의 구성 비율에 비해서 판매 수량의 구성 비율이 큰 상품이다.

㉯ 따라서 진열 보충을 자주 하지 않으면 품절의 위험이 높은 상품이다.

㉰ 상품 회전율이 품종 ×중에서는 높은 품목의 상품이다.

㉱ 그래프에서는 ㉯ ㉻가 해당된다.

㉲ 결국 ㉯ ㉻는 진열량을 늘려야 한다.

2) 가로가 긴 사각형의 상품

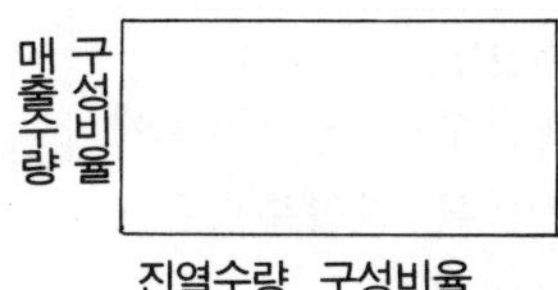

㉮ 판매 수량의 구성 비율에 비해서 진열 수량의 구성 비율이 큰 상품이다.

㉯ 따라서 진열에 여분이 발생되며 여유분만큼 오래된 상품이 많게 되고, 파손·오염 등에 의한 매가 변경의 위험이 높은 상품이다.

㉰ 상품 회전율이 품종 ×중에서는 낮은 품목들임을 알 수 있다.

㉱ 그래프의 예에서는 ㉱ ㉶ ㉰ ㉸ ㉲ 등이 해당된다.

㉲ 이와 같은 경우는 진열량을 줄여야 한다.

3) 정방형의 상품

㉮ 매출 수량 구성 비율과 진열 수량 구성 비율이 같은 수준의 상품

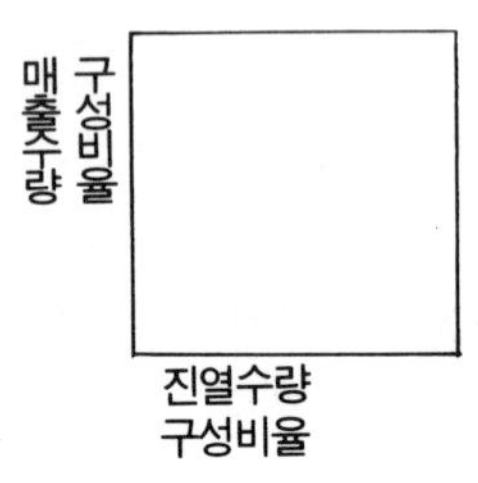

이다.

㉯ 따라서 진열 수량과 판매 수량의 균형이 맞는 상품이다.

㉰ 상품 회전율은 품종 X에서 평균적인 품목이다.

이상에서 검토한 바와 같이 사각형이 세로로 긴 형태의 상품, 즉 진열 수량의 구성 비율에 비하여 판매 수량 구성 비율이 큰 상품에 대해서는 진열량의 증가가 필요하고 반대로 사각형이 가로로 긴 상품, 즉 판매 수량의 구성 비율에 비해 진열 구성의 비율이 큰 상품에 대해서는 진열량의 감소가 필요하다.

이 경우 진열 수량의 증가를 하거나 감소를 시키는 것은 각각의 품목에 대해서 진열 수량과 판매 수량의 균형을 적절하게 하는 것이다. 결국 각각의 사각형 형태를 정방형에 가깝도록 하는 것이다.

다음은 그래프의 품목 중 몇 가지에 대해 구체적으로 검토해 보자.

◀ 사례 1 ▶

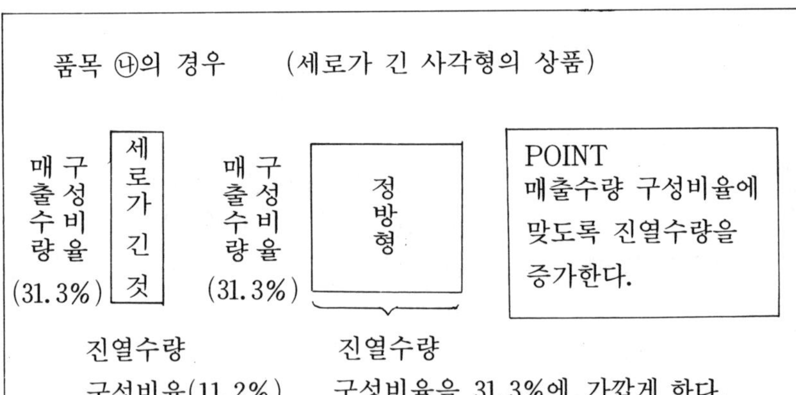

◀ 사례 2 ▶

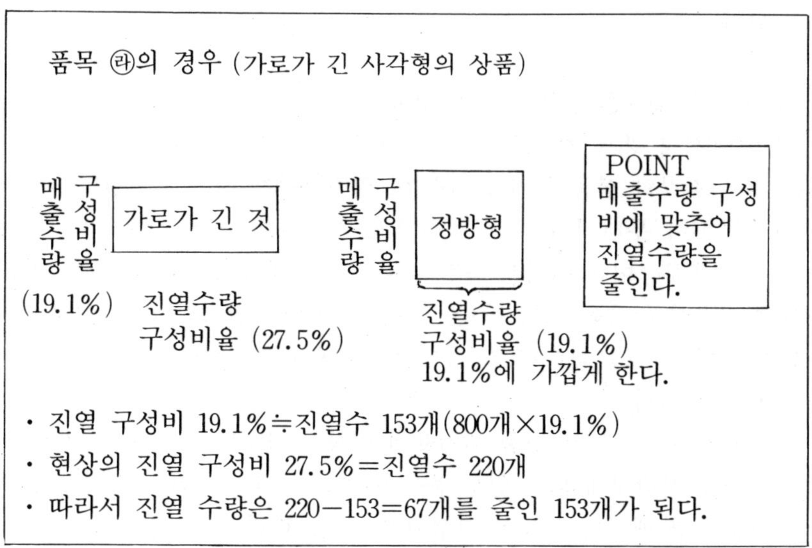

- 진열 구성비 19.1%≒진열수 153개(800개×19.1%)
- 현상의 진열 구성비 27.5%=진열수 220개
- 따라서 진열 수량은 220−153=67개를 줄인 153개가 된다.

상기 검토와 같이 품종×의 10개 품목에 대해 전부정방형이 되도록 진열수량을 품목에 따라 증감시켜 그래프로 나타내면 다음과 같다.

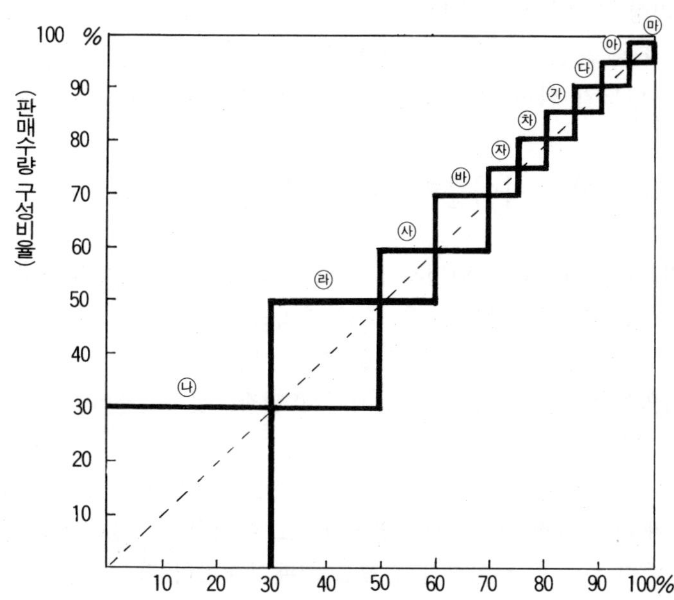

㉮~㉯까지 각각 품목의 판매수량과 진열수량의 균형을 유지한 형태가 된다.

다) 상품 회전율을 일정하게 한다

㉮~㉯까지 품목 각각의 진열 수량과 판매 수량의 균형을 유지한다는 것은 각각의 상품 회전율(일수)이 일정하다는 것을 의미한다.

이 균형이 무너지면 평균 이상으로 회전율이 높은 상품(품목 ㉯의 예)은 진열보충이 늦어져서 품절의 위험이 높게 되고 거꾸로 평균 이하의 회전율상품(품목 ㉭의 예)은 여분의 진열이 발생되어 그 여분만큼 상품이 많아지고, 파손·오염 등에 의한 매가 인하(매가변경)의 문제가 발생될 수 있다.

이와 같이 품목별로 상품 회전율에 이상이 발생될 경우 진열·발주 업무가 매우 복잡하게 되고 일부 품목은 품절이 되는가 하면 반대로 판매 잔량에 대한 매가변경 등이 발생되게 된다. 따라서 각 품목별로 '상품 회전율을 일정'하게 하여야 한다. 즉 품목별로 진열 수량 대 매출 수량의 비율이 일정하게 됨에 따라 진열 수량(FACING 수)을 조정하는 것이 재고 관리상 기본원칙이 된다.

상품 회전율을 일정하게 하면 진열·발주 업무 등의 작업 효율이 향상되고 품절의 빈도가 적어지며 매가 변경(매가 인하)의 빈도가 준다.

4. 상품의 라이프 사이클과 ABC 분석

각 품목의 상품 회전율을 일정하게 하고 그 가운데서 판매 구성비의 70%~75%를 점하는 A그룹 상품을 중점 관리하여야 하는 이유를 설명하였으나, 여기서 꼭 염두에 두어야 할 것은 상품의 라이프 사이클 편에서 설명하였듯이 모든 상품이 도입기에서 성장, 성숙기를 거쳐 쇠퇴한다는 사실이다.

즉 ABC 분석에 의한 A그룹 상품은 항상 일정하지 않고 계절의 변화나 유행, 신제품의 등장 등에 따라 변화하므로 이러한 특성을 감안하여야 한다. 상품의 라이프 사이클을 전제로 그때그때마다 각 품목의 상품 회전율을 일정하게 하여 발주 수량과 진열 수량을 조정하여야 한다.

V. 자석 상품의 계획적 배치

1. 자석이란 무엇인가

고객을 점내 구석구석까지 유인하기 위해서는 상품 배치에 관심을 기울여 자연스럽게 유도하는 기술이 필요하다. 이 경우 상품으로 고객을 유인한다는 의미로서 이와 같은 상품을 자석상품이라 한다. 자석에는 그 위치와 역할에 따라 제1자석에서 제4자석까지 있다.

슈퍼마켓과 같은 셀프서비스 판매 방식을 취하는 매장과 패션 등 의류 상품처럼 셀프서비스보다 대면판매 위주의 매장에 대해 구분하여 검토코자 한다.

2. 셀프서비스로서 SLOT진열 중심 매장의 자석상품 배치

이것은 슈퍼마켓 매장처럼 통로가 명확하며 스롯트진열 중심의 매장 경우의 예이다.

가. 제1자석

주 통로의 양측을 차지하고 고객을 점포의 가장 깊은 곳까지 유인하는 상품을 말한다. 이러한 상품은 다음과 같은 4가지 조건을 갖추고 있다.

① 소비량이 많은 상품
② 계절성이 높은 상품
③ 소비빈도가 높은 상품
④ 구매력이 강한 상품

즉 대다수 고객이 구매한 주력 상품군(부문)이며, 계절에 따른 생활의 변화에 밀착되고 안정되게 상품 구성이 될 수 있는 상품이라고 할 수 있다. 식품의 경우는 생선(1차 식품;청과, 야채, 생선, 정육 등)식품 코너가 된다.

나. 제2자석

주 통로의 돌출된 위치로서 통로에 잠시 서게 하거나 또는 고객을 통로의 깊은 곳까지 유도하는 기능을 갖는 장소의 상품을 말한다.

제2자석에는 주 통로상에 돌출된 위치에 있는 A형과 주 통로 이외에 돌출 진열된 B형이 있다. A형이나 B형 모두 다음과 같은 조건의 포인트가 있다.

① 팔고자 하는 상품, 또는 잘 팔리는 상품의 연출
② 계절 연출
③ 밝고 화려한 연출

여기서 주의하여야 할 것은 제1자석은 상품 그 자체가 고객을 유인하는 데 반해 제2자석은 연출이 중요시된다. 즉 통로상에 머무르는 고객에 대하여 먼눈으로 보더라도 어필할 수 있는 밝고 엑사이팅한 칼라로 연출하여 자연스럽게 깊은 곳까지 유인하는 것이 포인트가 된다.

다. 제3자석

엔드곤도라 진열로써 출구를 향한 고객을 자극하여 유인하고 머무르게 하는 기능을 갖는 상품을 말한다.

제3자석의 조건은 다음과 같다.

① 질량감의 자극 ② 계절의 자극 ③ 위치의 자극

제3자석에서 중요한 것은 자극으로 고객을 유인하는 것이다. 자극을 바꾸어 말하면 '새로움'이라 할 수 있다.

따라서 제3자석 상품을 놓는 엔드곤도라는 임시 매장으로 검토되어야 한다. 이것이 곤도라 스롯트의 계속 상태로 된다면 본래의 매장과 동일하므로 자극력을 상실하게 된다. 그리고 제3자석의 엔드 매장은 항상 변화가 있어야 한다. 그 변화의 속도는 고객이 또 변했구나 하는 생각보다 먼저 변하는 것을 말한다. 식품의 경우 주 1회, 의류품은 2~3주에 1회 정도 변화가 있어야 한다.

라. 제 4 자석

진열대 가운데 고객을 멈추게 할 수 있는 상품이다. 진열대마다 1~2개 품목은 제 4 자석이 필요하다.

이와 같은 상품은 팔고자 하는 상품, 염가 상품, 광고품 등이며 다음과 같은 방법으로 고객에게 어필하게 된다.

① 최대의 FACING을 한다.
② 변화 진열(진열대 선반의 변화, 기구 변화 등)
③ 쇼카드를 사용한다.
④ 포스터를 사용한다.

셀프서비스의 스롯트 진열매장의 자석상품 배치도(예)

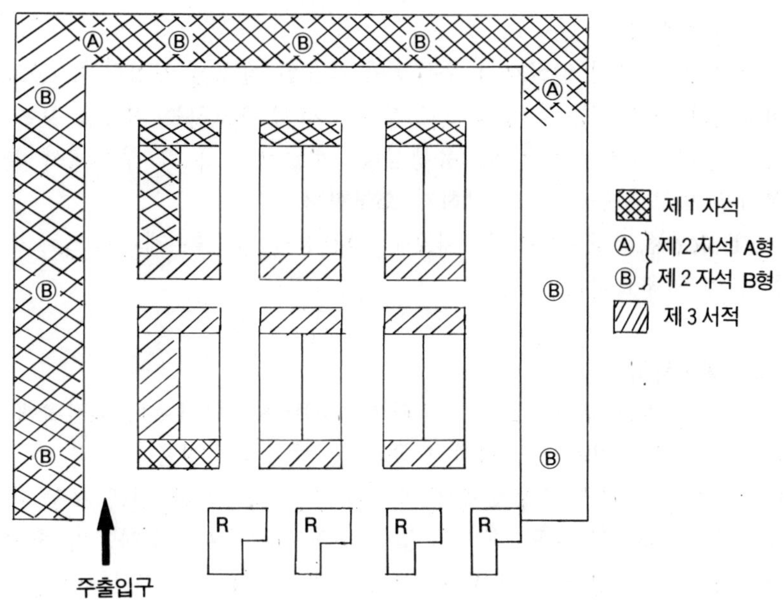

3. 패션·의류 매장의 자석상품 배치

이것은 부인·신사·아동 의류 등 주통로로부터 깊은 곳에 있으며 진열 집기의 구성으로 자유롭게 통로를 설정할 수 있는 매장의 경우이다. 이 경우 원칙면에서는 셀프서비스 매장과 비슷하나 차이점은 주통로를 걷는 고객을 각각 부문별 매장의 깊은 곳까지 유인하기 위해서는 주통로상의 고객의 시각에 소구하는 부문 내의 자석의 설정이 중요하다는 점이다.

가. 제1자석~제4자석 설정 포인트

1) 제1자석
각 층의 메인스테이지로서 그 층의 입구에 설정한다. 이것은 층 전체를 리드하는 역할을 하며 그 층의 얼굴로서 연출한다. 이것은 계절, 사회행사, 유행 등을 감안하여 계절별로 고객에게 가장 어필하는 새로운 생활 제언을 하는 것이다.

2) 제2자석
각 상품 그룹의 얼굴로서 주통로의 돌출된 장소에 설정한다. 통로에 머물거나 걷고 있는 고객을 층의 깊은 곳까지 유도하는 기능을 갖는 연출을 한다. 중점판매 상품, 유행상품, 계절상품 등 그 부문에서 가장 역점을 두고 있는 상품을 강하게 소구한다.

STORY성, SEASON성, 새로운 패션성의 요소를 계획적으로 소개함이 매우 중요하다.

3) 제3자석
각 부문 내의 포인트로서 상품의 GROUPING 단위로서 중점판매 상품, 계절 상품 가운데 금년의 흐름 등을 중심으로 상품 특성을 소구한다. 이것은 고객을 주통로에서 각 부문으로 유인하기 위해 부문 내에 배치한다. 따라서 부문 내에 주통로 근처 또는 깊은 곳까지의 중간에 스테이지, 마네킹 또는 TORSO(머리 수족이 없는 동체만의 조각상) 등을 사용하여 연출하는 경우와 부문 내의 벽면이나 기둥 주위에 연출을 하게 된다.

4) 제 4 자석

일반적으로 진열 내에서 상품의 특성을 강조하기 위해 진열 집기 내에 악센트를 줄 수 있는 데에 배치한다. 이것은 진열 상품 가운데 고객을 멈추게 하기 위해 진열 집기의 전면 또는 위에 샘플을 진열하여 어필한다.

이상, 패션 의류품 등의 매장에서 자석상품의 배치에 대해서 설명하였으나 제 1 자석, 제 2 자석은 매장 전체에서 볼 때 고객을 주통로의 깊은 곳까지 유도하기 위한 것이며 제 3 자석, 제 4 자석은 주통로상에 잠시 멈춰서 있거나 걷고 있는 고객을 각 매장의 가운데로 유도하기 위한 것이다. 이것을 전체의 도면으로 나타내면 다음과 같다.

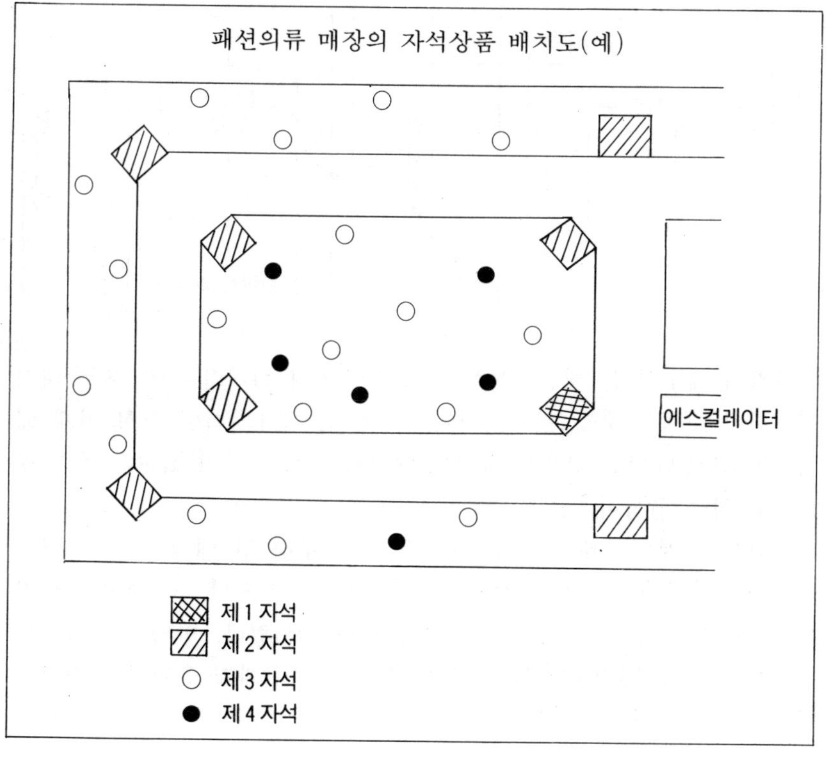

나. 패션의류 매장의 제 3, 제 4 자석의 중요성

식품 슈퍼마켓 등의 매장은 스롯트 중심의 진열인바 주통로와 부통로가 명확하게 설정되어 있다. 따라서 진열 상품은 주통로 또는 부통로에 면하는 스롯트나 곤도라에 진열된다.

그러나 패션의류 매장 등은 스롯트가 없고 행거나 랙 등의 집기를 주로 사용하므로 각각의 매장이라도 깊이가 있게 된다.

식품 슈퍼마켓 통로 설정   의류품 매장의 통로 설정
(진열상품은 통로에 면해 있음) (통로로부터 볼 때 진열 위치에 깊이가 있다)

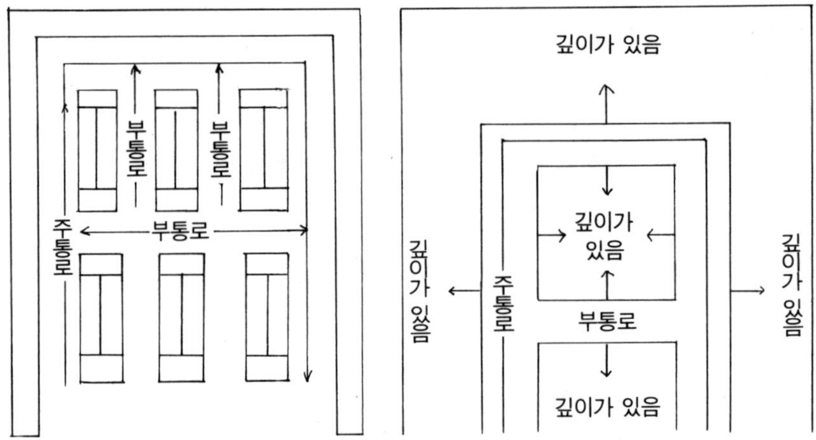

따라서 제 1 자석, 제 2 자석이 설정되어 있다 하더라도 각 부문 내의 깊이까지 고객을 유도하는 위치에 제3 자석, 제 4 자석이 균형 있게 배치되어 있지 않다면 고객은 각각의 매장의 깊은 곳까지 접근을 하지 않으려고 하는 경향이 있다.

그러므로 패션의류 매장에서는 주통로로부터 각 매장 내로 고객을 유도하는 제 3 자석, 제 4 자석이 중요한 포인트가 된다. 각 매장별로 깊은 곳에 균형 있는 좋은 공간을 배치할 필요가 있다. 만약 제 3 자석을 주통로변에 설정하였다 하더라도 매장의 깊은 곳까지 유인하는 역할이 이루어진다고 보기는 어렵다.

결국 제 3 자석, 제 4 자석은 고객이 각 매장 전체에 대하여 눈을 두고 관심을 갖게 하는 연출 포인트이다. 주통로에서 매장을 보는 경우에도 각 매장의 먼 곳과 가까운 곳의 배치 밸런스가 강약의 악센트(높이, 넓이, 집기 종류 등)를 고려하여 설정하여야 한다.

다. 주도선(主導線)과 초점 포인트(FOCAL POINT)

1) 도선(導線)과 동선(動線)

매장 LAYOUT 계획시 고객유도 통로를 계획적으로 설정한 계획상의 고객 유도선을 도선이라고 하며 실제 고객이 통로상에 움직이는 상태를 동선이라고 한다.

이와 같이 깊이가 있는 매장의 경우에는 고객을 주통로에서 매장 내로 스무드하게 유도하기 위해 고객이 이용하기 쉬운 도선을 설정한다. 특히 상품의 그룹핑을 고려해서 그 그룹핑을 명확하게 나누는 통로(도선)로서 주통로에서 직선으로 설정된 도선을 주도선이라 한다.

이 경우 주도선의 돌출 부위는 필히 제 3 자석을 설정하나 이 주도선의 돌출 부위에 배치되는 제 3 자석은 그 부문 중에서도 가장 볼륨이 있거나 매력적인 것으로 하여야 한다. 이 주도선의 돌출된 제 3 자석을 특히 그 부문의 초점 포인트라 한다.

지금까지 설명한 내용을 도면화하면 다음과 같다.

패션의류 매장에서 제 3, 제 4자석의 설정도(예)

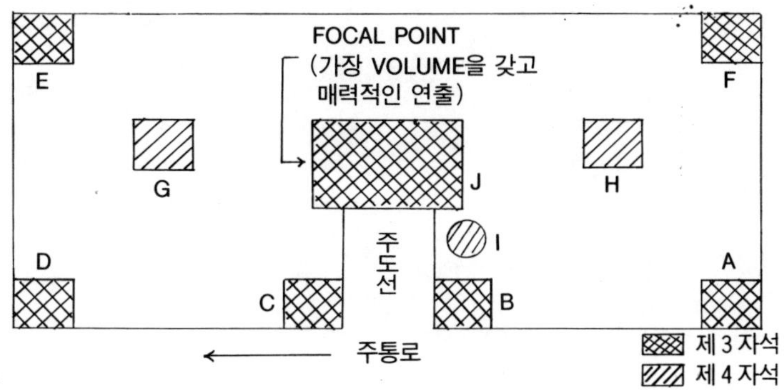

라. 시각 포인트와 집시(集視) 포인트

제3, 제4자석은 고객을 매장 내로 시각을 유도하는 연출 스페이스가 되나 그 가운데 주도선 주변에 설정된 제3, 제4자석을 특히 집시(集視) 포인트라고 한다. 이것을 고객이 주도선의 입구에 있을 경우 돌출된 초점 포인트까지의 눈의 흐름을 콘트롤하기 위한 포인트로서 특히 주도선이 긴 경우에 설정하여 고객을 주도선 내로 유도한다.

이에 반해 매장 전체에 대하여 눈의 흐름을 콘트롤하는 제3, 제4자석을 시각 포인트라고 한다. 여기에서 원근에 의한 배치의 균형과 강약의 악센트가 필요하다.

앞의 도면에서 B, C, I가 집시 포인트가 되고 A, D, E, F, G가 시각 포인트이며 J가 초점 포인트가 된다. 고객을 매장의 구석구석까지 자연스럽게 유도하기 위해 자석상품은 매우 중요한 역할을 한다. 제1자석~제4자석의 각각의 역할과 설정 포인트를 충분히 이해하여 효과적인 배치가 되도록 하여야 한다.

Ⅵ. 최저 재고량의 결정 방법

1. 최저 재고량의 필요성

조달 기간의 안정과 단축화는 메이커나 도매상과의 협력에 의해 어느 정도 실현이 가능하다. 그러나 판매는 불특정 다수의 소비자를 상대로 이루어지는 것이므로 정확한 예상을 한다는 것은 매우 어려운 일이다.

소위 매출량의 분산폭은 피할 수가 없다. 이러한 매출량의 분산폭을 흡수하여 품절을 야기시키지 않는 노력을 한 결과를, 즉 안전 여유로서의 최저 재고량이 된다.

조달 기간이 일정하게 정해져 있으면 최저 재고량은 그와 같은 방법으로 결정되게 되나 매장의 최저 재고량을 결정하는 데 있어서는 다음과 같은 조건을 고려하여야 한다. 먼저 순수하게 수학적 방법으로 검토코자 한다.

2. 표준편차

먼저 표준편차에 대해 간단히 설명코자 한다.

〈표 4-1〉

A	2	2	2	2	2	2	2	계 14	평균 2
B	1	3	2	3	1	1	3	계 14	평균 2
C	0	0	6	0	0	0	8	계 14	평균 2

평균은 동일하게 2이나 그 평균을 만드는 각 수의 분산폭은 차이가 있다. 따라서 각 수열의 분산폭을 조사하면 다음과 같다.

⟨표 4-2⟩

A열	B열	C열
$2-2=0$	$1-2=-1$	$0-2=-2$
$2-2=0$	$3-2=1$	$0-2=-2$
$2-2=0$	$2-2=0$	$6-2=4$
$2-2=0$	$3-2=1$	$0-2=-2$
$2-2=0$	$1-2=-1$	$0-2=-2$
$2-2=0$	$1-2=-1$	$0-2=-2$
$2-2=0$	$3-2=1$	$8-2=6$
분산폭이 없다.	플러스, 마이너스로 나누어져 있으며 분산폭이 크지는 않다.	가장 큰 분산폭을 나타내고 있다.

각 수치의 평균과의 차이는 플러스도 있고 마이너스도 있다. 평균으로부터의 편차를 합하면 전부 0이 된다. 그것은 평균치를 빼므로 당연히 0이 된다. 마이너스 부분을 없애기 위해 각 수치를 자승으로 하면 A열은 전부 0이므로 필요없다.

⟨표 4-3⟩

B열	$(-1)^2=1$	$1^2=1$	$0^2=0$	$1^2=1$	$(-1)^2=1$	$(-1)^2=1$	$1^2=1$	계 6
C열	$(-2)^2=4$	$(-2)^2=4$	$4^2=16$	$(-2)^2=4$	$(-2)^2=4$	$(-2)^2=4$	$6^2=36$	계 72

평균으로부터의 편차의 자승치에 대한 합계치를 자료수(7개)로 나누면 앞에서 자승을 하였으므로 이번은 평방근으로 표시되어,

$$\text{B열}=\sqrt{\frac{6}{7}}≒0.926 \quad \text{C열}=\sqrt{\frac{72}{7}}≒3.207\text{이 된다.}$$

이것이 표준편차이다. 표준편차의 일반식은 다음과 같다.

$$\sigma=\sqrt{\frac{\Sigma(x_i-\bar{x})^2}{n}}$$

Σ(시그마)=합계의 뜻

x_i=각수치

$\bar{x}$(엑스바)=평균치

n=자료수

3. 표준편차의 특징

왜 이와 같은 복잡한 계산을 하는가라는 의문이 있겠으나 이 표준편차를 기준으로 평균치보다 몇 배의 차이가 있느냐에 따라 어느 일정한 확률로써 그 수열의 숫자가 입력될 수 있느냐를 알 수 있게 된다.(엄밀하게 보면 각 수치가 정규분포를 한다는 가정에서 성립된다.)

예를 들면, 각 수치의 어느 것이 평균치에 표준편차의 1배의 숫자를 더한 숫자 이상이 되는 확률은 15.87%이고, 2배의 경우는 2.28%이고, 3배의 경우는 0.13%이다.(보다 자세한 것을 원하면 정규분포 참고)

C열을 예로 보자.

〈표 4-4〉

평균치		배율		표준편차		상한치
2	+	1	×	3.2	=	5.2
2	+	2	×	3.2	=	8.4
2	+	3	×	3.2	=	11.6

표준편차의 1배를 더한 5.2 이상이 되는 확률은 15.87%이므로 C열 수치 중 6과 8은 100회에 약 16회 정도밖에 발생되지 않는 현상의 수치가 된다. 그러나 표준편차의 2배를 더한 경우는 8.4% 이하이므로 100회에 약 2.3회 이상은 발생되지 않음을 알 수 있다.

이것을 상품으로 보면 평균치에 표준편차의 2배를 더한 숫자 이상으로 판매(품절의 상태)되는 확률은 2.3%가 된다.

4. 최저 재고량의 수학적 결정 방법

최저 재고량은 판매 예측과 실제가 항상 일치한다면 이론적으로는 필요없다. 그러나 현실적으로 오차가 발생되므로 필요하게 된다. 따라서 정기 보충제도의 최저 재고량의 수학적 방법의 공식은 다음과 같다.

$$\text{최저 재고량} = \text{안전계수} \times \sqrt{(\text{조달 기간} + \text{발주 사이클 기간})} \times \text{매출의 표준편차}$$

　안전계수는 표준편차의 몇 배가 되느냐의 숫자로서 통상 2~3 사이의 수치를 사용한다. 이 경우 사용되는 숫자를 안전계수라 한다. 조달기간에 발주 사이클 기간(일수)을 더한 수치의 평방근을 사용하는 이유는 일반적으로 어느 일정 기간의 매출 수량의 평균치가 D로서 표준편차 σD가 되는 정규분포인 경우 T일간의 매출은 평균치가 $T \times D$, 표준편차가 $\sqrt{T} \times \sigma D$의 정규분포로 된다. 이 경우 T는 조달 기간에 발주 사이클 기간을 더한 것이 된다. 조금 어렵게 느껴지겠으나 통계 이론으로 증명된 것인바 추가 설명을 생략하고 실무적으로는 앞의 공식을 그대로 사용하면 된다. 또한 최저 재고량 공식에서 조달기간의 단축이 이루어지면 최저 재고량도 적어지는 것에 유의하여야 한다.

5. 계산 사례

　어느 상품의 매출을 2주간 매일 조사한 결과가 다음과 같다고 할 때 최저 재고량을 계산하여 보자.

〈표 4-5〉

조달 기간 : 2일　　　발주 사이클 : 주간보충으로 7일
안전계수 : 2.33(품절발생확률 1%)

제 1 주	5	11	10	10	8	9	13	계 66
제 2 주	10	13	8	10	9	9	15	계 74

2주간 총매출 140, 1일 평균≒10
이 경우 표준편차는 다음과 같다.

〈표 4-6〉

제 1 주	제 2 주
$(5-10)^2 = 25$	$(10-10)^2 = 0$
$(11-10)^2 = 1$	$(13-10)^2 = 9$
$(10-10)^2 = 0$	$(8-10)^2 = 4$
$(10-10)^2 = 0$	$(10-10)^2 = 0$
$(8-10)^2 = 4$	$(9-10)^2 = 1$
$(9-10)^2 = 1$	$(9-10)^2 = 1$
$(13-10)^2 = 9$	$(15-10)^2 = 25$

$$\Sigma(x_i - \bar{x})^2 = 80$$

$$\sigma = \sqrt{\Sigma \frac{(x_i - \bar{x})^2}{n}} = \sqrt{\frac{80}{14}} \fallingdotseq 2.39$$

$$최저\ 재고량 = 안전계수 \times \sqrt{(조달\ 기간 + 발주\ 사이클\ 기간)} \times 매출의$$
$$표준\ 편차 = 2.33 \times \sqrt{2+7} \times 2.39 = 16.7 \fallingdotseq 17$$

계산과 같이 약 17개가 있으면 최저재고량으로 적당하다. 이것은 보충 직전의 수량이며 어디까지나 수학적 방법에 의한 결과인바 진열시 볼륨감을 나타낸다든가 특별 판촉을 한다든가의 경우는 고려되지 않은 점을 주의하여야 한다.

6. 표준편차의 간이계산법

가. 범위에 의한 계산 방법

표준편차의 계산은 약간 번잡한 경우가 있으므로 실무상은 간이계산법(근사값 추정)을 적용하는 것이 효율적이다.

먼저 자료의 숫자에서 최대치와 최소치를 조사한다. 앞의 표상의 제1주, 제2주의 숫자 중 최대치는 15이고 최소치는 5이다.

〈표 4-7〉　　　(자료수와 계수 조견표)

자료수	계　수	자료수	계　　수	자료수	계　　수
2	0.8862	11	0.3152	20	0.2677
3	0.5908	12	0.3069	21	0.2647
4	0.4857	13	0.2998	22	0.2618
5	0.4299	14	0.2935	23	0.2592
6	0.3946	15	0.2880	24	0.2567
7	0.3698	16	0.2831	25	0.2544
8	0.3512	17	0.2787		
9	0.3367	18	0.2747		
10	0.3249	19	0.2711		

※ 상기 계수를 적용할 경우 자료수는 많을수록 좋다. 실제로는 적더라도 2주간 정도는 매일 재고조사를 하여 정확을 기하여야 하며 이상한 숫자는 제외시킴이 좋다.

이와 같이 최대치와 최소치의 차이를 '범위'라고 한다. 이 범위에 자료수에 의한 어느 일정 계수를 곱하면 표준편차의 근사치를 얻을 수 있다.

상기 표 적용에 있어 앞의 자료수가 14개였으므로

$$(15-5)=10$$

$$10 \times 0.2935 (자료수\ 14개의\ 계수)$$

$$\fallingdotseq 2.94$$

정확한 계산의 수치가 2.39였던바 오차는 그다지 크지 않다.
이것으로 최저 재고량을 계산하면 다음과 같다.

$$최저\ 재고량 = 2.33 \times \sqrt{2+7} \times 2.94 \fallingdotseq 20.6$$

약 3.9개의 차이가 있으나 실무적으로는 크게 문제가 되지 않는다.
상기 조견표의 숫자를 알 수 없을 경우에는 다음 공식에 의거하여 구한 수치가 그 계수의 근사치가 된다.

$$계수 = \frac{1}{\sqrt{n}} \quad (n : 자료수)$$

나. 평균편차에 의한 방법

표준편차를 계산하는 데 있어서는 앞에서 설명한 범위에 의한 방법이 가장 간편하다.
실무적으로는 별로 사용되지 않으나 평균편차에 의한 방법도 있다. 자료의 각 숫자와 평균치의 차이를 편차라 한다. 이 절대치의 합계를 자료수로 나눈 것을 평균편차라고 한다.
이 평균편차를 1.25배 함이 표준편차와 근사치가 됨을 검증에 의해 얻을 수 있다.

〈표 4-8〉

제 1 주	제 2 주
5−10= | 5 |	10−10=0
11−10= | 1 |	13−10= | 3 |
10−10=0	8−10= | 2 |
10−10=0	10−10=0
8−10= | 2 |	9−10= | 1 |
9−10= | 1 |	9−10= | 1 |
13−10= | 3 |	15−10= | 5 |
계 | 24 |	평균 | 1.71 |

＊ \|　\|는 플러스 마이너스가 없는 절대치의 기호

표준편차는 $1.71 \times 1.25 \fallingdotseq 2.14$

최저 재고량 $= 2.33 \times \sqrt{2+7} \times 2.14 = 15.0$

즉 원칙적으로 계산할 때의 16.7에 비해 1.7 정도의 작은 차이에 불과함을 알 수 있다.

다. 적용상의 주의

상기의 사례 등에서 최저 재고량의 결정 기초를 매출의 실적에서 구하였으나 이때의 매출 실적은 정규분포인 것을 전제로 한다. 될 수 있는 한 엄밀하게 검토하기 위해서는 과거의 조달 기간에 발주 사이클 기간을 더한 일수 동안의 매출 추정치와 매출 실적치는 정규분포를 이루므로 그 차의 표준편차를 사용하는 것이 정확하게 된다.

그러나 현실적으로는 매출 예측의 방법이나 계산이 복잡하므로 과거의 실적치가 정규분포된 것으로 계산하여도 실무상에 무리는 없다.

따라서 과거의 실적치에서 원인을 알 수 있는 이상(정상이 아닌) 수치는 빼고 계산하는 것이 좋다. 이 계산 방법은 계절성이나 유행성이 강한 상품에는 적용하기 어렵다.

그리고 이 방법을 적용함에 있어서는

$\dfrac{\text{표준편차(매출의 편차)}}{\text{매출평균치}} \leqq 2$의 기준 내에서 검토되어야 하므로 매출 평균치의 2배 이하의 표준편차 경우에만 적용된다.

라. 볼륨감 있는 진열시의 최저 재고량

최저 재고량은 앞에서 살펴보았듯이 전부 수학적으로 구할 수 있으나 현실적으로는 별도의 요소가 있다. 진열에 있어 가장 문제가 되는 것은 진열량에 있어서 풍부함을 상실하는 것이다. 최저 진열량이란 그것 이하의 수량으로 진열하였을 때 판매가 감소하는 분기점을 말한다.

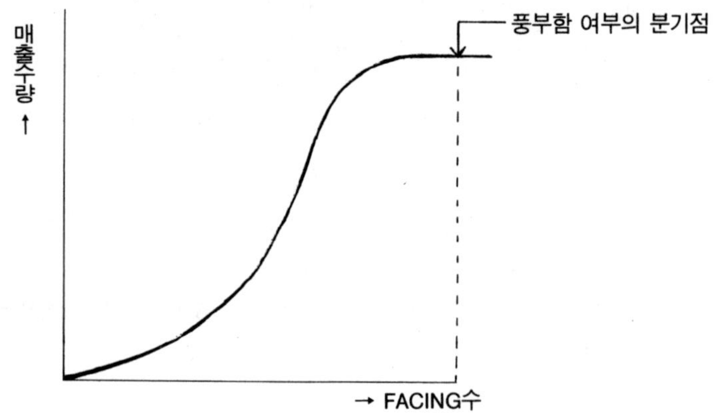

일반적으로 FACING수가 적으면 그 상품은 눈에 띄지 않아 판매량이 줄어든다. FACING수를 증가시키면 차차 매출량이 증가하게 되나 어느 선에서는 FACING수를 증가시킨다 하더라도 매출량은 증가하지 않는다.

이 분기점이 바로 풍부함을 갖는 데 필요한 최저 FACING수가 된다.(판매실험 중에 타요소가 가미되지 않도록 신중하게 실험계획을 세워야 한다.)

수학적인 최저 재고량에 비해서 양이 많아지는 경우가 많으나 수학적 계산 방법을 기초로 하여 최저 재고량을 충분하게 검토할 필요가 있다.

Ⅷ. 발주량의 결정

1. 정기보충 발주의 발주량 결정 방법

상품의 매출 속도가 일정한 경우 언제(발주 시기) 얼마(발주량)만큼
발주할 것인가를 검토할 경우, 정기보충 발주의 경우 발주 시기를 미리
결정하게 되는데 이 발주 시기의 간격을 발주사이클 기간이라 한다.

주간 보충발주의 경우는 7일이 된다.

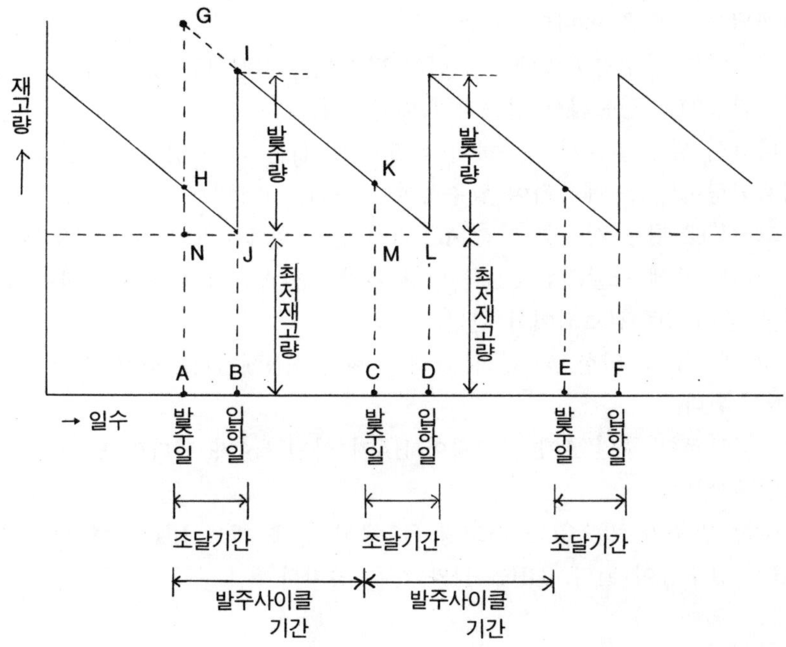

결국 정기보충 발주법에 의한 발주량은 다음과 같다.

상기 도표는 가로에 일수, 세로로 재고량을 표시하여 재고량의 변화
를 나타내고 있다.

이해하기 쉽게 하기 위해 판매속도(도표는 사선의 각도) 조달기간 및
최저재고량 등이 일정하다고 가정하였다.

발주일 A의 재고량은 HA가 된다.

이 경우 발주하기 위한 수량을 결정하기 위해서는 다음의 사항 등을 고려하여 계산하여야 한다.

결정해야 할 발주량은 IJ가 된다.

발주량 IJ는 입하일 B에 입하한다.

이 기간 AB가 조달기간이 된다.

이 기간 중 판매량은 HN이 된다. 발주일 A 다음의 발주일은 C가 된다.

이 AC가 발주사이클 기간이 된다.

발주일 A의 발주하여야 할 수량은 발주사이클 기간 AC 기간 중에 판매되는 수량은 아니다.

왜냐하면 발주일 C일에 다음번의 발주량이 입하하는 것이 아니고 조달기간 CD를 경유해서 입하되기 때문이다.

따라서 발주일 A의 발주하여야 할 수량 IJ는 다음 입하일 D일의 최저재고량이 됨을 예측하여 발주하여야 한다.

그러므로 발주 사이클 기간 AC 기간 중의 판매수량이 아닌 발주사이클 기간 AC에 조달기간 CD를 더한 기간, 즉 AD 기간 중 판매되는 수량을 중심으로 검토되어야 한다.

AC에 CD를 더한 AD간의 판매 수량은 HN에 IJ를 더한 수량, 즉 GN이 된다.

그러므로 발주일 A에 재고량이 HA가 아닌 GA가 된다면 발주는 필요없게 된다.

결국 발주가 필요없는 재고량 GA에서 실제 재고 HA를 뺀 나머지 GH가 발주량이 된다. GH는 IJ와 같은 양이다.

2. 발주량의 공식

상기 내용을 정리하면 다음과 같이 된다.

$$GH + HA = GN + NA \quad\quad\quad\quad\quad\quad ①$$

$$GH = IJ \quad NA = LD$$

$$IJ+HA=GN+LD \quad \text{②}$$
$$IJ=GN+LD-HA \quad \text{③}$$

GN는(AB+BD) 기간 중 판매된 수량이다.

$$AB+BD=AC+CD \quad \text{④}$$

③식은 다음과 같이 정리된다.

{(발주 사이클 기간)+(조달기간)}×(1일 매출수량)+최저재고량−현재재고량 …… ⑤

⑤식에 있어서 '1일 매출수량'은 실제로는 '1일 매출예정수량'이 된다.

또한 조달기간이 발주사이클 이상이 되는 경우는 발주일 현재 미입하 발주잔량이 있으므로 그것을 제하여야 한다.

- 발주량={(발주사이클 기간)+(조달 기간)}×(1일의 매출 예정 수량)
  +(최저 재고량)−(현재 재고량)−(발주 잔고)

※ ① 조달 기간을 발주사이클 기간 이하로 하면 발주 잔고의 문제는 없게 된다.

② 1일 매출 예정수량은 과거의 데이타 적용이 아닌 실제 예정수량을 검토하여 적용하여야 한다.

3. 간편 공식에 의한 계산 방법

앞의 공식에서 최저재고량을 수량이 아닌 1일 평균 매출수량으로 나누어서 일수로 표현하면 공식은 더욱 간편하게 된다.

- 발주량={(발주사이클 기간)+(조달 기간)+(최저 재고 일수)}
  ×(1일 매출 예정수량)−현재 재고량−발주 잔고

실무적으로는 간편공식의 사용이 편리하다. 예를 들어 발주사이클 기간 7일, 조달 기간 3일, 최저 재고량을 계산한 결과 4일분이 필요하다면 7+3+4=14일이 되어 조달 기간의 안정과 단축화의 필요성을 실감하게 된다.

금후의 판매는 과거 실적과 비슷할 것으로 예상되면 2주간의 매출수량이 된다. 발주일에 실제 재고를 파악하여 과거 1주간의 판매 수량의 2배(2주간분)에서 실제 재고 수량을 뺀 것이 발주량이 된다.

이것을 다음과 같이 간략하게 정리할 수 있다.

- 발주량= {전회 발주일 실제 재고량+금후의 보충량(전회 발주량)
  −발주일 실제 재고량} ×2−발주일 실제 재고량

상기 공식 등은 어디까지나 계절성·유행성으로 좌우되지 않는 동일한 판매량을 나타내는 상품의 경우에만 적용되는 것에 주의하여야 한다.

◀ 사례검토 ▶

지금까지 공식 설명은 어디까지나 수학적으로 될 수 있는 한 영향을 주는 요인을 최소화하여 검토한 것이다. 그러나 현실적으로는 그렇게 간단한 것만은 아니다.

다음은 체인스토아에서 주로 이용되고 있는 주간 보충 발주의 사례를 검토코자 한다.

- 어느 상품의 과거 2주간 매출수량 실적은 다음과 같다.

〈표 5-1〉

요일	화	수	목	금	토	일	월	계	평균
1주	31	29	19	16	14	10	7	126	18
2주	4	0	31	28	30	32	29	154	22
누　계								280	20

- 제 2 주 월요일 폐점 후 재고량 80개이다.
- 상품 보충은 주 1회만 실시하고 도중에는 보충하지 아니한다.

- 매주 월요일 폐점 후 보충발주하고 수요일 폐점 후에 입하하므로 목요일 재고는 충분하다.
- 조달기간은 2일간이다.
- 제 3 주의 판매에 급격한 변화 예상은 되지 않는다.
- 최저 재고량은 5일분으로 하고 발주 잔량은 없는 것으로 한다.

이 경우 발주 수량 및 그 계산 방법은 어떻게 하는 것이 좋겠는가? 앞의 소개된 공식으로 처리하면 간단하게 될 수 있으므로 독자는 다음과 같이 계산을 시도할 것이다.

- 발주량= {(발주 사이클 기간)+(조달 기간)+(최저 재고 일수)}
  ×(1일 매출 예정수량)−(현재 재고량)−(발주잔고)=(7+2
  +5)×20−80=200

따라서 발주량을 200개로 계산할 수 있다. 그러나 이것은 현실적이지 못하다. 설문 내용을 구체적으로 살펴보면 입하일은 매주 수요일의 폐점 후이다. 제 1 주에는 화요일, 수요일에 비해 목요일부터 매출이 급격히 떨어지고 있다. 또한 제 2 주째의 입하 직전의 수요일은 매출량이 0이며 제 2 주의 목요일부터 매출이 증가하고 있다. 이것은 무엇을 의미하는가.

제 2 주 수요일에 완전히 품절이 되었다면 역산 결과 제 1 주 수요일의 폐점 후 재고는 70개이다. 명확하게 최저 재고량 이하의 재고 상태임을 알 수 있다. 그리고 그 수요일 폐점 후에는 입하가 되지 않았다. 그것은 그 전주에 발주를 하지 않은 것이며 이에 따라 매출이 급속히 감소된 것이다. 풍부함이 결여되고 재고량 자체도 적음으로 인해 결국 품절이 되었다.

이와 같은 상태의 판매는 정상적인 것이 아니므로 자료를 그대로 대입해서는 안된다. 신뢰할 수 있는 상품의 판매 형태는 제 2 주 목요일 이후의 5일간의 매출 숫자에 불과하다.

이 5일간의 매출 평균을 검토하면 {(31+28+30+32+29)÷5=30} 이

된다.

따라서 앞의 공식을 적용한다면 $(7+2+5)×30-80=340$이 된다.

결국 앞의 계산에 의한 200개를 발주하면 또다시 품절 현상이 일어난다. 숫자에 강하다는 것은 현장에서 발생되는 여러 가지 현상을 추상적으로 수량화한 것이다. 결국 데이타 내용을 정확하게 판단하여야만 정확한 결과를 도출해 낼 수 있다.

이론 그 자체가 잘못된 것이 아니라 적용의 방법이 잘못되어 있음을 항상 염두에 두어야 한다.

Ⅷ. 재고액 계획과 그 계산 방법

적정 재고액의 결정은 상품 회전율을 기준으로 한다는 것을 앞에서 여러 차례 설명되어졌다.

상품 회전율은 원래 결과 수치이다. 전년도 1년간의 순매출액 및 연간 평균 재고액을 산출하고 실적치로서 회전율을 나타낸다. (회전율에 대해서는 효율의 숫자편에서 상세하게 설명코자 한다.)

- 상품 회전율$=\dfrac{\text{연간 순매출액}}{\text{연간 평균 재고액(매가)}}=\dfrac{\text{연간 순매출 원가}}{\text{연간 평균 재고액(원가)}}$
- 연간 순매출액=상품 회전율×평균 재고액

상품 회전율은 재고 효율을 나타내는 하나의 지표이다. 그러나 과거의 실적치 및 업계의 일반 수치를 참고로 다음 연도의 예정치를 상품 회전율로 설정하는 것이 일반적 방법이며 또한 그것을 유지해야 할 재고액을 정하는 기준치가 된다.

- 연간 평균 계획 재고액(매가)=연간 순매출액÷예정 상품 회전율
- 연간 평균 계획 재고액(매가)×(1−예정 평균 점출 차익률)
  =연간 평균 계획 재고액(원가)

연간 평균의 개념은 편의품과 같은 Staple 상품의 경우는 가능하나 패션 상품은 각 월별 매출액이 다르므로 각 월별 기준 회전율에 의한 각 월별 재고 계획을 수립하여야 한다. 물론 Staple 상품도 각 월별로 계산하는 것이 좋다.

1. 재고액 수준 결정

연간 목표 매출액을 결정하고 계절 변동지수에 의해 월별 목표 매출액이 결정되면(판매의 숫자편 참조) 다음은 월초 재고액 계획을 수립하

여야 한다. 이 경우 소형점은 점포 단위로, 대형점은 부문별로 결정하는 것이 일반적이나 소형점도 부문별로 검토함이 바람직하다.

재고 계획에는 다음 4가지 결정 사항을 포함시켜야 한다.

① BOM(Beginning Of The Month)의 결정(월초재고)
② 당초 Mark Up률의 계획(점출차익률)
③ 기간중에 매입되는 상품 품목의 결정(Merchandising Line에 관하여)
④ EOM(End Of The Month 월말 재고)

그러나 EOM은 익월의 BOM이 되므로 ① ② ③에 대해 특별히 검토되어야 한다. 상품은 고객의 선호에 의해 존재하는 것이지만 월초의 재고액 결정은 소매업이 직면하는 가장 중요한 것 중의 하나다. 그것은 상품의 양만이 아니라 상품정책 자체와도 직결되는 것이다.

먼저 월초의 재고액을 결정하기 위해서 고려되어야 할 원칙 5가지를 살펴보자.

① 기초 재고(최저 재고 수량)
② 1개월간을 기간으로 정하여 계획 매출액을 달성하기 위해 필요한 SALES Promotion상품의 재고액(계절성, 패션성 고려)
③ 부문이나 카테고리에 관한 정책으로서 경쟁 우위를 점하기 위한 정책의 고려
④ 매출액에 대한 재고의 관계 고려, 즉 적정재고 수준의 유지와 재고 조정이다. 재고 조정을 Balancing이라고도 한다.
⑤ 가격에 대한 고려
가격 설정에 있어서 상품 회전율과 순매출 이익의 목표치 확보를 고려하여야 한다.

재고수준 계획은 먼저 계획된 매출액과 관련시켜 월초에 취급하여야 할 재고액을 결정하여야 한다.

그러나 한편으로 재고액은 인구의 변화, 소비자 행동의 변화, 경쟁의 변화, 패션의 변화 등 객관적 조건의 변화를 고려하여 자본이 고정

화되지 않도록 하고 로스를 최소화하고 적절한 재고 수준을 유지하여
야 한다. Balancing을 고려하여 재고 수준을 조정하는 것은 장기간에
걸친 정보 판단의 훈련을 필요로 한다.

2. 재고액(매가)을 결정하는 방법

재고액 결정의 방법으로는 다음의 것들이 있다.

㉮ 기준 재고법(Basic Stock Method)
㉯ 백분율 변이법(Percentage Variation Method)
㉰ 주간 공급법(Weeks Supply Method)
㉱ 매출액 재고율법(Stock Sales Ratio)
㉲ 월별 매입액 자료로 결정하는 방법

가. 기준 재고법

연간 6회전 또는 보다 적은 상품 회전율(매출액÷평균 매가 재고)의
상품에 적합한 방법으로 월초 재고는 월별의 계획된 매출액에 기준 재
고를 더하여 결정한다. 최저 기준 재고는 매가에 의한 평균재고액과 월
간 평균 매출액과의 차액을 기준으로 한다.

- 최저 기준 재고＝｛평균 재고액(매가)－월간 평균 매출액｝
- 월초 재고액＝당월 예정 매출액＋예상 평균 재고액
          －평균 월간 매출액
- 월초 재고＝당월 매출액 예산＋기준 재고

$$=당월\ 매출액(예산)+\frac{연간\ 매출액(예산)}{연간\ 예정\ 상품\ 회전율}$$

$$-\frac{연간\ 매출액(예산)}{12}$$

  ＝당월 예정 매출액＋예상 평균 재고액
  －평균 월간 매출액

(예) 계획된 연간상품 회전율 : 5회

계획된 연간 매출액 : 6,000만원

계획된 1월 매출액 : 450만원(1월 매출 비율 7.5%)

$$\cdot \text{월초 재고} = 450\text{만원} + \left(\frac{6,000\text{만원}}{5} - \frac{6,000\text{만원}}{12}\right)$$

$$= 450\text{만원} + 1,200\text{만원} - 500\text{만원}$$

$$= 1,150\text{만원}$$

나. 백분율 변이법

이 방법은 상품 회전율이 높든 낮든 전체의 상품 회전에 대해 적용하는 방법이다. 평균 재고에서 재고의 변동은 평균 월간 매출액에서 매출액 변동의 50%, 예를 들어 가령 12월의 매출액이 연간 평균 월간 매출액보다도 50%가 높은 경우에는 12월의 제1일 재고는 연간 평균 재고액(연간 매출액÷계획된 연간 상품 회전율)보다도 25% 높게 결정하는 것이다.

$$\cdot \text{월초재고(매가)} = \frac{\text{계획된 연간 매출액}}{\text{계획된 상품회전율}}$$

$$\times \frac{1}{2}\left(1 + \frac{\dfrac{\text{해당월의 매출액}}{\text{계획된 연간 매출액}}}{12}\right)$$

$$= \text{평균재고액(매가)}$$

$$\times \frac{1}{2}\left(1 + \frac{\text{해당월의 매출액}}{\text{평균 월간 매출액}}\right)$$

(예) 계획된 연간 상품회전율 : 8

계획된 연간 매출액 : 5억 5천2백만원

6월에 계획된 매출액 : 3,690만원

백분율 변이법에 의거하여 6월의 월초 재고(매가)를 구하면,

$$\cdot \text{월초 재고(매가)} = \frac{55,200}{8} \times \frac{1}{2}\left(1 + \frac{3,690}{\frac{55,200}{12}}\right)$$

$$= 6,900 \times \frac{1}{2}\left(1 + \frac{3,690}{4,600}\right)$$

$$= 6,217.2 \fallingdotseq 6,217$$

다. 주간 공급법

재고액은, 상품 회전율 목표를 기본으로 먼저 결정한 후 주간 공급량으로 환산하여 계획하는 것이다. 예를 들면, 만약 6.5회의 상품 회전율이 6개월 간의 기간(26주)에 이루어지기를 희망하면, 점포 공급을 위한 주간 공급량은 26주÷6.5회=4가 되므로 최소한 4주간 분의 재고를 갖고 있어야 되는 것으로 계산된다.

또한 2개월간의 판매 성수 기간의 매출액은 1주간 평균 36만원이고 4개월간의 판매 비수기 기간 중에는 18만원의 매출이 있는 경우 성수기 기간의 희망상품 회전율은 8회(연간 기준), 비수기 기간중은 6회(연간 기준)라면 주간 공급법에 의한 각각 시즌별 재고액은 얼마나 될 것인가.

$$\frac{\text{매출액(주간)}}{\text{상품 회전율}} = \text{재고액(주간공급)}$$

$$\frac{52(\text{연간 주간수})}{8} = 6.5(\text{성수기})$$

$$\frac{52(\text{연간 주간수})}{6} = 8.7(\text{비수기})$$

36만원×6.5주분=234만원(성수기 재고액)

18만원×8.7주분=156.6만원(비수기 재고액)

라. 매출액 재고율법

매가에 의한 BOM재고(월초 재고)를 결정하기 위해 매출액 재고율을 이용한다. 이것은 각 월별 수치에 의거 주로 각 상품 부문별로 실적에 기초한 상품 계획과 함께 재고를 계산하여 결정한다.

$$\frac{\text{평균 재고액(매가)}}{\text{순매출액}} = \text{매가에 의한 매출액 재고율}$$

이것은 주로 과거의 실적을 지표로 하여 장래의 매출액(목표, 지침)을 설정하는 방법이다.

또한 이 매출액 재고율과 상품 회전율은 소매업의 모든 계획에 없어서는 안되는 중요한 지수이다.

(예) 3월의 매가에 의한 매출액 재고율은 3.2
4월의 매가에 의한 매출액 재고율은 3.8
3월의 계획된 매출액은 360만원
4월의 계획된 매출액은 480만원
위의 경우 3월 1일 및 4월 1일의 재고액을 매출액 재고율법으로 구하면,

360만원×3.2=1.152만원(3월 1일 재고액(매가))
480만원×3.8=1,824만원(4월 1일 재고액(매가))

또한 3월의 상품 회전율을 연간 기준으로 계산하면,

$$\frac{360\text{만원}}{\frac{(1,152\text{만원}+1,824\text{만원})}{2}} = \frac{360\text{만원}}{1,488\text{만원}} = 0.24$$

0.24×12=2.88(연간 상품 회전율)

즉 2.88회가 된다.

원가에 의한 매출액 재고율의 계산식은,

$$\frac{\text{원가에 의한 평균 재고액}}{\text{매출액}}$$ 으로 계산할 수 있으나 소매업계에서는

모두 매가에 의한 매출액 재고율을 사용하고 있다.

이상 4가지의 방법에 따라 매가에 의한 BOM재고액 계산을 설명하였으나 그 사용 방법은 점포의 대소, 취급 상품의 회전율, 머천다이저의 능력 등에 따라 결정하는 것이 좋다.

어느 소매업자가 다음과 같이 백분율 변이법에 의거 연간 계획을 수립하였다고 가정할 때 BOM, EOM, 월중 매입액은 다음과 같이 된다.

	1월	2월	3월	4월	5월	6월	7월
① 계절지수	67.1	71.6	100.0	92.2	96.7	95.3	99.0
② 28,356×① 계획매출액 백분율변이법	1,586	1,692	2,363	2,179	2,285	2,252	2,339
$1+\dfrac{\text{해당월매출액}}{\frac{\text{년매출액}}{12}}$	1.671	1.716	2.00	1.922	1.967	1.953	1.990
BOM재고액(매가)	3,250	3,042	3,545	3,407	3,487	3,462	3,527
EOM재고액(매가)	3,042	3,545	3,407	3,487	3,462	3,527	3,283
매가 매입액(월중)	1,378	2,195	2,225	2,259	2,260	2,317	2,095

	8월	9월	10월	11월	12월	
① 계절지수	85.2	93.8	96.2	119.2	183.7	1,200.00
② 28,356×① 계획매출액 백분율변이법	2,013	2,216	2,273	2,817	4,341	28.356
$1+\dfrac{\text{해당월매출액}}{\frac{\text{년매출액}}{12}}$	1.852	1.938	1.962	2.192	2.837	
BOM재고액(매가)	3,283	3.435	3,478	3.885	5,029	42,830
EOM(매가)	3,435	3,478	3,885	5,029	3,249	
매가매입액(월중)	2,165	2.259	2,680	3,961	2,561	28,355

※ 계획된 상품회전율 8회, 2월의 BOM은 1월의 EOM임

12월 EOM → 평균 매가재고액 $= \dfrac{\text{BOM합계액} + \text{12월의EOM}}{\text{영업한 기간수} + 1}$

$$\dfrac{28,356}{8} = \dfrac{42,830 + x}{13}$$

$$3544.5 = \dfrac{42,830 + x}{13}$$

$$x = 3248.5 ≒ 3249$$

매출액	28,356만원
기수재고(매가)	3,250만원
매가매입액	28,533만원
기말재고(매가)	3,249만원

(기수재고매가 + 매가매입액) = (매출액 + 기말재고매가)

3. 점출 차익률(mark-up) 계획

매출액과 매출 원가와의 차액이 순매출 이익이며 순매출 이익으로 필요 이익과 경비를 충분히 커버하여야 한다.

이와 같은 이익 규모를 달성하기 위해서는 순매출 이익에 할인 또는 매가 인하, 폐기 등의 요인을 감안한 비용을 이익 계획에 포함시킬 필요가 있다.

당초 점출 차익은 상품 원가와 최초의 소매가격과의 차액이 된다.

당초 점출 차익은 경비와 이익만을 커버하는 것이 아니라 계절적 특성으로 야기되는 매가변경(매가 인하, 할인) 및 외주 가공비 등을 감안하여야 한다. 따라서 경비, 이익 목표액, 할인 예상액, 매가 인하액, LOSS, 기타 외주 가공비 등을 감안한 실현 가능 매출액을 계획할 필요가 있다.

예를 들어 연간 매출액 3억원, 영업 경비 7,800만원, 소매 할인액 2,100백만원에 1,200만원의 목표 이익액이 계획되었다면, 당초 점출 차익률은 다음과 같이 계산된다.

• 당초 점출 차익률

$$= \dfrac{\text{경비} + \text{이익} + \text{외주 가공비} - \text{현금 할인액} + \text{소매 할인액}}{\text{매출액} + \text{소매 할인액}}$$

※ 소매 할인액 : MARK DOWN, 재고(매가) 부족액,
　　　　　　　할인액(종업원과 고객간)

(예) 당초 점출 차익률$=\dfrac{7,800(경비)+1,200(이익)+2,100(소매\ 할인액)}{30,000(매출액)+2,100(소매\ 할인액)}$

$$=\dfrac{11,100}{32,000}\fallingdotseq 34.58\%$$

순매출 이익은 경비(7,800)＋이익(1,200)이 되므로 9,000만원이 된다. 따라서 순매출 이익률$=\dfrac{(7,800+1,200)}{30,000}=30.0\%$

또한 당초 점출 차익률은 계획 매출액에 대해 경비율, 이익률, 소매 할인율이 계획된다면 비율로써 계산할 수 있다.

- 당초 점출 차익률$=\dfrac{0.26+0.04+0.07}{1.00+0.07}=\dfrac{0.37}{1.07}\fallingdotseq 34.58\%$

- 순매출 이익률$=\dfrac{0.26+0.04}{1.00}=\dfrac{0.30}{1.00}=30\%$

4. 계획 매가 기준매입액 계획

가. 공식

- 계획 매가 기준 매입액＝계획 순매출액＋계획 소매 할인액＋계획 EOM(매가)－계획 BOM(매가)

부 문	① 계획 순매출액	② 계획소매 할인액	③ 계획 EOM	④ 계획 BOM	⑤ 계획매가매입액 (①＋②＋③－④)
부인바지 부인코트 신사복 신사T셔츠 … …					

나. 매가 기준 매입액에서 원가 기준 매입액으로의 전환 방법

- 1－당초 점출 차익률＝원가 승수(乘數)
- 원가 승수×계획 매가 기준매입액＝매입 원가

부 문	⑤계획매가 매입액	⑥당초 MARK UP률	⑦원가 승수 (100－⑥)	매입원가 ⑤×⑦
부인바지		60%	40%	
부인코트		70%	30%	
…		…	…	
…		…	…	

IX. 상품 계획

1. 상품 정책, 계열 구성, 품목 구성의 방향 설정

가. MD Line별 Merchandising Cycle과 상품 계획

(MD Line별 MD Cycle)

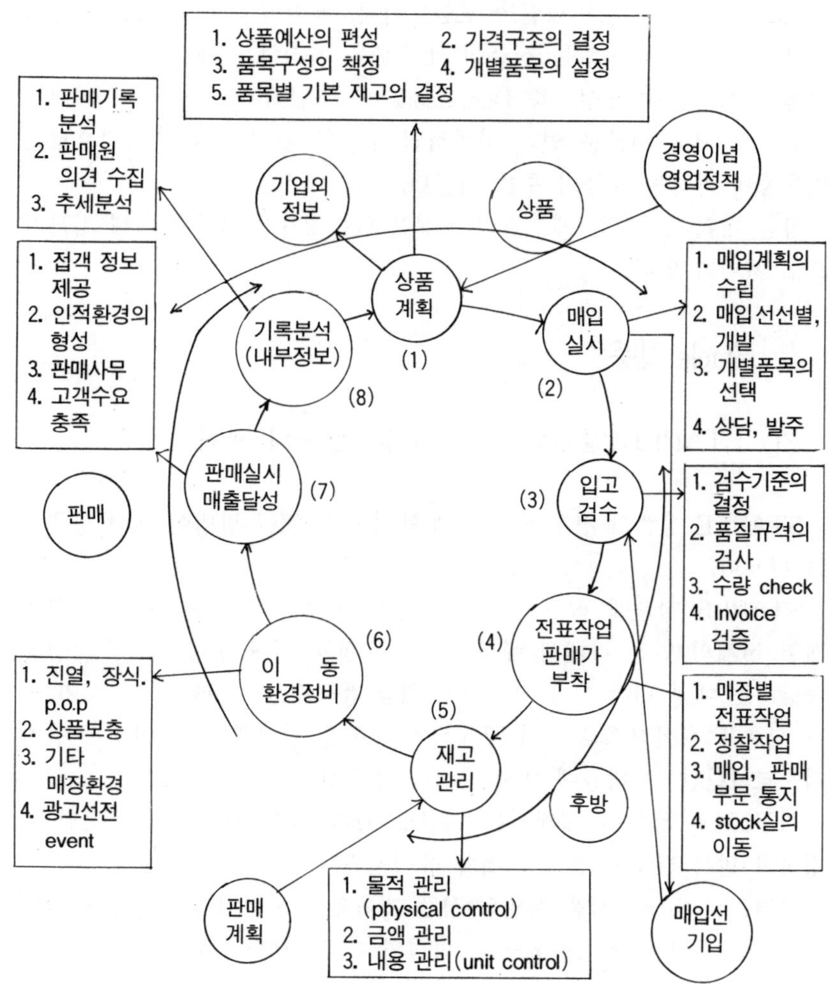

나. 상품 유형과 상품 계획

통상 머천다이징에 있어서는 상품계열(Merchandising Line)을 패션 상품과 Staple 상품에 속하는 계열로 나누어 각각 다른 방법의 계획 수립 방식을 채용한다.

즉 패션 상품 계열에 대해서는 MODEL STOCK PLAN 방식이 채용되고 STAPLE 상품에 대해서는 BASIC STOCK ORDER LIST의 방식이 채용된다. 패션 상품 계열은 문자 그대로 상품의 유행성, 즉 스타일면의 특징이 주로 세일즈 포인트이며, 계절성을 갖고 상품 계통적으로는 전문품에 속하는 상품이 대부분을 차지하는 데 비하여 Staple 상품은 상품의 기능성, 즉 Performance한 측면의 효용이 주로 세일즈 포인트가 되고 대부분 연간 지속적인 수요를 갖고 상품 계통적으로는 일용품에 속하는 상품이 주를 이룬다.

상품 계획 및 매입, 재고관리 통제는 앞의 2가지 계열에 대해 기본적으로 차이가 있다.

2. Staple 상품

가. STAPLE(일용품 계열 상품) 상품의 계획

STAPLE 상품의 경우는 상품 계획 수립의 접근 방법이 패션 상품과는 다르다.

STAPLE 상품에 속하는 상품 계열의 경우는 연도 이전에 그 상품 계열 전체의 연간 판매액 예산, 품목별 평균 판매 수량 및 그 계열에 충당하는 매장 면적 등을 검토하고 취급 품목수를 정한다. 수요도가 높은 상품을 우선적으로 하여 구체적인 품목을 설정하고 그 이후는 원칙적으로 1년간 그 내용에 대해 수요에 대응한다.

취급 결정 품목에 대해서는 기간당 판매 계획 수량(통상 주단위)을 정하고 반복 발주를 통해 그것을 유지시킨다.

그러므로 Staple 상품 계열의 상품 계획은 전반은 Top Down(全→個)으로 후반은 Botton Up(個→全) 방식의 복합 형태가 된다.

Staple 상품은 상품 계획표를 Basic Stock Order List의 양식을 사용함이 바람직하다.

Basic Stock Order List

품번	품명	가 격		주간당 판매		LEAD TIME		재고수량		1주		2주		3주		4주		5주	
		매입	매가	계획수량	예산액	RP	DP	MAX	MIN	재고	발주	재고	발주	재고	발주	재고	발주	재고	발주

※ RP : Reorder Period(재주문 기간)
　 DP : Delivery Period(배송 기간, 신청에서 도착까지 기간)

나. EOQ(Economic Order Quantity)

EOQ는 경제적 발주량(최적 발주량)의 의미로 매입 상품 1개에 대하여 비용을 최소화시키려는 매입 수량을 말한다.

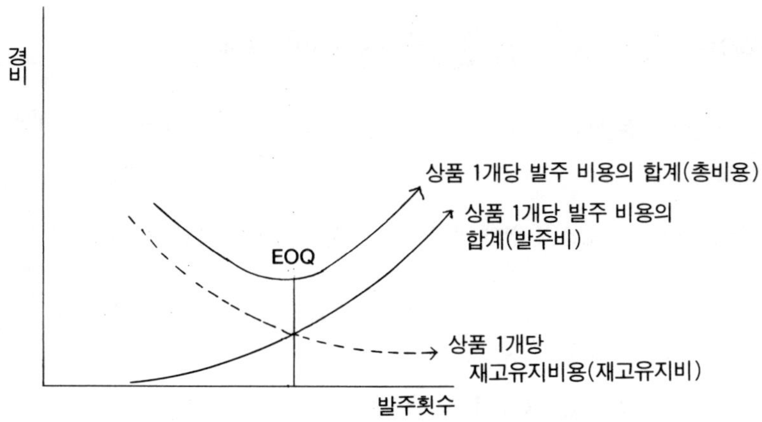

EOQ는 발주비용과 재고유지 비용이 교차하는 수량에서 결정된다.

재고 비용은 매입대금 이자, 상품 재고 상태의 보험료, 보관중 가치 감소, 물리적 손상, 시장변동에 의한 가격 인하, 보관 비용 등으로 매입 수량과 비례하며, 발주 비용은 사무실 임차료, 바이어 인건비, 구매 관련 인건비, 출장비, 복사비 등 고정비적 성격으로 발주량이 많으면 단위당 비용이 감소한다.

$$EOQ = \sqrt{\frac{2RU}{CI}}$$

$$= \sqrt{\frac{2 \times 연간\ 계획\ 매출\ 수량 \times 1회당\ 발주\ 비용}{매입\ 단가 \times 재고유지\ 비용률}}$$

R = 연간 계획 매출 수량

C = 매입 단가

U = 1회당 발주 비용

$I = 재고\ 비용률 \left(\dfrac{재고관리\ 비용}{1회당\ 평균\ 재고} \right)$

(예)R = 1,560개 / 연(30개 / 주, 연 52주)

　　C = 770원

　　U = 200원

　　I = 10% 시

$$EOQ = \sqrt{\frac{2RU}{CI}} = \sqrt{\frac{2 \times 1,560 \times 200}{770 \times 0.1}} = \sqrt{8,104} \fallingdotseq 90개$$

이 상품의 주간당 계획 판매 수량은 $S = \dfrac{1,560개}{52주} = 30개$ (S = 주간단위 판매량)

RP(Reorder Period) : 경제적 발주 단위에 대한 재발주 기간(발주 간격)

$$RP = \frac{EOQ}{S} = \frac{90개}{30개} = 3주$$

이것을 도표화하면 다음과 같이 된다.

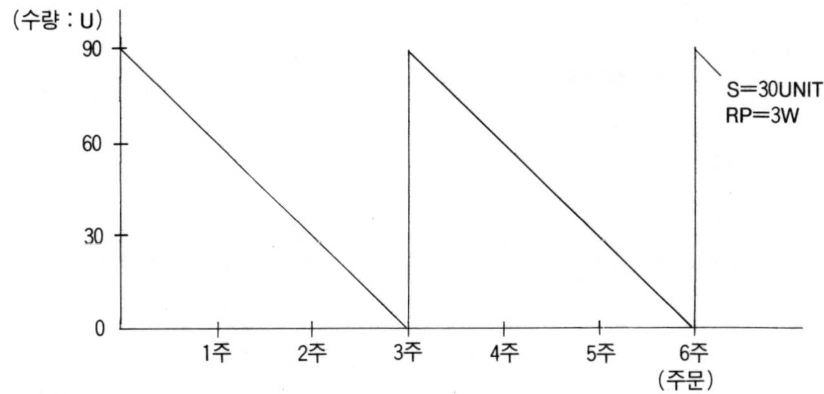

　그러나 상기 표의 전제는 재고 '0'와 동시에 90개를 발주하고 순간적으로 90개가 입점되는 형태이다. 이와 같은 것은 현실적으로 불가능한 바, 발주 후 납품까지 최소 필요시간(기간)이 있어야 된다.

　만약 납품 기간이 1주일 걸리면 재고의 움직임은 아래 표와 같이 된다.

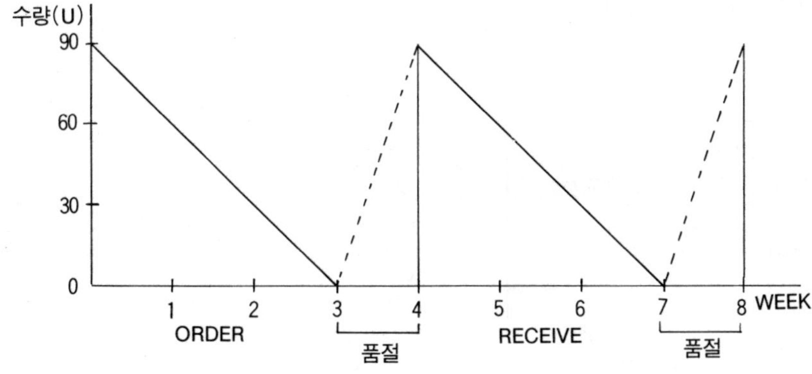

　즉 제 3 주에서 4주까지 1주일간 품절이 발생하게 된다. 품질은 고객의 불신을 야기시키므로 품절 당시의 판매 기회 손실만이 아닌 고정 고객을 근본적으로 상실하게 되는 바 소매업계에서 가장 경계해야 할 사항이다.

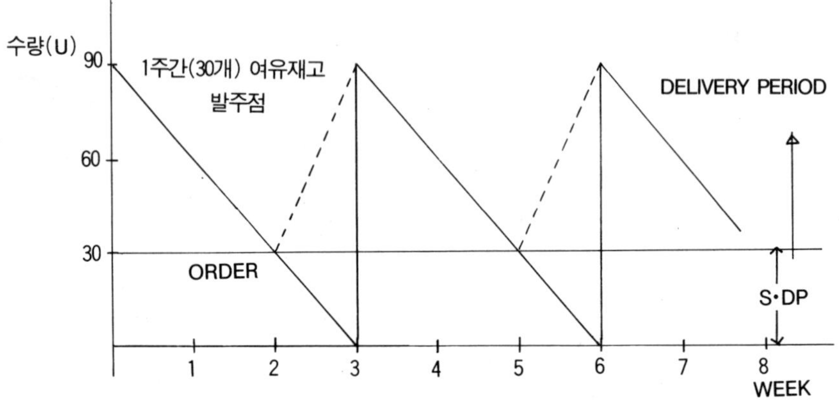

그러나 1주간의 여유를 갖고 발주하더라고 계속 판매수량 이상이 판매되어 품절이 되는 경우에는 아래 표에서 보듯이 2주에서 3주 사이의 약 3일간의 공백이 생기고 계획대로 판매되지 않는 경우에는 제 3 주에서 6주 사이에 나타나는 형태가 된다.

이 경우 제 5 주에서 90개를 동시에 발주하면 도표와 같이 과잉발주(과잉재고)가 된다.

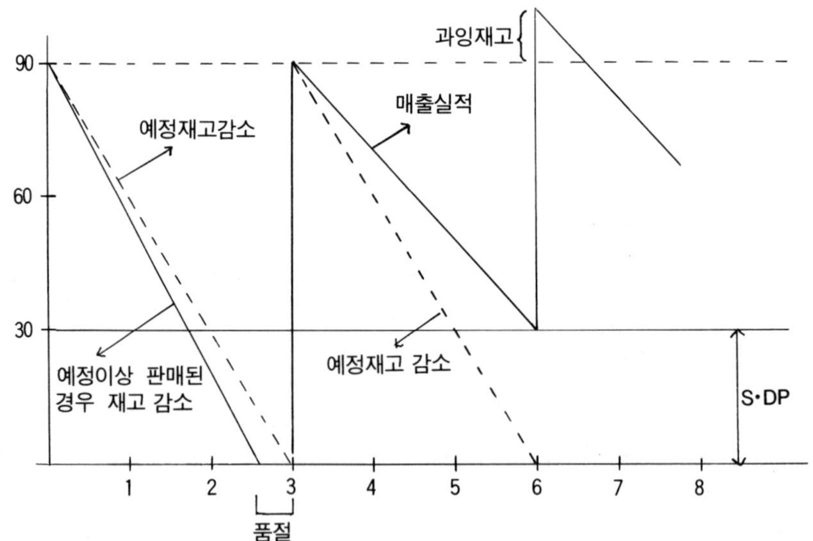

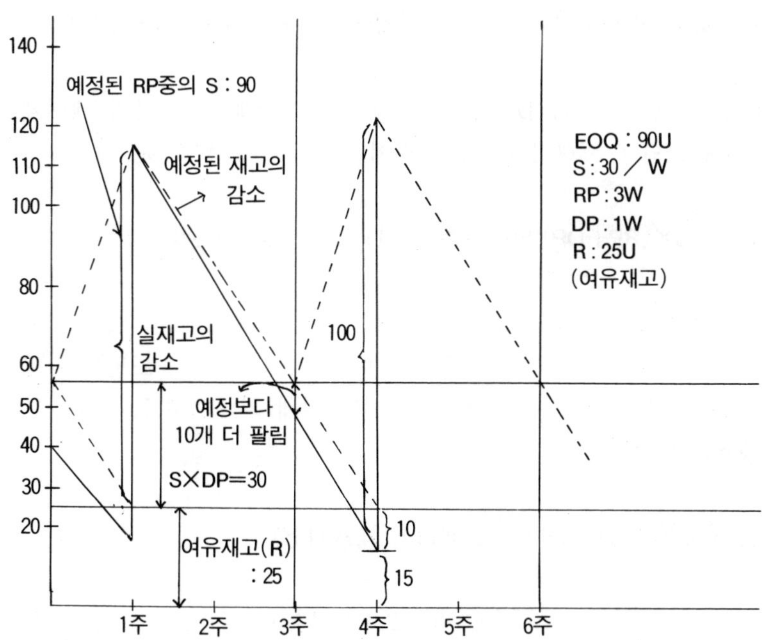

상기 도표 내용을 보면 3주말에 DP가 1주일이므로 EOQ 90개를 발주하여야 하나 3주말 현재 10개가 더 판매되어 100개를 발주하게 되었으며 4주(첫째날 또는 그 2~3일 전)의 재고가 15개 남았다. 이것은 여유재고(R) 25개를 사전에 확보하여 두었기 때문이다. 문제는 품절을 방지하기 위한 예비재고(R)를 얼마로 하여야만 품절도 방지하고 과다재고에 의한 재고비용의 증대를 방지할 수 있는가의 검토가 된다. 이 부문은 이미 최저 재고량의 결정편에서 일차 검토하였다.

여기서는 확률론, 즉 99%의 확률로 품절을 방지할 수 있는 예비재고(최저재고), 즉 100회 판매 중 99회까지는 품절이 발생하지 않는 이론을 도입하면 이때 R은 '포아손 분포'가 된다.

$$R = 2.326\sqrt{S \times (RP \times DP)}$$

S=1주 판매량
RP=EOQ 발주 간격을 '주'단위로 표시
DP=납품 기간을 '주'단위로 표시

$$R=2.326\sqrt{30\times(3+1)주}=2.326\sqrt{120}=2.326\times10.95=25.48≒25개$$

이 경우 예비재고는 DP에 의한 예비재고 30개, 품절방지 예비재고 (R) 25개로 합계 55개가 된다. 따라서 최대 재고(MAX)는,

$$MAX=S\times(RP+DP)+R=30\times(3+1)+25=145개가\ 된다.$$

그러나 상기 최대재고 145개(MAX)는 실제재고 Level에 있어서는 발주 후 납입까지 판매분이 감소하므로 이 MAX 수치에는 도달되지 않는다. 납입 기간중 예정 판매량이 30개이면 실제 최대재고 Level은 115개 (145개－30개)이다.

다. OPEN TO BUY CONTROL(OTB)

OTB는 OPEN TO BUY CONTROL의 약자로 일반적으로는 자동적 구매액 조정법이라고 번역되나 이 번역은 적절하지 않다고 생각한다.

자동적이라는 것은 구매 담당자가 고려하지 않더라도 발주가 되는 것으로 오해를 초래하게 된다. 사실은 그것의 반대로 기발주 상품과 잔여재고 등을 체크하여 매입에 대한 통제를 하는 것이다. 따라서 '발주허용수량 Control'이라고 번역함이 타당하다고 생각한다.

Staple 상품의 매입은 지금까지 설명한 바와 같이 품목에 대해 주단위 계획판매 수량, 재발주 기간, 납입 기간 품절 방지, 예비 재고량, 최대 재고량 등 제 요소를 판매 시기에 앞서서 설정하고 Basic Stock Order Uist 양식 등을 만들어 운영해야 한다. 또한 기간중의 발주관리 매입통제는 이 List에 기초하여 OTB(발주허용 수량통제) 관리를 계속 실시하여야 한다.

이것은 Model Stock Plan 방식을 채용하는 패션상품 계열보다는 자동적이고 기계적인 작업으로 보기 쉬우나 계획 단계의 취급 품목의 결정, 각 품목의 판매계획 수량 결정 등에 있어서는 매입 담당자의 노련한 판단력과 창조성을 필요로 한다. 이런 의미에서 Staple 상품의 머천다이징을 누가 수행하더라도 다 같은 기계적인 업무라고 보아서는 안

된다.

취급 품목의 결정에 따라 해당 상품계열 분야의 고객 흡인력의 차이가 발생된다. 또한 품목별 판매 수량의 결정은 담당자의 수요 예측능력, 판매계획 능력에 따라 결정의 정확도가 결정될 수 있으므로 이와 같은 능력 배양에 많은 노력을 기울여야 한다. 판매량이 같다고 해서 똑같은 바이어로 볼 수 없으며 누가 더 계획적으로 접근하느냐의 문제이다.

3. 패션상품 계열(전문품 상품 계열)의 상품 계획
— (MODEL STOCK PLAN)

가. BREAK DOWN 방식에 의한 계획 수립
(전체적인 것에서 개별적인 것으로의 BREAK DOWN)

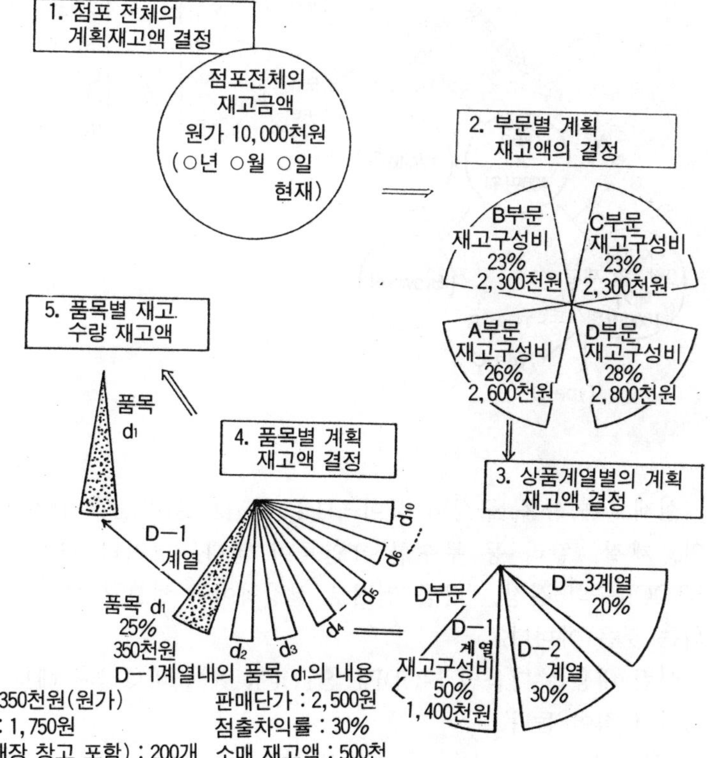

상품 계획의 수립은 전체적인 것에서 개별적인 것으로(Top Down 방식)의 접근에 의한 것이 원칙적인 방법이다. 특히 패션 상품의 상품계획에 있어서는 특히 심하다.

나. MODEL STOCK PLAN의 작성

(Model Stock 계획의 Process)

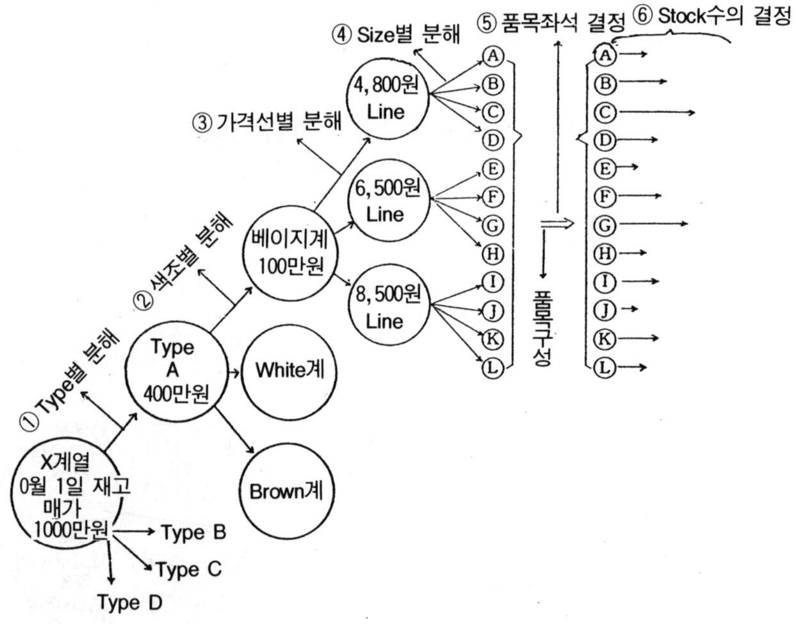

실제로는 품목 구성이 사이즈(LL, L, M, S)별로만 되지 않고 디자인, 재질, 칼라 등 무수한 요인들이 많다. 그러나 상기 도표의 ⑥ STOCK수의 결정 내용을 전제로 결정하여야 하므로 부단히 넓힌다고 되는 것은 아니다.

이런 내용은 다음의 MODEL STOCK 표의 비고란에 메모식으로 기입하여 적어 둔다.

〈표 5-1〉　　　　　　　MODEL STOCK표(예)

MODEL STOCK 년 월 일	부문 : #201(JUNIOR) 상품계열 : 블라우스 품번 : #2013		작 성 자	
월초 계획 재고 매입가 : 6,500천 매　가 : 10,000천	평균점출차익률 : 35% 연간상품회전율 : 4.8회 연간매출액예산 : 40,000천		당월매출예산 : 5,000천 당월상품회전율 : 6.3회 기준재고 : 5,000천	

형	색상	가격선	사 이 즈					비 고
			LL	L	M	S	계	
TYPE A 40% 4,000천	WHITE 계	4,800원 30% / 300천	10% / 30천	30% / 90천	40% / 120천	20% / 60천	100% / 300천	무지, 칼라 첵크, 줄무늬의 경우는 대략 25 : 45 : 30 으로 한다. COTTON, 합섬은 35%, SILK 40%, 기타 25%
		62.5	6	19	25	13	63	
		6,500원 40% / 400천	10% / 40천	30% / 120천	40% / 160천	20% / 80천	100% / 400천	
	25%	61.5	6	18	25	12	61	
		8,500원 30% / 300천	10% / 30천	30% / 90천	40% / 120천	20% / 60천	100% / 300원	
	1,000천	35	4	11	14	7	36	합계 160점
	베이지 계							

다. MODEL STOCK PLAN의 목적

MODEL STOCK표를 작성하는 목적은 상품 계열에 있어서 밸런스를 유지하여 희망하는 상품 구성 및 품목별 재고유지를 위한 것이다. 만약 이러한 좌석표가 작성되지 않고 감각적으로 품목의 선택을 하게 된다면 특정의 타입, 특정의 색상, 특정의 가격선, 특정의 사이즈에 치우치게 되어 상품 구성과 STOCK이 균형을 상실할 위험이 있어 팔리는 상품, 품절 상품, 팔리지 않는 상품 등이 언제나 어우러져 있게 된다.

패션 상품의 머천다이징은 상품의 라이프 사이클이 전체적으로 단기적인 특성을 갖고 있으므로 어떤 품목을 구체적으로 지정하고 고정화시키는 것은 바람직하지 않다.

유행면에서 첨단의 위치에 있는 상품 등은 제조단계에서 이미 동일 품목의 생산 수량을 제한하고 시즌 전에 생산을 끝내거나 다음 시즌의 제품을 생산하게 된다.

따라서 Model Stock Plan에서는 특정 품목을 정한다는 것은 어떠한 조건에 만족하는 품목을 어느 정도로 하느냐의 계획을 작성하는 것이다. 즉 구체적인 품목이 품목 좌석으로 자리잡을 수 있는 상품 조건을 의미한다.

이것은 계획된 상품이 수배 단계에서 품절되거나 동일 품목의 재발주가 불가능한 경우 등이 있기 때문이다. 결국 Model Plan은 상품 좌석에 배치되는 조건과 속성을 지정하는 상품좌석 List일 뿐이다.

라. 분해의 기준

앞의 표에서 보는 바와 같이 타입 — 칼라 — 가격선 — 사이즈의 순서가 절대적이 아니라 가격선 — 타입 — 칼라 — 사이즈로도 할 수 있고 BRAND — 가격선 — 칼라 — 무늬로도 할 수 있다.

그러나 실무적으로는 타입 — 칼라 — 가격선 — 사이즈의 순서가 작업상 편리할 것으로 생각한다. 이것은 고객의 상품 선택 기준의 순서에 맞춘 것이다. 외국 기준의 의류의 Selection Factors에 있어 고객측 선정 기준은,

① 타입 ② 재질 ③ 칼라 ④ 스타일 ⑤ 소매, 칼라 등 각 부분의 디자인 ⑥ 무늬 ⑦ 사이즈 ⑧ 가격선 ⑨ BRAND ⑩ 메이커 등의 순서로 결정하는 경향이 강하다. 그러나 우리 경우에는 BRAND와 MAKER 선호도가 높은 경향이 강하다.

물론 지역 특성 등을 감안하여 바이어가 기준의 순서에 대해 연구를 하여야 한다.

X. 발주 비용과 재고 유지비

앞의 EOQ편에서 1차 검토하였으나 보다 더 구체적으로 검토코자 한다.

1. 발주 횟수와 평균 재고량

상품의 재고량과 발주 횟수에는 다음과 같은 관계가 있다.

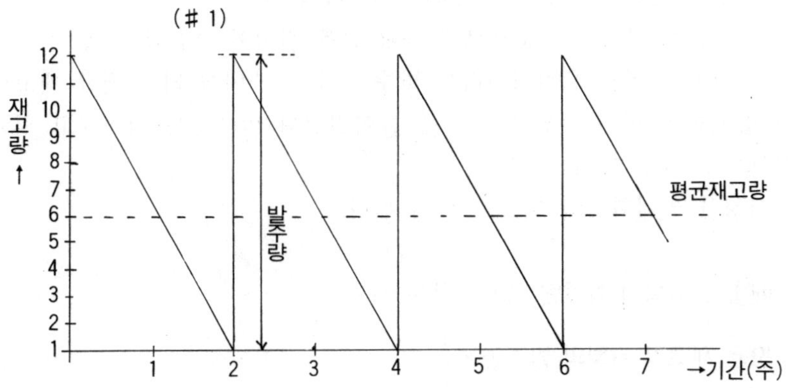

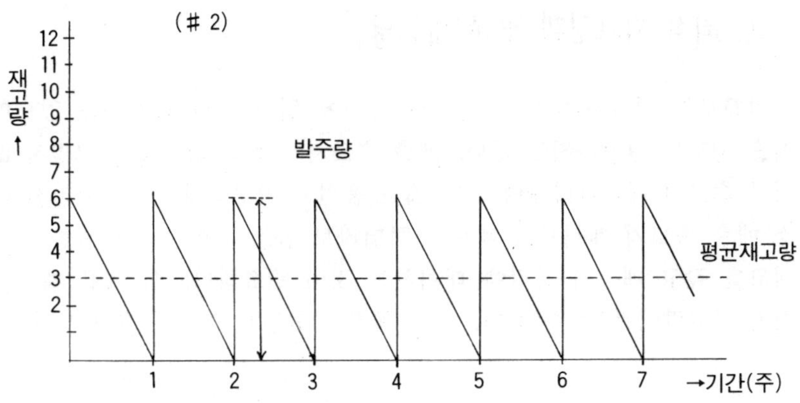

상기 도표는 가로축에 기간(여기서는 주간단위)
세로축에 재고량을 나타내고 있다.

이해하기 쉽게 상품의 판매 속도는 일정하고 재고가 0이 됨과 동시에 입고되는 것으로 표시되어 있다. 도표 #1에서는 2주 단위별로 상품이 입하한다. 또한 평균 재고량은 1회 발주량의 $\frac{1}{2}$로 되어 있다. 따라서 1회 발주량이 12개이며 평균 재고량은 그것의 $\frac{1}{2}$인 6개로 되어 있다.

여기에 비해 도표 #2는 매주마다 상품이 입하하는 것으로 나타나 있다. 1회 발주량은 6개이며 평균 재고량은 $\frac{1}{2}$인 3개이다.

도표 #1이나 #2 모두 매출액은 동일 수량이 되나 도표 #1에서 평균 재고량은 6개이며 제 7 주까지 입하되는 발주 횟수는 3회이다.

여기에 비해 도표 #2는 평균 재고량이 도표 #1의 6개에 비해 3개이나 동일 기간의 발주 횟수는 2배인 6회가 된다.

이와 같은 차이를 기준으로 다음과 같은 원칙이 성립될 수 있다. 즉, 같은 판매 수량이 유지되더라도 발주 횟수를 줄이게 되면 평균 재고량은 증가하며 반대로 발주 횟수를 늘이면 1회 발주량은 적어지고 평균 재고량도 감소한다는 것이다.

이것을 공식화하면 다음과 같이 된다.

$$\text{매출량} = \text{1회의 발주량} \times \text{발주 횟수} \quad \cdots\cdots\cdots\cdots\cdots\cdots\cdots\cdots\cdots\cdots \text{①}$$

$$\text{평균 재고량} = \text{1회의 발주량} \times \frac{1}{2} \quad \cdots\cdots\cdots\cdots\cdots\cdots\cdots\cdots\cdots\cdots \text{②}$$

2. 최적 재고량과 평균 재고량

실제로는 재고가 0이 된 상태와 동시에 입하가 되는 경우는 없으며 매출 속도도 일정하지는 않다. 매출 속도가 둔화된 경우에는 그렇지 않지만 속도가 예정보다 빠른 경우에는 품절이 발생되게 된다. 따라서 다소 매출 속도가 계획보다 빠르다 하더라도 품절을 방지하기 위한 여유 재고를 갖고 매출의 증감에 대처하는 것이 필요하다. 이 여유 재고를 최저 재고량이라 할 수 있다. 또한 최저 재고량은 안전 재고라고 한다.

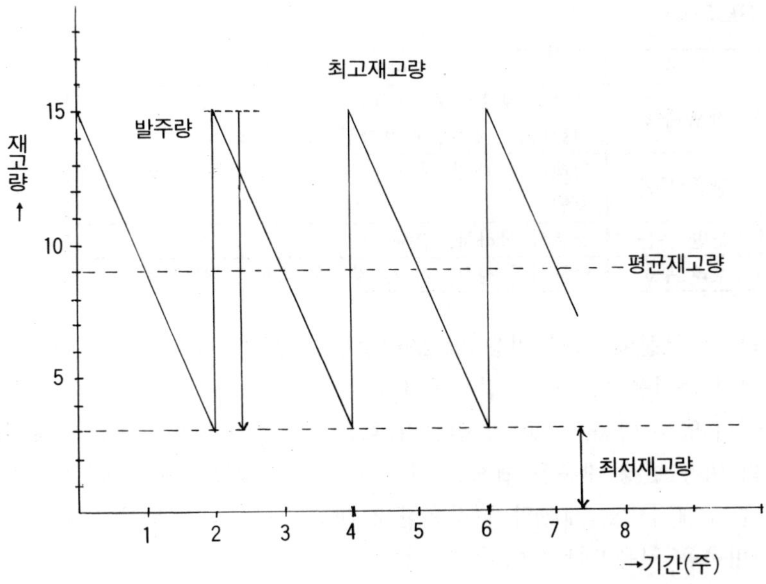

위의 도표에서 보듯이 평균 재고량은 최저 재고량만큼 상승한다.

- 평균 재고량＝1회당 발주량×$\frac{1}{2}$＋최저 재고량 ························· ③

이 된다. 그리고 발주량은 최고 재고량과 최저 재고량의 차이가 되므로

- 평균 재고량＝(최고 재고량－최저 재고량)×$\frac{1}{2}$

　　　　＋최저 재고량 ································· ④ 가 된다.

3. 발주 비용

앞에서 살펴본 바와 같이 매출 수량이 같을 때 발주 횟수를 늘이면 평균 재고량은 감소하고 발주 횟수를 감소하면 평균 재고량은 증가한다.

이 경우 발주를 할 때마다 그에 따른 비용이 발생한다.

〈표 5-2〉

부 문	비용 발생 내용
점포 부문	본부로 보충발주 청구에 따른 전표 작성 연락비용, 검수, 정찰작업, 진열작업 등
상품 부문	거래선에 대한 발주서 작성, 연락, 독촉, 납품서의 확인
운반 부문	상품의 상하차, 검수
경리 부문	납품서의 검산, 기장, 청구서 조회, 지불 업무

위의 각 부문에 있어 비용 발생의 업무가 발생된다. 이러한 비용의 구체적인 파악을 위해서는 점포에서의 보충발주 청구에서부터 점포 도착까지의 업무 내용, 상품 및 전표의 흐름을 차트화하여 검토하면 해당 부문의 비용 발생 내용을 쉽게 파악할 수 있다. 대형점에서 1회당 발주 비용을 구체적으로 계산하여 적용한 사례를 아직 듣지 못하고 있으나 발주 비용은 일응 검토되어야 할 것이다.

4. 재고 유지비

재고 유지비의 내용은,
① 재고 투자에 의한 이자
② 창고 경비(창고를 유지하기 위한 수선비, 수도 광열비, 재고 관리비, 사무비 등)
③ 운반비(상품의 이동에 따른 기계, 기구, 차량 비용 등)
④ 손해 보험료(상품에 대한 손해 보험료)
⑤ 재고 감모비(재고로 인한 상품 로스)
진열 정리비 등만을 검토하여도 재고 유지 비용은 매우 심각하게 검토되어야 할 내용임을 이해할 수 있다.

5. 최적 발주량(EOQ;Economic Order Quantity)

이상의 발주 횟수와 재고 유지비의 관계를 도표화하면 다음과 같다.

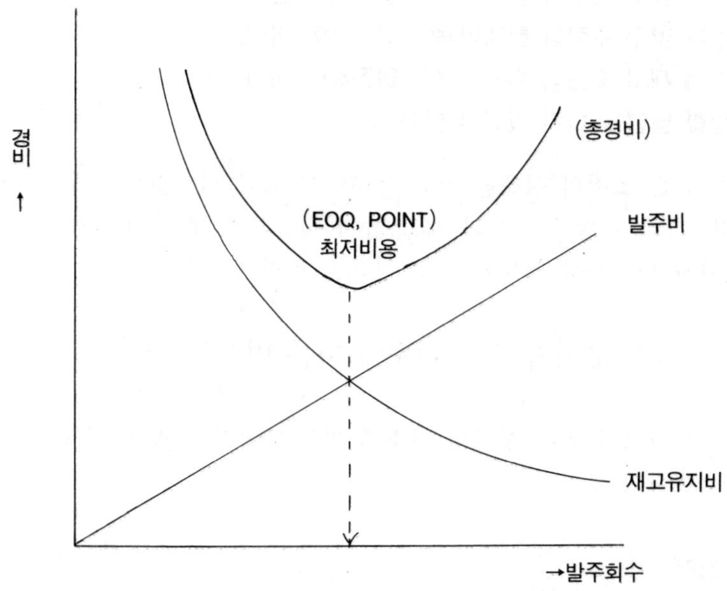

발주 비용과 재고 유지 비용의 합계가 가장 적은 것이 가장 바람직하며 이 경우의 발주량을 최적 발주량(EOQ)이라 한다.

이 최적 발주량을 구하는 공식은 매우 많이 발표되었으나 가장 간편하고 대표적인 공식은 다음과 같다.

$$\cdot\ \text{최적 발주량(EOQ)} = \sqrt{\frac{2 \times \text{연간 계획 매출수량} \times \text{1회당 발주비용}}{\text{매입단가} \times \text{재고유지비용률}}}$$

그러나 이 공식을 실제로 적용하는 경우 상상 외의 숫자가 되는 경우가 많다. 이것은 이론적으로는 확실하고 정확한 것이나 현실적으로 1회당 발주 비용과 재고유지 비용을 계산해 내는 이 공식이 적용되기 위한 전제조건으로서 다음 7가지가 필요하다.

① 단품으로 되어 있어야 한다.
② 매출 속도가 안정되고 큰 변화가 없어야 한다.
③ 발주비용과 재고 유지비가 전부이며 그 이외의 비용은 거의 없어야 한다.

④ 추가 발주 횟수의 한계비용이 일정해야 한다.
⑤ 추가 발주 수량의 한계비용이 일정해야 한다.
⑥ 추가 재고 수량의 한계비용이 일정해야 한다.
⑦ 분할 납입을 하지 말아야 한다.

위와 같은 조건의 상품을 체인점 내에서 취급하는 것은 매우 어려운 일이다. 그러나 발주 비용과 재고 유지 비용의 관계는 검토한 바와 같이 정확하므로 항상 염두에 두고 상품을 관리하여야 한다.

6. 매가의 고저와 발주 횟수에 따른 비용의 관계

매가의 고저와 발주 횟수의 다소에 의한 비용은 어떻게 변화될 것인가를 검토하여 보자.

〈조건〉
• 연간 매출 수량 : 480개
• 최저 재고량 : 고려하지 않음
• 발주 비용 : 10원(현실과 관계 없이 계산 편의상 적용 숫자)
• 재고 유지 비용 : 연간 30%

① 매가가 낮은 상품의 경우(매가를 20원으로 한 경우)

〈표 5-3〉

	월1회 발주 경우	월4회 발주 경우
발주 횟수(년)	12회	48회
1회 발주량	40개	10개
평균 재고량	20개	5개
발주 비용	10원×12회=120원	10원×48회=480원
재고 유지 비용	20원×20개×0.3=120원	20원×5개×0.3=30원
총비용	계 240원	계 510원

② 매가가 높은 상품의 경우(매가를 200원으로 한 경우)

〈표 5-4〉

	월1회 발주 경우	월4회 발주 경우
발주 횟수(년)	12회	48회
1회 발주량	40개	10개
평균 재고량	20개	5개
발주 비용	10원×12회＝120원	10원×48회＝480원
재고 유지 비용	200원×20개×0.3＝1,200원	200원×5개×0.3＝300원
총비용	계 1,320원	계 780원

앞의 두 가지를 정리하면 다음과 같다.

〈표 5-4〉

매가＼발주 횟수	작은 경우	많은 경우
저가 상품	총비용은 낮고(저)	총비용은 많고(고)
고가 상품	총비용은 많고(고)	총비용은 낮고(저)

7. 매출 수량의 다소와 발주 횟수에 의한 비용의 관계

다음은 매출 수량의 다소와 발주 횟수의 다소에 따른 비용의 변화를 알아보자.

〈조건〉
· 매가 : 항상 20원
· 최저 재고량 : 고려하지 않음
· 발주 비용 : 1회당 10원
· 재고 유지 비용 : 연 30%

① 매출 수량이 작은 경우(연간매출 수량 : 480개)
기타는 상기 매가가 낮은 경우(매가 20원)와 동일하므로 생략한다.
월 1회 발주하는 경우 총비용은 240원이 되고 월 4회 발주하는 경우 총비용은 510원이 된다.

② 매출 수량이 많은 경우(연간 매출수량 4,800개)

〈표 5-6〉

	월1회 발주 경우	월4회 발주 경우
발주 횟수	12회	48회
1회 발주량	400개	100개
평균 재고량	200개	50개
발주 비용 재고 유지 비용	10원×12회=120원 20원×200개×0.3=1,200원	10원×48회=480원 20원×50개×0.3=300원
총비용	계 1,320원	계 780원

앞의 내용을 정리하면 다음과 같다.

〈표 5-7〉

매출수량 ＼ 발주횟수	작은 경우	많은 경우
적은 경우	총비용은 낮고(저)	총비용은 높고(고)
많은 경우	총비용은 높고(고)	총비용은 낮고(저)

발주 횟수가 적은 것은 발주 간격(발주 사이클 기간)이 긴 것이 된다. 거꾸로 발주 횟수가 많다는 것은 발주 간격이 짧다는 것이므로 이 원칙을 고려하여 발주 업무를 보다 합리적으로 시행하여야 한다.

제 3 장

판매 및 작업

제3장 판매 및 작업

Ⅰ. 로스(LOSS)의 종류와 형태

로스는 장부상의 재고(전표상의 재고)와 실재고(실제 재고 조사된 재고)의 차(플러스, 마이너스)를 말하며 로스가 플러스로 나타났을 때 역로스라 한다.

1. 로스의 종류

가. 인정 로스

인정 로스는 일정 기간 동안 '이 정도의 로스가 발생할 것이다'라고 예상하여 처음부터 경영계획에 반영시킨 것으로써 재고 조사 결과 인정 로스의 범위 내에서 발생된 로스는 문책이나 원인 분석을 구체적으로 하지 않는 것을 말한다.

이와 같은 인정 로스를 설정하는 이유는 장부상 재고와 실재고를 가능한 한 일치시키려는 데 있는 것이지 로스를 무조건 인정하기 위한 것이 아님을 명심하여야 한다.

장부상의 기수재고	매출액	⇨	매출액
매입액	장부상 기말재고		장부상 기말 재고
			인정로스

나. 재고 조사 로스

재고 조사 로스라는 것은 장부상의 재고(인정 로스를 제한 후의 장부상의 재고)와 실재고의 차이를 말한다. 이것은 재고를 조사함으로써 알 수 있다.

매출액	
장부상 기말재고	재고조사 실재고
	재고조사 로스
인정로스	

다. 불명 로스

불명 로스라는 것은 인정 로스와 재고 조사 로스를 합계한 것을 말한다.

장부상 기수재고	매출액		
매입액	장부상 기말재고	재고조사 실재고	재고조사 실재고
		재고조사로스	
	인정로스		불명로스

이 경우 각각의 로스율은 다음 공식으로 정리할 수 있다.

- 인정 로스율 $= \dfrac{\text{인정 로스액}}{\text{매출액}} \times 100$

- 재고 조사 로스율 $= \dfrac{\text{재고 조사 로스액}}{\text{매출액}} \times 100$

$$\cdot \text{불명 로스율} = \frac{\text{불명 로스액}}{\text{매출액}} \times 100$$

$$= \frac{\text{인정 로스액} + \text{재고 조사 로스액}}{\text{매출액}} \times 100$$

$$= \text{인정 로스율} + \text{재고 조사 로스율}$$

2. 불명 로스·인정 로스·재고 조사 로스의 관계

불명 로스가 재고 조사에 의해 확정되기까지를 실제 예를 기준으로 검토하기로 한다.

(예) A점포

• 월초 재고(매가)	100만원
• 월간 매입 매가	260만원
• 월간 매출액	200만원
• 인정 로스	2%
• 재고 조사 실재고	150만원

상기 내용을 도표화하면 다음과 같다.

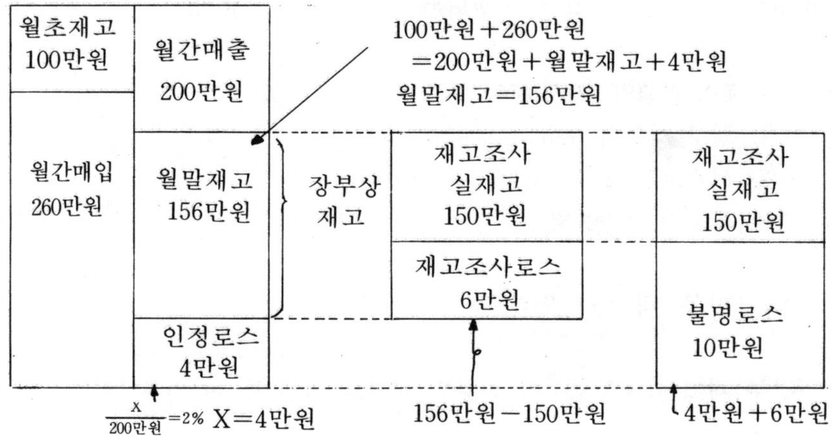

〈표 6-1〉

월초재고	월간매입	월간매출	인정로스	재고조사로스	불명로스	월말재고(실재고)
100만원	260만원	200만원	4만원	6만원	10만원	150만원

상기 표를 정리하면 다음과 같이 공식 정리가 될 수 있다.

- 월초재고＋월간매입＝월간매출＋월말재고＋인정로스
- 월말재고＝월초재고＋월간매입－월간매출－인정로스
- 월말재고－재고조사 실재고＝재고조사 로스
- 재고조사 로스＋인정로스＝불명로스

3. 로스의 발생 원인

가. 로스 발생의 3가지 분야

로스의 원인은 크게 3가지로 검토할 수 있다. 첫째는 일상 업무 가운데 발생되는 매출, 매입, 대체, 반품, 매가 변경 등의 자료 기장시 미스에 의한 장부상 재고의 오류가 발생되어 생긴 로스이며, 둘째는 실재고의 오류에 의한 것이다. 실재고는 재고조사를 실시하는 것으로 확정되나 이 재고조사시 조사에서 빠뜨리거나 틀리게 계산되어 발생되는 로스가 이에 해당된다. 세번째는 상품의 행방불명에 의한 로스이다. 이것은 주로 도난에 의해 발생되는 것으로 추정되고 있다.

- 로스 발생의 3가지 분야
1. 장부 재고의 오류
2. 실재고의 오류
3. 상품의 행방불명

나. 장부 재고의 오류

장부 재고는 장부로부터 산출된 재고를 말한다. 이 장부 재고는 매

입, 반품, 대체, 매가변동, 매출에 의해 변화한다. 이 변화의 상황을
월간의 개념에서 보면 아래 도표와 같다.

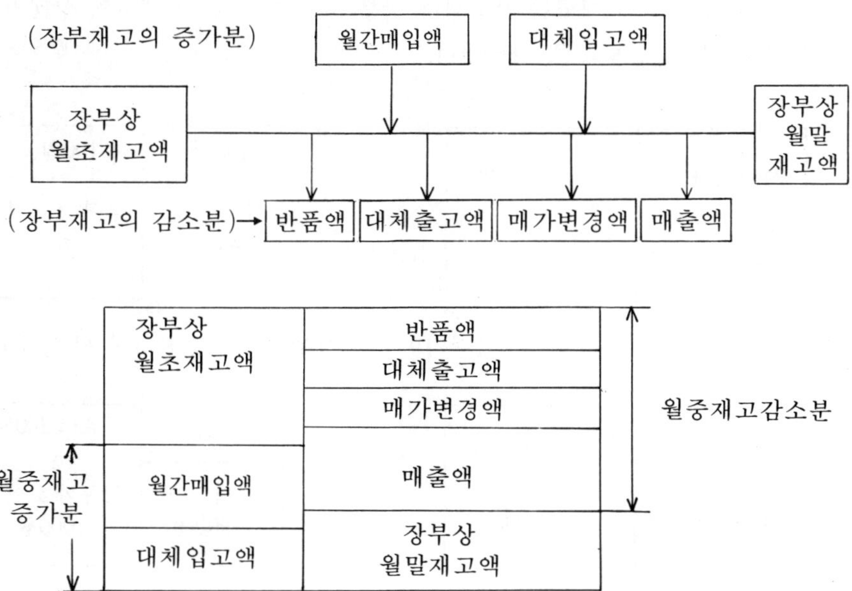

따라서 장부 재고상 월말재고액은 다음 공식으로 정리할 수 있다.

- 월초 재고액+월간 매입액+대체 입고액=반품액+대체 출고액+매가
  변경액+매출액+월말 재고액
- 월말 재고액=(월초 재고액+월간 매입액+대체 입고액)-(반품액+
  대체 출고액+매가 변경액+매출액)

이러한 장부상의 재고에 오류가 발생하였다는 것은 상기 식의 재고
가 증가분 또는 감소분 중에서 계산상 오류가 발생된 것을 말한다. 이
러한 오류의 대표적 예를 몇 가지 검토하여 보면 다음과 같다.

1) 매가 변경 수속의 오류

매가 인하에 의한 매가 변경을 하는 경우 인하된 것만큼 실재고는 감

소하게 되므로 당연히 매가 변경 전표를 기표하여 장부 재고를 그 액수
만큼 감소시켜야 한다. 매가 인하를 하는 경우 전표상에 1단품당 인하
액 및 수량을 기록하여야 하는데, 매가 변경 전표를 작성하지 않는 경
우가 있다면 실제 재고는 감소되나 장부 재고는 변경 전 재고액 상태가
되므로 그 차가 로스로 나타난다.

실재고액	장부 재고액		100원	100원
1,000원	1,000원	100원 인하	실재고액 900원	장부재고액 900원

(매가변경과 장부정리가 정확하게 될 경우)

실재고액	장부 재고액		100원	로스 100원
1,000원	1,000원		실재고액 900원	장부재고액 1,000원

(매가변경 후 매가변경전표가 작성되지 않은 경우)

　만약 매장 상품이 오손되어 그 상태로 판매가 불가능하여 상품을 폐
기한 경우에도 반드시 매가 변경 전표를 기표하여야 한다. 그러나 이
경우에도 폐기처리만 하고 매가 변경 전표를 기표하지 않게 되면 그 분
만큼 로스가 발생하게 된다.

실제 재고액	장부 재고액		실제 재고액	장부 재고액	
500원	500원	폐기	0원	500원	500－0＝500 원의 로스

(500원의 상품을 폐기한 후 매가 변경전표를 기표하지 않은 경우)

2) 매출 등록(금전등록기 작동)의 오류

매출은 해당 상품의 상품 분류 코드에 해당 매출 금액을 금전 등록기 (Cash Register)를 이용하여 등록시킨다. 이러한 등록시에 장부상 재고와 틀리게 감액되거나 증액된 금액을 등록시키게 되면 그 상품 코드의 장부재고로부터 오차가 발생하게 되는데 그 오차분이 로스로 발생하게 된다. 이 경우 증액된 금액은 역로스가 된다.

(가) 1,000원의 매출을 2,000원으로 잘못 등록한 경우

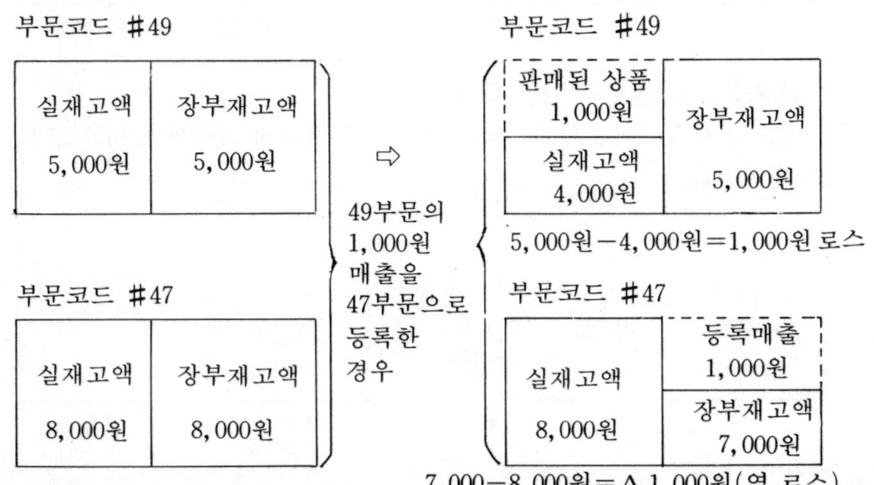

(나) 금액은 물론 부문을 틀리게 등록한 경우에도 로스 발생의 원인이 된다.

부문코드 49를 코드 47로 등록한 경우

따라서 금전등록기를 이용할 경우에는 단품마다 정확하게 부문과 금액을 확인하여 판매 등록을 하여야 한다.

다. 실재고의 오류

이것은 장부 재고는 정확하나 실재고가 잘못 계산된 경우로써 재고 조사시의 오류 및 입하시 정찰 작업의 잘못이 대표적인 케이스에 해당된다.

1) 재고 조사시의 오류

재고 조사시에 잘 보이지 않는 곳에 있는 상품을 재고조사 대상으로 빠뜨리거나 조사자의 착오에 의한 부주의로 조사되지 않는 이유 등으로 발생된다. 실재고 조사에 의해 확정된 실재고와 실제로 매장에 있는 재고와의 차이가 로스로 된다.

예를 들어, 실제로 매장에 10만 원의 상품이 있으나 재고 조사시에 1만 원의 차이가 발생되었다면 장부상 재고는 10만원이며 재고조사에 의해 확정된 실재고는 9만원이 되어 차액 1만원이 로스로 된다.

| 실재고액 10만원 | 장부재고액 10만원 | ⇨ | 조사착오 1만원 / 실재고액 9만원 | 장부 재고액 10만원 |

10만원－9만원＝1만원의 로스

2) 재고조사 원부의 기입 오류

재고 조사시 수량, 단가, 상품 분류 등을 틀리게 작성함에 따른 로스의 원인이다.

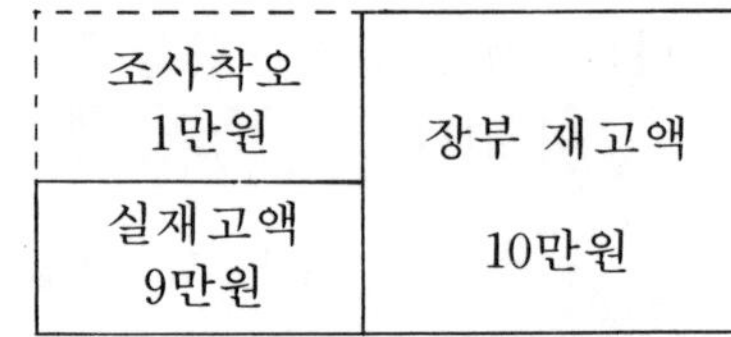

1,000원－500원＝500원 로스

또한 매장에 있는 견본품 등 장부 재고로 계산되지 않는 비재고품을 재고로 계산하는 경우에도 로스의 원인이 된다.

3) 정찰표(가격표) 취부의 오류

가격표 상의 가격이 실재고 매가가 되는 것은 당연하다. 그러나 점포에서 상품에 가격표를 취부(정찰작업)하는 경우 매입 전표 기재의 오류에 의한 상품이 단가와 틀린 매가를 가격표로 취부되었다면 그 차액은 로스가 된다. 재고 조사시 일부 잘못된 생각을 갖는 매장 담당자들이 로스를 커버하기 위해 당초 매가보다 높은 가격표를 재고조사에 대비키 위해 거짓으로 취부하는 경우가 있는데 이러한 행동은 절대로 있어서는 안된다.

예를 들어, 980원에 100개 입하된 상품을 오류에 의해 780원으로 정찰작업을 하여 판매하였다면 장부 재고는 98,000원인데 실재고는 78,000원이 되어 그 차액 20,000원이 로스가 된다. 따라서 정찰작업시에는 필히 매입 전표상의 매가를 확인하여 처리하여야 한다.

4) 상품의 행방불명

상품의 행방불명에 대한 대표적 원인은 도난에 의한 것이다. 도난의 주원인은 상품 정리가 되어 있지 않은 탓이다. 도난에 의한 로스 방지의 최선책은 항상 상품 정리를 행하는 것이다. 물론 도난 방지를 위해서 사각지대에 볼록거울을 배치하거나 점포 내에 CCTV의 작동 또는 비밀 금속물질의 삽입에 의한 탐지, 경비의 철저, 사내 도난방지대책 수립 등의 활동을 하고 있으나 잘 정리된 상품에 대해서는 도난의 빈도가 많이 줄게 되므로 도난의 방지를 위한 점포 내 진열 판매 환경의 정비가 필요하다.

　이상 로스의 내용을 살펴보았으나 결국 로스가 적은 부문이라는 것은 매일매일 매장의 관리가 충실하게 이루어지고 사내의 규정에 의한 업무와 관련된 제절차가 정확하게 이해되고 또한 실행되고 있다는 증거가 된다.

Ⅱ. 객수 및 객단가

1. 객 수

가. 매출액의 분해

매출액은 다음과 같이 분해할 수도 있다.

$$\boxed{\text{매출액}=\text{객수}\times\text{객단가}} \quad\cdots\cdots\cdots\cdots\cdots\cdots\cdots\cdots\cdots\cdots\cdots\cdots ①$$

객수란 상품을 구매한 고객의 수로서 체크아웃을 통과한 고객수로 계산한다.

결국 구체적으로는 각 CASH REGISTER가 취급한 횟수의 합계치가 된다. 따라서 그저 매장을 구경하거나 하는 등 구매하지 않은 입점객은 객수에 포함되지 않는다.

따라서 이와 같은 입점객 수와 객수의 관계로 구매율을 계산할 수 있다.

$$\boxed{\text{구매율}=\frac{\text{상품 구매 객수}}{\text{입점객수}}\times100} \quad\cdots\cdots\cdots\cdots\cdots\cdots\cdots\cdots\cdots ②$$

구매율은 편의품이나 일용품을 주로 취급하는 점포의 경우는 높고 유행상품이나 전문품 등 구매 빈도가 낮은 점포는 구매율도 상대적으로 낮게 된다.

매출액을 객수로 나눈 것이 객단가가 된다.

$$\boxed{\begin{aligned}\text{객단가}&=\frac{\text{매출액}}{\text{구매 객수}} \quad\cdots\cdots\cdots\cdots\cdots\cdots\cdots\cdots\cdots\cdots ③\\[6pt]&\frac{\text{매출총갯수}}{\text{구매객수}}\times\frac{\text{매출액}}{\text{매출총갯수}} \quad\cdots\cdots\cdots\cdots\cdots\cdots\cdots ④\end{aligned}}$$

$$\boxed{\text{객단가} = \text{고객1인당 평균판매개수} \times \text{상품평균단가} \quad \cdots\cdots\cdots\cdots \text{⑤}}$$

2. 객단가

가. 매출액의 분석

객단가도 평당 매출액과 마찬가지로 변화의 폭이 크지 않는 특징을 갖고 있다. 이러한 특징을 감안할 때 상기 ①식에서 매출액의 변화는 객단가의 변화에 의한 것보다 객수에 의한 변화 노력이 중요한 것을 나타낸다.

매장 면적당 매출액을 앞의 공식 등을 감안하여 검토하면 다음과 같다.

$$\text{매출액} = \text{매장 면적} \times \text{평당 매출액} \quad \cdots\cdots\cdots\cdots\cdots\cdots\cdots\cdots \text{⑥}$$
$$\text{매출액} = \text{객수} \times \text{객단가} \quad \cdots\cdots\cdots\cdots\cdots\cdots\cdots\cdots\cdots\cdots \text{⑦}$$
$$\text{매장 면적} \times \text{평당 매출액} = \text{객수} \times \text{객단가} \quad \cdots\cdots\cdots\cdots \text{⑧}$$
$$\frac{\text{평당매출액}}{\text{객단가}} = \frac{\text{객수}}{\text{매장면적}} = \text{일정} \quad \cdots\cdots\cdots\cdots\cdots\cdots\cdots\cdots \text{⑨}$$

⑨식의 좌변의 분모·분자의 수치가 변화되지 않는 고정적 수치라면 우변의 수치는 일정하게 된다.

따라서 매장 면적이 증가하게 되면 객수도 증가한다. 결국 객수의 증가를 위한 근본적 대책은 매장 면적의 확대이다.

나. 특매는 객수 증가의 근본 대책은 아니다

객수를 근본적으로 증가시키기 위한 대책은 매장 면적의 확대임을 앞에서 살펴보았으나 현실은 어떠한가. 현실적으로 각 점포의 매출액 증가대책으로서의 객수증가 대책으로 가장 대표적인 것이 특매행사이다. 특매를 위해 전단 등을 배포하고 행사에 임하면 확실히 객수는 일시적으로 증가한다.

그러나 이 특매가 충분한 이익을 확보한다면 문제가 없겠으나 대부분 통상의 순매출 이익 이하의 특매상품 중심으로 이루어지고 있다. 그러므로 특매에 따른 매출액의 상승, 즉 객수의 증가와 약간의 객단가의 상승도 가져오나 결과적으로 총액의 순매출 이익은 증가되지 않는 경우가 많다. 따라서 특매 기간중만의 가격인하 자극으로 고객의 증가를 유도시키는 것보다는 평소의 고객 증가를 위한 전반적인 노력이 필요하다.

다. 객수의 정체와 상권

대형점포의 경우 어느 일정 수준에서 2~3년간 객수의 정체현상을 나타내는 것을 경험적으로 알 수 있다. 특매에 의해 강제 흡인에 의한 고객 증가를 유도하더라도 그 고객이 정착화, 즉 고정 고객화되지 못하고 있기 때문이다. 객관적으로 볼 때 객수는 그 상권 인구에 의해 결정된다. 그러나 경쟁점의 진출, 도시 중심축의 변화, 교통수단의 신설 등으로 상권은 변하게 된다.

상권에 있어 점포 접근은 단순거리의 개념이 아닌 시간거리이므로 상권의 범위는 여러 요소에 의하여 변하게 된다. 이와 같은 변화를 수용하기 위해 상권 내의 점거율 유지를 위한 점포 운영 방안이나 신규 출점의 전략이 수립되게 된다.

라. 객수 정체시의 대책

객수가 정체되더라도 매출액이 증가되는 것은 객단가가 증가되기 때문이다. 그러나 객단가도 정체되게 되면 매출액은 증가되지 않는다. 이와 같은 현상을 타파하기 위한 대책으로서는 다음 3가지가 있다.

1) 매장 면적의 확장
실제 매장 면적의 확장은 개점 이후 일정 기간이 경과되면 시대의 변천에 따라 증설이 필연적으로 대두되게 된다. 그러나 영업이 활성화된 이후 인접지의 추가 매입은 가격의 앙등 또는 매입불가 등의 사유로 매우 어려운 것이 현실이다. 또한 개점시 규모에 맞는 구조로만 건축되는 것이 일반적인 현상이므로 증설의 문제도 간단하지가 않다.

그러므로 최초 건설시 향후 수직증축이 가능하도록 구조, 주차장의 내용을 검토하여 건설에 임하는 것이 장래에 대비하여 매우 중요한 점검 사항이 된다.

2) 부문 삭감에 의한 상대적 규모 확대화

부문 삭감은 타부문의 확장과 충실을 의미하는 것이다. 부문별 충실 전략을 철저하게 하면 매출의 충실을 기할 수도 있다.

3) 경비 삭감, 특히 인건비의 철저한 삭감

매출액이 정체되더라도 경비가 삭감되게 되면 순이익은 충분하게 확보되고 사용 총자본 순이익률은 유지될 수 있다.

3. 객단가의 분석

가. 매출의 분해

객단가를 분해하기 위해 매출액을 분해하면

$$\text{매출액} = \text{객수} \times \text{평균 판매갯수} \times \text{상품 평균단가} \quad \cdots\cdots\cdots\cdots ①$$

객수에 평균 판매갯수를 곱하게 되면 총판매 갯수가 된다.

$$\text{총판매갯수} = \text{객수} \times \text{평균 판매갯수} \quad \cdots\cdots\cdots\cdots\cdots ②$$

①식을 ②식에 대입하면

$$\text{매출액} = \text{총판매갯수} \times \text{상품 평균단가} \quad \cdots\cdots\cdots\cdots\cdots ③$$

상품 평균단가는 그 점포의 상품 구성에 따라 거의 결정되며 대개 큰 변동이 없는 것이 일반적이다. 만약 큰 변동이 있다면 그것은 무엇인가 이상한 현상으로써 그 원인을 구체적으로 검토할 필요가 있다. 따라서 상품 평균단가가 상품 구성을 변화시키지 않고 고정적이라면 매출액은 총판매 갯수에 비례하게 된다.

즉, 매출액을 증가시키는 것은 총판매 갯수를 증가시키는 것이지 상품 평균단가를 증가시키는 것은 아니다.

Ⅲ. 경쟁점 조사

1. 경쟁점

만약 여러분에게 당신 점포의 경쟁점은 어디입니까라는 질문을 했을 때 동업 타사의 대형 점포명을 거론한다면 경쟁점에 대한 이해가 충분히 되어 있지 않다고 보아야 할 것이다. 경쟁점에 대해서는 다음 2가지 점을 이해하여야 한다.

가) 해당 점포를 이용하며 생활하는 고객이 해당 점포 이외의 점포를 자주 이용하는 곳을 말한다. 즉 지역의 시장이나 타점포의 경우도 있을 것이며, 점포 이외의 형태로 취급 상품을 공급하는 업체도 포함할 수 있다.
나) 경쟁점이라는 것은 점 전체를 말하는 것이 아니라 점포의 각 담당 부문별로 검토되어야 한다.

2. 경쟁점 조사의 목적

소매업은 영업활동을 통하여 지역사회에 봉사하는 이익단체라고 할 수 있는바 지역의 고객이 타점포만을 주로 이용한다면 해당 점포는 지역주민과 지역사회에 봉사하는 기능을 상실하게 되고 결국 점포의 운영 자체도 불가능하게 된다.
경쟁점 조사의 목적은 해당 점포가 지역주민을 위해 존재의 목적과 기능이 분명한가를 조사하는 것으로써 조사 결과에 따라 개선을 거듭하여 궁극적으로 영업활동을 통한 지역사회에 봉사를 하기 위한 노력의 일환이다. 구체적인 조사 목적으로는 다음과 같은 내용으로 정리할 수 있다.

가) 해당 점포 이외의 점포를 이용하는 고객은 왜 그 점포를 선호하고 이용하는가. 즉 그 점포의 좋은점은 무엇인가를 조사한다.

고객에 대해 경쟁 점포의 선호 이유를 앙케이트 등을 통해 조사하면, ① 가격이 싸다 ② 상품이 신선하다 ③ 종업원이 친절하다 ④ 주차장이 넓다 등 많은 이유에 의해 구매코자 하는 점포를 선택하고 있는 것을 알 수 있다.

따라서 경쟁점 조사에 있어서 왜 고객이 경쟁점을 선호하느냐의 이유를 정리할 필요가 있다.

나) 다음은 해당 점포의 이용률이 떨어진다는 것은 해당 점포에 대해 고객의 불만이 크다는 것을 나타내는 것이므로 해당 점포의 문제점을 명확하게 파악할 필요가 있다.

다) 경쟁점과 비교한 해당 점포의 문제점을 개선함에 따라 고객의 만족을 달성할 수 있다.

따라서 경쟁점을 조사한다는 것은 조사 그 자체가 목적이 아니라 어디까지나 고객이 만족할 수 있는 레벨까지 달성하기 위한 목적이므로 경쟁점 조사는 이를 위한 수단이라고 할 수 있다.

· 경쟁점 조사의 목적

(영업활동을 통한 지역주민, 지역사회에 봉사)

1. 경쟁점의 강점조사

⇩

2. 경쟁점과 비교한 자기 점포의 문제점 조사

⇩

3. 자기 점포의 약점을 개선하여 고객의 만족 달성

---

3. 경쟁점 조사의 단계별 내용

조사를 효율적이고 효과적으로 하기 위해서는 기본 스텝에 의해 실시하는 것이 바람직하다. 기본적 스텝이라는 것은 PLAN(계획)→DO(실시)→SEE(평가)의 단계를 확실하게 거치는 것을 말한다.

· 경쟁점 조사의 기본 스텝

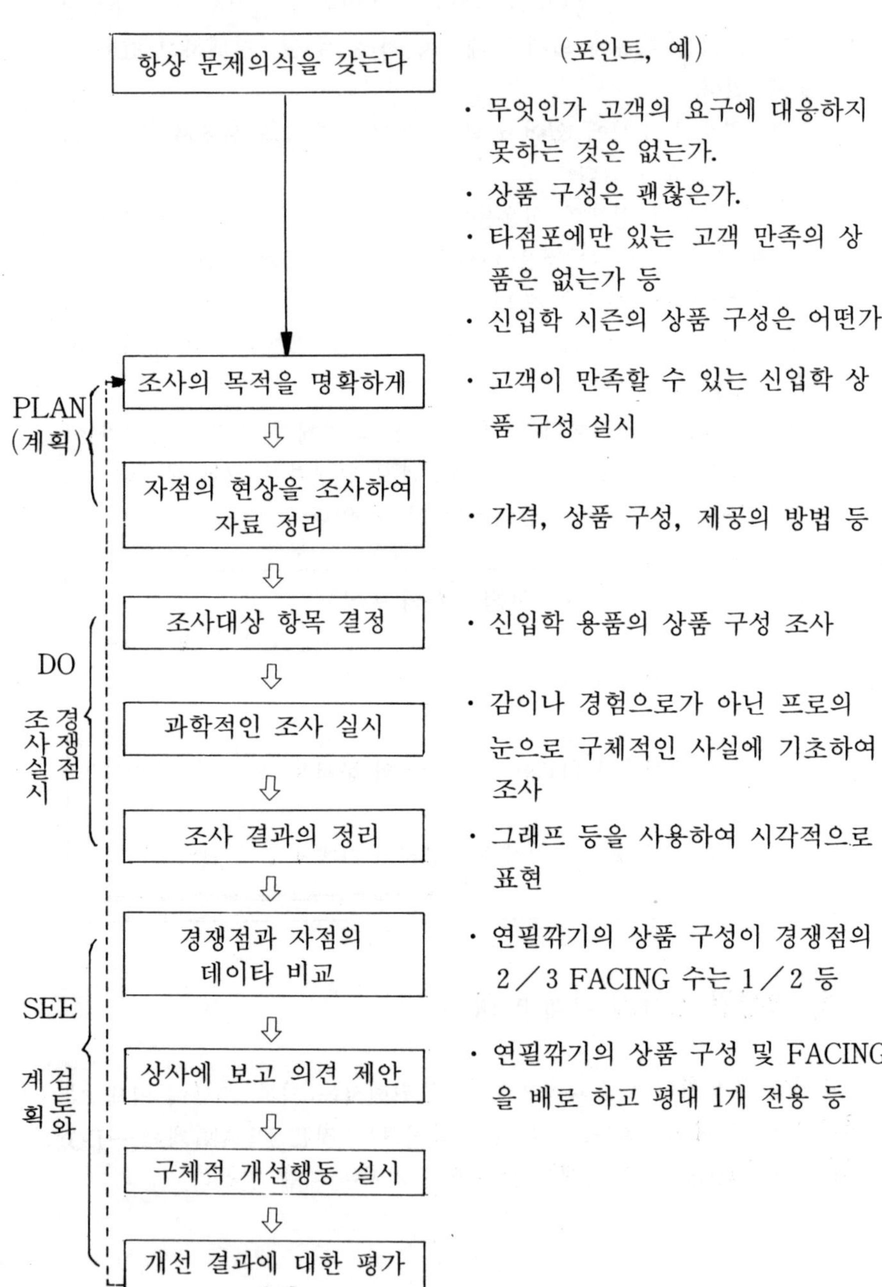
항상 문제의식을 갖는다
(포인트, 예)
· 무엇인가 고객의 요구에 대응하지 못하는 것은 없는가.
· 상품 구성은 괜찮은가.
· 타점포에만 있는 고객 만족의 상품은 없는가 등
· 신입학 시즌의 상품 구성은 어떤가
PLAN
(계획)
조사의 목적을 명확하게
· 고객이 만족할 수 있는 신입학 상품 구성 실시
자점의 현상을 조사하여 자료 정리
· 가격, 상품 구성, 제공의 방법 등
DO
조사 실시
경쟁점
조사대상 항목 결정
· 신입학 용품의 상품 구성 조사
과학적인 조사 실시
· 감이나 경험으로가 아닌 프로의 눈으로 구체적인 사실에 기초하여 조사
조사 결과의 정리
· 그래프 등을 사용하여 시각적으로 표현
경쟁점과 자점의 데이타 비교
· 연필깎기의 상품 구성이 경쟁점의 2／3 FACING 수는 1／2 등
SEE
검토와
계획
상사에 보고 의견 제안
· 연필깎기의 상품 구성 및 FACING 을 배로 하고 평대 1개 전용 등
구체적 개선행동 실시
개선 결과에 대한 평가 반성

4. 경쟁점 조사의 실시 시기

실시 시기는 조사의 목적에 따라 다르나 다음과 같은 경우를 생각할 수 있다.

가. 매일, 주간, 월간 등 정기적인 실시
나. 시즌의 신규 투입 시기, 피크 시기, 가격인상 시기
다. 경쟁점 또는 자점의 특별행사 시기
라. 추석, 구정, 연말 등 사회행사 시기
마. 소품, 운동회 등 학교행사의 시기
바. 지역행사의 시기

5. 조사의 기록 방법

조사는 대단한 규모나 도구를 이용하여 실시되는 것이 아니며 또한 경쟁점의 조사 거부 등을 감안하여 간단하고 은밀하게 이루어져야 한다.

가. 녹음식

1) 보이지 않게 소형 녹음기를 휴대하고 조사 매장에서 조사 내용을 녹음한다.
2) 자점에서 돌아와서 녹음 내용을 정리하여 조사표에 기입한다.
3) 조사원 1인만으로 녹음을 하기에는 어려움이 있으므로 될 수 있는 한 2인이 짝이되어 친구 사이로 이야기를 나누는 형태로 녹음을 하는 것이 편하다.

나. 기억식

1) 조사 매장의 조사 내용을 기억한다.
2) 기억된 내용은 조사 매장을 나와 조사표 등에 기입을 하고

3) 재차 조사 매장에서 조사 내용을 기억한다.

4) 상기와 같은 내용을 반복하여 시행한다.

6. 조사 기법의 종류

조사 기법에는 FP CHART(FACING, PRICE CHART)와 FF CHART(FACING AND FACING CHART), LL MAP(LABEL AND LAYOUT MAP) 등의 기법이 있다.

조사의 대상 목적 등에 따라 적당한 기법을 활용한다. 다음은 각각의 기법 내용에 대해서 검토코자 한다.

7. L.L MAP

가. L.L MAP란 무엇인가

L.L MAP는 LABEL(조사자의 지적 내용 카드) AND LAYOUT MAP의 약자로서 매장을 보면서 느끼는 감이나 문제점을 라벨에 기입하여 LAY-OUT도상에 정리하는 것을 말한다.

L.L MAP에는 자점의 L.L MAP와 경쟁점의 L.L MAP가 있다.

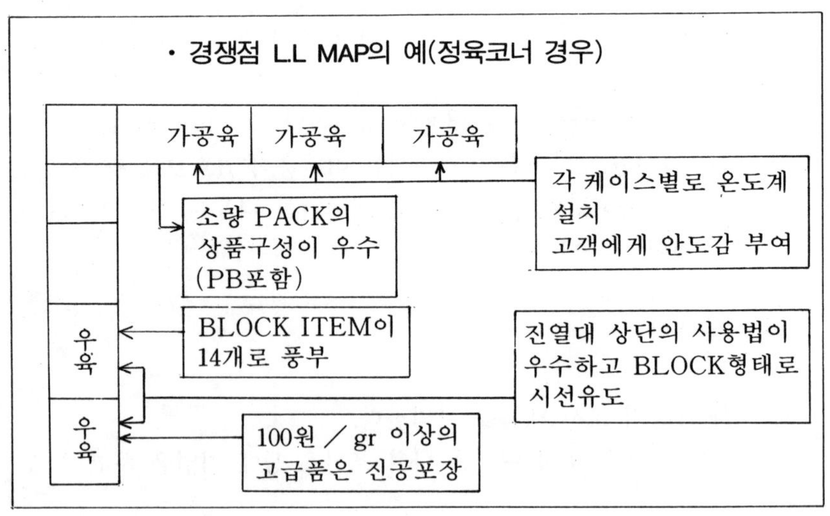

나. L.L MAP의 목적

1) 경쟁점 L.L MAP는 경쟁점의 좋은 점을 발견하여 그 장점을 연구 검토함을 목적으로 한다.

2) 자점 L.L MAP는 경쟁점의 우수함을 거울로 삼고 매장에서 문제가 되는 내용(예 나쁜점, 나쁘지는 않으나 매출 신장이 되지 않는 점 등)을 발견하여 개선, 개량을 하고자 하는 데 목적이 있다.

경쟁점에서는 좋은 점만을, 자점에서는 나쁜 사례나 항목을 정리한다.

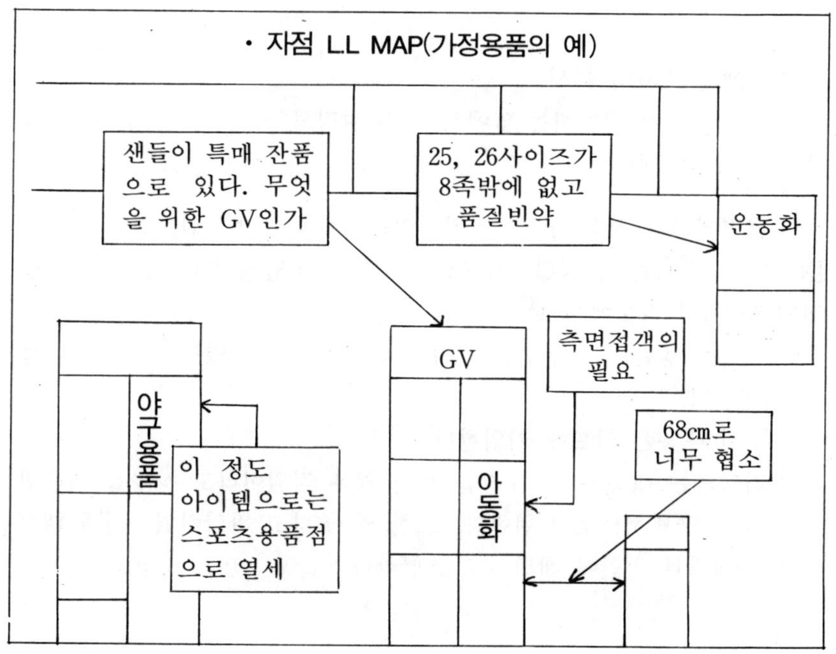

다. 작성의 순서

자점과 경쟁점의 매장의 LAY-OUT 작성→경쟁점 조사실시→자점 조사실시→L.L MAP 작성→분석과 문제점의 발견

1) 자점, 경쟁점의 매장 LAY-OUT도의 작성

경쟁점의 LAY-OUT도는 다음 요령으로 작성한다.

(가) 매장 안내판 등을 보고 큰 형태의 LAY-OUT 작성

(나) 매장을 실측한다. 실측은 보폭 또는 바닥의 Tile 수 등을 계산한다.(거리가 나타나는 휴대용 기구 등도 있음.)

예) 1보 60cm로 해서 30보이면 60×30=18m

30cm 각의 타일이 50매 있으면 30×50=15m

(다) LAY-OUT도의 축척은 자점의 내용과 동일한 것으로 조정(방사선지 등을 이용하면 편리하다)한다. 보통 SCALE은 1／200 또는 1／300이 일반적이다.

2) 경쟁점 조사의 실시

조사의 방법에 대해서는 앞에서 이미 설명하였으나 다음 점 등에 대해 주의하여야 한다.

㉮ 매장에서는 상품 구성, 진열, 연출, 제공 방법, 선도관리, FAC-ING관리, 재고관리, 청결, 위생관리, 설비, 종업원의 태도, 고객의 움직임 등 여러 각도에서 관찰한다.

㉯ 조사는 좋은 점, 우수한 점에 착안하여 될 수 있는 한 많은 내용을 기입한다.

㉰ 조사 내용은 카드에 기입한다.

㉱ 기입하는 내용은 그 매장을 보지 않은 직원이라도 상황을 이해할 수 있도록 구체적으로 표현한다. 또한 왜 좋다고 판단하였는가에 대한 문제의 배경과 원인에 대해서도 표현한다.

(예)

고객에게 안심감을 주고 있다	왜 ⇨	각 쇼케이스 별로 온도계가 있어 고객에게 안심감을 주고 있다

포인트는 매장에서 본 내용 그대로 기입하는 것이다.

3) 자점 조사의 실시

자점 조사에 있어서는 경쟁점 조사를 행한 결과 상대적으로 나쁜 사례와 항목을 착안점으로 하여 실시한다. 카드의 기입 방법은 경쟁점의 경우와 같다.

(예)

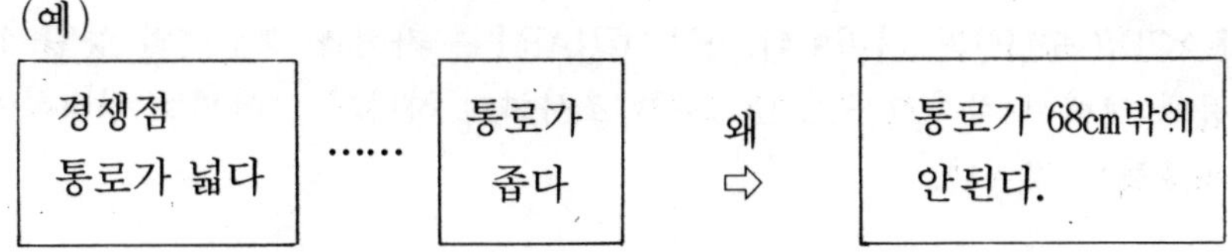

4) L.L MAP의 작성

㉮ 조사 내용을 기입한 카드를 LAY-OUT도에 붙인다.

㉯ 그 부분의 지적 내용을 명확하게 하기 위해서 카드와 지적 매장을 선으로 연결한다.

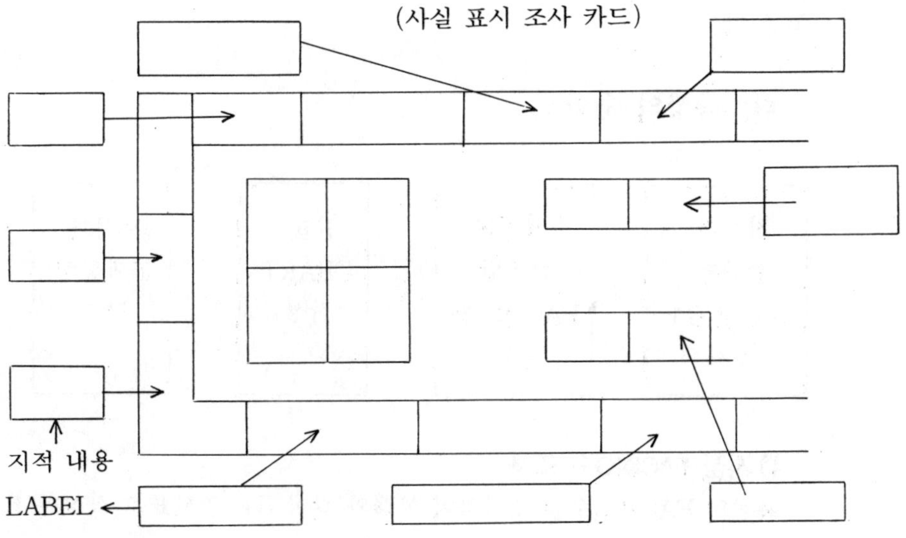

라. 분석과 문제 발견

경쟁점의 L.L MAP와 자점의 L.L MAP를 비교함으로써 자점의 개선점을 정리하여 상사에게 보고하고 또한 의견을 제안한다.

8. F.F CHART

가. F.F CHART란 무엇인가

F.F CHART의 F.F라는 것은 자점의 FACING수(F)와 경쟁점의 FACING수(F)의 의미이다. F.F CHART는 자점과 경쟁점의 동일 상품에 대해서 각각의 FACING수를 조사하여 하나의 그래프로 정리하여 비교하는 것이다.

나. F.F CHART의 목적

F.F CHART는 자점과 경쟁점이 어느 상품 구성에 중점을 두고 있는가를 각각의 FACING수(또는 진열량)를 비교하여 자점의 상품 구성상의 문제점을 발견하고 그에 따른 개선과 개량을 하고자 하는 목적을 갖고 있다.

다. 작성의 순서

자점의 품종별 FACING수 조사	⇨	경쟁점의 품종별 FACING수 조사	⇨	F.F CHART 작성	⇨	분석과 문제점의 발견

1) 자점 FACING수 조사

자점의 FACING수를 조사하여 아래와 같이 F.F 조사표를 작성한다.

조사부문		조사일		조사자	

품 명	FACING 수		
	자사	경쟁점 1	경쟁점 2
A	26	20	4
B	19	23	16
C	15	18	5
D	14	14	13
E	12	11	8
F	12	25	15
G	5	36	9
H	0	4	4

2) 경쟁점의 FACING수 조사

경쟁점의 FACING수를 조사하여 상기와 같은 F.F 조사표에 기입한다. 조사의 방법은 앞에서 설명한 내용과 같이 동일하게 하면 된다.

3) F.F CHART의 작성

F.F 조사표에 기입된 FACING수를 그래프(F.F CHART)로 만드는 것이다.

다음은 상기의 F.F 조사표 내용을 그래프로 나타낸 것이다.

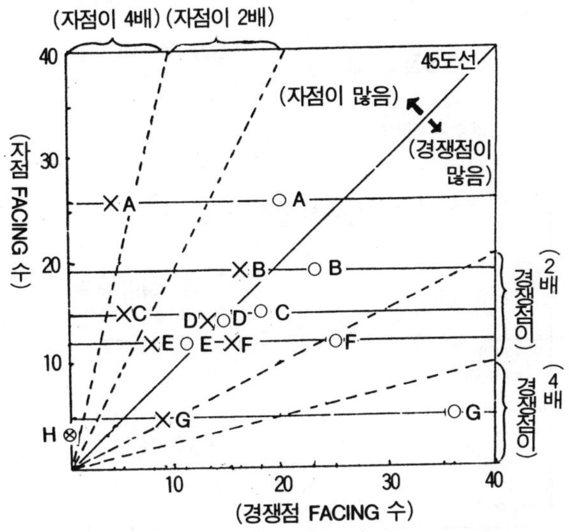

※ 표시 방법;경쟁점 1에 대해 ○, 경쟁점 2에 대해 ×로 표시

(가) 그래프 작성 방법

① 세로축은 자점의 FACING수를, 가로축은 경쟁점의 FACING수를 나타낸다.

② 위치 표시 방법(상기 표의 B품명을 예로 듦)

㉮ 자점의 FACING수 19를 세로축상에 표시

㉯ 경쟁점의 FACING수를 가로축에 표시

 (경쟁점 1 : 23, 경쟁점 2 : 16)

㉰ 각각의 경쟁점을 기호로 표시

 (예, 경쟁점 1→○, 경쟁점 2→×)

㉱ 각각의 좌표를 그리고 그 점에 해당 조사 품명을 기호로 표시한다.(예, B)

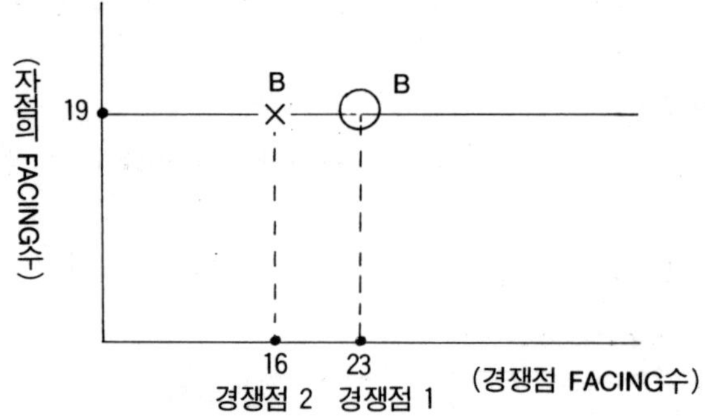

(나) 그래프를 보는 방법

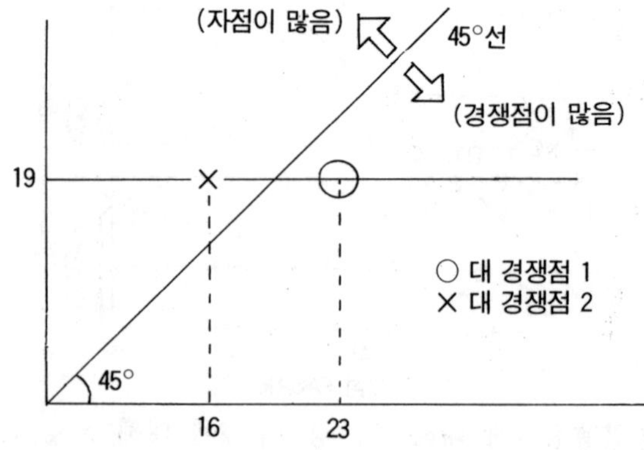

① 상기점(○, ×)의 위치가 45°보다 위에 있는 경우는 자점의 FACING수가 경쟁점의 FACING수보다도 많은 것이 된다. 점의 위치가 45도보다도 아래에 있는 경우에는 경쟁점의 FACING수가 자점의 FACING수보다 많은 것이 된다.

상기 도표의 예에서는 B품목의 경우 FACING수가 19개로서 16개인 경쟁점 2보다도 45도 선상의 위에 있게 되고 23개인 경쟁점 1보다는 45도 선상의 아래에 있는 것을 알 수 있다.

② 자점의 FACING수가 경쟁점의 FACING수의 2배 또는 4배에 달하는 선과 반대로 경쟁점의 FACING수가 자점의 FACING수의 2배 또는 4배가 되는 직선을 도표상에 표시하면 쉽게 비교할 수 있다.

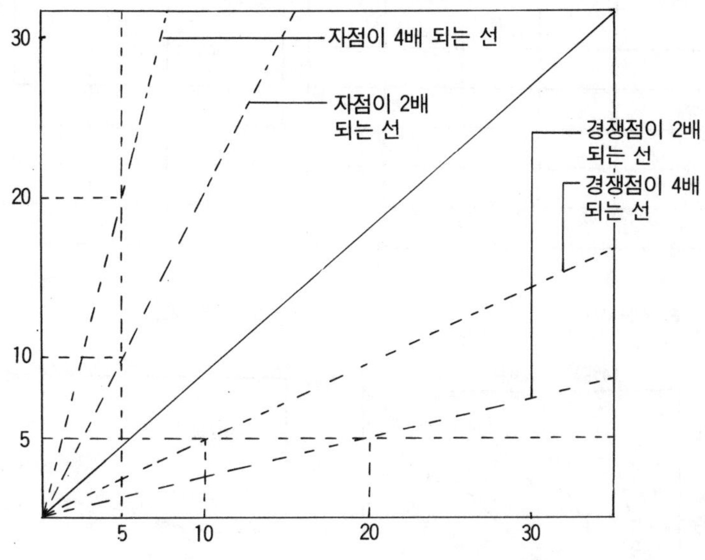

라. 분석과 문제 발견

FF CHART는 3개 정도의 경쟁점 등과 자점과의 어느 상품 구성에 중점을 두었는가를 FACING수와 비교하여 한눈에 그 차이를 쉽게 파악할 수 있다. 또한 FACING수가 많다는 것은 그 부문 중에서 해당 상품의 매출액이 많다는 것을 나타내는 것이므로 FACING수의 파악은

상품구성의 중점과 매출 구성의 중점 상품을 쉽게 이해할 수 있다. 시
즌 상품의 도입기, 피크기 등에 경쟁점이 어느 상품에 중점을 두고 상
품 구성을 하고 있는가를 조사하여 자점의 상품 구성과 문제점 개선의
포인트를 명확하게 하여 상사에게 보고, 제안 후 개선에 최선을 다하여
야 한다.

조사부문(품종)	조사년월일	시간대	조사자

점 명 / 품 명	FACING 수			
	자사	경쟁점 1	경쟁점 2	경쟁점 3

점 명 / 품 명	FACING 수			
	자사	경쟁점 1	경쟁점 2	경쟁점 3

· FF CHART

· 분석 및 제안

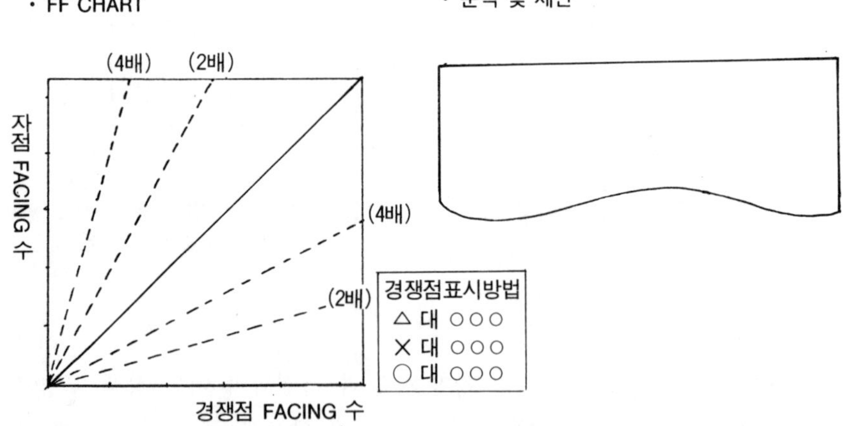

9. F.P CHART

가. F.P CHART란 무엇인가

F.P CHART의 F.P는 FACING수(F)와 가격(PRICE)의 P를 의미한다. F.P CHART는 자점과 경쟁점의 동일 품종 중에서 품목별 가격과 FACING수를 각각 조사하여 하나의 그래프로 정리하여 비교 분석하는 도표이다.

나. F.P CHART의 목적

F.P CHART는 자점과 경쟁점과의 상품 구성의 차이를 FACING수(진열량)와 가격으로 비교하여 가격정책, 주력 가격 LINE 등의 차이점을 분명하게 하여 자점의 상품 구성에 대한 문제점을 발견하여 개선하는 데 있다.

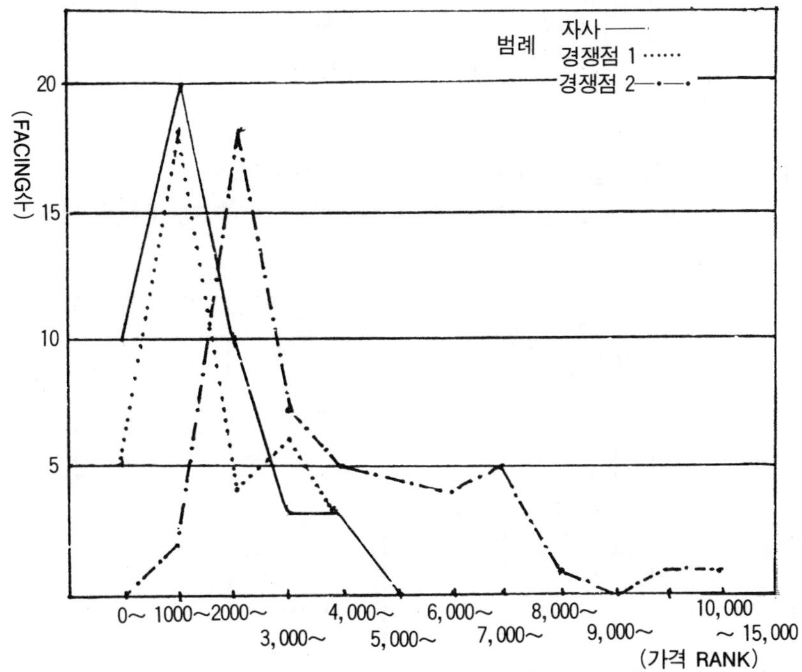

상품 RANK(원)	자사	Ⓐ	Ⓑ	상품 RANK(원)	자사	Ⓐ	Ⓑ
0~	10	5		7000~			5
1,000~	20	18	2	8,000~			1
2,000~	10	4	18	9,000~			0
3,000~	3	6	7	10,000~			1
4,000~	3	3	6	15,000~20,000			1
5,000~			5				
6,000~			4	계	46	36	50

다. 작성의 순서

자점의 품종(품목)의 품명, 매가, FACING 조사	⇨	경쟁점의 품종(품목)의 품명, 매가, FACING 조사	⇨	가격 RANK별 FACING수 일람표의 작성	⇨	FP 차트의 작성	⇨	분석과 문제점의 발견

1) 자점의 조사 품종, 품명, 매가, FACING수 조사

자점의 품명, 매가, FACING수 등을 조사하여 F.P조사표에 기입한
다.

조사품종		조사일	
조사점포		조사자	

#	품명(규격 포함)	매가	FACING수
1	A	880	2
2	B	980	1
3	C	980	2
4	D	1,280	2
5	E	1,280	3
6			

2) 경쟁점의 품명, 매가, FACING수 조사

경쟁점의 품명, 매가, FACING수를 조사하여 FP조사표에 기입한다.

(주)

· 의류품 등과 같이 FACING수의 비교가 어려운 것은 진열 매수를 조사한다.
· 귤 등과 같이 벌크형 진열의 경우는 FACING수나 진열량의 비교는 힘드므로 진열의 길이나 곤도라의 길이 등을 조사한다.
· 생선식품 등과 같이 팩의 용량이 각각인 경우는 100g 당 단가로 가격을 정한다.

3) 가격 RANK별 FACING수 일람표의 작성

(가) FP조사표의 가격을 RANK별로 나누어 FACING수를 집계하여 가격 RANK별로 FACING 일람표를 정리한다.

(나) 가격 RANK의 구분은 세분하면 할수록 분석이 어려워지므로 가격의 상한과 하한을 10가지 정도로 구분 분석하는 것이 바람직하다.

FP
조사표
(자점)

(경쟁점)

➡

가격 RANK별 FACING 수 일람표		
가격 RANK	자 점	경쟁점(N점)
51~65	2	
66~80	1	
81~95	10	19
96~110		
111~125	23	11
126~140	7	3
141~156	6	12
156~170	9	
171~185		
186~200		
합 계	58	45

4) FP CHART의 작성

세로축에 FACING수, 가로축에 가격 LINE을 표시하여 자점과 경쟁점의 내용을 그래프한다.

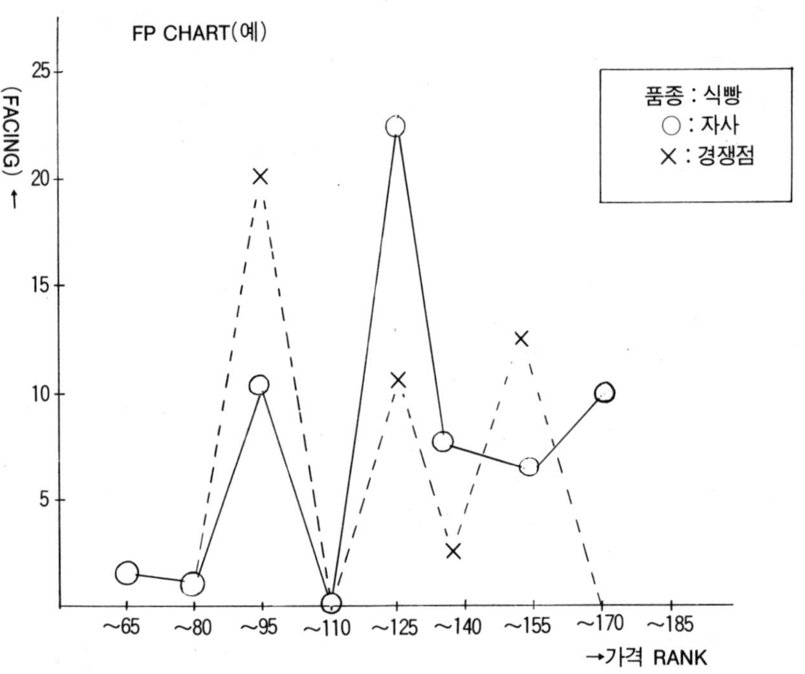

라. 분석과 문제점의 발견

FP 차트에 의한 그 특장점(경쟁점과 자점의 차)을 코멘트한 보고서를 개선점과 아울러 상사에게 제안하여 업무를 개선한다.

가격(P) 대신에 S=사이즈, C=칼라를 조사 항목으로 한 FS CHART FC CHART 등의 응용으로 조사 목적에 맞도록 활용할 수 있다.

(양식)

· FP 조사표

조사점명	품종(부문)	조사년월일	시간대	조사자
		년 월 일		

품 명	규 격	매 가	FACING 수	비 고

· FP 가격 RANK별 FACING수 일람표

가격 RANK \ 조사점명 (조사일)	년 월 일 자 점	년 월 일 ○○ 점	년 월 일 ○○ 점	년 월 일 ○○ 점
～				
～				
～				

· FP CHART

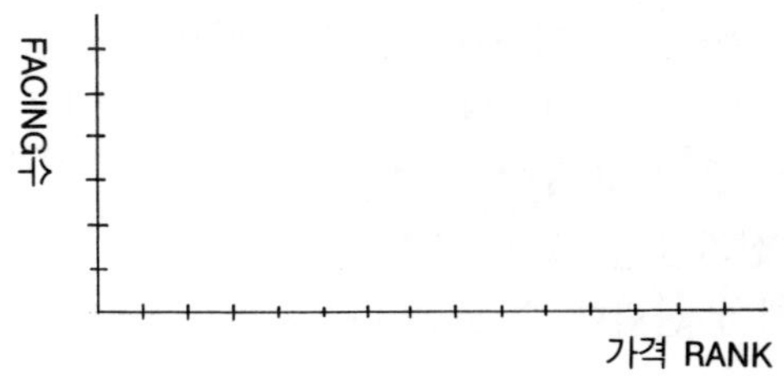

Ⅳ. 접객 태도와 방법

1. 프로 판매사원과 초보자의 차이점

가. 파는 것이 아니라 사는 것을 도와주는 것이다

판매업무에 종사하는 사람들 중 상당수가 오해하고 있는 것 중의 하나가 '판매는 파는 것이다'라는 개념으로 이해하고 있는 것이다.

이것은 팔아야 한다는 강박관념으로 강매, 무리한 판매 등으로 소비자를 희생자화시키는 결과를 초래하게 된다. 어떤 형태로든 팔아야 한다는 생각을 갖고 있는 판매사원의 주변에는 불가사의할 정도로 고객이 보이지 않게 된다. 고객 스스로가 자신의 이익에 대한 피해의식을 본능적으로 갖게 되기 때문이다.

이와 같이 파는 것만의 생각으로 매장에 서게 되면 마음이 몹시 불편하게 될 것이다. 한두 사람도 아니고 많은 고객이 그와 같은 판매사원을 피해 간다면 당사자의 마음은 얼마나 불편하겠는가. 따라서 불편하고 고통스러운 마음가짐이 얼굴에 나타나기 때문에 고객은 더욱 그와 같은 판매사원을 피하게 된다.

원래 판매사원과 고객은 적대관계가 아니라 서로 필요한 협력관계이다. 쇼핑의 상담 대상으로서 고객이 원하는 상품, 희망하는 상품을 검토, 선택하여 고객의 구매를 도와주는 것이 판매사원의 업무이다.

인간의 생각은 얼굴의 표정이나 눈에 나타나므로 이에 대해 고객은 매우 민감하게 작용한다. 적대감을 갖고 구매를 하는 고객은 없다. 고객은 안심할 수 있는 친근감, 신뢰할 수 있는 진지함을 갖게 될 때 구매가 가능하게 된다. 결국 고객이 신뢰할 수 있는 마음가짐, 표정, 눈을 고객에게 보일 수 있어야 한다.

나. 판매 목표와 봉사의 마음

판매사원은 판매 목표가 있다. 1일 얼마를 팔아야만 한다는 것과 같은 것이 바로 목표이다.

목표 초과 달성이라는 것과 고객에 대한 서비스, 봉사의 관계는 일견 모순되는 것처럼 보인다. 그러나 그것은 착각이다. '얼마를 판매한다'라는 목표가 있으면 '그것을 몇 명의 고객에게 사도록 할 것인가'로 생각을 바꾸어야 한다.

고객 1인당 구매액은 자신의 점포나 매장에서 과거의 자료를 통해 구할 수 있다. 가령 매출 목표가 1일 50만원이라고 할 때 1인당 평균 매출액이 2만원이라면 25명의 고객에게 구매하도록 하면 매출 목표를 달성할 수 있다. 상품을 검토, 선택하여 고객 스물다섯 분에게 친절하고 애정어린 자세로 구매하는 것을 도와주게 되면 일의 목표를 달성할 수 있다. 결국 매출 목표는 판매사원의 서비스 정도에 비례하여서 달성도가 높아지게 된다.

판매만의 생각이 아닌 봉사의 마음을 바탕으로 하였을 때 비로소 목표달성이 가능하게 된다. 이와 같은 자세 없이는 현재 매출 목표를 달성한다 할지라도 결국 그것은 일시적인 현상이며 목표 달성은 불가능하게 된다.

다. 프로와 아마추어의 차이

판매사원은 아마추어가 있을 수 없다. 즉 모든 판매사원은 프로이다. 물론 판매 업무를 직업으로 생활함에 있어서도 프로이나 그러한 기본적인 것 이외에도 프로는 별로 실수나 실패를 하지 않는 원칙에 있어서 프로의 개념을 이해하여야 할 것이다.

아마추어는 되는 경우와 실패하는 경우 등 기복이 매우 심하다. 또한 아마추어는 자신의 실패를 자신은 물론 상대가 느낄 수 있도록 하나 프로는 실수나 실패를 하더라도 실패라고 생각하지 않고 즉흥적인 연주(ab-lib)처럼 고객을 도리어 웃거나 즐겁게 함으로써 자신의 실패를 고객으로 하여금 실수나 실패라고 여기지 않도록 하는 기술을 갖고 있다.

프로는 안정된 기량을 발휘할 수 있어야 한다. 다소 곤란한 상황에서도 프로는 일정 수준 이상의 기량을 갖고 있어야 한다. 바로 이러한 것이 프로이다. 따라서 판매사원은 '안정된 응대판매가 되지 않으면 안된다.' ① 바쁘기 때문에 ② 고객이 많기 때문에 ③ 건강 컨디션이 좋지 않아서 ④ 복잡한 집안사정으로 ⑤ 상사에게 야단을 맞고서 기분이 나빠 있거나 등의 이유로 고객에게 혐오감을 주는, 즉 심신의 컨디션을 나쁘게 하는 요소는 얼마든지 있을 수 있다.

특히 응대판매라는 것은 멘탈(감정적, 두뇌작업적)한 업무이므로 그 영향은 매우 크다고 할 수 있다.

그러나 프로인 경우는 이러한 이유 등으로 판매에 있어서 자신의 기본을 어지럽히지 않는다. 개인적인 고민이나 감정을 억누르고 고객에 대해서는 언제나 안정된 서비스를 제공하지 않으면 안된다. 개인적인 감정이나 갈등은 고객과는 정말로 무관한 것이다. 고객은 판매사원의 개인적인 일을 알 수도 없지만 알 필요도 없다는 것을 꼭 명심하여야 한다.

고객은 판매사원은 언제나 친절하고, 애정을 갖고, 기분좋게 하여 주는 것으로 생각하고 있다.

우리가 프로야구 선수 중 홈런왕이 시합에 나올 경우는 언제나 시원한 홈런을 기대한다. 그 선수가 컨디션이 좋지 않다고 하더라도 최선을 다해 홈런에 도전할 경우 진정한 프로야구 선수로서 인기를 유지하게 되는 것과 같은 이치라고 보아야 할 것이다. 따라서 판매사원은 훌륭한 프로가 되기 위해서 마음의 훈련을 게을리하여서는 안된다.

2. 고객 구매심리의 이해-구매심리 7단계의 이해

고객이 내점하여 구매하기까지는 여러 가지 단계의 생각을 거친 후 최종 결심하게 된다.

이와 같은 구매단계를 분석하여 세부적으로 파악하면 일곱 가지로 나눌 수 있다. 우리는 이것을 구매심리 7단계라고 하며 판매사원은 각 단계별 응대에 어떻게 부합시키느냐에 따라 판매의 성공 여부와 직결된다. 또한 이와 같은 고객의 심리에 부응하여 응대하게 되면 다음과 같은 이점이 있다.

· 고객에게 보다 좋은 인상을 갖도록 한다.

- 응대를 능숙하게 할 수 있으며, 매출 연결로 유도가 된다.
- 고객의 구매율을 높인다.
- 고객의 재내점률(再來店率)을 높인다.

가. 제1단계 : 주목하는 단계

점내에 들어온 고객은 점내를 둘러보며 어느 상품을 주목하게 된다.

- 색, 무늬, 디자인 등이 자신이 원하는 것과 합치된다.
- 아! 이번 여행에 입고 가면 좋겠다.
- 새로운 패션이다.
- 부모님에게 사드렸으면 좋겠다 등의 주목하는 동기는 여러 가지가 있다.

이와는 반대로 고객에게 주목을 유도할 상품이 준비되어 있지 않은 경우에는 고객의 구매는 결코 이루어지지 않는다. '고객은 상품을 보지 않으면 사지 않는다'는 것은 바로 이 1단계의 과정이 상실되기 때문이다. 이를 위해서는 될 수 있는 한 많은 상품을 고객에게 보여주어야 한다. 그렇다고 재고를 될 수 있는 한 많이 준비하라는 뜻은 아니다. 보유재고를 어떻게 고객에게 많이 보여주느냐가 문제이다. 즉 진열의 문제이다.

이를 위해서는 유효진열 방법에 대해 연구를 하여야 한다. 고객이 만지기 쉽고, 접근하기 쉽고, 시야에 잘 들어오도록 하고(Golden Line 진열), 주력상품, 계획상품, 서비스상품 등의 진열 위치 등을 기본으로 한 레이아웃 등 많은 검토가 필요하다.

나. 제2단계 : 흥미를 갖는 단계

고객은 주목한 상품에 대해 새로운 관심을 갖는 것을 볼 수 있다. 주목한 상품을 한번 더 만져 보고, 정말 내가 좋아하는 것인가, 사용하기 쉬운가 등을 생각한다. 이 경우는 대개 손으로 만져 보는 것이 일반적이다. 그러나 흥미단계는 대개 상품을 보고자 하는 욕구가 강하므로 아주 적극적인 접근을 하지 말고 자유롭게 상품을 보도록 하는 배려가 매우 중요하다.

이 단계에서 고객에게 너무 적극적인 접근을 시도하게 되면 오히려 고객을 쫓는 결과가 된다.

다. 제 3 단계 : 연상하는 단계

흥미를 갖고 상품을 보는 단계 다음으로는,

- 이것을 입으면 어떻게 보일까.
- 이것을 입으면 잘 맞을까.
- 이것을 자녀에게 입히면 얼마나 따뜻할까. (또는 얼마나 예뻐 보일까.)

이와 같이 계속적으로 연상하게 된다. 즉 고객의 기분은 발전하여 가게 된다. 고객의 연상을 쉽게 유도하기 위해서는 될 수 있는 한 고객이 사용하는 상태로 상품 진열을 하는 것이 중요하다.

고객은 상품을 구매함에 있어 잘 구매하였다는 만족감을 갖기를 원하고 있다. 따라서 후회하지 않을 구매를 하기 위해 여러 가지, 즉 연상을 하게 된다. 마네킹을 단순히 진열소품 차원으로만 생각하는 판매사원이나 책임자가 많은 것을 보고 놀라는 경우가 있는데 진열소품은 물론이고 바로 주목, 흥미, 연상의 단계로 고객을 끌어들이는 데 있어 매우 중요한 도구란 것을 잊지 말아야 한다.

라. 제 4 단계 : 갖고 싶어하는 단계 (욕망의 단계)

앞의 연상단계를 거친 다음 자신의 욕구와 맞다는 것을 확신하게 되면 고객은 그 상품이 갖고 싶어진다. 그러나 이 단계의 욕망은 '이것으로 결정한다'와 같은 결정적 욕망은 아니다. '이것을 갖고 싶구나' 하는 탄력적 욕망이다. 따라서 이 무늬가 내게 잘 어울릴까? 금전적으로는? 체형 부분별 사이즈는 맞는가 등의 상담이 시작되게 된다.

이러한 미확정적인 욕망을 결정적인 욕망으로 연결시키는 것이 바로 판매사원의 응대기술이다.

마. 제 5 단계 : 비교 검토의 단계

- 다른 곳에 좀더 좋은 것이 없을까.
- 디자인, 색상 등이 다른 것은 없을까.
- 좀더 싼 것은 없을까.
- (2~3점의 상품을 놓고) 어느 것이 잘 맞을까와 같은 비교 검토를 하게 된다.

이 비교 검토의 단계는 고객이 상품을 선택하는 데 있어서 매우 망설이고, 혼동되고, 갈피를 잡지 못하는 단계이다.

따라서 판매사원은 고객에게 잘 부합되는 상품을 선정하는 것이 매우 필요하다. 이와 같은 상품 선정의 우수한 기술은 바로 상품 지식이다.

충분한 상품 지식을 갖고 고객에게 설명할 경우 고객은 혼동스럽고, 갈피를 잡지 못함에서 빠져 나올 수 있다. 또한 고객이 비교 검토를 쉽게 할 수 있도록 상품 진열을 하는 것도 매우 중요하다.

바. 제 6 단계 : 확신하는 단계

비교 검토한 결과 '이 상품이 제일 좋다'라는 확신을 갖는 단계이다. 판매사원의 어드바이스를 받아서 또는 자신의 충분한 조사 결과에 따라 '이것이 좋다'라고 신용하게 되는 단계이다.

사. 제 7 단계 : 구매를 결정하는 단계

'이것으로 결정한다'로 최종 결정하게 된다.

이상과 같이 고객은 구매시 일곱 가지 단계를 한 단계, 한 단계 진행하게 된다. 고객의 구매심리를 이해하고 좋은 물건을 샀다라는 만족감을 고객이 갖도록 하는 것이 판매사원의 업무이다.

구매심리를 무시하고 단계의 종결 없이 일방적인 응대판매를 하게 되면 비록 상품을 구매하였다 하더라도 점포나 판매사원에 대한 인상은 매우 나쁘게 된다. 즉, 다시는 이 점포에는 오지 말아야지 하는 생각을 하게 되는 경우가 많게 된다.

또한 고객에 따라서는 구매심리 7단계 중 몇 단계를 뛰어넘거나, 반복하여 검토하거나, 상기의 순서와 다르게 접근하는 경우도 있다.

이와 같은 고객의 구매심리 등을 파악함으로써 고객을 즐겁게 하는 응대법, 고객이 구매를 쉽게 하는 진열법 등이 가능하게 된다.

3. 고객의 성격과 개성에 맞는 응대로 판매목표 달성

사람의 성격은 그야말로 십인십색(十人十色)이라 할 수 있다. 고객역시 여러 가지 성격을 갖고 있다. 그러나 고객이 판매사원의 성격에 맞추지 않으면 안된다고 하면 그 쇼핑은 결코 만족할 수가 없을 것이다. 따라서 어느 정도 고객을 성격별로 분류하여 응대방법을 달리할 필요가 있다. 다음은 고객을 성격별로 분류하여 각각의 성격별 응대방법에 대해서 검토코자 한다.

가. 말이 많은 고객

대화에 열중하게 되면 화제가 다양하게 이루어지게 되며, 도중에 화제를 바꾸거나 말을 막으면 기분 나빠하는 경향이 이와 같은 고객에게서 볼 수 있는 현상이다. 말이 많은 고객과 대화시에는 열심히 들어주는 것이 필요하다. 그러다 기회를 보고서 고객의 말에 맞추면서 상담으로 끌어들이는 노력을 하여야 한다. 고객이 많아 바쁜 경우에는 계속 이야기를 들을 시간이 없으므로 정중하게 양해를 드리고 상담을 스무드하게 진행시키도록 하여야 한다.

나. 성질이 급한 고객

조금이라도 기분이 나쁘면 바로 화를 내는 경우가 있다. 예를 들면, 잠깐만 기다려 주십시오라고 하는데도 화를 내는 경우가 있다. 될 수 있는 한 빠르게 처리하고, 애교 있는 응대를 하는 것이 성질이 급한 고객에게는 효과가 있다.

다. 맥이 빠지게 하는 고객

맥이 빠지게 하는 고객은 구매결정시까지 시간이 걸린다. '이것으로 결정했다'라는 이야기를 거의 들을 수가 없다. 자신이 사용하는 상품에 대해서도 '다음 기회에 다시 오지요' 하며 돌아가는 경우가 많다.
맥이 빠지게 하는 고객에 대해서는 고객이 요구하는 사항을 잘 듣고 고객이 요구하는 상품을 적극적으로 권유하는 점이다. 그러나 강매한다는 인상을 주어서는 안된다는 점에 유의하여야 한다.

라. 결정을 못하는 고객

이것 저것을 비교하면서 또는 또 다른 무엇이 없을까 등으로 대개 구매를 결정하지 못하는 고객 타입이 있다. 이와 같은 고객에 대해서는 상품을 비교하여 판단을 쉽게 하도록 도와주는 것이 필요하다.
예를 들면, 상품의 용도나 유행의 경향, 장점과 단점을 구체적으로 설명함으로써 고객이 판단을 쉽게 할 수 있도록 도와주는 것이다. 상품의 결정을 판매사원이 하지 않으면 안되는 경우도 있다.

마. 말이 없는 고객

말이 없는 고객은 그다지 말이 없다 하더라도 응대를 스무드하게 연결하지 않으면 안된다. 먼저 고객의 동작이나 표정에 대해 충분히 주의를 기울여 무엇에 관심이 있는가를 파악하여야 한다. 고객을 파악하는 경우에는 답을 쉽게 도출하기 위해 구체적으로 질문을 하여 고객을 유도하도록 하여야 한다.

질문에 답하는 내용이 '예, 아니오' 정도로 하면 된다. 그 후 역시 질문은 구체적으로 하여 '예, 아니오' 정도로 답이 되면 된다. 결국 질문이 상품의 구체적 내용이면 말이 없는 고객의 구매의사 결정은 매우 쉽게 된다.

바. 무례한 고객

무례한 고객은 자존심이 강한 면이 있다. 자존심을 건드리게 되면 매우 불쾌해 하거나 화를 낸다. 고객의 자존심을 건드리지 않는 배려가 필요하다. 이를 위해서는 말이나 행동을 보통 고객 이상으로 주의할 필요가 있다. 필요에 따라서는 도가 지나칠 정도의 칭찬이나 겸양어를 쓸 필요가 있다.

무례한 고객은 강하게 이야기하는 경우가 많으나 그에 대해 감정 없이 침착하고 조심스럽게 접대하면 상대를 즐겁게 해줄 수 있다.

사. 상품 지식이 많은 고객

전문가 정도의 많은 지식을 갖고 있는 사람과 적당히 아는 정도의 사람과 아는 척하는 사람으로 구분할 수 있다. 상품 지식이 많은 고객에 대해서는 물론 정확한 내용을 이야기하여야 함은 물론이나 상대의 지식을 공격하는 찬반토론 형식은 지양되어야 한다.

또한 구매 7단계의 순서적 응대가 다른 유형의 고객보다는 강하게 작용하는 것에도 유의하여야 한다.

아. 빨리 확신, 결정하는 고객

상황에 따라 즉시 '사거나' '포기'하게 된다. 빨리 결정하는 고객은 충분한 생각 없이 오해를 하거나, 선입관에 의해 행동하는 경우가 많다. 빨리 결정하는 고객에 대해서는 상대의 선입관에 대해서 하나하나 확인할 필요가 있다. 따라서 침착하게 하나하나 확인하면서 응대를 진행하여 나아가는 것이 매우 중요하다.

자. 의심이 많은 고객

'진짜입니까 ? '와 같은 의심을 나타내는 고객 형태이다. 그러나 악의가 있어서 의심하는 것은 아니다. 충분히 납득시키면 구매와 연결될 수 있다는 배려가 필요하다. 이를 위해서는 먼저 고객의 의문점을 정확히 파악하는 것이 중요하다. 의문점을 없애기 위해서는 명확한 설명을 하지 않으면 안된다. 확실하지 않는 표현을 사용하게 되면 의혹이 더욱 커지므로 자신을 갖고 정확한 설명을 하는 것이 매우 중요하다.

차. 내성적인 고객

이것 저것 신경을 쓰는 경향이 있는 고객이다. 작은 일이라도 마음의 동요를 일으키는 경우가 있다. 내성적인 고객은 충분한 여유가 있도록 하고, 조용한 상태에서 응대하는 충분한 배려가 필요하다.

고객이 원하지 않을 경우는 상품의 권유는 이루어지지 않는다. 고객의 기준으로 의견을 충분히 듣고 고객이 납득할 수 있는 상품을 권유하는 노력이 중요하다.

판매사원은 여러 형태의 성격이 다른 고객을 누구든 만족시킬 필요가 있다. 자신의 단골에게만 만족을 주는 판매사원이 많은 점포는 결국 고객이 감소하게 되는데 이러한 판매사원은 회사에 있어서 매우 위험스러운 존재가 된다.

어떠한 고객이라도 만족을 줄 수 있는 판매사원이 되기 위한 노력이 필요하다. 이는 개인적인 노력은 물론이지만 회사 경영진이 상업의 왕도(王道)인 접객의 기본을 이해하고 계속적인 교육과 제도적 보완이 절대로 필요하다.

4. 구매심리 7단계로 대응하는 판매 방법

고객이 기분좋게 쇼핑할 수 있도록 하기 위해서는 구매심리 7단계에 대응해서 응대판매를 추진하는 것이 매우 중요하다. 고객의 구매심리의 움직임을 고객의 시선, 동작, 표정 등으로부터 파악하여 그것에 맞추어 응대판매를 진행하여 나아가는 데 어떻게 하는 것이 좋을 것인가는 고객의 구매심리 7단계에 대응하는 판매사원의 응대판매 7단계를 통해서 이해할 수 있다.

구매심리의 7단계를 무시한 채 응대하게 되면 고객은 매우 불유쾌한 기분이 된다. 예를 들면, 구매 심리의 제1단계는 주목하는 상품을 보는 단계로서 아직 그 상품에 대해 욕망이 발생되지 않는 단계이다. 이때 판매사원이 '어서오십시오. 무엇을 드릴까요' 하고 접근하게 되면 고객은 흥미를 가진 상품을 보지 못하게 되고 곤란스럽게 된다.

또는 고객에게 부담을 주게 되므로 고객은 다시는 오지 말아야겠다는 생각을 하게 되는 경우도 있다. 또한 어느 상품에 욕망을 느끼더라도 비교 검토의 찬스를 없애고 판매사원의 일방적인 설득만으로 진행될 경우 대개의 고객은 이것 저것과 비교하겠다는 생각으로 돌아가게 되며 이때 고객은 무엇인가 중간에 그만둔 것 같은 아쉬움이 생기며 동시에 불쾌한 기분을 갖게 된다.

고객이 구매하는 경우에는 다음과 같은 사항이 바람직하다.

- 자유롭게 구애받지 않고 다니며 볼 수 있게 하는 것
- 친절한 판매사원으로부터 적절한 어드바이스를 받는 것

구매심리의 주목, 흥미의 단계에서는 자유롭게 구애받지 않고 상품을 볼 수 있도록 하고 욕망, 비교 검토의 단계에서는 타이밍을 맞추어 접근하여 적절한 어드바이스를 함으로써 고객은 기분좋고, 자연스럽게 구매할 수 있게 된다. 이것이 바로 판매를 완결시키는 동시에 다시 점포를 찾게 함으로써 고정고객이 되도록 하는 방법이다.

5. 응대판매 7단계의 #1 : 대기
(고객을 맞이하는 준비단계)

고객을 맞이하는 준비로서는 판매사원이 점포에 서서 고객을 기다리

* 구매심리 7단계

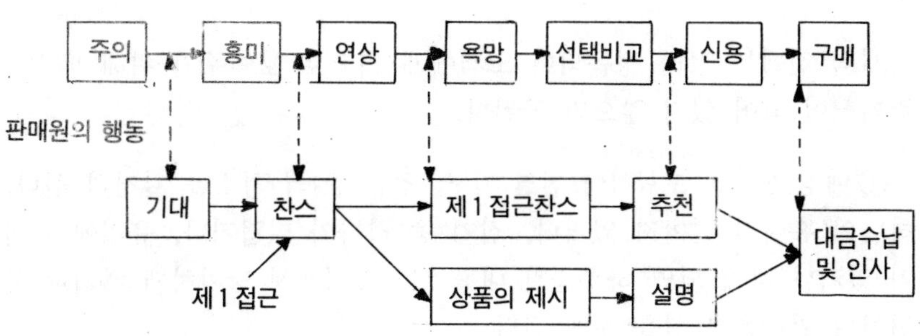

는 것만으로는 되지 않는다.

- 상품을 준비하는 것
- 매장을 준비하는 것
- 자기 자신을 준비하는 것(판매사원)

이것이 고객을 기다리는 때 판매사원이 준비하여야 할 세 가지 기본이다.

가. 상품의 준비

판매사원의 상품관리는 다음 기회로 미루고 여기서는 개점전에 체크할 필요가 있는 사항에 대해서 검토코자 한다.

① 더럽혀지거나 파손된 상품은 없는가.
② 품절되거나 오늘의 판매중 품절된 상품은 없는가.
③ 팔리지 않는 상품이 매장을 차지하고 있는 것은 없는가.
④ 상품은 올바르게 제 위치에 진열되어 있는가.

이와 같은 사항은 판매사원이 개점 전에 체크하여 고객이 언제 방문하더라도 상품이 볼품 있게 정리 정돈되어 있는 상태가 필요하다.

나. 매장의 준비

개점 전에는 정리 정돈되어 고객에게 최고로 보여주기 위해 베스트 컨디션이 되어 있지 않으면 안된다.

①매장(통로를 포함하여 진열 기구, 창문 등)의 청소를 철저히 한다. 하나의 휴지가 떨어져 있거나, 집기 중 하나가 더럽거나, 유리에 금이 가 있거나 하게 되면 하루종일 내점하는 고객에게 당황하게 하거나 불편이나 귀찮은 느낌을 주게 된다.

②상품이 잘 보이도록 진열한다. 보이지 않는 상품을 고객은 구매하지 않는다는 것을 명심하여야 한다.

③집기, 비품을 지정된 장소에 배치하도록 한다.

매장은 고객을 위해 있는 것이다. 고객이 기분좋게 구매하도록 하는 것은 판매자의 책임이다.

다. 판매사원의 자기 자신 준비

고객을 기분좋게 하기 위해서는 판매사원 스스로가 자기 자신의 용모를 가다듬고 마음을 즐겁게 갖지 않으면 안된다.

①용모 정리

- 유니폼은 청결한가.
- 지나친 액세서리를 착용하고 있지는 않은가.
- 머리는 단정한가.
- 지나친 화장을 하고 있지는 않은가.
- 남자 직원의 경우 넥타이를 착용하고 있는가.
- 와이셔츠, 블라우스는 청결하고 빠져 있지 않은가.
- 구두는 깨끗하고 양말은 손상되지 않았는가.
- 손톱은 길지 않은가 등.

자신의 용모를 단정하게 하여 고객의 기분을 좋게 하도록 스스로 노력하여야 한다.

② 마음가짐

고객이 자유롭게 가벼운 마음으로 부담없이 입점하여 마음대로 상품을 볼 수 있도록 하는 마음가짐이 있어야 한다. 아침부터 첫손님에게 꼭 팔자라는 강박관념을 가져서는 안된다. 또한 자신의 코너를 떠나서 동료와 불필요한 잡담을 하는 판매사원은 실격사원이다.

6. 응대판매 7단계 #2 : 접근(어서오십시오의 타이밍)

고객의 내점에는 정말로 감사한 마음을 가져야 한다. 그러나 이 경우 역시 구매심리 7단계에서 살펴보았듯이 '어서오십시오'라는 인사는 처음에는 인사 정도로 가볍게 이루어져야 한다.

가. '팔자! 팔자!'에는 고객은 피해 간다

고객은,

- 오늘은 살 것은 없지만 한번 들어가 보자.
- 한번 구경하여 볼까.
- 윈도쇼핑을 자유롭게 하여 보자 등

내점 동기가 목적구매 고객 이외에도 단순한 이유 등으로 찾아오는 고객이 매우 많다. 특히 구매 목적 없이 찾아오는 고객이 많은 백화점의 경우는 강하게 접근하여 고객에게 구매를 강요하게 되면 고객은 오히려 피하게 된다. 즉, 판매사원 자신은 열심히 판매한다고 생각하여 적극적으로 접근한 것이 결과적으로 적극적으로 고객을 내쫓는 결과가 되는 수가 있다.

고객의 의견은,

- 점에 들어간 이상 꼭 구매하여야 한다는 것은 매우 곤란하다.

· 이것 저것을 천천히 살펴보고 좋은 것이 있으면(갖고 싶은 것) 산다.

· 보는 즐거움, 선택하는 즐거움을 갖고 싶다 등의 기분이 강하므로 '팔자, 팔아야 한다'라는 식의 강한 접근은 피하도록 세심한 노력을 기울여야 한다.

고객에게 부담을 주지 않기 위해 고객이 상품을 보고 있는 동안은 상품정리 등을 하는 것도 좋은 방법이다.

주목하는 단계에서 고객과 눈이 마주친다 하더라도 천천히 살펴보세요 등 가벼운 접근이 바람직하다.

나. 제1의 찬스(구매심리의 연상, 욕망의 단계)

· 고객이 하나의 상품을 열심히 보고 있을 경우
· 손으로 만지며 무엇을 생각할 때
· 열심히 살피며 무슨 상품을 찾고 있을 때
· 고객과 시선이 마주칠 경우
· 상품을 행거에서 내리거나 포장백에서 빼낼 경우 등

다. 제2의 찬스(구매 심리의 비교검토 시점)

· 복수의 상품을 보면서 비교할 때 상기와 같은 경우가 접근에 있어 매우 좋은 기회이다. 접근할 경우에는,
· 무엇인가 필요로 하시는 것을 찾으셨습니까.
· 제가 무엇을 도와드릴까요 등 상대가 경계를 하지 않도록 가볍게 하는 것이 중요하다.

7. 응대판매 7단계의 #3 : 상품 제시
(상품 선택을 용이하게 하는 상품 제시)

상품의 제시는 고객에게 상품을 보여주는 것만의 단순한 업무가 아

니다.

· 구매심리 7단계에 있어 연상의 시점에서 보다 구체적으로 연상하게 함으로써 욕망의 단계로 스무드하게 들어가도록 하며 욕망의 시점에 있어서 상품 제시는 보다 강렬한 욕망을 갖도록 함으로써 '신용, 구매'로 연결시키는 것과 같은 것이 가능하도록 하는 키포인트가 되는 것이 바로 상품 제시의 단계이다.

다시 말하면 상품 제시에 따라 판매가 크게 좌우된다.

가. 손에 닿게 하여 보여드려라

상품을 보이는 경우는 고객이 보기 쉬운 상태로, 고객이 그 상품을 사용하고 있는 상태를 쉽게 연상하도록 하는 것이 매우 중요하다.

고객이 진정코 좋아하는 상품과 일치될 경우에는 그 욕망의 강도는 더욱 높아지게 된다.

만약 높은 위치에 있는 상품이라면 고객이 직접 만져볼 수 있도록 그 상품을 고객에게 제시하는 것이 중요하다.

나. 몸에 맞추어 보아야 하는 것은 몸에 맞추어 보도록 한다(시착)

고객은 자신이 직접 입어 봄으로써 가슴, 허리, 어깨, 히프 등의 사이즈와 자신과 디자인, 색상이 맞는가에 대해 금방 확신할 수 있게 된다.

다. 고객의 희망 가격을 캐치하라

고객은 내점시 예산을 갖고 오게 된다. 이 예산을 초과한 상품을 제시하는 것은 결국 판매를 실패하게 만든다. 고객의 시선이 자주 가는 상품이나 손으로 자주 만져 보는 상품이 있는 경우는 그 상품의 가격이 고객의 희망 가격과 일치하는 경우가 많다. 판매사원은 고객의 희망가격에 맞는 상품을 제시하는 것이 중요하다.

라. 사이즈나 색이 다른 상품을 제시하라

사이즈나 색상을 한 가지만 선택하여 보여주는 경우 간혹 고객의 요구사항과 일치하는 경우도 있으나 대개는 그렇지 아니하다. 2~3점의 상품을 고객에게 제시함으로써 고객의 희망을 충족시키는 경우가 많다. 이 경우 만져 보거나 입어 보아야 하는 등 시간이 많이 걸리는 경우가 있는데 판매사원은 이에 대해 불만을 가지면 안된다. 또한 경력이 오래된 사원의 경우 나는 한눈에 알아볼 수 있다고 자랑하면서 한 가지만을 자신있게 제시하는 경우를 보게 되는데 매우 위험한 생각이다.

마. 상품을 보다 가치가 높도록 취급하라

상품을 함부로 다루면 상품 자체의 가치도 떨어지게 되며 무엇보다 고객이 상품의 가치를 낮추어 보게 된다. 그러므로 정중하고 주의깊게 상품을 다룸으로써 결국 고객이 상품의 가치를 높게 인정하게 된다.

바. 상품의 특징을 설명하라

타 상품에 비해서 특징을 설명하면 고객은 그 상품에 대한 욕망을 더욱 높이게 된다. 상품 설명을 잘 한다는 것은 바로 충분한 상품 지식이 있다는 뜻이다. 판매사원은 자신이 취급하는 상품에 대한 지식에 대해 완벽한 실력을 갖도록 노력하여야 한다.
이상과 같은 점을 감안하여 효과적인 상품 제시를 하여야 한다.

8. 응대판매 7단계의 #4 : 질문과 상품 설명
(관심 있는 상품을 빨리, 정확하게 찾아내는 방법)

응대판매의 4단계는 '질문과 상품 설명'을 말한다. 고객이 희망하는 상품을 정확하게 알기 위해서는 간단한 질문을 하는 것에 따라 확인할 수 있다.

가. 상품을 제시함으로써 부담없이 질문을 한다

'손님은 이와 같은 붉은 색을 싫어하십니까?'와 같은 질문을 함으로써 고객의 희망을 정확하게 알아내는 것이 가능하다.

나. 상품을 바꾸어 보임으로써 희망을 듣게 된다

상품을 보여줌으로써 희망을 듣고 또 희망에 따라 상품을 몇 번이고 반복해서 바꾸어 보여줌으로써 고객의 욕망은 더욱 높아지고 신용과의 연결도 가능하게 된다.

'짧은 것이 좋습니까'라고 질문하여 긴 것을 좋아하는 것을 알고 또한 긴 것을 갖고 상담을 진행하면서 색이나 디자인 등을 질문함으로써 고객의 희망에 맞는 상품에 차차 접근하게 된다.

다. 지금까지 사용했던 상품에 대해 듣는다

지금까지 사용했던 상품에 대해서 고객의 이야기를 들음으로써 종래의 것과 같은 상품을 희망하는 경우에는 같은 상품을, 또한 다른 상품을 원할 경우에는 다른 상품을 제시함으로써 효과적인 방법을 취한다.

라. '5W1H'를 질문한다

언제, 어디서, 누가, 무엇을, 어떠한 목적으로 어느 정도의 예산으로 와 같은 5W1H를 파악한다. 그렇게 함으로써 대개 고객의 희망사항을 명확하게 파악하게 된다.

극단적인 예인지는 모르나 기성복 판매에 있어서 남편이냐, 자녀냐, 부인이냐와 같은 경우 '누구의 것'을 원하느냐의 파악이 되지 않고서는 응대판매는 진행되지 않는다.

마. 상품의 특징을 설명함으로써 반응을 본다

상품의 특징을 설명함으로써 고객이 강한 관심을 나타내는 경우가 있다.

· 반복해서 질문을 하거나
· 강하게 맞장구를 치거나 하는 반응을 나타내는 경우에는 그 상품에 대해 고객이 관심을 갖고 있다고 생각할 수 있다.

고객의 반응을 계속해서 캐치하여 관심을 갖고 있는 품목에 대해서는 자세한 설명을 함으로써 고객이 신뢰감을 갖게 하는 것이 필요하다.

바. 상품 설명의 주의점

상품 설명은 어느 고객에게나 같은 방법으로 하는 것이 아니라 고객의 개성에 맞추어서 표현함으로써 설득력을 높이게 된다.

· 스마트하게 보입니다
· 건강하게 보입니다
· 여성미가 돋보입니다
· 참 편안하게 보입니다
· 멋있게 보입니다 등과 같은 말을 고객의 개성에 맞추어서 상품 설명시에 병행하여 사용하면 고객의 구매욕을 크게 높이게 된다.

9. 응대판매 7단계의 #5(상품의 권유)
(고객의 관심이 강한 상품을 빨리 발견하고 강하게 권유한다.)

상품을 권유할 경우에는 다음과 같은 점에 유의하여야 한다.

가. 적극적으로 자신을 갖고 권유하라

부정확하고 자신이 없는 권유는 고객의 구매 의지를 상실하게 될 염려가 있다. 그러나 적극적으로 권유하는 것도 강압적인 것은 아니다. 최종적으로 구매를 결정하는 것은 고객이다. 고객의 구매 결정을 도와주는 것이 판매사원의 역할인 것을 항상 잊어서는 안된다.

자신을 갖고 권유하는 것은 마음속에서 진심으로 '고객에게는 이 상품이 맞는다'와 같은 확신이 있어야 한다. 말만이 아닌 진실된 마음으로 이야기되어야만 고객이 신용을 갖게 되며 구매를 유도하기 위한 설득력이 되는 것이다.

나. 고객의 관심이 높은 순으로 설명하면서 권유한다

고객에 따라서,

- 색에 관심이 많거나
- 무늬에 관심이 많거나
- 가격에 관심이 많거나
- 디자인에 관심이 많거나
- 실용성, 사용하기 편한 것 등에 관심이 많은 것 등 관심의 포인트나 정도는 다르다.

색에 관심이 많은 고객에게 가격면을 중심으로 설명하게 되면 고객을 설득할 수가 없다. 고객의 관심이 무엇인가를 고객에게 질문하거나 행동함에 따라 정확하게 파악하여 관심이 높은 순서로 설명하는 것이 매우 중요하다.

다. 질문이 많은 상품을 권유한다

질문이 많은 상품은 고객의 관심이 많은 상품이다. 질문이 많은 상품을 설득력 있게 설명할 수 있다면 '그것을 주시오'라고 구매결정을 하게 된다.

라. 비교 검토의 경우 고객의 가장 가까운 곳에 있는 상품을 권유한다

2~3점의 상품을 비교하면서 비교 검토할 경우는 그 동작에 대해서 주목하여야 한다. 이 경우 고객이 가장 관심 갖는 상품을 찾아서 그것을 권유하는 것이 중요하다.

· 가장 가까운 곳에 있는 상품
· 가장 많이 만져 보는 상품
· 가장 많이 시선이 가는 상품

상기와 같은 상품에 대해서 권유하는 것이 효과적이다.

마. 권유 상품이 고객의 기분에 맞도록 하기 위해선 어떻게 하는 것이 좋은가

어떤 경우에도 판매사원의 생각을 강권하여서는 안된다. 고객의 희망을 만족시키는 것이 판매사원의 업무이다. 고객이 희망하는 상품을 능숙하게 권유하기 위해서는 고객의 관심이 높은 상품을 자신을 갖고 권유하는 것이 중요하다.

10. 응대판매 7단계의 #6 : 판매 완결 (여운이 남는 판매 완료가 다시 내점을 유도한다)

고객의 희망상품을 권유함에 따라 '이것으로'와 같은 구매가 결정된다. 고객에 따라서 '이것을 주시오'라고 확실하게 말하는 사람도 있으나 판매사원으로부터 판매완결(Closing)의 도움이 없으면 거의 결정을 하지 못하는 고객도 있다.

이와 같은 고객에 대해서는 판매사원이 타이밍을 보아서 이쪽 것이 좋습니까 하고 물어보는 것이 중요하다.

이와 같은 타이밍은,

- 질문이 일차 끝난 때
- 어느 상품에 대해서 집중적으로 질문을 할 때
- 가격에 대해서 검토를 시작할 때
- 깊이 생각을 시작할 때

상기와 같은 경우가 판매 완결의 찬스가 된다. 또한 구매를 결정한 경우에는 매출을 연결시킬 수 있는 관련 상품을 권유한다. 바로 관련 상품이 매출과 연결되지 않더라도 차기 내점과 연결된다는 것을 충분히 생각하여야 한다.

가. 대금 수수

대금 수수시에는 정확하게 계산을 하지 않으면 안된다.

1) 구매 결정을 한 경우

'감사합니다. ○○원입니다'라고 확인하여야 한다. 동시에 가격표를 보여주는 것을 잊어서는 안된다.

2) 대금 수수시

고객에게 눈으로 확인시키며 '○○원 받았습니다'라고 확인시키며 대금을 받는다. 또 '잠시 기다려 주십시오'라고 인사를 한 후 계산과 포장을 하여야 한다.

3) 잔돈을 건네줄 경우

'○○원 받았습니다. 거스름돈 ○○원입니다'라고 이야기하면서 꼭 확인을 시켜야 한다. 대금 수수는 이와 같이 꼭 확인의 절차를 거쳐야 하는 것을 잊어서는 안된다.

나. 상품 수수와 포장

판매가 이루어진 상품은 정중하게 양손으로 취급하여야 한다. 또한 포장시에는 다음과 같은 점에 주의할 필요가 있다.

- 재빠르게 포장한다
- 멋있게 포장한다
- 가지고 가기 쉽게 포장한다

이와 같은 배려는 고객의 만족감을 크게 한다.

다. 고객 배웅

고객이 구매를 완료하고 돌아갈 경우에는 정중하게 감사의 마음을 표시하고 재내점을 부탁드린다.

'감사합니다. 다시 들러 주십시오'와 같은 인사를 하면서 고객을 배웅한다. 최후의 인상이 차기 내점과 직결된다는 것을 잊어서는 안된다.

11. 고정 고객은 판매사원의 팬이다
(응대판매를 통해서 고객을 여러분의 팬으로 만들어라)

고객이 만족스러운 쇼핑을 함으로써 재내점할 수 있도록 함에 있어 필요한 응대판매에 대해 여러 각도에서 검토하여 보았다.

다음은 응대판매에 만족한 고객을 조속히 고정 고객이 되도록 하는 방법에 대해서 설명코자 한다. 고객이 고정 고객이 되는 출발점은 자신이 점포 또는 판매사원으로부터 특별한 대접을 받고 있다는 것을 의식하기 시작하면서부터라고 할 수 있다. 결국 고정 고객을 될 수 있는 한 많이 창출하기 위해서는 많은 고객을 특별히 취급하는 것이 필요하다.

가. 고객의 성함이나 얼굴을 기억한다

고정 고객으로 되기 위한 스타트 단계는 고객의 성함과 얼굴을 기억하는 것이다. 따라서 고객의 성함(직책)을 친근하게 부름에 따라 고객과 판매사원의 친밀도가 매우 높아지게 된다.

"김 사장님 안녕하세요. 전번 쇼핑하셨던 것은 어떠세요"라고 하는 인사를 재내점한 고객이 듣게 된다면 고객은 실로 기분이 좋을 것이다. (크레디트 카드를 많이 이용하고 있으므로 고객의 성함을 접할 수 있는 기회는 매우 많다. 직업을 잘 모를 경우는 선생님이라는 호칭도 무난하다고 생각된다).

나. 판매원의 이름을 기억할 수 있도록 한다

고객의 성함을 기억하는 동시에 판매사원 자신의 이름도 고객에게 PR하는 것이 좋다. 명찰이 있어 PR은 될 수 있으나 그것만으로는 불충분하다. 고객에게 상품을 건네드릴 경우 "감사합니다. 저는 미스 최입니다. 다시 오실 때 저를 찾아주시면 최선을 다해 모시겠습니다"라고 인사를 한다면 고객은 좋은 인상을 갖고 돌아가게 되며 또한 판매사원은 자신을 PR하게 된다.

다. 고객의 생활을 파악하라

고객이 상품 선정을 하는 경우 자연스럽게 고객의 연령, 근무처 또는 가족 구성 등을 인지하도록 노력함으로써 보다 적절한 상품을 권유할 수 있게 된다.

라. 고객의 체격 사이즈나 기호를 파악하라

고객에 따라서 사이즈나 좋아하는 무늬, 색 등에 대해서 잘 표현이 안되는 경우가 많다. 고객의 사이즈나 기호를 정확히 파악하여 응대판매에 활용함에 따라 고객의 마음을 사로잡는 결과가 된다.

마. 고객의 취미를 알아라

고객은 자신의 취미에 대해 이야기되는 것에 대해 매우 강한 관심을 갖는다. 영화, 골프, 음악감상, 여행 등 고객의 취미와 합치되는 화제를 제공하는 것이 매우 중요하다.

바. 약속을 필히 지켜라

고객과의 약속은 어떠한 일이 있어도 꼭 지켜야 한다. 바지 단을 조정하는 것과 같은 경우 약속된 시간에 고객이 왔음에도 불구하고 이유를 대고 약속이 지켜지지 않는다면 그것은 판매사원의 무자격은 물론 그 점포 자체가 실격점포가 되고 만다. 또한 약속은 날짜와 시간을 명확히 하여야 한다.

사. 고객과의 연락을 끊지 말아라

새로운 상품 출하시 전화연락은 물론 가끔 전화나 DM, 연하장 등을 발송함으로써 고객과의 연락을 단절시키지 않는 노력이 필요하다.

반년간 연락이 되지 않으면 고객은 떠나가고 만다는 것을 명심하여야 한다.

12. 응대 기본용어와 활용법
   (고객이 좋아하는 용어)

가. 응대를 위한 7대 용어

① 어서 오십시오
② 감사합니다
③ 잘 알겠습니다
④ 잠시만 기다려 주십시오
⑤ 오래 기다리셨습니다

⑥ 대단히 죄송합니다
⑦ 용서하십시오

상기와 같은 용어를 기본으로 하여서 어프로치할 경우와 상품을 권유할 경우 그때 그때 상황에 맞추어 활용하여야 한다.
물론 지역적 특성이나 고객의 연령에 따라 고객에게 적합한 용어를 사용하여야 하는 것을 잊어서는 안된다. 그러나 상기의 용어도 계속해서 어울리지 않게 사용하면 역효과가 나는 경우가 있음을 명심하여야 한다.

나. 판매 단계별 응대 용어(예)

1) 어프로치 경우에 응대 용어(예)
- 어서 오십시오
- 찾으시는 상품이 어떠한 것인지요
- 한번 만져 보십시오
- 몇 살 어린이 것을 찾으십니까 등

2) 상품 제시 경우 응대 용어(예)
- 이런 것은 어떠십니까
- 이쪽 것을 한번 보시지요
- 가격은 어느 정도의 것을 찾으시는지요
- 한번 입어 보시지요
- 선물이시라면 이런 것은 어떤지요 등

3) 상품을 권유할 경우 응대 용어(예)
- 매우 잘 어울리시는 것 같습니다
- 매우 인기가 좋은 상품입니다
- 참 잘 맞으실 것 같습니다
- 이것은 신상품으로 첨단 유행상품입니다
- 매우 실용적인 가격입니다 등

4) 판매완결 시점의 응대 용어(예)

- 이쪽 것이 더 잘 어울리시는 것 같습니다.
- 이것을 포장할까요 등

5) 기타 용어(예)

같은 뜻의 말을 하더라도 상대가 기분좋게 받아들일 수 있는 경우와 그렇지 않은 경우가 있다.

가) 어미를 정확히 하는 표현
예를 들면,

- 이 상품은 품질이 좋기 때문에 약간 비쌉니다.
  (좋은 표현이 되지 않는다)
- 이 상품은 약간 비싸기는 하지만 품질은 매우 우수합니다.
  (기분이 좋은 표현이 된다)

상기 용어는 꼭같은 내용을 전달하는 것이나 후자의 용어가 좋은 기분으로 받아들일 수 있는 용어이다.

고객은 기분좋은 쪽으로 설명됨에 따라 구매하는 비율이 높아진다. 즉, 어미를 정확히 하는 용어를 사용하는 것이 좋다.

고객은 판매사원을 신용함으로써 구매가 연결되므로 판매사원은 용어를 불투명하고 불확실한 것을 사용하여서는 안된다.

즉, 괜찮다고 생각합니다만, 잘 맞으시는 것 같은데……, 약간 큰 것 같지만 괜찮으신 것 같은데…… 와 같은 용어를 사용하게 되면 고객은 당황하게 된다.

그러나 어미를 확실히 하는 표현을 하게 되면 고객은 높은 신뢰감을 갖게 된다.

- 좋습니다
- 정말 잘 어울리십니다
- 적당히 큰 것이 참 좋습니다와 같은 자신과 신뢰감이 있는 표현을 하며 또한 잘 알아들을 수 있는 크기로 말하는 것이 필요하다.

신뢰할 수 있는 판매사원이 되기 위해서는 상품 지식 등 기본 지식을 몸에 배게 하는 것도 중요하나 이와 같이 세련된 화법도 매우 중요하다.

나) 부탁이나 양해를 구하는 표현

또 고객에게 부탁이나 양해를 구하지 않으면 안될 경우에 단정적인 표현은 금물이다. 예를 들면, 고객이 할인을 강하게 요구하는 경우, "저희 점포는 할인이 되지 않습니다" 하고 차갑게 대답하는 경우가 있는데 이것을 "대단히 죄송합니다. 저희 점포는 할인이 되지 않습니다만, 저— 이 가격은 적당하다고 생각합니다만, 어떠신지요"라고 이야기한다면 고객은 최소한 나쁜 감정이나 생각을 갖게 되지 않는다. 쓸데없이 단정적으로 표현하는 것을 피하는 것이 고객의 지지를 받는 포인트가 되는 것을 잊지 말아야 한다.

다) 고객의 말을 끊어 버리는 표현

고객으로부터 "이것보다 조금 더 붉은 색깔의 것은 없나요?"라는 표현 등을 자주 듣게 된다. 이 경우 "더 붉은 것은 없습니다"라고 하여 고객의 질문을 그대로 끊어 버리는 실수를 하지 말아야 한다. 이 경우는 "죄송합니다만, 이것 이외는 여기 갈색, 보라, 초록색만이 있습니다만"이라고 하면 고객의 질문에 긍정적으로 대답하는 것이 되어 고객은 나쁜 감정을 갖지 않게 된다.

라) 사용하여서는 안되는 용어

응대판매에 있어 사용하여서는 안되는 용어가 몇 가지 있다.

"이것은 비싼 상품입니다"와 같은 용어가 바로 사용하여서는 안되는 용어이다. 비싸다, 싸다의 결정은 고객이 결정하는 것이다. 결코 판매사원이 결정하는 것이 아니다. "저, 1주일 정도 걸리겠습니다"와 같은 용어도 마찬가지이다. "지금 주문하시면 ○○월 ○일까지 되겠습니다"와 같은 대답이 필요하다. "고객에게는 너무 화려합니다", 이것 역시 화려한 것과 수수한 것의 결정은 고객이 하는 것이기 때문이다. "매우 싼 가격의 상품입니다", 이것 역시 싸다는 것보다는 매우 덕이 되는 가격입니다라는 표현 쪽이 적절하다. "상품을 흐트리지 말고 보십시오",

이것 역시 자유롭게 상품을 만져 보는 것이 판매의 기본인 것을 잊은 판매사원의 표현이 된다.

13. 진정한 판매력의 원천은 마음가짐이다
(전력을 다해 판매하는 프로 판매사원을 배워라)

가. 텔레파시를 보내라

우리는 어느 경우 복잡한 사람들 사이에서도 자신의 뒤에서 누가 보고 있는 것 같은 기분이 드는 경우가 있다. 이 경우 뒤를 돌아보면 자신이 알고 있는 사람이 있게 되는 경우가 있는데 이와 같이 눈으로 보이지 않는 것을 느끼게 되는 것을 텔레파시라고 한다. 항상 주위에 신경을 쓰고 안테나를 높게 하고 있는 사람만이 그러한 감각을 느낄 수 있다. 항상 고객이 무엇을 구하고 누가 어드바이스를 구하고자 하는가를 생각하고 있어야만이 응대판매를 효과적으로 할 수 있다.

이와 같이 전파를 포착하기 위해서는 고객의 마음을 향해서 판매사원의 전파를 발신하여야 한다. 마음속에 고객의 생각과는 관계없이 판매사원 중심으로 하나 팔자고 무조건 접근하면 고객은 대개 피해 가게 된다. 마음은 눈에 보이지 않으며, 만져 보고자 해도 손에 닿지 않는다. 그러나 진실된 마음을 전하게 되면 판매를 효과적으로 할 수 있게 된다.

또한 고객의 입장에 서서 말만이 아닌 서로 마음으로 통할 수 있는 진실로 텔레파시를 보내야 한다.

나. 그날의 판매 운세는 판매사원 자신이 만드는 것이다

우리는 일상생활 중에서도 오늘은 재수가 없는데 등 부정을 하는 경우가 있다. 왠지 그런 생각을 하는 날은 마음이 답답하고 불안하고 소극적으로 되기 쉽다.

판매사원 중에는,

- 오늘은 아침부터 손님이 오지 않는구나
- 이렇게 되면 오늘 판매는 끝났는데라고 하며 오전에 이미 판매를 포기하는 경우를 보게 된다.
  그러나 오전중 매출이 부진하더라도 우수한 판매사원은
- 오전중에는 그다지 성적이 좋지 않으나
- 오후에는 오전분까지 모두 판매하도록 해야지

하는 전향적(轉向的) 자세를 갖게 된다. 즉, 운세를 비관적이 아닌 낙관적으로 생각하여야만 행운의 찬스가 찾아오게 된다.

다. 고객은 밝은 곳으로 모이게 된다

지구상의 식물도 태양을 향해 발육을 한다. 빛은 희망이나 행운을 느끼게 하는 것이다. 만약 판매사원 여러분이 고객의 태양이 되어, 즉 밝은 얼굴, 밝은 미소, 밝은 표정, 밝은 목소리, 밝은 행동을 하게 되면 그것이 바로 매장의 태양이 되는 것이다. 이와 같이 매장의 태양에게 고객은 모이게 된다.

항상 매장의 태양이 되는 판매사원의 코너는 항상 매출이 증가하게 된다. 똑같은 상품의 조건에서 판매사원의 자세에 따라 매출이 변동하는 것을 우리는 누구보다도 잘 알고 있다고 생각된다.

라. 마음을 활용하라

마음의 에너지를 자신의 가슴에서 고객의 마음으로 전달하는 것이 업무를 효과적으로 처리하는 것이며 진정코 즐거움으로 업무를 하게 되는 것이다.

따라서 자신의 마음가짐에 따라 업무가 효율적으로 이루어진다는 신념이 강하면 강할수록 또한 그것이 계속되면 판매의 성공률은 높아지게 된다. 판매는 입으로, 말로 되는 것이 아니다. 마음은 인간의 전부일 수도 있다. 이러한 마음을 판매와 연결시키도록 계속 노력, 도전하는 것이 매출을 급증시키는 것이 된다.

14. 고정처리의 효과적인 방법
(고정처리 그 자체가 고정고객 확대의 찬스이다)

하나의 사례를 들어 보면, 어느 고객이 마제품의 의류를 구매한 후 집에 와서 보니 마직 조직의 특성상 올이 튀어나온 것이 있게 되는데 그것이 정도 이상 크고 염색이 되지 않아 눈에 크게 거슬려서 바로 전화로 그 내용을 판매사원에게 이야기를 하였다 할 경우 "손님! 그것은 손님께서 '마'제품을 잘 모르셔서 그러는데 마직은 그런 것이 다 있습니다. 저희 브랜드는 검사를 하기 때문에 못 입을 상품은 팔지 않습니다. 손님이 상품을 잘 모르셔서 그렇습니다. 그냥 입으셔도 됩니다"라고 이야기하였다고 하자. 고객은 분명 화가 나서 그 상품 자체를 반품하고 다시는 그 점포에 가지 않게 될 것이다. 이와 같이 고객이 화를 내게 하는 고정처리는 판매사원으로서 완전 실격인 셈이다.

단순히 그 상품 자체를 교환하여 주지 않으려는 노력은 그 상품 하나의 이익은 있을지 모르나 실로 그보다 몇십 배, 몇백 배의 손실을 가져온다는 것을 잊어서는 안된다. 또한 불쾌감을 느낀 고객은 자신의 가족은 물론 주변 사람들에게 그 점포(판매사원)의 나쁜 인상을 이야기하게 되므로 나쁜 영향이 크게 확산되게 된다. 한 사람의 만족한 고객은 25명의 새로운 고객을 연결시켜 주나 거꾸로 한 사람의 불쾌함을 느낀 고객은 25명의 고객을 점포에 오지 않게 한다라는 외국의 검토 예도 있다.

고객의 화를 능숙하게 진정시키고 고객의 희망을 될 수 있는 한 신속하게 조치함으로써 고객이 만족하게 돌아가게 되며, 다시 찾아옴으로써 보다 강한 신뢰관계가 생기게 된다. 고정처리를 잘 하느냐 못 하느냐는 고객의 신뢰관계가 높아지느냐, 낮아지느냐의 문제가 되어 고객의 증감, 즉 매출의 증감이 직결된다는 것을 잊어서는 안된다.

가. 고정의 내용을 경청한다

먼저 고정의 이유가 무엇인가를 알기 위해 고정의 내용을 경청하는 것이 매우 중요하다. 우리의 옛말에 '웃는 얼굴에 침을 뱉지 못한다'라는 말이 있듯이 고객의 고정을 경청하게 되면 고객은 일단 진정하게 되나 고정의 내용을 충분히 듣지 않는 경우는 고객은 더욱 화를 내게 되는, 즉 성실하게 고정의 내용을 경청하는 자세가 필요하다.

나. 진실로 죄송하게 생각하라

판매사원은 상품을 통해서 고객에게 만족을 판매하는 업무를 하는 사람이다. 고객이 고정을 호소하는 경우는 그 상품에 대해 만족을 하지 않기 때문이다. 이와 같이 상품을 통해 만족을 얻지 못한 것은 물론 고정처리를 위해 다시 점포까지 오게 되는 시간, 비용의 낭비 등을 생각할 때, 일단 점포의 책임이냐, 아니냐 이전에 진실로 죄송하게 생각하면서 고정의 내용에 상응하는 처리를 하겠다는 자세를 가져야 한다.

다. 고객의 입장에서 듣는다

고정은 누구든지 하는 것이 아니다. 상품이나 서비스 등에 대해서 무엇인가 나쁜 것이 있어서 그것을 원상회복시키기 위해 오는 것이다. 또한 고정을 말하기 위해 내점하는 고객은 와서 이야기할 내용을 정리하여 오게 되는 것을 잊어서는 안된다.

따라서 고정처리는 고객의 입장에서 듣는 것이 무엇보다 중요하다. 참된 마음으로, 미안한 마음으로, 정중한 마음으로 고객의 입장에서 고정처리를 듣게 되면 대개 훌륭한 태도가 된다.

그러나 '내가 책임질 일이 아니다'라던가, 이렇게 조그마한 내용을 갖고 와서 이야기하다니' 등의 생각을 갖고 고객과 대화를 하게 되면 고정처리의 결과가 더욱 나빠지게 된다. 어떠한 고정도 점포에 있다는 자세를 잊지 말아야 하며 고객의 입장에서 해결하려는 노력이 필요하다. 고정처리를 받아 본 적도 한 적도 없다는 것은 결코 자랑이 될 수 없다.

라. 납득하지 못하는 경우

고객이 납득하지 못하는 노여움을 풀지 않는 경우에는,
· 응대하는 사원을 바꾸거나
· 장소를 바꾸거나
· 때를 바꾸는 세 가지 방법으로 납득시키는 노력을 하여야 한다.
먼저 담당을 바꾸는 경우에는 상사나 선배로 바꾸는 것이 더욱 정중하고 죄송함을 나타내는 결과가 된다.

장소를 바꾸는 경우에는 매장이 아닌 곳으로 고객을 안내하여 느긋하고 편안한 기분으로 대화를 이끌어 가도록 한다. 때를 바꾸는 경우는 고객의 노여움이 가시지 않을 경우에는 고객의 가정을 방문하여 재차 사과를 하는 것을 말한다. 이상의 세 가지 방법으로 성의를 갖고 고정처리를 하게 되면 필히 고객은 마음이 풀리게 될 것이다.

마. 고정처리의 5대 원칙

1) 신속한 처리

고객의 불쾌한 기분은 될 수 있는 한 빨리 제거하는 것이 중요하다. 판매사원이 짜증난 얼굴 또는 곤란하다는 표정을 짓게 되면 고객의 분노는 더욱 커지게 된다. 따라서 고정처리는 신속하게 되어야 하며 신속한 처리를 위해서는 고정의 처리방법으로 구체적으로 판단 결정하여야 한다.
· 반품, 교환을 말하기 위해 온 경우
· 잔돈이 틀려서 온 경우 등을 먼저 판단 결정하여야 한다.

2) 고정의 발생 원인을 파악한다

원인을 모르게 되면 적절한 조치가 되지 않는다. 고객의 대화를 잘 듣고 원인을 파악하여 처리하는 것이 중요하다.

3) 같은 잘못을 두 번하지 않도록 한다

같은 잘못이 두 번 이상 되면 고정처리를 여하히 능숙하게 처리한다

하더라도 실패하게 된다.

4) 책임을 인정하라

책임이 자신 또는 점포에 있는 경우에는 책임을 인정하고 같은 잘못을 반복하지 않겠다는 노력이 중요하다.

5) 고정 내용을 전원에게 통보하라

어느 코너에서 고정이 발생되었든간에 점 전체의 고정인바 전원이 그 내용을 듣고 재발되지 않도록 한다.

15. 가격이나 사이즈에 관한 구체적 응대법

고객의 질문을 분류하여 보면 어느 정도 공통적인 면이 있다. 실제 매장에서 고객이 자주 질문하는 것을 중심으로 정확한 응대 방법을 소개하고자 한다. 고객이 자주 질문하는 내용에 대해서는 사전에 충분히 소화시켜 때와 장소에 맞추어 응대할 수 있도록 준비하는 것이 매우 중요하다.

가. 가격에 관한 질문

질문 1 : "같은 상품인데 왜 가격이 틀리는가?"
응대예 : 같아 보이는 상품으로서 소재 등이 틀리는 경우에는 "죄송합니다만, 색이나 무늬는 같으나 원단이 틀려서 가격이 틀립니다"라고 답하면서 될 수 있는 한 양쪽의 소재 특징을 정확하게 설명하여야 한다.
질문 2 : "이 특매상품은 매우 싼데 무언가 결함이 있는 것은 아닌가?"
응대예 : "이 상품은 특별한 봉사가격으로 서비스하여 드리는 것입니다. 품질은 사용하여 보시면 좋은 것을 인정하실 것입니다. 만일 불량품이면 언제든지 교환이나 환불을 하여 드릴 것이므로 안심하시고 구입하셔도 좋습니다"라고 설명하여 안심하고 고객이 구입할 수 있도록

한다.

질문 3 : "다른 점포에서는 할인을 하여 주는데 이 점포에서는 왜 할인을 하여주지 않는가?" 고객에 따라서는 습관적으로 할인을 요구하는 경우도 있으므로 기분을 상하지 않도록 답을 하지 않으면 안된다.

응대예 : "저희 점포에서는 가격을 결정할 때 정성과 서비스를 다해 검토하고 있습니다. 죄송합니다만 정찰 가격으로 구입을 하여 주시면 감사하겠습니다" 등의 응대를 하면서 서비스(반품, 교환, 사후 서비스 등)나 품질 등을 강조하여 고객의 구매를 유도한다.

질문 4 : "일류메이커 상품은 왜 가격이 비싼가?"

응대예 : 소재나 가공 방법은 물론 디자인 등이 틀리며 이러한 부분에 대해서 약간 높은 것이라는 점을 강조한다. 또한 일류메이커 상품이 우수하다는 점을 설명한다.

질문 5 : "슈트 등 토탈상품보다도 단품을 코디네이트하는 쪽이 왜 싼가?"

응대예 : 토탈적인 상품은 상하의 밸런스 등을 신중히 검토하여야 하므로 대량생산이 되지 않는 반면에 단품은 비교적 대량생산이 되므로 단품의 조합이 싸다는 이야기와 함께 토탈상품은 기획 자체가 매우 많은 검토로 이루어져 생산한다는 이해를 시켜 토탈상품의 구매를 동시에 유도한다.

나. 사이즈에 관한 질문

질문 6 : "나는 프리사이즈가 잘 맞는데 프리사이즈란 어느 정도의 사이즈를 말하는가?" 작거나 큰 사람의 경우 프리사이즈에 대해서 안심하지 못하는 면이 있다.

응대예 : "프리사이즈란 M사이즈를 중심으로 하여서 비교적 적은 사람부터 비교적 큰 사람까지 입을 수 있는 사이즈를 말합니다"라고 대답하고 고객이 프리사이즈에 맞는다고 판단되는 경우에는 "손님의 경우에는 프리사이즈가 잘 맞으실 것입니다"라고 어드바이스를 한다.

또한 프리사이즈가 맞지 않는 고객에 대해서는 사이즈를 판단하여 몸에 맞는 상품을 권하지 않으면 안된다.

질문 7 : "메이커에 따라 사이즈가 약간씩 틀리는가?"

응대예 : "네, 메이커에 따라서 다소의 차이가 있습니다. 손님에게 맞는 정확한 사이즈를 드릴까요?" 하면서 고객의 몸을 재서 몸에 맞는 상품을 권한다. 이를 위해서는 메이커별 사이즈표를 항상 휴대하거나 즉시 볼 수 있는 장소에 부착하여 둘 필요가 있다. 고객은 사이즈에 관한 관심이 매우 높으므로 항상 이에 응대할 수 있는 준비를 하여야 한다.

질문 8 : "0살 되는 남자아이인데, 다른 아이들보다 좀 큰데, 약간 큰 것이 좋지 않을는지." 아동의류 판매시는 이와 같은 질문이 매우 많다. 이 경우는 어린이와 함께 온 경우와 그렇지 않은 경우로 나누어 검토하는 것이 좋다.

응대예 : ① 어린이와 함께 온 경우

"잘 알았습니다. 그러면 직접 재어 보겠습니다. 잰 후, 약간 큰 것을 선택하시는 것이 좋겠습니다." 또한 어린이 경우는 약간 여유가 있을 필요가 있다.

② 어린이와 함께 오지 않은 경우

먼저 어린이의 신장과 체중을 묻는다. 그다음 사이즈표를 보고 예상되는 크기를 선택한다. 이 경우 선택된 사이즈에 대해 고객에게 동의를 구하며 동시에 만약 잘 맞지 않으시면 ○일 이내에 갖고 나오시면 교환하여 드린다는 점과 함께 영수증도 함께 갖고 나오시도록 알려드린다.

고객은 상품 구입시 ① 조금이라도 싸고 좋은 것 ② 자신에게 꼭 맞는 것 등을 원하게 된다. 이와 같은 요망은 고객의 당연한 권리이다. 이와 같은 고객의 요망 사항을 만족시키기 위해서는 판매사원은 정확한 답을 할 수 있도록 연구하지 않으면 안된다. 사이즈가 맞지 않는 의류의 권유는 고객으로 하여금 점이나 판매사원에 대한 불신을 하게 하는 요인이 된다.

16. 소재나 입는 방법에 대한 질문 응대법

고객은 쇼핑의 경우 다음 점에 대해 매우 관심이 많다.
· 자신의 생활에 꼭 필요한 상품의 구입

- 품질이 좋고 오랫동안 사용할 수 있는 것
- 여러 가지로 조합하여 입을 수 있는 즐거움

이와 같은 요구를 만족시키기 위해서 고객은 소재나 입는 방법에 관한 질문을 여러 가지 각도에서 하게 된다.

가. 소재에 관한 질문

질문 1 : "이 상품은 비벼 빨아도 됩니까?"
응대예 : 이와 같은 소재에 관한 질문의 경우에는 상품의 소재나 특성을 정확하게 응답하여야 한다.

예로써 "이것은 데드론인바 비벼 빨아도 됩니다." "소재가 울인바 약간의 비빔은 되나 스타킹을 빨듯이 자연스럽게 처리하여 주십시오." 단지 비벼 빠는 것을 피해 주십시오와 같이 막연하게 설명하는 것은 고객을 이해시키는데 부족한 응대가 되는 것을 명심하여야 한다.
질문 2 : "이 옷은 어떻게 보관하는 것이 좋습니까?"
응대예 : "접지 마시고 옷걸이에 걸고 습기찬 곳이 아닌 곳에 비닐커버로 덮어서 보관하시고 1년에 2~3번 통풍이 되도록 하시는 것이 좋습니다"와 같은 설명을 한다.
질문 3 : "이것은 물세탁을 하여도 줄지 않습니까?"

고객은 물세탁으로 상품을 못 쓰게 만든 경험을 대개 1번 이상씩 갖고 있다고 보아야 하므로 이러한 질문은 매우 많다.
응대예 : "예, 될 수 있는 한 드라이 클리닝을 하시는 것이 좋습니다만 조심하셔서 처리하시면 물세탁도 가능합니다만 미지근한 물에서 하시고 너무 심하게 비비거나 짜지 않도록 하셔야 합니다" 등과 같이 세탁의 방법에 대해 깊은 연구가 필요하다. 특히 고가품의 경우는 아주 전문적인 지식을 갖추도록 하여야 한다.
질문 4 : "이 상품은 변형이 되지 않습니까?"

고객은 상품을 최상의 상태로 오래 간직하고 싶어한다.
응대예 : "네, 보통인 경우는 절대로 변형이 되지 않습니다. 그러나 구겨서 보관하시는 것은 피하시고 땀을 많이 흘리신 경우는 즉시 세탁을 하시는 것이 좋습니다."

나. 입는 방법에 대한 질문

질문 5 : "이 스커트에는 어떤 블라우스가 맞습니까?"

최근의 고객은 코디네이트에 대해 높은 관심을 갖고 있다. 잘 입는 방법에 대해서 여러 각도로 질문을 한다.

응대예 : "스커트가 무늬가 없으므로 블라우스는 무늬 있는 것이 좋겠습니다. 금년에 많이 유행하고 있는 이런 종류의 블라우스는 어떠신지요", 또는 "스커트가 무늬가 있으므로 스커트의 ○○○색에 맞추어 ○○○색의 블라우스로 하시면 어떻겠습니까"와 같은 여러 가지 어드바이스를 한다.

질문 6 : "나는 이 중 어느 것이 잘 맞겠습니까?"

두 개의 상품을 들고 이와 같은 질문을 하는 고객을 자주 보게 된다.

응대예 : "어느 쪽도 다 잘 맞으십니다만 손님께서는 매우 스마트한 형이시므로 제가 보기에는 이쪽이 더 좋지 않나 생각합니다." 이 경우 고객의 시선이 자주 가거나 만져 보는 상품을 권유하는 것이 좋다. 또한 이 경우 고객의 특징을 ① 스마트 ② 젊다 ③ 살색이 희다 등의 표현을 쓰게 되면 효과가 높게 된다.

질문 7 : "나에게는 이 색이 너무 화려하지 않겠는가?"

응대예 : "아니오, 그렇지 않습니다. 이 색 정도면 손님에게는 화려한 색상이 아닙니다. 매우 잘 어울리시는 것으로 생각됩니다. 이 정도 색상은 요사이 모든 분들이 입으시는 정도입니다."

고객이 이 색이 화려하지 않느냐고 묻는 것은 바로 그 상품에 대해 관심이 있다는 뜻이 된다. 그러나 너무 강조를 하게 되면 고객의 감정을 해치는 경우가 생길 수 있으므로 충분하게 주의하여야 할 필요가 있다.

질문 8 : "금번 여행시에 옷이 필요한데 어떤 것이 좋을까?"

고객에 따라서는 선택의 최초 단계에서부터 어드바이스를 구하는 경우도 많다.

응대예 : 먼저 여행의 성격을 파악한다.

"실례지만, 어디로 가시는지요" 등으로 여행의 성격을 파악한다. 만약 친구들과 함께 가는 여행인 경우에는 "매우 멋있는 여행이 되시겠습니다. 조금 활동적인 디자인이 어떠실는지요” 하면서 목적에 맞는 상품을 추천한다.

질문 9 : “이 샤쓰는 언제부터 입을 수 있을까요 ?”

다음달부터 출근한다는 생각에서 이와 같은 질문을 하는 고객이 있게 된다.

응대예 : “지금도 입으실 수 있으시겠습니다만 본격적인 것은 다음달부터라고 생각합니다”와 같이 계절 기준에 따라 설명을 한다.

질문 10 : “이 옷은 입기에 불편하지 않습니까 ?”

얼른 보기에 입기가 불편하게 보이는 옷이 있을 수 있다.

응대예 : “네, 그것은 앞의 쟈크를 풀게 되어 있는데 커버가 있어 잘 보이지 않도록 되어 있지요. 입으시고 쟈크를 채우시면 멋있고 스마트하게 보이십니다.”

이상의 응대에는 하나의 예로써 판매사원 여러분이 적극적으로 응대해 활용하여 주시기 바랍니다.

17. 바겐세일시의 응대 방법

가. 활기 있는 응대

바겐세일의 경우는 점내 무드 자체가 활기 있게 된다. 이와 같은 분위기에 맞추어 응대의 태도나 화법도 활기 있는 것이 필요하다.

상품을 만지고 있는 고객에게는 우유부단하게 하는 것보다 한 템포 빠르게 말을 하여도 나쁘지는 않다.

- 그것이 매우 잘 맞으십니다.
- 그것은 매우 싼 가격으로 드리는 것입니다.
- 그것은 몇 개 남지 않았습니다.
- 그것은 색이 틀려도 손님에게 매우 잘 맞습니다.

이와 같이 시간을 걸려서 이야기하는 것보다 클로싱으로 종결형태의 대화를 사용함으로써 점내의 무드와 맞추는 것이 좋다.

나. 싼 이유를 설명한다

바겐세일의 경우 고객은 왜 싼가의 설명을 구하는 경우가 자주 있게 된다. "바겐세일이므로 쌉니다"라고 이야기하는 판매사원이 있는 경우가 있는데 이것으로는 고객은 납득하지 않는다.

- 계절이 지나서 싸게 판다.
- 사이즈가 빠져서 조기처분을 위해 싸게 판다.
- 메이커의 봉사품이 되어 싸게 봉사한다.
- 서비스 상품으로 선정하여 원가와 마진을 조정하여 싸게 판다 등 싼 이유를 분명하게 이해하고 고객에게 답하여야 한다.
  고객의 질문을 피하는 응대는 절대로 있어서는 안된다.

다. 바겐세일 2~3일 전에 정가로 구입한 고객의 컴프레인 발생 경우

바겐세일이 시작되면 필히 몇 명의 고객으로부터 제기되는 컴프레인의 유형이다.

고객의 고정 내용은 '2~3일 전에 5만 원에 구입한 옷이 지금 3만 원에 파는데 바겐세일로 예정된 것을 가르쳐 주지도 않고 비싸게 팔 수 있는가. 그때 가르쳐 주었으면 오늘 싼가격으로 사지 않았는가?' 이와 같이 고객이 화를 내는 것은 어느 면에서는 당연한 것이다. 그러면 어떻게 대처하는 것이 좋은가? 바겐세일 1주일 전에 구매한 고객에 대해서는 컴프레인이 있을 경우 그 차액을 상품권으로 지불하여 처리하는 외국백화점의 예도 있다.

그러나 이러한 제도가 없는 우리로서는 정중히 고객을 설득하는 것이 필요하다.

- "대단히 죄송합니다만 사이즈나 색상이 빠지고 남은 재고에 대해서 바겐세일을 하고 있습니다"라는 내용으로 선택 폭이 바겐세일의 경우는 매우 좁게 된 점을 강조하여 이해시키거나,

· "대단히 죄송합니다만 근처의 점포가 바겐세일에 들어가서 저희도 할 수 없이 잔여재고에 대해서만 세일을 실시하고 있습니다"와 같이 고객에게 의도적으로 피해를 줄 생각이 없었음을 강조하여 이해시키는 노력을 한다.

이 경우 판매사원만으로 이해시킴이 어려울 경우는 간부나 선배의 도움을 청하도록 한다. 어떤 경우든 고객을 납득시키는 것이 필요하다. 납득이 되지 않는 고객은 다시 이용하지 않을 확률이 높아지기 때문이다.

라. 광고 상품이 없는 경우

① 광고 상품이 품절된 경우
"500매 한정 판매품입니다만 매우 인가가 높아 예정보다 빨리 품절이 되어 대단히 죄송합니다"와 같이 사정을 말씀드리고 양해를 구한다.

② 상품의 입점이 지연된 경우
"대단히 죄송합니다. 이와 같은 일이 한 번도 없었는데 구매 사정으로 입점이 하루 늦게 되었습니다. 내일은 꼭 준비해 놓겠습니다. 용서해 주십시오"와 같이 정중하게 사과하되 그 사유가 메이커 실수라 할지라도 점측의 책임으로서 고객에게 사과하는 방법 이외에는 다른 방법이 없다. 책임을 제3자에게 전가하려고 하다 보면 오히려 고객을 더욱 불쾌하게 만드는 요인이 된다.

마. 혼잡하여서 응대가 지연되는 경우

바겐세일의 경우는 매우 혼잡하므로 고객에게 어느 정도 서비스를 소홀히하거나, 오래 기다리게 하더라도 당연한 것으로 생각하는 판매사원이 있는데 이것은 매우 잘못된 생각이다. 고객은 비록 바겐세일이라 할지라도 소홀한 응대에 대해서는 기분을 상하게 된다.
바쁠수록 정신을 차리고 "죄송합니다. 곧 돌아오겠습니다. 잠시만 기다려 주십시오.”“죄송합니다. 오래 기다리셨습니다.”“죄송합니다. 죄송합니다 ……”의 양해를 구하는 응대를 정중하게 계속하여 고객의 기분을 해치지 않도록 주의할 필요가 있다.

바. 상품 구색이 없음을 지적당하는 경우

바겐세일시 상품의 사이즈, 색상, 디자인 등 구색이 맞지 않는 경우가 많으며 또한 현실적으로 어쩔 수 없는 부분도 있다. 그러나 그것은 어디까지나 점측의 이유이다. 고객의 입장에서는 매우 짜증나는 일이다. 따라서 구색이 빠지는 내용을 적절하게 설명하여 고객의 불신을 해소하도록 하여야 한다.

“구색이 맞지 않아 세일을 하게 된 점을 이해하여 주십시오”“오전중까지는 있었는데 품절이 되었습니다. 대단히 죄송합니다.”

결국 바겐세일이라 하여 고객을 거칠게 다루어서는 안되며, 정중함을 바탕으로 활기 있는 응대가 요구된다.

사. 반품, 교환 시비

바겐세일은 주된 상품을 완전히 판매하는 것을 목적으로 하고 있다.

세일 기간 이후 고객으로부터 반품교환이 정상 컴프레인의 내용이 되고 있는바 전단, POP 또는 점내 방송을 통해서 ‘세일기간 중에는 반품, 교환이 자유스럽게 된다’는 점을 충분히 고지시켜 기간 이외의 반품, 교환의 시비를 최소화시키도록 노력하여야 한다.

18. 고객 유형별, 상황 대응 응대법

고객은 혼자서 오는 경우도, 동반자와 함께 오는 경우도 있다. 또한 천천히 구매하는 고객도, 급하게 구매하는 고객도 있다. 판매사원은 각각의 고객 타입에 맞는 응대를 할 필요가 있다.

가. 동반객의 경우

실제로 구매를 하고자 하는 고객과 함께 점에 온 고객을 동반객이라고 한다. 동반객 중에는 여러 가지 의견을 제시하는 타입이 많다. 따라서 동반객을 무시하게 되면 응대판매가 되지 않게 되는 경우가 많다.

- 손님, 이것은 어떻습니까
- 손님께서도 지금 말씀하셨지마는 등으로 동반객의 동의를 구하고 또 의견을 활용하는 응대방법을 구사하여야 한다.

나. 복수 고객의 경우

복수 고객의 경우 처음에는 전원을 향해 이야기를 한다. 그 경우 고객 중 특별히 발언권이 강한 고객이 누구인지 알게 된다. 복수 고객 중 자신의 의견을 잘 이야기하는 고객이 발언권이 강한 사람이다. 판매사원은 발언권이 강한 고객을 확인하고 그 고객을 중심으로 응대를 진행시켜야만 의견의 종결이 쉽게 된다.

다. 급한 고객의 경우

탑승 시간에 쫓기거나, 정해진 시간 내에 목적지까지 가지 않으면 안되는 고객 등을 급한 고객으로 볼 수 있다. 이와 같은 고객의 만족을 얻기 위해서는 요령 있게 스피드한 응대를 하지 않으면 안된다.

라. 어린이가 함께 와서 의견을 제시하는 경우

먼저 부모가 어린이와 어떤 대화를 하는가를 잘 듣는다. 그 다음 부모의 의견을 응원하는 형태로 대화를 진행시킨다. 이 경우 부모와 반대되는 의견인 경우 즉 어린이 의견 쪽으로 이야기가 전개되면 판매에 실패하는 경우가 많다.

- 어머니께서 말씀하셨듯이 이것은 아드님께서도 매우 잘 맞는데요.
- 아버님께서 말씀하신 이 상품을 따님께서도 사고 싶어하실 것입니다와 같이 부모와 자녀를 동시에 납득시키는 방법으로 응대를 진행시키는 것이 바람직하다.

19. 선물 구매객의 응대 방법

선물은 고객의 성의를 상품으로 나타내는 것이다. 따라서 선물은 최적의 상품을 선정하고 그 모양을 통해서도 고객의 성의를 반영시키도록 하여야 한다. 따라서 선물 취급의 포인트에 대해서 몇 가지를 살펴보면 다음과 같다.

가. 가격표의 제거

선물을 보내는 고객도 그것을 받는 고객도 가격표가 붙어 있는 채로 보내는 것을 좋아하는 사람은 없다. 받는 사람 입장에서는 가격표가 붙어 있으면 오히려 기분을 상하게 하는 경우가 발생되므로 판매사원은 선물용 상품의 가격표를 제거하는 것을 잊어서는 안된다. 어떠한 경우도 가격표를 제거하는 일에 대해 태만하여서는 안된다.

나. 상품을 잘 정돈할 것

선물은 보기좋게 정리되지 않으면 안된다. 잘 정돈되지 않은 상품은 현저히 가치를 내리게 된다. 또한 운반시 모양새가 변형되지 않도록 형태를 고정시킬 필요가 있다. 또한 상품 자체가 오손 또는 손상되지 않았는지를 충분히 점검할 필요가 있다.

다. 수량의 확인

선물은 그 수량을 확인하는 것이 매우 중요하다. 6매 들어 있다고 표시된 포장에 5매만 들어 있다든지 하면 선물을 하는 사람이나 받는 사람 모두에게 매우 실례가 되는 것이다. 이러한 일이 발생되는 경우는 진열을 위해 1매를 포장물에서 빼어 놓았든지 함으로써 발생된다. 선물을 포장할 시에는 사전에 세심한 주의를 기울여 수량을 확인하는 것이 매우 중요하다.

라. 포장 Case를 확인

선물은 필히 그 상품 전용의 포장물이거나 또는 전용 포장물이 없을 경우에는 너무 크거나 너무 작은 상자에 포장하여서는 안된다. 맞지 않는 포장은 선물을 받는 사람의 기분을 필히 상하게 하므로 정확한 포장물의 사용에 대해서 항상 신경을 써야 한다.

마. 선물의 종류를 확인

선물은 생일, 회갑, 입학, 승진…… 등 여러 가지 사유가 있다. 이러한 선물의 성격과 틀린 선물 포장이나 표시가 있어서는 안된다.
결국 선물을 취급할 경우에는 보통의 상품보다도 세심한 주의가 필요하다.

20. 도난은 발견보다는 방지가 최상책이다

가. 도난은 언제, 어느 곳에서 발생하는가

1) 도난이 많은 달, 요일 및 시간대
월별 발생 건수를 보면 2월, 3월, 5월, 9~10월, 12월에 많이 발생된다. 이와 같은 달은 계절상품이 출품되는 달이 된다. 계절상품이 출품하는 시기에는 특히 도난에 대한 주의를 엄중하게 할 필요가 있다. 다음 요일별 발생 건수로서는 금요일, 토요일, 일요일 또는 National Event적 축제일 등이 많다. 이와 같이 요일이나 날짜에 많이 발생되는 것은 주말 또는 휴일로 마음이 개방적이 됨으로써 그 원인이 되고 있다.

시간대 별로는 오전 11시 반 경~오후 1시 경, 오후 3시 경~5시 경 사이에서 많이 발생된다. 상기와 같은 월, 일, 시간에는 도난에 대한 세심한 주의를 할 필요가 있다.

2) 도난을 당하기 쉬운 장소

도난을 당하기 쉬운 장소는 말할 필요도 없이 판매사원의 눈이 미치지 않는 장소이다.

- 매장의 사각지대
- 통로 폭이 좁은 장소
- 가격 정산대가 있는 곳과 같은 혼잡한 장소
- 조명이 어두운 장소
- 매장이 더럽혀지고 어지러워진 장소

상기와 같은 장소가 도난발생이 쉽게 일어나는 장소이다. 따라서 도난을 방지하기 위해서는 될 수 있는 한 판매원이 눈이 미치지 않는 장소를 작게 하는 것이다. 도난이 발생된다고 하는 것은 물건을 훔친 고객만의 책임이 아니고, 도난을 쉽게 야기시키도록 상황을 만들어 놓은 점포측의 책임도 있다.

3) 상품을 훔치는 고객의 수법

① 도난객의 타입

상품을 훔치는 고객은 몇 가지 공통된 패턴이 있다.

- 상품에는 별로 관심이 없고 시선을 이리저리 굴리는 고객
- 큰 가방을 들고 매우 **빠른** 걸음으로 걷는 고객
- 매장에서 매장으로 상품을 보지도 않고 움직이는 고객
- 혼자서 내점한 젊은 여성 고객(액세서리 코너 또한 여성복 코너에서는 빈도가 높다.)
- 두 사람이 함께 와서 한 명은 판매사원과 대화를 하고 한 명은 여기 저기로 상품을 보면서 왔다갔다하는 동반객

・커다란 물건을 상품 위나 근처에 놓고 있는 고객

고객 중 이상과 같은 부자연스러운 행동을 하는 사람에 대해서는 요 주의가 필요하다.

② 도난객의 수법
도난객의 수법도 대개 공통된 패턴이 있다.

・어느 장소에서 돌연히 찬스를 보고서 상의, 모자, 책 사이, 우산, 쇼핑백 등에 집어넣는다.
・상품을 이것저것 갖고서 걸으며 판매사원이 보지 않으면 숨겨 버린다.
・시착실을 이용하여 수점의 상품을 한번에 들고 들어가서 속으로 입어 버리는 수법
・학생은 집단적으로 와서 판매사원의 주의를 끄는 쪽과 훔치는 쪽으로 나눠서 하는 공범도 많이 볼 수 있다.

도난객의 발생은 점포의 이익도 잠식되나 고객의 마음에 상처를 주게 되어 다시 그 점포를 이용하지 않게 되는바 도난은 사전에 방지하도록 하는 것이 무엇보다 중요하다.

21. 만약 도난을 발견하는 경우 그 처리법
— 적절한 처리로 고객과 점포의 신용을 지킨다

먼저 도난객을 발견한 경우에는 몇 개의 주의를 필요로 한다. 첫째, 훔치는 것을 본 것만으로 그 사람을 도난객으로 단정하지 말아라. 도난객으로 성립되기 위해서는 그 사람이 대금을 지불할 의지가 전혀 없이 다른 매장이나 점 밖으로 이동하는 시점이 된다.

가. 도난객 처리의 원칙

도난객 처리에 있어서도 몇 가지의 원칙이 있다.

1) 도난을 목격한 경우에는 죄인이 되기 전에 상품을 돌려주도록 하는 찬스를 준다.

상품을 감추는 것을 본 경우에는 "어서 오십시오, 포장하여 드릴 것은 없습니까?"라고 이야기한다.

또는 셀프서비스 점포에서는 고객용 바구니를 사용하여 달라고 이야기한다.

2) 만약 도난객이 계산대까지 온 경우에는 "이상 더 계산하실 것은 없으십니까?" 또는 "계산할 것을 잊으신 것은 없으십니까?"라고 질문한다.

3) 이상과 같이 유도하였음에도 상품을 반환할 의지가 없는 경우에는 도난 성립 시점에서 다음과 같이 처리한다.

"대단히 죄송합니다만, 계산을 잊으신 것 같은데요" 또는 "죄송합니다. 지금 계산하신 것이 틀린 것 같은데 잠시 오시겠습니까?" 등으로 상대를 세운다.

4) 도난이 성립된 시점에서는 상사나 또는 경비원이 담당하여 처리한다. 그러나 필히 목격자도 함께 입회하여야 한다.

5) 필히 별실로 안내하여 이야기하지 않으면 안된다.

6) 정중한 태도로 이야기한다.

7) 민간인은 수사 권한이 없으므로 어디까지나 고객의 입장으로 처리하여야 한다.

8) 불확실한 정보로는 인권문제가 발생될 수 있으므로 필히 목격한 경우가 아니면 고객을 도난객으로 취급해서는 안된다.

9) 손이 미치지 않는 곳에 상품을 감춘 경우는 필히 경찰관을 입회시켜서 처리하여야 한다.

10) 또한 일반 고객에게 피해가 가지 않도록(고성 등) 처리하는 것이 중요하다.

이상의 원칙은 도난을 처리함에 있어 필히 밟아야 할 순서이다. 안일한 기분으로 도난 처리를 하게 되면 점의 신용을 실추하는 경우가 발생되게 된다.

나. 상품을 갖고 있지 않은 경우

훔치는 것을 분명히 목격한 경우에도 별도 장소에서 확인할 경우 아무 것도 없는 경우가 있다.

이 경우는,

- 어찌 되었든 정중하게 사과한다.
- 책임자가 입회하여 사과한다.
- 오해하게 된 사유를 상세히 설명한다.
- 고객이 화를 풀지 않는 경우는 책임자와 목격자가 고객의 자택을 방문하여 사과한다 등의 순서대로 고객에게 사과하는 방법 이외는 없다.

결국 도난 처리는 도난 발생이 시발이 되는 것이므로 무엇보다도 발생되지 않도록 주의하는 것이 중요하다.

V. 매가환원법

1. 매가 환원법이란

이미 앞 단원에서 검토한 바와 같이 순매출 이익은

[매출액－{(월초재고원가＋당월매입원가)－월말재고원가}]

[　매　　　　　출　　　　　원　　　　　가　]

의 공식으로 정리되는 것은 이해할 수 있으나 월말재고원가에 대해서는 매장이나 창고에 저장되어 있는 상품에 대해 한 품목마다 전표를 확인하기 전에는 파악할 수가 없게 된다. 이 경우 일정한 계산 방식에 따라 원가를 구하는, 즉 매가를 기준으로 하여 원가를 구하는 방법을 '매가환원법'이라고 한다. 특히 점포 전체 또는 부분의 월간 순매출 이익을 산출하는 경우에는 월간 원가율 방식에 의한 매가 환원법을 사용한다.

2. 원가총액은 불변원칙

점출 차익	월초재고매가
월초재고매가	당월매입매가
당월매입원가	

⇨

순매출이익	매출액
월말재고 점출차익	
매출원가	월말재고 매가
월말재고 원가	

(월간 판매코자 하는 상품)　　　　　　　(월말 결과)

상기 도표에 의거 다음 2가지 원칙을 확인할 수 있다.

가. (월초재고원가＋당월매입원가＝매출원가＋월말재고원가)
　　어떤 형태로 재고가 변화되더라도 원가 총액은 불변이 된다.
나. 매출액＝매출원가＋순매출 이익
　　월말재고매가＝월말재고원가＋월말재고 점출차익

3. 매가 환원법(1)

가. 매출액과 월말 재고매가의 비율을 활용하여 매출원가를 구하고 순매출 이익액을 산출하는 방법

1) 예로써 월초재고원가 160만원, 당월매입원가 260만원, 매출액 200만원인 경우 월말재고의 매가를 조사한 결과 400만원이 되었다면,

점출차익	월초
월초재고원가 (160만원)	재고매가
당월매입원가 (260만원)	당월매입 매가

⇨

순매출이익	매출액
월말재고 점출차익	(200만원)
매출원가	월말재고매가
월말재고원가	(400만원)

상기 도표에서 보듯이

월초재고매가(160만원)+당월매입원가(260만원)=매출원가+월말재고원가=420만원이 된다.

결국 420원을 매출원가와 월말재고 원가로 어떻게 분해되는가를 알 수 있다면 각각의 내용을 알 수 있다.

그러나, 앞에서 설명하였듯이 매출원가도 월말재고 원가도 직접 조사한다는 것은 현실적으로 불가능한 일이다. 따라서 매출액과 월말재고 매가의 비율을 적용하여 매출원가와 월말재고 원가를 산출한다.

	월초재고	월간매입 재고	월간매출	월말재고
원가	(160만원)	(260만원)	? 140만원	? 280만원
	(420만원)			
매가			(200만원)	(400만원)
			1 : 2	

상기 도표를 단계별로 정리하면,

가) 월초재고 원가와 월간매입 원가의 합계를 구한다.

160만원＋260만원＝420만원

나) 월간매출액과 월말재고 매가의 비율을 구한다.

월간매출액(200만원) : 월말재고매가(400만원)＝1 : 2

다) '가)'에 '나)'의 비율을 적용하여 매출원가와 월말재고 원가를 구한다.

매출원가＝420만원×$\frac{1}{3}$＝140만원

월말재고 원가＝420만원×$\frac{2}{3}$＝280만원

라) 따라서 순매출 이익은

매출액(200만원)－매출원가(140만원)＝60만원이 된다.

 2) 연습문제

(가) 월초재고원가 200만원 당월매입원가 1,000만원

월말재고원가 150만원 당월매출액 1,500만원의 경우

순매출이익과 순매출 이익률은 얼마인가?

매출원가＝(월초재고원가＋당월매입원가)－월말재고원가

＝(200만원)＋(1,000만원)－(150만원)

＝1,050만원

순매출이익＝매출액－매출원가

＝(1,500만원)－(1,050만원)＝450만원

순매출 이익률＝450만원÷1,500만원＝0.3＝30%

(2) 월초재고매가 1,000만원에 원가율 75%, 월간매입매가 2,000만원에 점출차익률 30%, 월간매출액 2,250만원의 경우 순매출이익과 순매출이익률을 구하라(단, 매가 변경이나 로스는 없는 것으로 함)

① 월초재고원가＝월초재고매가(1,000만원)×월초재고원가율(0.75)

＝750만원

② 월간매입원가＝월간매입매가(2,000만원)×월간매입원가율(0.7)

＝1,400만원

③ 월초재고 원가＋월간매입 원가＝2,150원

④ 월말재고매가＝월초재고매가(1,000만원)＋월간매입매가(2,000만

원)－월간매출액(2,250만원)

＝750만원

⑤ 월간매출액 : 월간재고매가＝2,250만원 : 750만원

＝3 : 1

⑥ 매출원가＝(월초재고원가＋월간매입원가)×0.75

＝16,12.5만원

월말재고원가＝(월초재고원가＋월간매입원가)×0.25

＝537.5만원

⑦ 순매출이익＝매출액－매출원가

＝637.5만원

⑧ 순매출 이익률＝637.5만원÷2,250만원

＝0.28333≒28.3%

4. 매가 환원법(2)

매가 환원법(1)을 응용하여 매가변경 및 로스가 발생된 경우의 월간 순매출 이익을 산출하는 법

가. 매가변경시 점출차익과 원가에 대한 영향

(예) 월초재고매가 2,000만원에 원가율 70%, 월간매입매가 1,000만 원에 원가율 65% 부문에서 월간매출액이 1,800만원시 매가변경이 90만 원 발생된 경우

1) 이 경우 매가변경이 없다면 매가환원법(1)에서 검토한 것과 같이,

(가) 월말재고매가＝월초재고매가(2,000만원)＋월간매입매가(1,000
만원)－매출액(1,800만원)＝1,200만원

(나) 월초재고원가＝월초재고매가(2,000만원)×월초재고원가율(0.7)
＝1,400만원

(다) 월간매입원가＝월간매입매가(1,000만원)×월간매입원가율(0.
65) ＝650만원

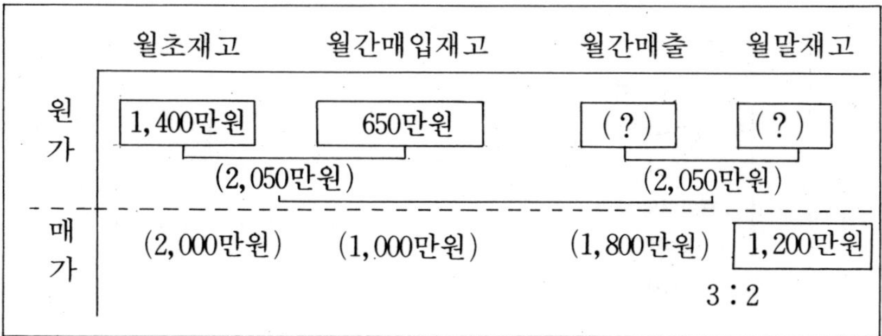

(라) 월초재고 원가＋월간매입 원가
＝(1,400만원)＋(650만 원)＝2,050만원

(※ 원가 합계는 불변이다)

(마) 월간매출액과 월말재고매가의 비율을 구함

$$=\frac{1,800}{1,800+1,200} : \frac{1,200}{1,800+1,200}=\frac{3}{5} : \frac{2}{5}=3 : 2$$

(바) (라)의 2,050만원을 (마)의 비율로 월간매출액과 월간재고매가
로 분할한다.

(1) 월간매출원가＝2,050만원×$\frac{3}{5}$＝1,230만원

(2) 월말재고원가＝2.050만원×$\frac{2}{5}$＝820만원

(사) 따라서 월간 순매출이익 및 순매출 이익률은

(1) 월간 순매출이익＝월간매출액(1,800만원)－월간매출원가
(1,230만원)＝570만원

238

(2) 월간 순매출 이익률＝월간 순매출이익(570만원)÷월간매출
액(1,800만원)＝31.67％

2) 매가변경 90만원이 발생된 경우 상기 1)의 내용과 비교할 때 어떠
한 변화가 있는지를 검토코자 한다.

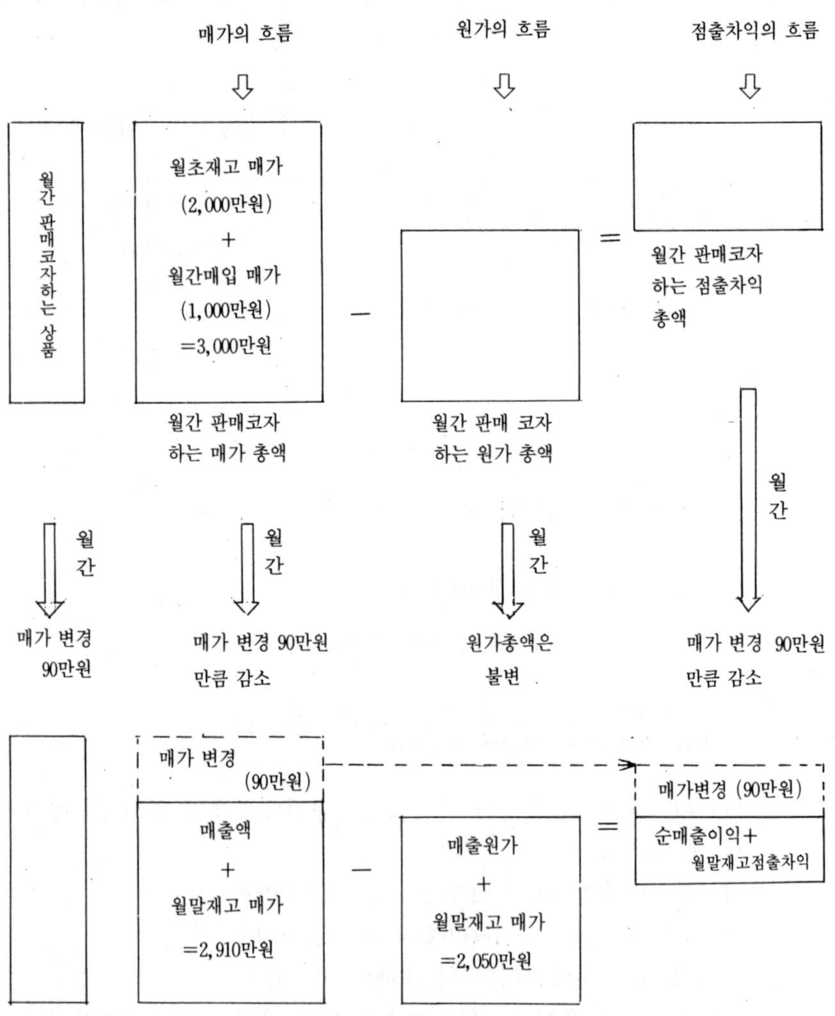

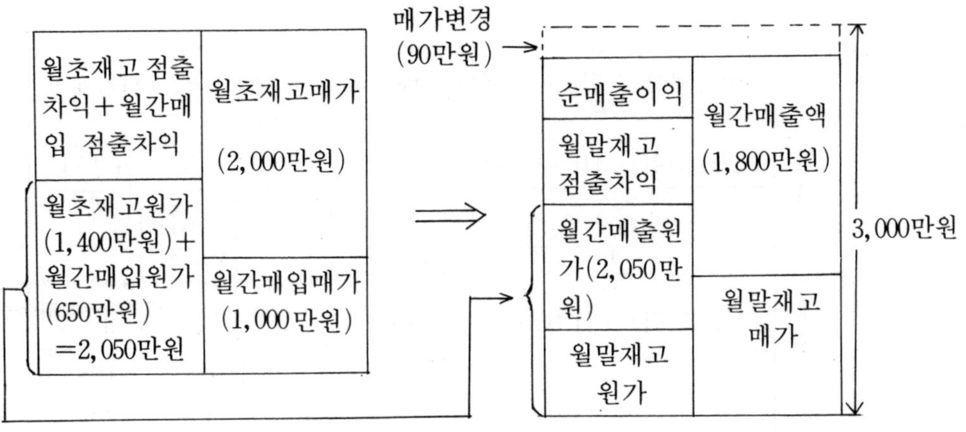

(가) 월간 판매코자 하는 상품의 매가총액(월초재고매가＋월간매입
　　　매가)은 매가변경만큼 월말 결과에서 감소한다.
　　　즉, 매가총액＝월초재고매가＋월간매입매가－매가변경액
　　　　　　　　＝월간매출액＋월말재고매가
(나) 매가변경이 되더라도 원가총액은 변하지 아니한다.
　　　월초재고원가＋월간매입원가＝월간매출원가＋월말재고원가
(다) 매가변경 감소만큼 점출차익 총액(월초재고 점출차익＋월간매입
　　　점출차익)은 감소되고 이에 따라 순매출이익과 월말재고 점출
　　　차익이 된다.
(라) 상기 내용을 요약하면
(1) 매가 변경분만큼 매출액과 월말재고 매가의 합계, 즉 매가 합계는
　　　감소한다.
(2) 매가변경이 발생하더라도 일단 매입된 원가총액은 불변한다.
(3) 매가변경의 발생분만큼 순매출이익과 월말재고 점출차익의 합계
　　　는 감소한다.

나. 매가변경 발생시 월간 순매출이익을 구하는 방법

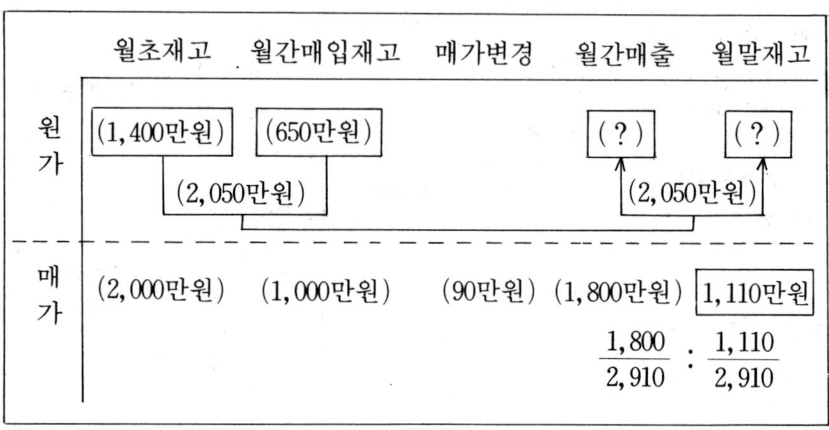

1) 월말재고 매가를 구한다.

   (월초재고매가＋월간매입매가－매가변경액)
   ＝(월간매출액＋월말재고매가)

   ⇨월말재고매가＝월초재고매가＋월간매입매가－매가변경액－월간매
   출액＝1,110만원

2) 월초재고원가와 월간매입원가의 합계를 구한다. (2,050만원)
   (월초재고원가＋월간매입원가)＝(매출원가＋월말재고원가)
   즉, 일단 매입된 원가의 총액은 어떤 경우에도 불변이다.

3) 월간매출액과 월말재고매가의 비율을 구한다.

4) 2)의 2,050만원을 3)의 비율로 월간매출원가와 월말재고원가로 분
   할한다.

월간매출원가＝2,050만원×$(\frac{1,800}{2,910})$＝1,268만원

월말재고원가＝2,050만원×$(\frac{1,110}{2,910})$＝782만원

5) 따라서 월간순매출이익과 순매출이익률은
   월간순매출이익＝월간매출액(1,800만원)－월간매출원가(1,268만

원)＝532만원

월간순매출이익률＝월간순매출이익(532만원)÷월간매출액(1,800
만원)＝29.56%

6) 매가환원법(2)의 가와 대비할 때 월간순매출이익은 570만원에서
532만원으로, 순매출이익률은 31.67%에서 29.56%로 감소되었음을 알
수 있다. 매출액이 1,800만원으로 동일조건이라 하더라도 매가변경이
발생되면 순매출이익이 감소됨을 항상 염두에 두어야 한다.

다. 로스 발생으로 인한 매가 총액, 점출차익, 순매출 이익 과 원가와의 관계

인정로스가 매출액 대비 2% 발생하였다면 월말의 결과는 '가'와 대
비할 때 어떤 변화가 있겠는가. 로스의 경우도 매가변경과 같은 형태로
검토한다.

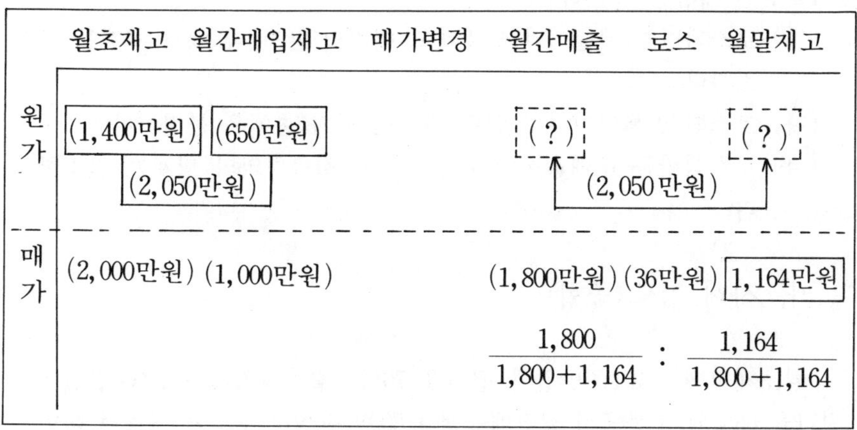

$$\frac{1,800}{1,800+1,164} \quad : \quad \frac{1,164}{1,800+1,164}$$

1) 로스액을 구한다. (1,800만원×2%＝36만원)
2) 월말재고 매가를 구한다. (1,164만원)
　(월초재고매가＋월간매입매가−인정로스액)＝(월간매출액＋월말
재고매가)
　월말재고매가＝월초재고매가＋월간매입매가−인정로스액−월간

매출액

3) 월초재고원가와 월간매입원가의 합계를 구한다. (2,050만원)

4) 월간매출액과 월말재고매가의 비율을 구한다.

5) 3)의 2,050만원을 4)의 비율로써 월간매출원가와 월간재고원가로 분할한다.

- 월간매출원가 $=2,050\times\dfrac{1,800}{2,964}=1,245$ 만원

- 월말재고원가 $=2,050\times\dfrac{1,164}{2,964}=805$ 만원

6) 월간순매출이익(률)은

월간순매출이익 = 월간매출액(1,800만원) - 월간매출원가(1,245만원) = 555만원

월간순매출이익률 = 월간순매출이익(555만원) ÷ 월간매출액(1,800만원) = 30.83%

7) 상기 내용을 정리하면,

(가) 로스액만큼 매출액과 월말재고 매가의 합계, 즉 매가 합계는 감소한다.

(나) 로스가 발생되더라도 일단 매입된 원가 총액은 불변이다.

(다) 로스액만큼 순매출이익과 월말재고 점출차익의 합계는 감소한다.

라. 사례 검토(종합)

"월초재고매가 2,000만원에 원가율 70%, 월간매입매가 1,000만원에 원가율 65%의 부분에서 월간매출액 1,800만원, 인정로스는 매출액 대비 2%, 매가인하변경액 90만원, 재고조사로스 30만원이 발생한 경우 월간 순매출 이익과 순매출이익률을 구하라."

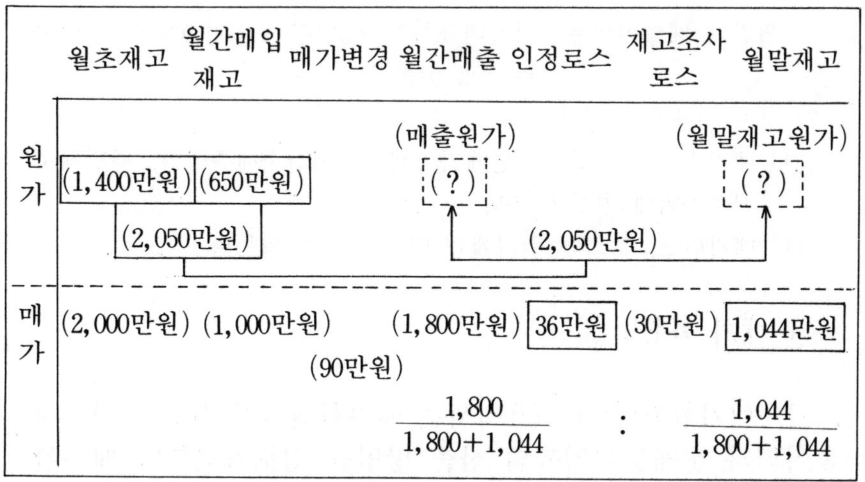

1) 인정로스액을 구한다.(1,800만원×2%=36만원)
2) 월말재고 매가를 구한다(1,044만원)
　　월말재고매가=월초재고매가+월간매입매가−매가인하 변경액
　　　　　　　　−월간매출액−인정로스액−재고조사 로스액
3) 월초재고 원가와 월간매입원가의 합계를 구한다.(2,050만원)
　　원가불변의 원칙

4) 월간매출액과 월말재고매가의 비율을 구한다.

$$\left(\frac{1,800}{2,844} : \frac{1,044}{2,844}\right)$$

5) 3)의 2,050만원을 4)의 비율로 월간매출원가와 월말재고 원가로
　분할한다.

$$월간매출원가=2,050원가×\frac{1,800}{2,844}=1,297만원$$

$$월말재고원가=2,050만원×\frac{1,044}{2,844}=753만원$$

6) 월간 순매출이익 및 이익률은
　　월간순매출이익=월간매출액(1,800만원)−월간매출원가(1,297만원)
　　　　　　　　=503만원

$$월간 \ 순매출이익률 = 월간매출이익(503만원) \div 월간매출액(1,800만원) = 27.94\%$$

7) 상기 내용을 정리하면

(가) 매가변경, 로스는 월말매가총액 및 월간순매출이익, 월말재고 점출차익에 영향을 준다.

(나) 매가변경, 로스는 원가에는 영향을 주지 않는다.

5. 매가 환원법(3)

가. 매가환원법(1), (2)에서는 매가환원법에 의한 월간순매출이익과 순매출이익률의 산출 방법을 검토하였으나 매가환원법(3)에서는 원가율과 점출차익률에 대해 정리한 후 필요 순매출이익을 구하는 내용을 검토코자 한다.

나. 월간매출 원가율과 월말재고 원가율

매가 환원법에서는 월간매출 원가율과 월말재고 원가율은 같게 된다. 원가의 흐름을 도표화하면 아래 도표와 같이 된다.

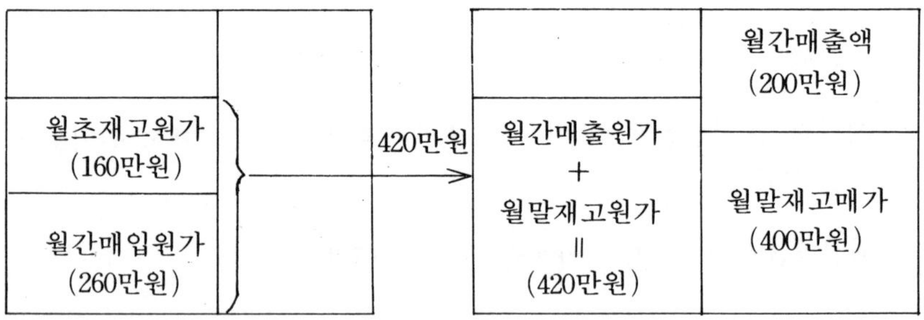

상기 도표에서 확인할 수 있는 것은 원가총액은 불변이고, (월초재고원가+월간매입원가)=(매출원가+월말재고원가)가 성립되는 것을 알 수 있다.

따라서,

1) $$\frac{월초재고원가+월간매입원가}{월간매출액+월말재고매가}=\frac{월간매출원가+월말재고원가}{월간매출액+월말재고매가}$$

$$=\frac{420}{600}=0.7(70\%)\text{이 된다.}$$

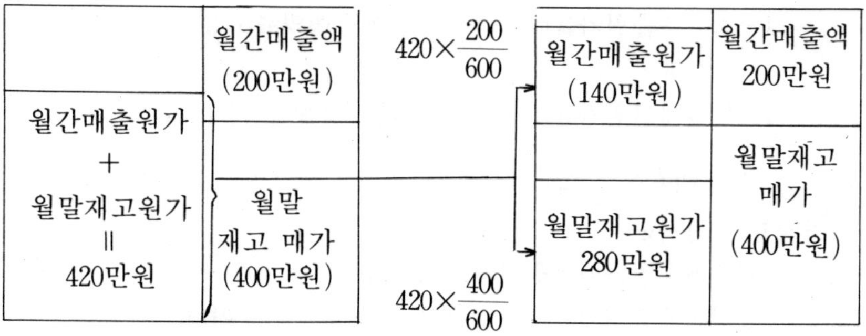

월간매출원가 + 월말재고원가 ‖ 420만원 · 월간매출액 (200만원) · 월말 재고 매가 (400만원) · $420\times\dfrac{200}{600}$ · $420\times\dfrac{400}{600}$ · 월간매출원가 (140만원) · 월말재고원가 280만원 · 월간매출액 200만원 · 월말재고 매가 (400만원)

상기 도표에서 확인되는 것은 원가총액은 매출액과 월말재고 원가의
비율로 나누어지는 것을 알 수 있다.

따라서,

2) $$\frac{월간매출원가+월말재고원가}{월간매출액+월말재고매가}=\frac{월간매출원가}{월간매출액}=\frac{월말재고원가}{월말재고매가}$$

$$(월간매출원가율)=(월말재고원가율)$$

$$=\frac{420}{600}=\frac{140}{200}=\frac{280}{400}=0.7(70\%)\text{이 된다.}$$

그러므로 매가환원법에서는 월간매출원가율과 월말재고원가율은 같
음을 알 수 있다.

상기 1), 2)의 공식 관계로부터 3)의매가환원법의 원가율에 대해서는
다음 공식의 유도가 가능하다.

$$\frac{월말재고원가+월간매입원가}{월간매출액+월말재고매가}$$

$$=월간매출원가율=월간재고원가율$$

또한 월간매출원가율＋월간순매출이익률＝1, 월간 재고원가율＋월말
재고점출차익률＝1이 된다.

매가 환원법에서는 상기 원칙에 따라 월간매출원가율＝월말재고원가
율이 되므로 월간순매출이익률과 월말재고 점출차이익률이 같게 된다.

1－월간매출원가율(0.7)＝월간순매출이익률(0.3)
‖　　　　　　　　　　　‖
1－월말재고원가율(0.7)＝월말재고 점출차익률(0.3)

4) 상기 내용을 요약하면 매가환원법은 원가율, 순매출이익률, 점출
차익률의 관계는

월간매출원가율＝월말재고 원가율
월간순매출이익률＝월말재고 점출차익률이 된다.

5) 예) 월간매출액 300만원, 월말재고매가 600만원, 월초재고 원가
240만원, 월간매입 원가 390만원의 경우 월간 매출원가율, 월말재
고 원가율 및 월간 순매출이익률, 월말재고 점출차익률은 얼마인
가 .

월간재고원가율＝월간매출원가율

$$= \frac{월초재고원가＋월간매입원가}{월간매출액＋월간재고매가} = \frac{630만원}{900만원} = 0.7$$

따라서, 월간매출원가율＝월말재고원가율＝70％이며,
월간순매출이익률＝1－월간매출원가율＝1－0.7＝0.3
월말재고원가＝1－월간재고원가율＝1－0.7＝0.3
따라서 월간순매출이익률＝월말재고원가율＝30％가 된다.

다. 순매출 이익률(예산)을 확보하기 위해 필요한 점출차익 을 구하는 방법

1) 월간매출계획(예산) 1,000만원, 월간순매출이익률 계획(예산)
25％, 월말재고매가 계획(예산) 2,000만원에 월초재고매가 1,800만원,

월초 재고점출차익률 20%인 경우 월간매입재고(예산)는 얼마나 되는가. 또 순매출이익률 25%를 확보하기 위해서는 월간매입재고 점출차익률을 얼마로 할 필요가 있는가.

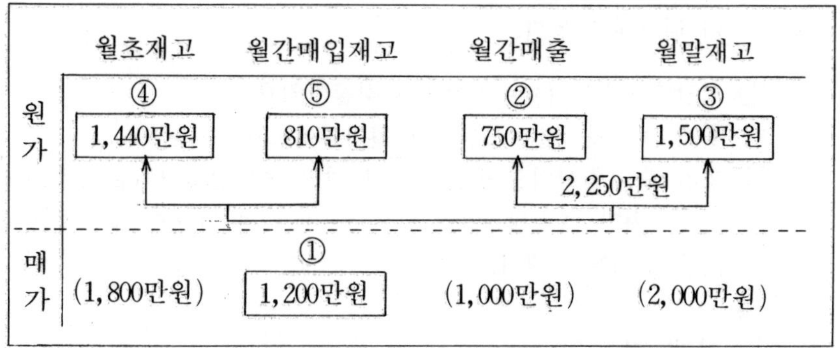

(가) 월간매입재고매가＝월간매출액(1,000만원)＋월말재고매가(2,000만원)－월초재고매가(1,800만원)＝1,200만원

(나) 월간매출원가율＝1－순매출이익률(0.25)＝0.75
　　따라서 월간매출원가＝월간매출액(1,000만원)×월간매출원가율
　　　　　　　　　　　　　(0.75)＝750만원

(다) 월간매출원가율(0.75)＝월말재고원가율(0.75)
　　따라서 월말재고원가＝월말재고매가(2,200만원)×월말재고원가율
　　　　　　　　　　　　　(0.75)＝1,500만원

(라) 월초재고원가율＝1－월초재고 점출차익률(0.2)＝0.8
　　월초재고 원가＝월초재고매가(1,800만원)×월초재고원가율(0.8)
　　　　　　　　　＝1,440만원

(마) 원가총액 불변 원칙에 따라,
　　월초재고원가＋월간매입재고원가＝월간매출원가＋월말재고원가
　　월간매입재고원가＝월간매출원가(750만원)＋월말재고원가(1,500만원)－월초재고원가(1,440만원)＝810만원

(바) 월간매입재고 점출차익＝월간매입재고매가(1,200만원)－월간매입재고 원가(810만원→(마))＝390만원

(사) 월간매입재고 점출차익률

$$=\frac{\text{월간매입재고 점출차익}(390\text{만원})}{\text{월간매입재고매가}(1,200\text{만원})}=0.325$$

(아) 따라서 월간매입 재고 예산을 1,200만원에 32.5%의 첨출차익률
이 필요하게 된다.

(자) 월간순매출이익률＝월말재고 점출차익률
월간 매출원가율＝월말재고 원가율이므로
월간 순매출이익률이 25%이면 월말재고 점출차익률도 25%가
된다. 월간 매출원가율은 75%(1−0.25)가 되므로 월말재고 원
가율도 75%가 된다.

라. 사례 검토(종합)

1) 사례
월간매출(예산) 1,000만원, 월간순매출이익률(예산) 25%
월말재고매가(예산) 2,000만원
월초재고매가 2,000만원, 월초재고 점출차익률 20%
월간매가인하예산 3%, 인정로스(매출대비) 2%인 경우 월간 매입재고
매가(예산)는 얼마가 되는가. 또 25%의 순매출이익률을 확보하기 위해
서는 월간매입재고 점출차익률을 얼마로 하는 게 좋겠는가.

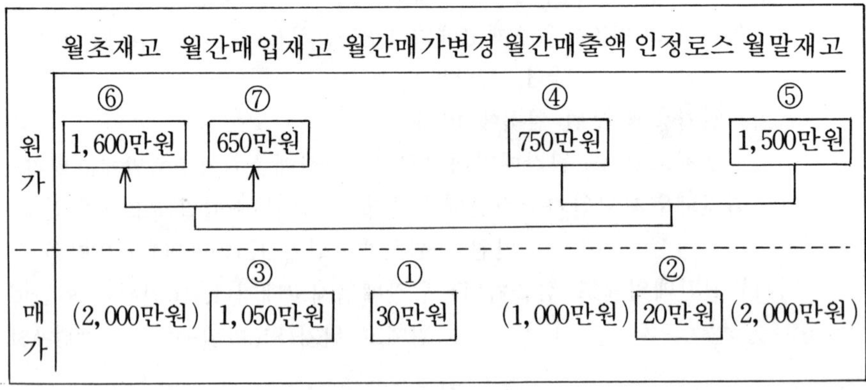

(가) 월간매가 변경액＝1,000만원×0.03＝30만원

(나) 월간인정로스액＝1,000만원×0.02＝20만원

(다) 월초재고매가＋월간매입재고매가＝월간매가변경액＋월간매출액＋인정로스액＋월말재고매가

따라서 월간매입재고매가＝월간매가변경액(30만원)＋월간매출액(1,000만원)＋인정로스액(20만원)＋월말재고매가(2,000만원)－월초재고매가(2,000만원)＝1,050만원

(라) 월간매출원가율＝1－순매출이익률(0.25)＝0.75
　　　월간매출원가＝월간매출액(1,000만원)×월간매출원가율(0.75)＝750만원

(마) 월간매출원가율(0.75)＝월말재고원가율(0.75)
　　월말재고원가＝월말재고매가(2,000만원)×월말재고원가율(0.75)＝1,500만원

(바) 월초재고원가율＝1－월초재고 점출차익률(0.2)＝0.8
　　월초재고원가＝월초재고매가(2,000만원)×월초재고원가율(0.8)＝1,600만원

(사) 원가총액 불변의 법칙에 따라
　　월초재고원가＋월간매입원가＝월간매출원가＋월말재고원가
　　월간매입재고원가＝월간매출원가(750만원)＋월간재고원가(1,500만원)－월초재고원가(1,600만원)＝650만원

(아) 월간매입재고 점출차익액＝월간매입재고매가(1,050만원→(다))－월간매입재고원가(650만원→(사))＝400만원

(자) 월간매입재고 점출차익률＝월간매입재고 점출차익액(400만원)÷월간매입재고매가(1,050만원)＝0.3809

(차) 따라서 월간매입재고 예산은 1,050만원이며 38.1%의 점출차익률이 필요하다.

6. 매가 환원법의 공식

가. 월간순매출이익＝월간매출액－월간매출원가
   (※ 월간 매출원가는 직접 구할 수 없으므로)
나. 월간매출원가＝월초재고원가＋월간매입원가－월말재고원가
   (※ 월말재고원가를 직접 구할 수 없으므로)
   월말재고원가＝월말재고매가×월말재고원가율
다. 월말재고원가율은

$$\frac{월초재고원가＋월간매입재고원가}{월간매출액＋월말재고매가}\ 로\ 된다.$$

라. 월말재고원가 ＝ 월말재고매가

$$\times\ \frac{월초재고원가＋월간매입재고원가}{월간매출액＋월말재고매가}$$

마. 매가환원법 공식

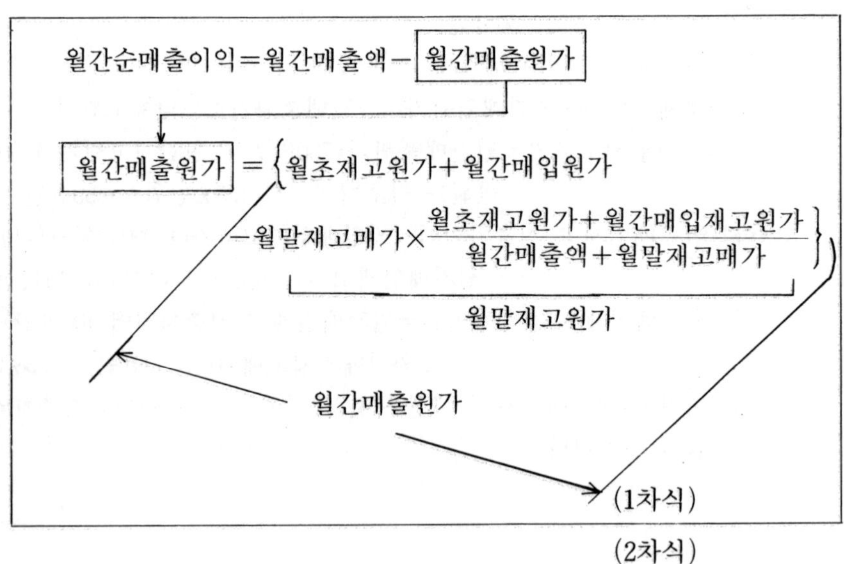

매출액 예측 및 목표 달성

제 4 장 매출액 예측 및 목표 달성

I. 매출액 예산에 영향을 주는 요소

소매업에 있어서의 예산 작성의 제 1 의 기초는 매출액을 예측하는 것이다.

매출 예측은 회사 규모, 판매 담당자의 능력, Merchandiser의 능력 등을 종합적으로 검토, 예측하여야 한다. 이론적으로는 2가지 방법이 있다.

첫째는 매출 수량으로 견적하는 방법이고, 둘째는 과거의 매출액을 기초로 예측하는 방법이다. 그러나 이 외에 외부환경과 경영 내부환경 의 영향을 받는다.

1. 외부환경

가. 예기되는 기업 환경, 즉 경기 상황, 산업의 구조 변화 등
나. 예기되는 지역 자체의 기업 환경, 즉 그 지역이 특수한 산업도시
   인 경우 국지적 영향 등
다. 교통 사정의 변화
라. 상권 내의 인구 증감 현황
마. 소비 구매력의 변화
바. 경쟁 변화
사. 예기되는 Fashion 동향

2. 경영 내부환경

가. 상권 정책 및 Sales Promotion 정책의 변화
나. 매장 Lay out과 Space 할당의 변화
다. 인사 정책의 변화(ex. 파트타이머 비율 등)
라. 물적 설비와 상품의 Presentation의 변화
마. 가격정책의 변화
바. Credit정책의 변화
사. 영업 일수 및 시간의 변화

Ⅱ. 간단한 매출액 예측

 간단한 매출액 예측의 방법 중 다음 기의 매출액 예측을 하는 경우 통상 분석 방법의 하나로 시계열 분석이 있다.
 시계열 분석은 그래프에 현재까지의 매출액 실적을 나타내고, 절선 그래프를 그려서 어느 정도 상승되었으며 다음기 이후는 어떻게 움직이는가를 보는 방법이다.

예) 어느 슈퍼마켓의 매출액이 다음 표와 같을 때,

〈표 4-1〉   단위 : 천원

기	매 출 액	기	매 출 액
1 기	563,000	5 기	893,000
2 기	628,000	6 기	977,000
3 기	677,000	7 기	예측(?)
4 기	840,000		

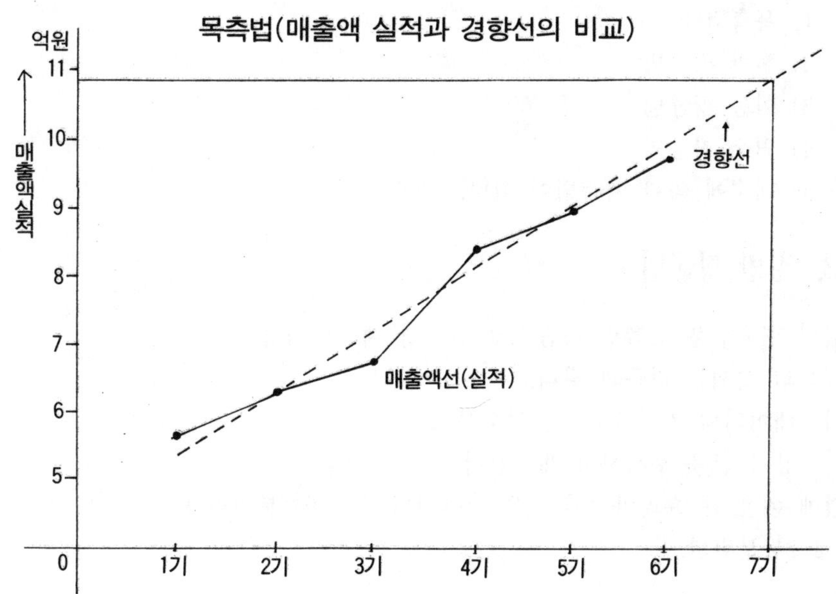

이를 그래프로 나타내면 7기 매출액은 1,080,000천원 전후로 나타난다.

경향을 나타내는 절선의 각도를 15~25° 전후로 한다.

(정사각형의 대각선이 45°인 것과 관련하여 검토)

1. 시계열에 의한 분석

가. 경향 변동 – 과거의 실적을 중심으로 한 경향 분석
나. 우연 변동 – 일상의 일반적 경향을 교란하는 경향, 즉 영업 일수, 영업 시간, 매장 면적, 판매원 수의 변화, 경쟁점의 진출 또는 철수, 화재 등의 이유에 의한 변동
다. 계절 변동 – 1년 중 주기, 규칙적인 변동
라. 순환 변동 – 1년 이상의 장기에 걸친 변동시 4가지 변동 요인이 있으므로 요인별 내용을 감안, 경향선을 작성하여야 한다.

경향 변동에 따른 예측에는 다음과 같은 방법이 있다.

1) 목측법
2) 절반 평균법
3) 이동 평균법
4) 최소 자승법
5) 대수에 의한 예측법이 있다.

2. 절반 평균법

절반 평균법은 목측법 다음으로 간단한 예측법이다.
계산의 순서는 다음과 같다.
가. 데이터의 기간을 동일 연수분으로 2등분하고 기수의 경우는 중앙의 년을 무시하고 계산한다.
앞에 예를 든 슈퍼마켓의 경우 데이터의 수가 6기분인바 1~3기, 4~6기로 2등분한다.

1기	563,000천원		6.51,868,000÷3
2기	628,000	1,868,000천원	=622,670천원
3기	677,000		
4기	840,000		2,710,000÷3
5기	893,000	2,710,000천원	=903,330천원
6기	977,000		

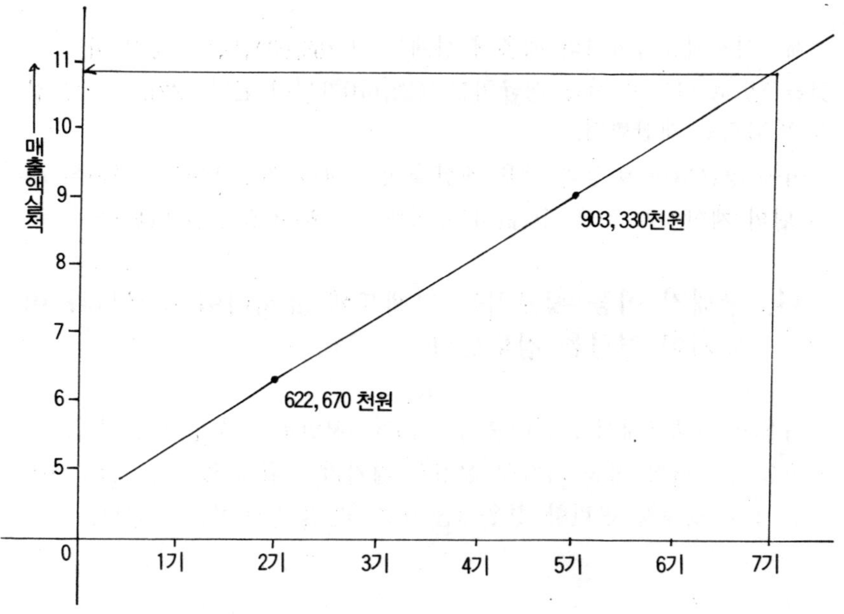

나. 2등분 된 각 부분의 총수를 구하고 그것을 데이터수로 나누어 평
   균치를 구한다.

다. 구해진 2개의 평균치를 그래프에 나타내어 그것을 직선으로 연
   결하여 경향을 읽는다.

7기는 10억 8,000만원이 되나 이것은 경영 내외적인 환경에 큰 변화
가 없는 것을 전제로 하는 것이다.

3. 이동 평균법

이동 평균법은 통상 3개년간 데이터의 이동합을 구하고 데이터의 기수로 나누어 이동 평균치를 구하여 이에 따라 경향을 구하는 것이다. 계산 순서는 다음과 같다.

가. 3개년 데이터의 이동 합을 구하고 그 데이터 기수 3으로 나누어 이동 평균치를 구한다

제1기~제3기까지의 매출액 합계는 1,868,000천원(이동합)이며 이것을 3으로 나누면 이동 평균치는 622,670천원이 된다. 2기~4기도 같은 방법으로 계산한다.

이동 평균법은 이상과 같은 계산을 반복하나 최초 년의 계산치와 최후 년의 계산치는 얻을 수 없다는 점에 주의하지 않으면 안된다.

나. 구해진 이동 평균치를 그래프에 표시하여 실적선과 비교하여 경향을 검토한다

다음의 그래프에서 7기 매출액은 10억 9천만원 전후로 판단된다.

이동 평균법의 이동 기간의 설정은 경기의 순환에 맞도록 하는 것이 가장 좋고 실무상 곤란할 경우 3년 또는 5년을 편의적으로 쓴다.

기	매출액	이동합	이동 평균치
1기	563,000천원		
2기	628,000	1,868,000천÷3	622,667천
3기	677,000	2,145,000천	715,000
4기	840,000	2,410,000천	803,333
5기	893,000	2,710,000천	903,333
6기	977,000		

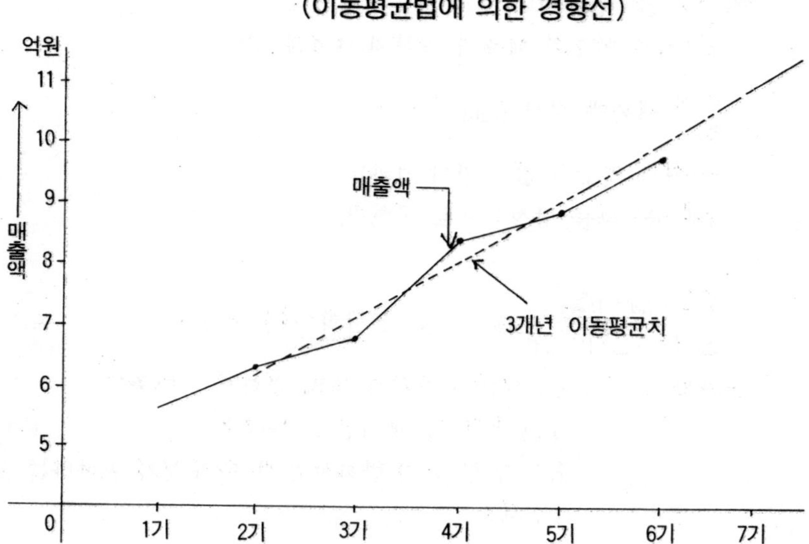

4. 최소 자승법에 의한 매출액 예측

최소 자승법은 주어진 하나의 점을 통하는 하나의 명확한 직선 또는 곡선을 연결할 수 있는 수학적 방법이다.

즉, 최소 자승법은 직선식을 구하는 1차식과 곡선식을 구하는 2차식이 있으나 1차식, 2차식 어느 것으로 구할 것인가는 매출 실적을 그래프에 표시하고 점선 그래프의 형태로 판단된다.

(공식)

· 직선식 1차식 $Y=a+bt$

· 곡선식 2차식 $Y=a+bt+ct^2$

(곡선식은 이외에도 3차식, 지수식 등 복잡한 여러 가지가 있으나 매출액 경향 분석은 곡선식으로써 2차식 또는 지수식으로 충분하다.)

가. 최소 자승법에 의한 직선 경향선을 구하는 법

직선에 의한 경향치를 구하는 식은 1차식, 즉 $Y=a+bt$이다.

이때 Y와 t는 변수이며, a와 b는 정수이다.

Y=예측 연도의 매출액 경향치(매출액 경향치)

$\left.\begin{array}{c}a\\b\end{array}\right]$ 매출액 실적 Data

t=예측 연도의 값(시간의 경과)

a와 b는 다음 방정식으로 구한다.

$$\Sigma Y=na+b\Sigma t$$
$$\Sigma tY=a\Sigma t+b\Sigma t^2$$

n : 조사의 기수(자료수)

$Y=a+bt \Rightarrow$　　Y : 시간의 경과에 따라 변화하는 매출액

　　　　　　　　a : t가 '0'일 때 Y값을 나타냄

　　　　　　　　b : t가 한 단위 변화하는 데 따라 Y가 변화하는 값

　　　　　　　　t : 시간

1) 최소 자승법으로

Y=a+bt의 방정식 계산하는 방법

(가)　　$\Sigma Y=na+b\Sigma t$

　　　　$\Sigma tY=a\Sigma t+b\Sigma t^2$

(나)　$a=\dfrac{\Sigma t^2\Sigma Y-\Sigma t\Sigma tY}{n\Sigma t^2-(\Sigma t)^2}$

　　　$b=\dfrac{n\Sigma tY-\Sigma t\Sigma Y}{n\Sigma t^2-(\Sigma t)^2}$

(다)　$a=\overline{Y}-b\overline{t}$

　　　$b=\dfrac{\Sigma X_1\Sigma Y_1}{X_1^2},$

　　　$X_1=(X-\overline{X}),\ Y_1=(Y-\overline{Y})$

cf 최소 자승법에 의한 비용 분해시

Y=(종속변수)=a+bt→매출액(독립변수)

(총비용)=(고정비)+(변동비율)

$$b=\frac{\Sigma X_1 \Sigma Y_1}{\Sigma X_1^2} \qquad a=\overline{Y}-\overline{X}b, \quad X_1=(X-\overline{X}), \quad Y_1=(Y-\overline{Y})$$

$$a=\frac{\Sigma X^2 \Sigma Y-\Sigma X \Sigma XY}{n \Sigma X^2-(\Sigma X)^2} \qquad b=\frac{n \Sigma XY-\Sigma X \Sigma Y}{n \Sigma X^2-(\Sigma X)^2}$$

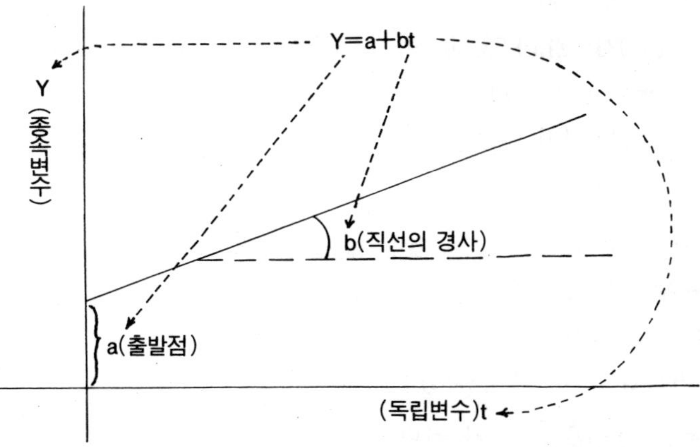

(단위 : 백만원)

기	매출액 Y	t	t Y	t^2
1	563	1	563	1
2	628	2	1,256	4
3	677	3	2,031	9
4	840	4	3,360	16
5	893	5	4,465	25
6	977	6	5,862	36
Σ	4,578	21	17,537	91

(단위 : 백만원)

기	실적치	경향치
1	563	546.8
2	628	633.3
3	677	719.8
4	840	806.3
5	893	892.8
6	977	979.3
7		1,065.8

경향치는 $Y=460.3+86.5t$를 사용

ex) $Y=460.3+86.5\times2=633.3$

$$\Sigma Y = na + b\Sigma t$$

$$\Sigma tY = a\Sigma t + b\Sigma t^2$$

$$4,578 = 6a + 21b \quad \cdots\cdots\cdots ①$$

$$17,537 = 21a + 91b \quad \cdots\cdots\cdots ②$$

①의 6a를 ②의 21a와 맞추기 위해서

$$①\times 3.5 : 16,023 = 21a + 73.5b \quad \cdots\cdots\cdots ③$$

② $\cdots\cdots\cdots\rightarrow$③(b를 구함)

$$17,537 = 21a + 91b$$

$$-16,023 = 21a + 73.5b$$

$$1,514 = 17.5b \qquad \therefore b = 86.5142 ≒ 86.5$$

①에 b=86.5를 대입하여(a를 구한다)

$$4,578 = 6a + 1,816.5$$

$$2,761.5 = 6a \qquad \therefore a = 460.25 ≒ 460.3$$

$$\boxed{Y = 460.3 + 86.5t} \quad 가\ 된다.$$

2) 별도의 계산식

$$a = \frac{\Sigma t^2 \Sigma Y - \Sigma t \Sigma tY}{n\Sigma t^2 - (\Sigma t)^2}$$

$$a = \frac{91 \times 4,578 - 21 \times 17,537}{6 \times 91 - (21)^2} = \frac{416,598 - 368,277}{105}$$

$$\boxed{a = 460.2}$$

$$b = \frac{n\Sigma tY - \Sigma t \Sigma Y}{n\Sigma t^2 - (\Sigma t)^2}$$

$$= \frac{6 \times 17,537 - 21 \times 4,578}{105} = \frac{105,222 - 96,138}{105}$$

$$\boxed{b = 86.51}$$

$$\boxed{Y = 460.2 + 86.5t}$$

3) a는 $a = \overline{Y} - b\overline{t}$로도 구할 수 있다.

$\overline{Y} = Y$의 평균 $\qquad 4,578 \div 6 = 763$

$\bar{t}=t$의 평균 $21 \div 6 = 3.5$

$\therefore a = 763 - 86.5 \times 3.5 = 460.25$

제 7 기의 경향치는 t가 7이므로

$Y = 460.3 + 86.5 \times 7 = 460.3 + 605.5 = 1,065.8$ 즉

$\boxed{10억\ 6,580만\ 원이\ 된다.}$

4) 이 계산식은 실제 문제에 있어 대단한 작업인바 보다 간편한 계산 이 되는 간편식을 사용한다

이것은 t의 값을 자료수(n)가 홀수이든 짝수이든 $\Sigma t = 0$가 되는 것으로 정하는 것이다.

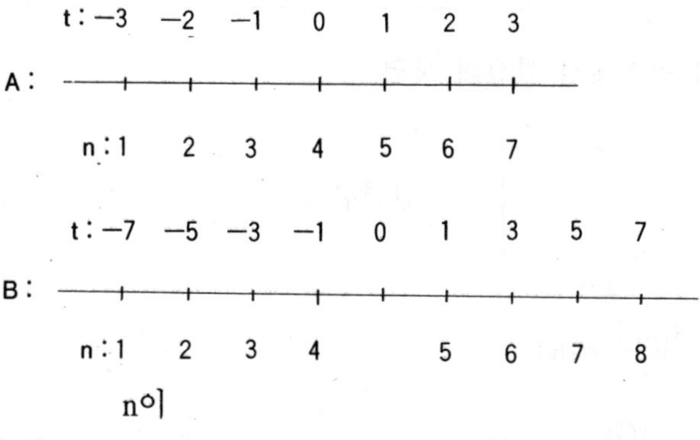

(가) 자료수 n가 홀수인 경우

: 중앙의 연도를 0으로 하여 상기 A와 같이 t값을 주고

(나) 자료수 n이 짝수인 경우

: 중앙위(0의 위치)가 2개 연도의 중간에 있으므로 B와 같이 그 전후 연도를 -1, $+1$로 한다. 상기 자료와 같이 '8'의 경우 0은 제 4 기와 제 5 기의 중간에 있게 되고 제 4 기(-1)와 제 5 기($+1$)의 차이가 2인바 2 개씩을 $+$, $-$시켜 나간다.

즉 $+1$, $+3$, $+5$ ··················· -1, -3, -5

자료수가 짝수인 경우는 간격이 넓어져 자료수가 많아지는바 자료수 를 하나 줄여 홀수로 하는 것이 좋다.

이상에서 본 바와 같이 $\Sigma t = 0$인바

$$\Sigma t=0$$

$$\Sigma Y=na+b\Sigma t \qquad \therefore \Sigma Y=na$$

$$\Sigma tY=a\Sigma t+b\Sigma t^2 \qquad \therefore \Sigma tY=b\Sigma t^2$$

(단위 : 백만원)

기	매출액 Y	t	tY	t^2
1	563	-5	$-2,815$	25
2	628	-3	$-1,884$	9
3	677	-1	-677	1
4	840	$+1$	840	1
5	893	$+3$	2,679	9
6	977	$+5$	4,885	25
Σ	4,578	0	3,028	70

따라서 표 위의 공식에서 연결해 보면

$$a=\frac{\Sigma Y}{n}$$
$$b=\frac{\Sigma tY}{\Sigma t^2}$$

$\qquad$: 간편법식

$$a=\frac{\Sigma Y}{n}=\frac{4,578}{6}=763$$

$$b=\frac{\Sigma tY}{\Sigma t^2}=\frac{3,028}{70}=43.257 \fallingdotseq 43.3$$

$$\boxed{Y=763+43.3t}$$

7기의 매출액 경향치는 t가 7이 되므로($+5$ 다음 $+7$)

$$Y=763+43.3\times7=763+303.1=1,066.1$$

즉, 10억 6,610만원이 된다.

또한 자료수를 하나 줄이는 경우는

$$a=\frac{\Sigma Y}{n}=\frac{4,015}{5}=803$$

$$b=\frac{\Sigma tY}{\Sigma t^2}=\frac{914}{10}=91.4$$

$$\boxed{Y=803+91.4t}$$

따라서 제 7 기의 매출액은 t가 3(그 다음)이 되므로

$Y=803+91.4\times3=803+274.2=1,077.2$

즉, 10억 7,720만원이 된다.

(단위 : 백만원)

기	매출액 Y	t	t Y	t^2
2	628	−2	−1,256	4
3	677	−1	−677	1
4	840	0	0	0
5	893	1	893	1
6	977	2	1,954	4
Σ	4,015	0	914	10

나. 최소 자승법에 의한 곡선 경향치를 구하는 법

1) 지수식에 의한 방법

매출액의 실적치를 편대수 그래프에 표시하면 비교적 절선 그래프가 직선에 가까운바 매출액의 신장률이 일정한 것을 알 수 있다.

대수 그래프는 '양의 변화 비율'을 정확히 나타내는 도표로써 '비례 도표'라고도 한다.

편대수 그래프는 횡의 눈금을 보통 그래프와 같이 같은 간격을 유지하고 있으나 종의 눈금은 간격이 아래, 위와 중앙의 간격이 틀리다.

이것을 '비율눈금'이라고도 한다.

다음 표의 1에서 2까지의 간격(1억에서 2억, 기준선은 1, 10 또는 10의 배수로부터 시작)은 9에서 10까지(9억~10억)의 간격의 6배 이상이다.

10까지 1단계가 끝나면 2단계도 같은 간격으로 되며(같은 절차가 반복), 10부터 100까지도 1단계와 같은 간격으로 10배에 해당하는 숫자가 들어갈 수 있음을 주의해야 한다.

또한 편대수 그래프의 1에서 2, 2에서 4, 4에서 8까지의 종축의 폭은 모두 같다.

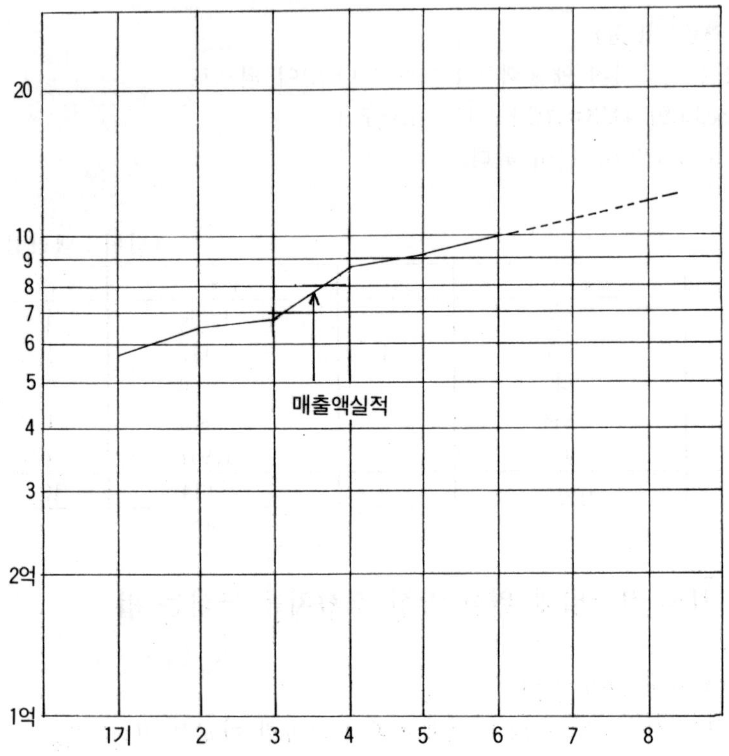

$$2배 \leftarrow (1\sim2=2\sim4=4\sim8) \rightarrow \tfrac{1}{2}배$$

이것은 2배, 역으로는 반분의 비율이 항시 같은 길이로 되는 것으로 편대수의 중요한 성질이다.

편대수의 그래프상의 선의 기울기는 다음의 법칙에 의한다

· A선이 횡축에 평행인 때는 수량의 변화가 없는 것을 나타낸다.
· B선이 상향으로 일직선으로 진행되는 때는 수량이 일정률로 증가하는 것을 나타낸다.
· C선이 전체로서 상향하더라도 올라가는 상태가 감소할 때는 수량이 증가하면서도 증가율이 감소하는 것을 나타낸다.
· D선이 상향하더라도 모든 상태가 대폭 올라갈 때는 증가율 그 자

체가 올라가는 것을 나타낸다.

· E선이 하향시에 일직선으로 진행될 때는 수량이 일정률로 감소하는 것을 나타낸다.

· F선이 전체로서 내려간 상태가 감소하는 시기는 수량이 감소하면서도 감소하는 상태가 적어지는 것을 나타낸다.

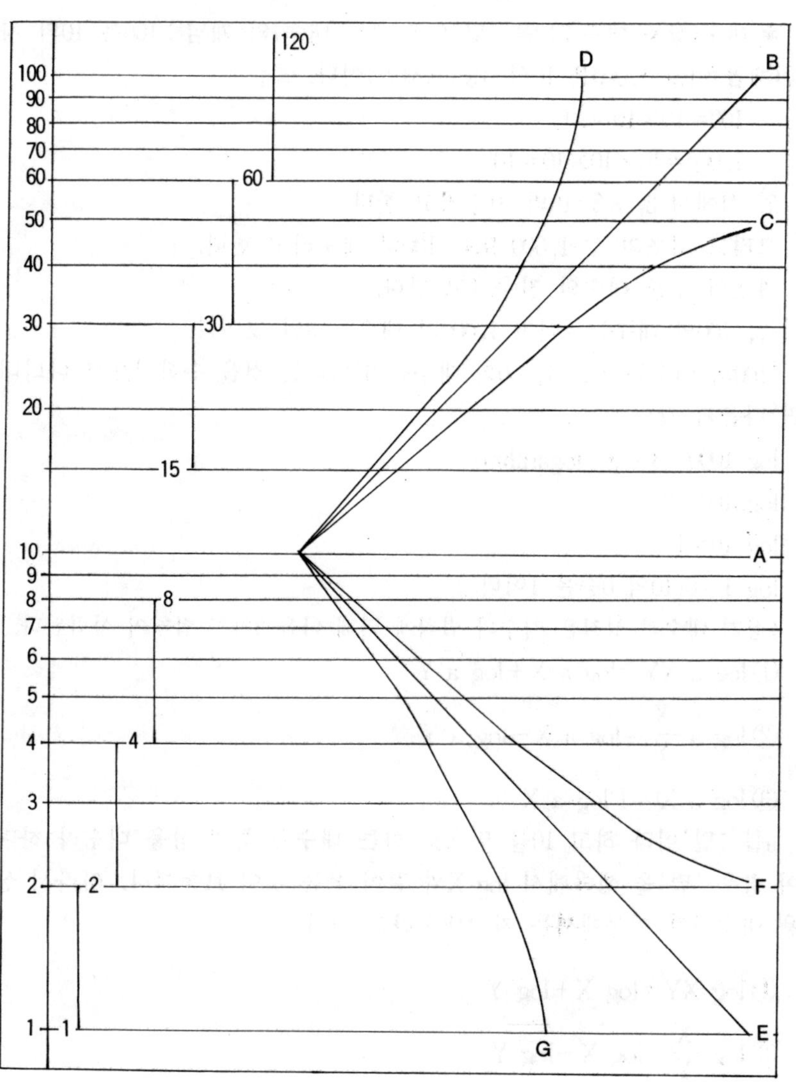

· G선이 하향이고 하향 상태가 대폭 내려가는 것은 감소율 그 자체 가 극심한 것을 나타낸다.

편대수 그래프는 이상과 같은 특징을 가지고 있고, 기 사례를 든 기 업(A도표)의 경우에는 제4기 ~6기가 거의 직선으로 되고 증가율이 같 은 정도의 수치인 것이 판단된다.

＊ 대수(상용 대수 : 10을 '밑'으로 하는 대수)의 개념 : 100은 10의 자 승(제곱)이고 1,000은 10의 3승(세제곱)이다. 즉,

$$100 = 10 \times 10 = 10^2$$
$$1,000 = 10 \times 10 \times 10 = 10^3$$

위 식에서 2, 3을 10의 지수라고 한다.

그리고 최초의 수 1,000 또는 100의 대수라고 한다.

최초의 수를 대수의 진수라고 한다.

즉, 100의 대수는 2이고 1,000의 대수는 3인 것이다.

'100의 대수는 2', '1,000의 대수는 3'이라는 것을 수학적으로 나타내 면 다음과 같다.

$$\log 1000 = 3 (\log = logarithm)$$
$$\log 100 = 2$$
$$\log 10 = 1$$
$$\log 1 = 0 (10의 \ 0승은 \ 1이다. \ )$$

(상기 대수의 성질은 지수의 법칙에 의해 다음 3가지 법칙이 성립된다.)

① $\log a \, XY = \log a \, X + \log a \, Y$

② $\log a \, \dfrac{X}{Y} = \log a \, X - \log a \, Y$

③ $\log a \, X^p = P \log a \, X$

a를 '밑'이라 하고 10을 밑으로 하는 대수를 특히 상용 대수라 하며 이 경우 '밑'을 생략해서 log X와 같이 쓰는 것이 보통이다. 따라서 상 용 대수이면(미분에서는 자연대수라고 한다.)

① $\log XY = \log X + \log Y$

② $\log \dfrac{X}{Y} = \log X - \log Y$

③ $\log X^p = p \log X$

＊ 지수법칙

① $a^m \, a^n = a^{m+n}$

② $(a^m)^n = a^{mn}$

③ $m > n$의 경우 : $\dfrac{a^m}{a^n} = a^{m-n} \ (a \neq 0)$

④ $m < n$의 경우 : $\dfrac{a^m}{a^n} = \dfrac{1}{a^{n-m}} \ (a \neq 0)$

⑤ $(ab)^n = a^n \, b^n$

예를 들어 $\log 20 = \log 2 + \log 10$
$$= 0.30103 + 1.00000$$
$$= 1.30103$$

이상의 대수의 법칙에 따라

$Y = a \cdot b^t$를 $\log$(대수)로 바꾸면

$Y = a \cdot b^t$

$\log Y = \log a + t \log b$

$$\left\{ \begin{array}{l} a = \text{기준 매출액} \\ b = \text{일정의 신장률} \\ Y = \text{예측 경향 매출액} \\ t = \text{시 간} \end{array} \right.$$

$\log Y = \log a + t \log b$

이 식은 최소 자승법의 1차식($Y = a + bt$)과 동형이다.

그러므로 $\log Y = Y$, $\log a = A$, $\log b = B$로 바꾸어 쓰면 $Y = A + Bt$

따라서 최소 자승법 1차식과 같이 $\log a$ 와 $\log b$를 다음 식에 의해 구한다.

$$\left. \begin{array}{l} Y = a + bt \\ \Sigma Y = na + b \Sigma t \\ \Sigma \, tY = a \Sigma t + b \Sigma t^2 \end{array} \right\} \text{에 따라}$$

$$\left. \begin{array}{l} \Sigma \, \log Y = n \log a + \log b \Sigma t \\ \Sigma t \, \log Y = \log a \Sigma t + \log b \Sigma t^2 \end{array} \right\}$$

t=0으로 하여 간단히 하는 경우는

$$\left.\begin{array}{l} \log a = \dfrac{\Sigma \log Y}{n} \\[2mm] \log b = \dfrac{\Sigma t \log Y}{\Sigma t^2} \end{array}\right\} \text{가 된다.}$$

이에 따라 앞의 슈퍼마켓의 제 2 기부터 제 6 기(자료의 수는 홀수)까지의 Data에서 경향치를 구하면 다음 표가 작성된다.

(단위 : 만원)

기	매출액 Y	log Y	t	t log Y	t^2	
2	62,800	4.79795	−2	−9.59590	4	
3	67,700	4.83058	−1	−4.83058	1	
4	84,000	4.92427	0	0	0	
5	89,300	4.95058	1	4.95085	1	
6	97,700	4.98989	2	9.97978	4	
Σ		24.49354	0	0.50415	10	

$$\log a = \frac{\Sigma \log Y}{n} = \frac{24.49354}{5} = 4.89870$$

$$\log b = \frac{\Sigma t \log Y}{\Sigma t^2} = \frac{0.50415}{10}$$

$$\boxed{\therefore \log Y = 4.89870 + 0.05041\, t}$$

제 7 기 매출 경향치는 t=3이 되므로

$$\log Y = 4.89870 + 0.05041 \times 3 = 4.89870 + 0.15123 = 5.04993$$
$$= 112,183.8(만원)$$

지수식에서는 제 7 기의 매출액 경향치는 11억 2,183만원이 되어 조금 높다.

2) 2차식에 의한 경향치를 구하는 법

2차식은 $Y = a + bt + ct^2$인바

c가 plus인 경우 매출액의 경향은 상승 상태(A곡선)가 되며 minus인 경우 하강 상태(B곡선)가 된다.

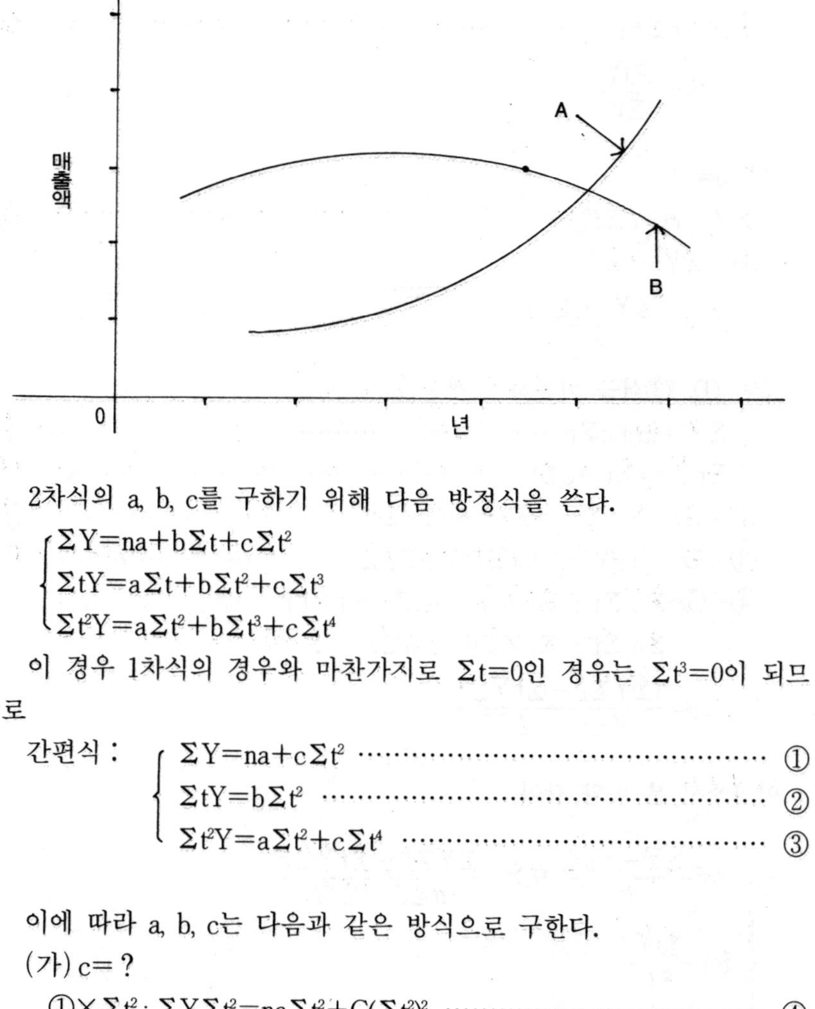

2차식의 a, b, c를 구하기 위해 다음 방정식을 쓴다.

$$\begin{cases} \Sigma Y = na + b\Sigma t + c\Sigma t^2 \\ \Sigma tY = a\Sigma t + b\Sigma t^2 + c\Sigma t^3 \\ \Sigma t^2 Y = a\Sigma t^2 + b\Sigma t^3 + c\Sigma t^4 \end{cases}$$

이 경우 1차식의 경우와 마찬가지로 $\Sigma t = 0$인 경우는 $\Sigma t^3 = 0$이 되므로

간편식 :
$$\begin{cases} \Sigma Y = na + c\Sigma t^2 & \cdots\cdots\cdots\cdots ① \\ \Sigma tY = b\Sigma t^2 & \cdots\cdots\cdots\cdots ② \\ \Sigma t^2 Y = a\Sigma t^2 + c\Sigma t^4 & \cdots\cdots\cdots\cdots ③ \end{cases}$$

이에 따라 a, b, c는 다음과 같은 방식으로 구한다.

(가) c= ?

$① \times \Sigma t^2 : \Sigma Y \Sigma t^2 = na\Sigma t^2 + C(\Sigma t^2)^2 \cdots\cdots\cdots\cdots ④$

$③ \times n : n\Sigma t^2 Y = na\Sigma t^2 + nc\Sigma t^4 \cdots\cdots\cdots\cdots ⑤$

$⑤ - ④$

$$n\Sigma t^2 Y - \Sigma Y \Sigma t^2 = nc\Sigma t^4 - c(\Sigma t^2)^2$$

$$n\Sigma t^2 Y - \Sigma Y \Sigma t^2 = c\{n\Sigma t^4 - (\Sigma t^2)^2\}$$

$$\therefore C = \frac{n\Sigma t^2 Y - \Sigma Y \Sigma t^2}{n\Sigma t^4 - (\Sigma t^2)^2}$$

(나) b= ?

$$\Sigma tY = b\Sigma t^2 \quad\text{……………………………………………………} \quad ②$$

$$\therefore b = \frac{\Sigma tY}{\Sigma t^2}$$

(다) a= ?

$$\Sigma Y = na + c\Sigma t^2 \quad\text{…………………………………} \quad ①$$

$$na = \Sigma Y - c\Sigma t^2$$

$$\therefore a = \frac{\Sigma Y - c\Sigma t^2}{n}$$

또는 ①, ③식을 이용하여 계산할 수 있다.

$$\begin{cases} \Sigma Y = na + c\Sigma t^2 \quad\text{……………………………} \quad ① \\ \Sigma t^2 Y = a\Sigma t^2 + c\Sigma t^4 \quad\text{…………………} \quad ③ \end{cases}$$

$$① \times \Sigma t^4 : \Sigma Y\Sigma t^4 = na\Sigma t^4 + c\Sigma t^2\Sigma t^4 \quad\text{…………………} \quad ④$$

$$③ \times \Sigma t^2 : \Sigma t^2 Y\Sigma t^2 = a(\Sigma t^2)^2 + c\Sigma t^4\Sigma t^2 \quad\text{……………} \quad ⑤$$

$$④ - ⑤ \quad \Sigma Y\Sigma t^4 - \Sigma t^2 Y\Sigma t^2 = na\Sigma t^4 - a(\Sigma t^2)^2$$

$$\Sigma Y\Sigma t^4 - \Sigma t^2 Y\Sigma t^2 = a\{n\Sigma t^4 - (\Sigma t^2)^2\}$$

$$\therefore a = \frac{\Sigma Y\Sigma t^4 - \Sigma t^2 Y\Sigma t^2}{n\Sigma t^4 - (\Sigma t^2)^2}$$

이상에서 본 바와 같이

$$\begin{cases} a = \dfrac{\Sigma Y - c\Sigma t^2}{n} \quad\text{또는}\quad \dfrac{\Sigma Y\Sigma t^4 - \Sigma t^2 Y\Sigma t^2}{n\Sigma t^4 - (\Sigma t^2)^2} \\[2em] b = \dfrac{\Sigma tY}{\Sigma t^2} \\[2em] c = \dfrac{n\Sigma t^2 Y - \Sigma Y\,\Sigma t^2}{n\Sigma t^4 - (\Sigma t^2)^2} \end{cases}$$

따라서 앞의 슈퍼마켓을 2차식의 경향치로 구하면,

(단위 : 백만원)

기	매출액 Y	t	t^2	t^4	t Y	t^2Y
2	628	−2	4	16	−1,256	2,512
3	677	−1	1	1	−677	677
4	840	0	0	0	0	0
5	890	1	1	1	893	893
6	977	2	4	16	1,954	3,908
Σ	4,015	0	10	34	914	7,990

$$n=5(자료수)$$

$$b=\frac{\Sigma tY}{\Sigma t^2}=\frac{914}{10}=91.4$$

$$c=\frac{n\Sigma t^2Y-\Sigma Y\Sigma t^2}{n\Sigma t^4-(\Sigma t^2)^2}=\frac{5\times7,990-4,015\times10}{5\times34-(10)^2}$$

$$=\frac{39,950-40,150}{170-100}$$

$$\fallingdotseq-2.86$$

$$a=\frac{\Sigma Y-c\Sigma t^2}{n}=\frac{4,015-(-2.86)\times10}{5}$$

$$=808.72$$

$$\boxed{\therefore Y=808.7+91.4t-2.86t^2}$$

제 7 기의 2차식에 의한 경향치는 t=3인바

$$Y=808.7+91.4\times3-2.86\times3^2$$

$$=1,082.90-25.74$$

$$=1,057.16$$

$$\boxed{경향치는 10억 5,700만 원이 된다.}$$

지금까지 최소 자승법의 1차식, 지수식, 최소 자승법의 2차식으로 제 7 기의 경향치를 구했는데 서로 경향치의 값이 조금씩 상이하다.

그래프 및 오차율 계산에 따른 사례의 경우는 최소 자승법의 1차식 및 2차식이 지수식보다 정확성이 높다.

그러나 1차식과 2차식은 매우 미묘한 부분이 있어 이의 상관관계를 구해서 판단하지 않으면 안된다.

· 지금까지의 결과 종합표

단위 : 백만원

기	매출액 실적(Y)	Y=803+91.4t (1차식)			log Y=4.8987+0.05041t (지수식)			Y=808.7+91.4t−2.86t² (2차식)		
		경향치	오차	오차율	경향치	오차	오차율	경향치	오차	오차율
2	628	620.2	7.8	1.24%	627.8	0.2	0.03%	614.4	13.6	2.16%
3	677	711.6	−34.6	−5.11%	705.1	−28.1	−4.15%	714.4	−37.4	−5.52%
4	840	803.0	37.0	4.40%	791.9	48.1	5.27%	808.7	31.3	3.72%
5	893	894.4	−1.4	−0.15%	889.4	3.6	0.40%	897.2	−4.2	−0.47%
6	977	985.8	−8.8	−0.90%	998.8	−21.8	−2.23%	980.0	−3.0	−0.30%
Σ	4,015	4,015	89.6	2.23%	4,013	101.8		4,014.7	89.5	2.22%
7		1,077			1,121.8			1,057.1		

다. 상관관계를 구하는 법

1) 한쪽이 증가하면 다른 쪽도 증가하는 경향이 있을 때 정(+)의 상관관계가 있다고 하고, 역으로 다른 쪽이 감소하는 경향이 있을 때는 부(−)의 상관관계가 있다고 한다.

이것의 높은 관계를 상관도가 높다고 한다.

상관 계수는 일반적으로 'r'로 나타내고 그 식은 다음과 같다.

$$r = \frac{\Sigma(X-\overline{X})(Y-\overline{Y})}{\sqrt{\Sigma(X-\overline{X})^2 \, \Sigma(Y-\overline{Y})^2}}$$

X＝매출액 실적치
$\overline{X}$＝매출액 실적치의 평균치
Y＝경향치
$\overline{Y}$＝경향치의 평균치

2) r값의 평균기준

0—0.20 : 무시해도 좋은 관계
0.20—0.40 : 낮은 관계
0.40—0.60 : 중간의 관계
0.60—0.80 : 약간 높은 관계
0.80—1.00 : 강한 관계

$r>0$: 정$(+)$의 상관관계
$r<0$: 부$(-)$의 상관관계
$r=0$: 무상한관계

・상관관계 계산표(1차식 $Y=803+91.4t$ 경우)

$\overline{m}$는 평균치

단위 : 백만원

기	X(실적)	Y(경향치)	$X-\overline{X}$	$(X-\overline{X})^2$	$Y-\overline{Y}$	$(Y-\overline{Y})^2$	$(X-\overline{X})\times(Y-\overline{Y})$
2	628	620	−175	30,625	−183	33,489	32,025
3	677	712	−126	15,876	−91	8,281	11,466
4	840	803	37	1,369	0	0	0
5	893	894	90	8,100	91	8,281	8,190
6	977	986	174	30,276	183	33,489	31,842
Σ	4,015	4,015	0	86,246	0	83,540	83,523
$\overline{m}$	803	803	/	/	/	/	/

상관계수 r이 $-1\leqq r\leqq+1$이고 r이 1에 가까워지면 질수록 정$(+)$의 상관도가 높다는 것을 나타낸다.

(가) 1차식 $Y=803+91.4t$

$$r=\frac{(X-\overline{X})(Y-\overline{Y})}{\sqrt{\Sigma(X-\overline{X})^2\Sigma(Y-\overline{Y})^2}}=\frac{83,523}{\sqrt{86,246\times83,540}}$$

$$=\frac{83,523}{84,882}=0.983989$$

(나) 2차식 $Y=808.7+91.4t-2.86t^2$의 상관계수(1차식보다 강하게 상관도가 나타난다.)

$$r=\frac{83,769}{\sqrt{86,249\times83,842.8}}=\frac{83,769}{85,035.9}$$

$$=0.985101$$

• 상관관계 계산표($Y=808.7+91.4t-2.86t^2$의 경우)

단위 : 백만원

기	X(실적)	Y(경향치)	$X-\bar{X}$	$(X-\bar{X})^2$	$Y-\bar{Y}$	$(Y-\bar{Y})^2$	$(X-\bar{X})\times(Y-\bar{Y})$
2	628	614	−175	30,625	−188.8	35,645.44	32,040
3	677	714	−126	15,876	−88.8	7,885.44	11,188.8
4	840	809	37	1,369	6.2	38.44	299.4
5	893	897	90	8,100	94.2	8,873.44	8,478.0
6	977	980	174	30,276	177.2	31,399.84	30,832.8
Σ	4,015	4,014	0	86,246	0	83,842.8	83,769
$\bar{m}$	803	802.8	/	/	/	/	/

　　상관도가 강하게 나타나므로 2차식의 방법이 좀더 정확도가 있는 것으로 보이며 제 7 기 이후의 매출액 경향도 다음과 같다.

　　만약 제 7 기의 실적이 1,048백만원이 되었다면 경향치 오차가 900만원이 되어 오차율 0.85%가 된다. 제 7 기 이후 경향치는 매장 면적으로 나누어 이른바 평효율을 구한다.

　　평효율이 통상보다 어느 부분이 높은 경우에는 그 경향치를 단순히 평수로 나누는 것으로 하지 말고 수정하여야 한다.

기	매출실적치	경향치
2	628	614
3	677	714
4	840	809
5	893	897
6	977	980
7	(1,048)	1,057
8	72 ←	1,129
9	65 ←	1,194
10	60 ←	1,254
11	54 ←	1,308
12	49 ←	1,357

(매출액이 서서히 하향)

Ⅲ. 연간 이동 합계치에 의한 단기 예측

1. 이제까지 연간 매출액 Data를 기초로 하여 장기적인 매출액의 경향을 검토하였으나 다음 연도 등 비교적 가까운 장래의 매출 예측을 행하는 경우는 좀더 가까운 과거를 Data로 써야 한다.

왜냐하면 좀더 가까운 과거의 영향이 가까운 장래에 미치기 때문이라고 생각되기 때문이다.

그래서 내년도 매출예측시는 금년도와 작년도의 2년간의 월별 매출액 실적을 기초 Data로 한 연간 이동 합계치에 의한 매출액 예측이 좀더 정확한 것이 될 수 있다.

먼저 과거 2개년 매출액 실적을 다음 표에 기입한다.

• 연간 이동합계치에 의한 단기예측표

단위 : 만원

월	매 출 액 실 적		a−b 차 액	연간이동 기　　간		합 계 치
	a : 제15기	b : 제14기				
1	3,055	1,958	Ⓐ 1,079	제14. 1월 −	제14. 12월	① 19,401
2	2,125	1,218	Ⓑ 907	14. 2월 −	15. 1월	ⓐ 20,498
3	2,093	1,181	912	14. 3월 −	15. 2월	21,405
4	2,298	1,365	933	14. 4월 −	15. 3월	22,317
5	1,862	1,321	541	14. 5월 −	15. 4월	23,250
6	1,935	1,378	557	14. 6월 −	15. 5월	23,791
7	2,400	1,724	676	14. 7월 −	15. 6월	24,348
8	2,382	1,864	518	14. 8월 −	15. 7월	25,024
9	2,390	1,861	529	14. 9월 −	15. 8월	25,542
10	1,849	1,590	259	14. 10월 −	15. 9월	26,071
11	1,981	1,739	242	14. 11월 −	15. 10월	26,330
12	2,649	2,202	447	14. 12월 −	15. 11월	26,572
Σ	② 27,019	① 19,401		제15. 1월 −	15. 12월	② 27,019
				Σ		311,568
				m̄		23,967

이 경우 첫째, 매출액 기입란의 a에는 최신 연도(금년)의 실적치를 기입하고 b는 작년의 Data를 기입한다. a−b의 계산 편의를 위해 그렇

게 한다.

둘째, 매출액 실적 b란의 합계 ①(작년도 연간 매출액)을 연간 이동 합계치란의 ①에 기입한다.

세번째로 연간 이동 합계치란 ①의 '19,401'에 a—b차액란의 Ⓐ 1,097을 더하여 합계치 20,498을 연간 이동 합계치 ⓐ에 기입한다. 따라서 이 ⓐ의 20,498에 a—b 차액란의 Ⓑ 907을 더하여 합계치 21,405를 같은 방식으로 기입한다.

네번째로 기간 제14기의 12월부터 제15기의 11월까지의 기간별 매출액 26,572에 a—b란의 최후의 수치 447을 더한 것이 매출액 실적 a란의 ②와 같은 금액이 되는가를 확인한 다음 연간 이동 합계치란의 ②에 기입한다. 만약 같은 금액이 안되면 계산이 틀린 것이다. 이상과 같은 계산 방법으로 연간 매출액을 구할 수 있다.

상기 도표상의 데이타를 기준으로 하여 목측법과 최소 자승법에 따라 매출액을 예측한다.

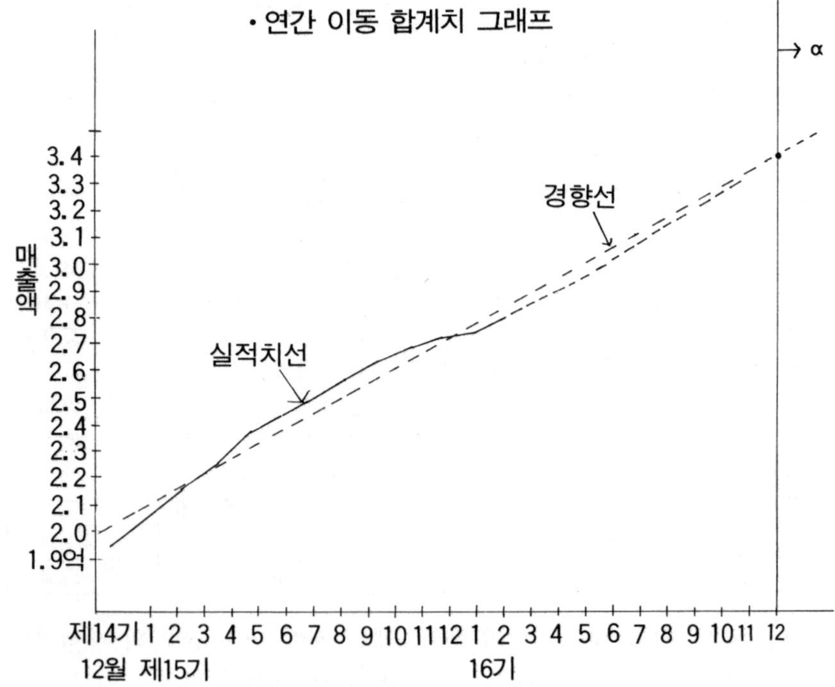

연간 이동 합계치에 의한 그래프는 월별 데이타를 기준으로 하여 작성되었으므로 점선 그래프보다 진폭이 적고 비교적 직선에 가까운 평행선으로 판독이 쉬운 이점이 있다.

연간 이동 합계치 그래프에 있어서 제16기의 매출액을 예측하는 것은 제16기의 12월부터 연결된 α 선상의 경향선 교차점의 매출액을 판독하는 것이 좋다.

2. 다음 최소 자승법의 경향선을 구해 보자

연간 이동 합계치의 경우 그래프에서 보는 바와 같이 비교적 직선에 가까운 절선 그래프이다. 따라서 통상적으로 1차식으로 충분하다.

앞의 그래프의 경우 제15기의 9월, 10월, 11월, 12월이 약간 곡선화되어 있어 2차식을 적용한다.

최소 자승법의 2차식을 적용할 때 문제는 자료수가 많고, 매출액 실적치의 단위수가 많아 틀리기가 쉽다. 따라서 계산을 편하게 하는 방법으로 한다.

이 방법은 매출 실적액의 평균치($\overline{m}$: 2억 3,967만 원)의 윗자리 2자리만 적용하고 나머지는 0으로 하여 2억 3,000만 원을 매출 실적치로 하고, 나머지는 "R"(967)로 계산하는 방법이다.

매출 실적치 Y는 공제하는 일정수 M(2억 3,000만)과 나머지의 R이라고 하는 것으로 되어 다음과 같이 된다.

$$\begin{cases} \Sigma Y = \Sigma R + nM \quad \cdots\cdots\cdots\cdots\cdots ① \\ \Sigma tY = \Sigma Rt \quad \cdots\cdots\cdots\cdots\cdots\cdots ② \rightarrow (\Sigma t = 0\text{으로 하기 때문에 Y도} \\ \qquad\qquad\qquad\qquad\qquad\qquad\qquad\quad \text{R도 같게 된다}) \\ \Sigma t^2 Y = \Sigma Rt^2 + M\Sigma t^2 \quad \cdots\cdots\cdots ③ \end{cases}$$

2차식의 공식

$$a = \frac{\Sigma Y - c\Sigma t^2}{n} \quad \cdots\cdots\cdots\cdots\cdots\cdots\cdots\cdots\cdots\cdots\cdots\cdots\cdots\cdots\cdots\cdots \quad (1)$$

$$b = \frac{\Sigma tY}{\Sigma t^2} \quad \cdots\cdots\cdots\cdots\cdots\cdots\cdots\cdots\cdots\cdots\cdots\cdots\cdots\cdots\cdots\cdots\cdots\cdots \quad (2)$$

$$c = \frac{n\Sigma t^2 Y - \Sigma Y \Sigma t^2}{n\Sigma t^4 - (\Sigma t^2)^2} \quad\cdots\cdots\cdots\cdots\cdots\cdots\cdots\cdots\cdots\cdots\cdots\cdots\cdots \quad (3)$$

(1)에 ①을 대입

$$a = \frac{\Sigma R + nM - c\Sigma t^2}{n} = \frac{\Sigma R - c\Sigma t^2}{n} + M$$

(2)에 ②를 대입

$$b = \frac{\Sigma Rt}{\Sigma t^2}$$

(3)에 ③을 대입

$$c = \frac{n(\Sigma Rt^2 + M\Sigma t^2) - (\Sigma R + nM)\Sigma t^2}{n\Sigma t^4 - (\Sigma t^2)^2}$$

$$= \frac{n\Sigma Rt^2 + nM\Sigma t^2 - \Sigma R\ \Sigma t^2 - nM\Sigma t^2}{n\Sigma t^4 - (\Sigma t^2)^2}$$

$$= \frac{n\Sigma Rt^2 - \Sigma R\Sigma t^2}{n\Sigma t^4 - (\Sigma t^2)^2} \quad \text{이 된다.}$$

따라서 a, b, c를 계산하면

$$b = \frac{112,857}{182} = 602.09 \fallingdotseq 620$$

$$c = \frac{13 \times 105,105 - 12,568 \times 182}{13 \times 4,550 - (182)^2}$$

$$= \frac{1,366,365 - 2,287,376}{59,150 - 33,124}$$

$$= \frac{-921,011}{26,026}$$

$$= -35.388 \fallingdotseq -35.4$$

$$a = \frac{12,568 - (-35.4) \times 182}{13} + 23,000 \fallingdotseq 24,462$$

(년간 이동합계치에 의한 단기예측표)

단위 : 만원

| 기 | | 매출액실적Y | R | t의 값 | | | Rt | Rt² |
자	지		(Y-23,000)	t	t²	t¹		
14기 1월	12월	19,401	-3,599	-6	36	1,296	21,594	-129,564
2월	15기 1월	20,498	-2,502	-5	25	625	12,510	-62,550
3월	2월	21,405	-1,595	-4	16	256	6,380	-25,520
4월	3월	22,317	-683	-3	9	81	2,049	−6,147
5월	4월	23,250	250	-2	4	16	-500	1,000
6월	5월	23,791	791	-1	1	1	-791	791
7월	6월	23,348	1,348	0	0	0	0	0
8월	7월	25,024	2,024	1	1	1	2,024	2,024
9월	8월	25,542	2,542	2	4	16	5,084	10,168
10월	9월	26,071	3,071	3	9	81	9,213	27,639
11월	10월	26,330	3,330	4	16	256	13,320	53,280
12월	11월	26,572	3,572	5	25	625	17,860	89,300
15기 1월	12월	27,019	4,019	6	36	1,296	24,114	144,684
Σ		311,568	12,568	0	182	4,550	112,857	105,105
m̄		23,967						

$Y=24,462+620t-35.4t^2$이 되고 차년도 예측(16기 1월−12월)은 $t=$ 18이므로

$$Y=24,462+620\times18-35.4\times(18)^2$$

$$=35,622-11,469.6$$

즉 24,152.4(만원)으로 2억 4,152만원이 된다.

1차식에서는 경향치 3억 5,127만원이므로
1억원의 차이가 발생한다.

오차율을 계산해 보면 2차식이 오차율이 적고 또한 매출액의 저하를 경고하는 것으로 보아야 한다. 물론 이상의 설명은 계산상의 문제이며 절대적인 것은 아니다.

현실의 매출액은 시장에서 주는 것이 아니라 시장으로부터 창조하는 것이며 매출액 예측은 목표 매출액 결정을 위한 참고치의 결정인바 계산 타당성의 논쟁은 의미가 없다.

cf. 1차식으로 보면

$$a=\frac{\Sigma Y}{n}, \quad b=\frac{\Sigma tY}{\Sigma t^2}$$

$$a=\frac{311,568}{13}=23,967, \quad b=\frac{112,857}{182}=620$$

$$Y=23,967+620t, \quad Y=23,967+620\times18=35,127$$

• 경향치 오차 검토(1차식, 2차식)

단위 : 만원

기	매출액실적 Y	1차식 $Y=23,967+620t$		2차식 $Y=24,462+620t-35.4t^2$	
		경향치	오 차	경향치	오 차
제14기 1월~14기 12월	19,401	20,247	-846	19,468	-67
제14기 2월~15기 1월	20,498	20,867	-369	20,477	21
제14기 3월~15기 2월	21,405	21,487	-82	21,416	-11
제14기 4월~15기 3월	22,317	22,107	210	22,283	34
제14기 5월~15기 4월	23,250	22,727	523	23,080	170
제14기 6월~15기 5월	23,791	23,347	444	23,807	-16
제14기 7월~15기 6월	24,348	23,967	381	24,462	-114
제14기 8월~15기 7월	25,024	24,587	437	25,047	-23
제14기 9월~15기 8월	25,542	25,207	335	25,560	-18
제14기10월~15기 9월	26,071	25,827	244	26,003	68
제14기11월~15기10월	26,330	26,447	-117	26,376	-46
제14기12월~15기11월	26,572	27,067	-495	26,677	-105
제15기 1월~15기12월	27,019	27,687	-668	26,908	111
Σ	311,568	311,571	5,151 1.65%	311,564	804 0.25%
차 년 도		35,127		24,152	

오차는 plus, minus의 합계이다.

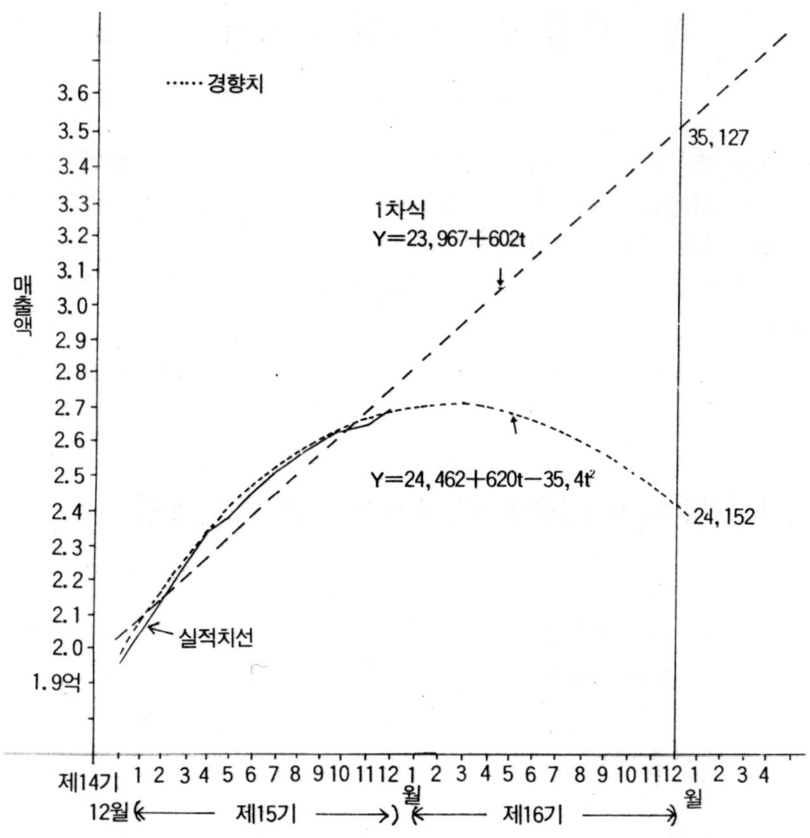
······경향치
매출액
3.6
3.5
3.4
3.3
3.2
3.1
3.0
2.9
2.8
2.7
2.6
2.5
2.4
2.3
2.2
2.1
2.0
1.9억
35,127
1차식
Y=23,967+602t
Y=24,462+620t-35,4t²
24,152
실적치선
제14기
12월
제15기
제16기
1 2 3 4 5 6 7 8 9 10 11 12 1 2 3 4 5 6 7 8 9 10 11 12 1 2 3 4
월
월

Ⅳ. 계절 변동의 감안 방법

계절 변동은 주로 매출액의 증감에 관한 것이나 그것은 당연히 상품 매입과 Merchandising에 직접 영향을 준다. 이것을 어떻게 처리하고 이용하는가의 기초적 지식이 필요하다.

계절적 변동과 같은 자연적 변화를 경영에 이용하는 것은 매우 중요하다.

이것은 오랜 경험이 요구되며 차기 연도의 월별 매출액 계산에 필요하다.

1. 계산의 종류(계절 변동요인의 월별 매출 계산)

가. 백분율법의 이용
나. 월별 평균법
다. 연환 비율법

2. 백분율법의 이용

창업이 되었거나 신규점 오픈 후 2년 정도밖에 안되어 데이타가 적은 경우에는 이 백분율법의 이용이 바람직하다.

2개년 비율의 평균치를 계절 지수로 본다.

제 1 차년도 1월의 비율은

$$1,070 \div \frac{19,524}{12} \,(\text{월평균 매출액}) \times 100 \fallingdotseq 65.76$$

· 제 3 차년도의 계획된 매출액 : 27,420만원
  1월의 계절 지수(평균 비율) : 62.88

따라서

$$27,420 \times \frac{62.88}{1,200} = 1,436.8만\ 원 \fallingdotseq 1,437만원$$

$$\downarrow$$

3차년도 1월 매출액

단위 : 만원

	제 1 년도		제 2 년도		계절지수
	실 적	비 율	실 적	비 율	평균비율
1	1,070	65.77	1,224	55.99	62.88
2	968	59.50	1,405	68.87	64.185
3	1,692	103.99	2,105	103.18	103.585
4	1,320	81.13	2,029	99.45	90.29
5	1,491	91.64	2,086	102.25	96.945
6	1,564	96.13	2,026	99.31	97.72
7	1,436	88.26	2,017	98.86	93.56
8	1,525	93.73	1,594	78.13	85.93
9	1,705	104.79	1,974	96.76	100.775
10	1,792	110.14	1,859	91.12	100.63
11	2,140	131.53	2,453	120.23	125.88
12	2,821	173.59	3,710	181.85	177.62
계	19,524	1,200.00	24,482	1,200.00	1,200.00

(소수점 이하 3자리 사사오입하여 1,200이 되도록 조정)

3. 월별 평균법

가. 과거 수년간의 '월별 매출표'를 다음 표에 따라 양식을 정하고 실적치를 기입한다. 기간은 적어도 3년분, 될 수 있는 한 5년분 정도를 사용한다.

각 년마다 특별한 사정이 있을 경우는 그 사정의 내용을 상쇄한다.

나. 각 연도의 1월부터 1월분을, 2월부터 2월분을 각각 합계하여(월별 합계액) 그것을 데이타 연도수로 나누고 월별 평균치를 구한다.

다. 월별 평균치의 합계를 12로 나누어 총 평균치를 구한다.

라. 각 월평균치를 총평균치로 나누어 100을 곱하고 각 월의 계절

변동 지수를 구한다.

단위 : 만원

월	제 1 기	제 2 기	제 3 기	합 계	평 균	계절지수
1	1,070	1,224	1,529	3,823	1,274.3	67.09
2	968	1,405	1,714	4,087	1,362.3	71.72
3	1,692	2,105	1,902	5,699	1,899.7	100.01
4	1,320	2,029	1,919	5,268	1,756.0	92.45
5	1,491	2,086	1,950	5,527	1,842.3	96.99
6	1,564	2,026	1,849	5,439	1,813.0	95.45
7	1,436	2,017	2,189	5,642	1,880.7	99.01
8	1,525	1,594	1,743	4,862	1,620.7	85.33
9	1,705	1,974	1,683	5,362	1,787.3	94.10
10	1,792	1,859	1,834	5,485	1,828.3	96.26
11	2,140	2,453	1,891	6,484	2,161.3	113.79
12	2,821	3,710	4,170	10,701	3,567.3	187.80
계	19,524	24,482	24,373	68,379	22,792.9	1,200.00
평균					1,899.4	

$$\text{월별} \ 22,792.9(\text{월별 평균치}) \div 12 = 1,899.4(\text{총 평균치})$$

$$\text{1월의 계절 지수} = \frac{1,274.3(\text{1월 평균치})}{1,899.4(\text{총 평균치})} \times 100 = 67.09$$

월별 평균법은 계산이 간단한 것이 특징이나 경향 변동 및 우연 변동의 영향력이 큰 경우에 그것을 완전히 제거하지 못하여 결과가 좋지 않게 되기 쉬운 결점이 있다. 이러한 결점을 제거하는 계산법이 다음의 연환 비율법으로 가장 과학적인 방법이다.

4. 연환 비율법

연환 비율법은 하버드 대학의 Wallen Perthons 교수에 의해 고안된 것으로 Perthons법이라고도 부른다.

이 방법은 전술한 월별 평균법의 결점을 보완하여 계산 방법이 매우 면밀하게 되어 있다는 점에서 실무적으로 어렵다.

월별 평균법에 사용한 소매업자의 데이타를 그대로 사용하여 연환 비율법의 계산 순서를 설명코자 한다.

가. 데이타에 의해 대 전월 비율을 구한다

- 대 전월 비율 $= \dfrac{\text{제 1 기 2월의 실적}}{\text{제 1 기 1월의 실적}} \times 100 = \dfrac{968}{1,070} \times 100 = 90.47\%$

- 제 1 기 2월의 전월 대비율 = 90.47%
- 사례의 경우 제 1 기 1월의 전월 대비율은 '없음'으로 한다.
  이와 같이 하여 다음 표의 대 전월 비율을 구한다.

단위 : %

연	기	1월	2월	3월	4월	5월	6월
환	제 1 기	—	90.47	174.79	78.01	112.95	104.90
	제 2 기	43.39	114.79	149.82	96.39	102.81	97.12
	제 3 기	41.21	112.10	110.97	100.89	101.62	94.82
비	기	7월	8월	9월	10일	11월	12월
	제 1 기	91.82	106.20	111.80	105.10	119.42	131.82
	제 2 기	99.56	79.03	123.84	94.17	131.95	151.24
율	제 3 기	118.39	79.63	96.56	108.97	103.11	220.52

나. 각 월의 연환비율의 중앙치를 구한다

중앙치라는 것은 각 숫자의 중앙에 있는 숫자를 말한다.

예를 들어, 9월의 경우는 제 1 기 111.80, 제 2 기 123.84, 제 3 기 96.56으로 작은 것부터의 순서가 96.56, 111.80, 123.84로 중앙치는 111.80이 된다. 이렇게 하여 이상한 연도의 영향을 제외시킨다.

1월은 숫자의 수가 짝수이므로 제 2 기의 43.39, 제 3 기의 41.21의 산술평균치 $(43.39 + 41.21) \div 2 = 42.3$이 된다.

이에 따라 중앙치를 구하면

(%)

1월	2월	3월	4월	5월	6월	7월	8월	9월	10월	11월	12월
42.30	112.10	149.82	96.39	102.81	97.12	99.56	79.63	111.80	105.10	119.42	151.24

다. 나에서 구한 각 월의 중앙치를 1월을 100으로 하여 연쇄 지수로 한다

즉,

$$1월 = 100.0$$
$$2월 = 100.0 \times 1.1210 = 112.10$$
$$3월 = 112.10 \times 1.4982 = 167.95$$
$$4월 = 167.95 \times 0.9639 = 161.89$$
$$5월 = 161.89 \times 1.0281 = 166.44$$
$$6월 = 166.44 \times 0.9712 = 161.65$$
$$7월 = 161.65 \times 0.9956 = 160.94$$
$$8월 = 160.94 \times 0.7963 = 128.16$$
$$9월 = 128.16 \times 1.1180 = 143.28$$
$$10월 = 143.28 \times 1.0510 = 150.59$$
$$11월 = 150.59 \times 1,1942 = 179.83$$
$$12월 = 179.83 \times 1.5124 = 271.97$$

· 연 쇄 지 수

1월	2월	3월	4월	5월	6월	7월	8월	9월	10월	11월	12월
100.0	112.10	167.95	161.89	166.44	161.65	160.94	128.16	143.28	150.59	179.83	271.97

라. 연쇄 지수를 조정하여 수정 지수를 구한다

먼저, 12월의 연쇄 지수 271.97에 1월의 중앙치 0.423을 곱한다.
$$271.97 \times 0.423 = 115.0433 \fallingdotseq 115.04$$
이 결과 100.00이 되어야 함에도 115.04는 100보다 수치가 크다.
$$115.04 - 100.00 = 15.04(\%)$$

　연쇄 비율법에 있어서는 100보다 큰 부분(사례에서는 15.04)은 경향변동 부분의 누적된 결과로 생각하여 그 차이 15.04를 매월에 할당하여 수정 지수를 계산한다.

　15.04는 경향 변동의 부분이 12개월간 누적된 결과이므로 매월 할당하는 것은 복리적으로 생각하는 것이 이론적이다. 따라서,

최초월의 값$=p$

최후월의 값$=s$

증감률$=r$

월수$=n$인 경우

$$s=p(1+r)^n \rightarrow p=s\div(1+r)^n$$

$$\therefore r=\sqrt[n]{\frac{s}{p}}-1 이 된다.$$

$p=100.0\%$ $n=12,$ $s=115.04\%$인바

$$r=\sqrt[12]{1.1504}-1=0.011744(1.1744\%)$$

　$r=\sqrt[12]{1.1504}$는 다음 공식에 의해서도 근사치를 구할 수 있다. (단, R의 수치가 작은 경우에 한하고 단리공식과 동일하게 한다.)

$(r=\sqrt[12]{1.1504-1})$의 단리식 계산 :

$$\sqrt[12]{1+R}-1=(1+r)^{\frac{1}{12}}-1$$

$$\fallingdotseq(1+\frac{1}{12}R)-1$$

R은 사례의 경우 0.1504

$$\sqrt[12]{1+0.1504}-1\fallingdotseq(1+\frac{0.1504}{12})-1$$

$$\fallingdotseq 0.012533-1$$

$$\fallingdotseq 0.012533(1.2533\%)$$

$$\lfloor\rightarrow 단리 계산과 동일한 값$$

　그러나 최근 계산기 보급이 많이 되어 있으므로 $\sqrt{\quad}$ 계산을 피하기 위해 수작업으로 상기와 같이 계산할 필요가 없다.

〔복리식에 의한 r배분 후 월별 수정 지수〕

$$p=s\div(1+r)^n$$

1월		100.00
2월	$112.10\div(1+0.011744)$	= 110.80
3월	$167.95\div(1+0.011744)^2$	= 164.07
4월	$161.89\div(1+0.011744)^3$	= 156.32
5월	$166.44\div(1+0.011744)^4$	= 158.85
6월	$161.65\div(1+0.011744)^5$	= 152.48
7월	$160.94\div(1+0.011744)^6$	= 150.05
8월	$128.16\div(1+0.011744)^7$	= 118.10
9월	$143.28\div(1+0.011744)^8$	= 130.50
10월	$150.59\div(1+0.011744)^9$	= 135.57
11월	$179.83\div(1+0.011744)^{10}$	= 160.01
12월	$271.97\div(1+0.011744)^{11}$	= 239.19
1월	$115.04\div(1+0.11744)^{12}$	= 100.00

〔단리식에 의한 r 배분 후 월별 수정 지수($\sqrt{}$ 계산없이)〕

$$p=s-12r$$

1월		100.00
2월	$112.10-1.2533$	= 110.85
3월	$167.95-1.2533\times2$	= 165.44
4월	$161.89-1.2533\times3$	= 158.13
5월	$166.44-1.2533\times4$	= 161.43
6월	$161.65-1.2533\times5$	= 155.38
7월	$160.94-1.2533\times6$	= 153.42
8월	$128.16-1.2533\times7$	= 119.39
9월	$143.28-1.2533\times8$	= 133.25
10월	$150.59-1.2533\times9$	= 139.31
11월	$179.83-1.2533\times10$	= 167.30
12월	$271.97-1.2533\times11$	= 258.18
1월	$115.04-1.2533\times12$	= 100.00

(사례의 경우는 복리공식에 따라 수정치수를 사용한다.)

· 단리 공식 $p=s-12r$ (n : 12)

$$s=p+12r$$

$$r = \frac{s-p}{12}$$

$$r = \frac{115.04 - 100.00}{12}$$

$$= 1.2533\%$$

마. 수정지수의 총계를 구하기 위해 총평균치를 계산하고 계절지수를 구한다

• 수정지수

1월	2월	3월	4월	5월	6월	7월
100.00	110.80	164.07	156.32	158.85	152.48	150.05
8월	9월	10월	11월	12월	Σ	평균치
118.10	130.50	135.57	160.01	239.19	1,775.94	147.995

$$평균치 = \frac{1,775.94}{12(개월)} = 147.995 ≒ 148$$

다음수정치를 평균치 148.0으로 나누고 100을 곱하여 계절지수를 구한다.

$$계절지수 = \frac{수정지수(해당월)}{수정지수\ 평균치} \times 100$$

• 매월의 계절지수   (매월의 계절지수)

1월	100.00 / 148×100 = 67.567
2월	100.80 / 148×100 = 74.864
3월	164.07 / 148×100 = 110.858
4월	156.32 / 148×100 = 105.621
5월	158.85 / 148×100 = 107.331
6월	152.48 / 148×100 = 103.027
7월	150.05 / 148×100 = 101.385
8월	118.10 / 148×100 = 79.797
9월	130.50 / 148×100 = 88.175
10월	135.57 / 148×100 = 91.601
11월	160.01 / 148×100 = 108.114
12월	239.19 / 148×100 = 161.614

• 연환 비율에 따른 계절 지수

1월	2월	3월	4월	5월	6월	7월	8월	9월	10월	11월	12월
67.57	74.86	110.86	105.62	107.33	103.03	101.39	79.80	88.18	91.60	108.11	161.61

따라서 제4기의 계획된 점포 전체의 연간매출액이 2억 5,800만원으로 견적되었다면 제4기 1월의 매출액은 다음과 같이 계획되고 다른 월도 마찬가지로 계산된다.

1월(제4기)계획매출액

$$=25,800 \times \frac{67.57}{1,200} = 1,452.75$$

(1개월을 100으로 하여 12개월 목표 1,200)

≒1,453만원이 된다.

5. 월별 평균법인가, 연환 비율법인가

계산의 간단함을 생각할 때 월별 평균법이 용이하나 월별 평균법은 경향이 직선적으로 순조로이 신장하는 자연스러운 경향일 때는 실정을 잘 나타낼 수 있으나 실무적으로는(특히 oil shock 이후) 소비자의 구매 관습의 변화, 입지의 변화, 대형점의 출현, 판매 방법의 변화, 크레디트의 보급, 경쟁의 격화 등 제 요인에 따라 매출액 경향은 구조적인 변화를 한다고 말할 수 있다. 특히 오디오점, 미곡상점, 의류점 등은 현저하다. 이 경우 계산 방법은 복잡하나 연환 비율법에 따라 검토되어야 한다.

즉, 구조적 변혁 전의 계절 지수와 변혁 후의 계절 지수를 비교, 검토하지 않으면 안된다.

이상 매출 목표에 대하여 수학적 방법을 설명하였으나 많은 점포들이 전년 대비 20% 또는 25% 등의 방법을 쓰고 있다. 따라서 이러한 방법은 사내외적으로 문제가 있으므로 매출액 예측은 간단한 방법으로 이동 평균법의 이용, 또는 연간 이동 합계치에 의한 단기 예측을 하고 최고 자승법에 의해서는 특히 2차식에 의한 장기적인 경향치를 구해야

한다. (매출액의 직선 성장은 현실적으로 어려운 것인바 2차식으로 장기 예
측하는 것이 요구됨.)

· 계절 지수 결과 대비

월	백 분 율 법	월 평 균 법	연 환 비 율 법
1월	62. 88	67. 09	67. 57
2월	64. 185	71. 72	74. 86
3월	103. 585	100. 01	110. 86
4월	90. 29	92. 45	105. 62
5월	96. 945	96. 99	107. 33
6월	97. 72	95. 45	103. 03
7월	93. 56	99. 01	101. 39
8월	85. 93	85. 33	79. 80
9월	100. 775	94. 10	88. 10
10월	100. 63	96. 26	91. 60
11월	125. 88	113. 79	108. 11
12월	177. 62	187. 80	161. 61
Σ	1, 200. 00	1, 200. 00	1, 200

(월평균법은 통상연환비율법에 비해 1월이 낮고 12월이 높다.)

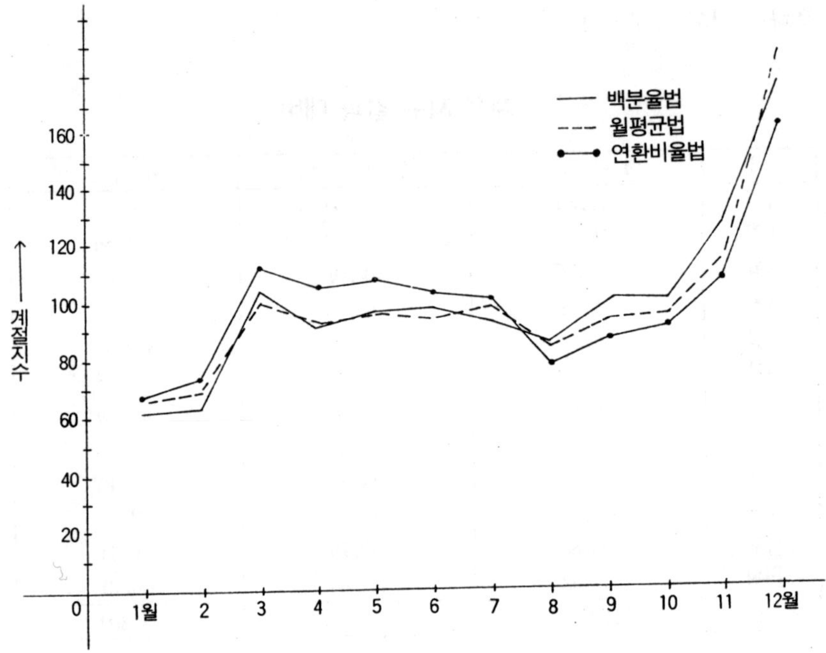
백분율법
월평균법
연환비율법
← 계절지수
160
140
120
100
80
60
40
20
0
1월
2
3
4
5
6
7
8
9
10
11
12월

제 5 장

효율과 작업

제5장 효율과 작업

Ⅰ. 상품 회전율과 교차주의 비율

1. 상품 회전 일수와 회전율

가. 상품의 회전 일수

상품의 회전 일수란 지금 있는 재고를 모두 판매하는 데 필요한 일수를 말한다. 예를 들면, 매장에 75개의 상품이 진열되어 있을 때 1일 판매 수량이 5개라면 모두 판매하기 위해서는 75개÷5개＝15일이 걸리게 된다. 이 경우 상품의 회전 일수는 15일이 된다.

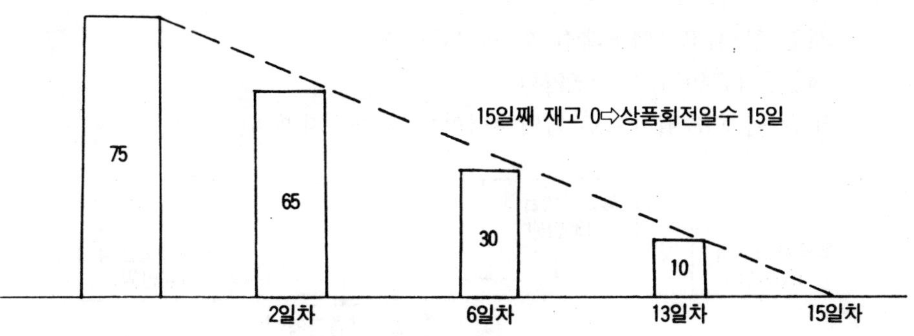

나. 상품의 회전 일수를 구하는 방법

상기 예와 같이 매일매일 동일한 수량으로 판매되는 경우는 실제로 거의 발생되지 않는다. 따라서 상품의 회전 일수를 조사하기 위해서는 1일 평균 판매수를 구해야 한다. 예를 들어, 월간(30일) 판매수가 150개라면 1일 평균 판매수량은 150매÷30일＝5개가 된다.

1일 판매 수량은 월간 평균으로 구한다

또한 한 번 매입으로 끝나는 상품이 아니라면 당연히 품절을 방지하기 위해 상품을 계속적으로 보충하게 된다.

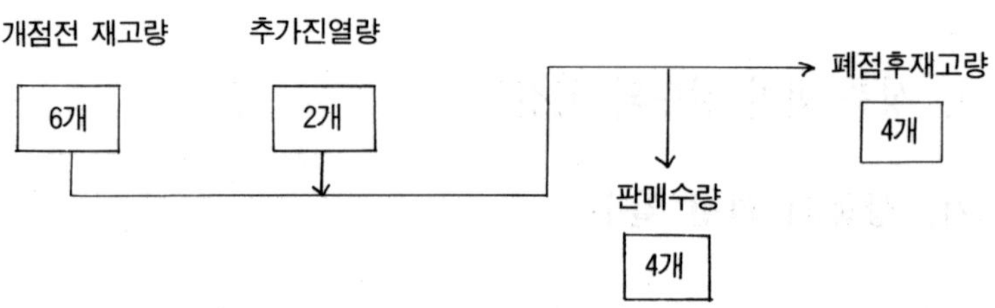

상기의 경우 1일 재고량은 개점 전 재고량 6개도 폐점 후의 재고량 4개도 아니다. 개점 전 재고량과 폐점 후 재고량을 합계하여 2로 나눈 평균치가 1일 재고량이 된다.

｛개점 전 재고량(6개)＋폐점 후 재고량(4개)｝÷2＝평균 재고량(5개)
이것을 금액으로 파악하면 다음과 같다.
개점 전 재고금액＋폐점 후 재고금액÷2
(30만원＋20만원)÷2＝25만원
또한 이것을 월간으로 파악하더라도 마찬가지가 된다.

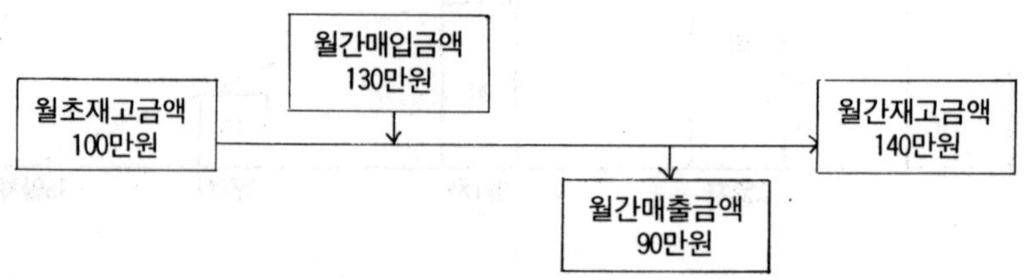

이 경우의 월간 평균재고는

월초 재고금액 월말 재고금액   월간 평균 재고금액
(100만원   +   140만원) ÷2 =   120만원

지금까지의 내용을 정리하면 다음과 같다.

> - 재고량(금액)은 월초와 월말의 재고량(금액)의 평균으로 파악된다
> - 월간 평균재고 $= \dfrac{\text{월초재고} + \text{월말재고}}{2}$

따라서 상기 예의 경우 상품 회전 일수 계산은 다음과 같다.

1일 평균 매출은,

> - 월간매출금액 ÷ 1개월의 일수 = 1일의 평균매출
>   90만원 ÷ 30일 = 3만원

월간 평균재고는,

> - 월초재고 + 월말재고 ÷2 = 월간 평균재고
>   (100만원+140만 원)÷2 = 120만원

상품 회전 일수는,

> - $\dfrac{\text{월간 평균재고(120만원)}}{\text{1일 평균매출(3만 원)}} = 40$일

> - 상품 회전 일수 $= \dfrac{\text{평균 재고수량(금액)}}{\text{1일 평균 매출수량(금액)}}$

다. 상품 회전율은 무엇인가

상품 회전 일수가 '현재의 재고를 전부 판매하는 데 필요한 일수'인 것에 비해 상품 회전율은 '1개월간에 현재의 재고가 몇 회전을 하는가'를 나타내는 것이다.

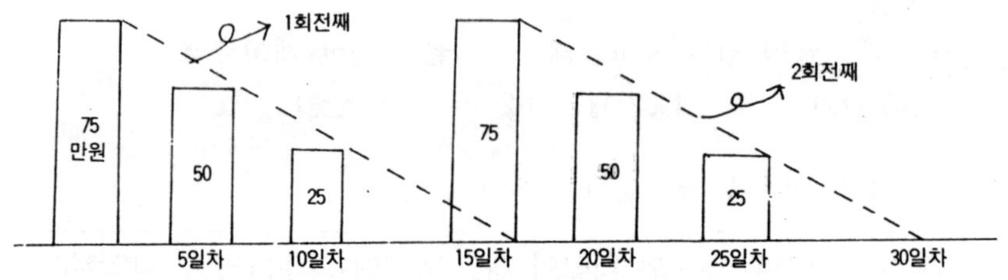

상기 도표의 예와 같이 1개월간(30일)에 75만원의 재고가 2회전이 되었으므로 상품 회전율은 2가 되며, 상품 회전 일수는 15일이 된다.

좀더 설명을 추가하면 월간 평균재고가 100만원에 1개월간의 매출이 100만원이라고 한다면 이 경우 상품 회전율은 1이 된다. 즉 1개월간에 평균재고 100만원이 0이 되는 것이다.

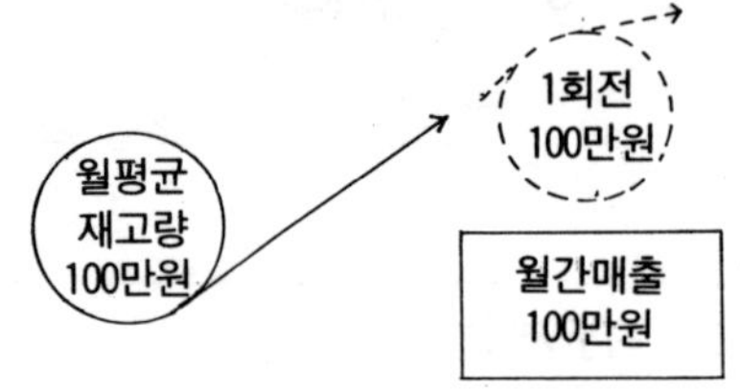

또한 1개월에 매출이 200만원의 경우는 상품 회전율 2가 되어 1개월간에 2회전하는 것이 된다.

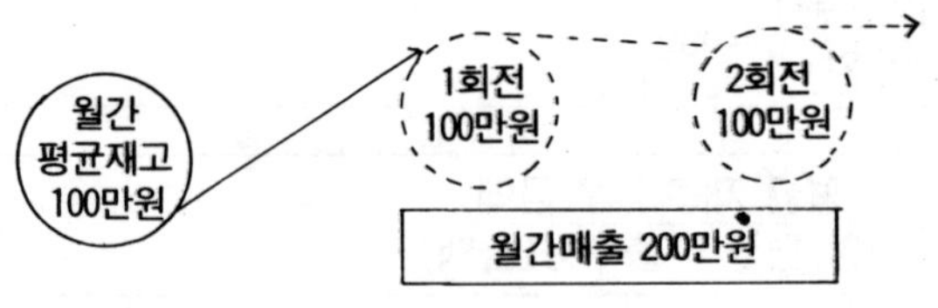

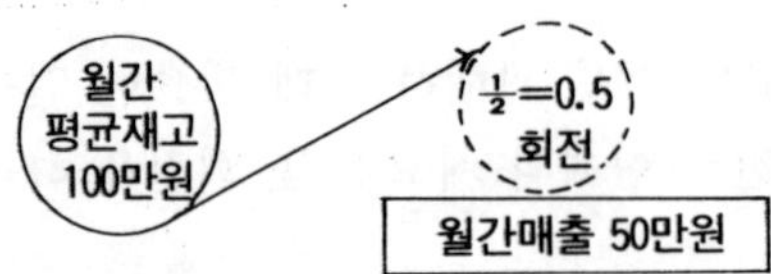

> 1개월간에 현재고가 몇 회전하는가
>
> ‖
>
> 1개월간의 매출은 그 기간 평균재고의 몇 배인가
>
> • 상품 회전율 $= \dfrac{\text{1개월간 매출수량(금액)}}{\text{평균재고수량(금액)}}$

라. 상품 회전 일수와 회전율의 관계

상품 회전 일수가 15일이라면 상품 회전율은 2가 되는데 이것을 공식화하면 다음과 같다.

> • $\dfrac{\text{1개월(30일)}}{\text{상품 회전 일수}} =$ 상품 회전율 $\dfrac{\text{30일}}{\text{15일}} = 2$(상품 회전율)

상품 회전 일수가 10일의 경우 월간 상품 회전율은 다음과 같다.

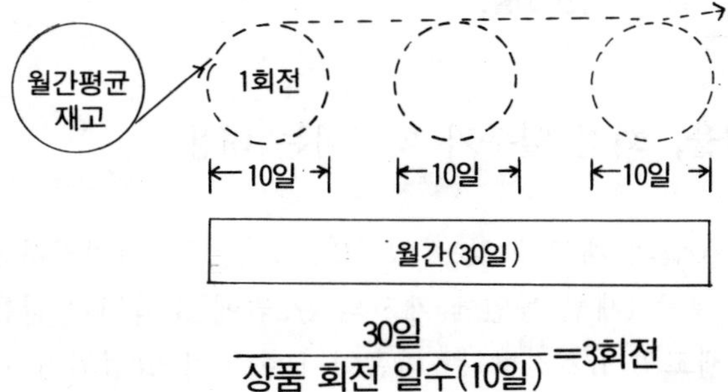

$$\dfrac{\text{30일}}{\text{상품 회전 일수(10일)}} = 3\text{회전}$$

1개월간 3회전하므로 1회전하기 위해(재고가 0이 되는 기준)서 10일이 걸린다. 결국 상품 회전 일수는 10일이 된다.

이것을 공식화하면 다음과 같다.

> $\dfrac{\text{1개월(30일)}}{\text{상품 회전율}} =$ 상품 회전 일수 $\dfrac{\text{30일}}{\text{3회전}} = 10$일(상품 회전 일수)

1개월간의 상품 회전율이 2의 경우 회전 일수(평균재고가 소진되는 일수)는 다음과 같다.

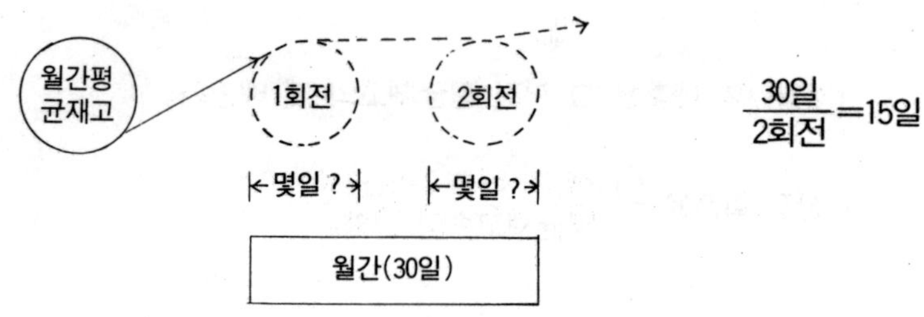

$$\frac{30일}{2회전}=15일$$

1개월간 상품 회전율이 0.5의 경우 회전 일수(평균재고 소진 일수)는 다음과 같다.

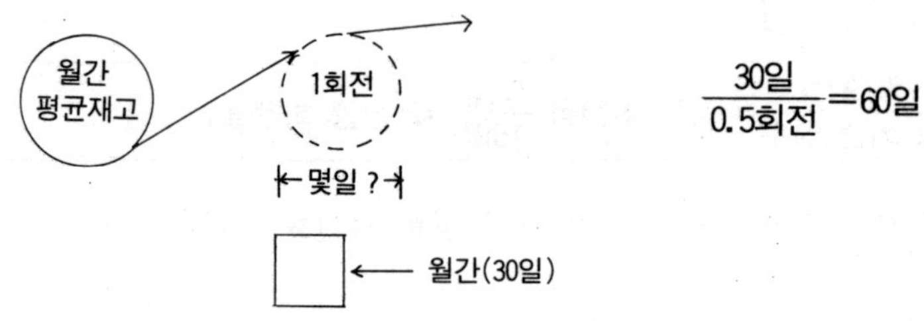

$$\frac{30일}{0.5회전}=60일$$

마. 상품의 회전율, 회전 일수가 의미하는 내용

1) 가령 회전 일수 60일의 재고를 갖고 있다면, 그 상품이 1회전하는데 2개월이 필요하고 결국 1개월 동안에 재고의 1/2밖에 소화되지 않는(판매되지 않는)다면 재고의 1/2(잔량)은 파손이나 손상이 발생되기 쉬워 로스나 매가변경이 증가되기 쉽다. 또한 같은 상품에서 회전 일수 30일의 재고를 갖고 있다면 그 상품은 1개월마다 회전하므로 2개월차에 새로운 상품을 100% 매입할 수 있는 것이 된다.

이 경우는 상품 회전 일수 60일의 반밖에 되지 않아 관리도 쉽고 불량재고의 발생도 적어지므로 항상 신선하고 깨끗한 상품을 제공할 수 있게 된다. 결국 상품의 회전 일수, 회전율은 상품의 신선함(새것)에 대한 척도를 나타낼 수 있다.

상품회전률이 높다	상품회전률이 낮다
상품회전일수가 짧다	상품회전일수가 길다
1. 불량재고의 발생을 적게 하고 감량, 파손, 부패 등의 로스가 감소한다. 2. 매입활동이 쉽고 신상품의 도입, 기후의 변화 등에도 유연하게 대응할 수 있고 매장은 신선한 상품으로 구성	1. 불량재고가 발생하고 감량, 파손, 부패가 발생되어 로스가 증가한다. 2. 불량재고로 인해 신상품의 도입 기후의 변화 등에도 유연한 대응이 되지 못하고 매장은 진부한 상품으로 구성되기 쉽다.

2) 상품 회전율의 본질적 의미는 금액으로 계산되는 상품 회전율은 자금운용 효율의 지표가 된다고 생각한다. 즉, 상품의 그 자체 문제보다는 상품에 대한 투하자본의 효율지표이다. 자금면에서 높은 상품 회전율은 다음과 같은 효과가 있다.

(가) 자본의 능률적 활용
(나) 자금의 절약
(다) 절약자금의 타용도 활용
(라) 상품 로스 및 매가 변경 감소
(마) 상품의 신선화
(바) 매출 경비의 상대적 절약
(사) 창고, 매장 면적의 절감
(아) 금리 부담의 경감 및 순이익의 향상 등이 검토될 수 있다.

3) 매장의 실정

상품 회전율은 앞에서 설명한 바와 같이 얼마만큼의 재고 상품으로 얼마만큼의 매출을 올리느냐의 비율 문제이다. 따라서 상품 회전율은 분자의 매출을 향상시키거나 분모의 상품 재고를 감소시키더라도 향상되게 된다.

상품 회전율이란 것은 본래 분모의 상품 재고를 적정히 유지하고 그 것을 될 수 있는 한 효율적으로 운영하기 위한 지표이다. 그러나 현실 적으로 매장에서는 매출의 증대보다는 될 수 있는 한 재고를 적게 함으 로써 상품 회전율을 높이려 한다.

이와 같은 내용에 따라 매장에서는 다음과 같은 현상이 발생되고 있 다.

(가) 재고조사 직전 기간에는 될 수 있는 한 상품 보충을 하지 않고 보유재고를 자연 감소시키려고 한다. 또한 재고조사시 재고의 감소로 작업이 편리하다는 잘못된 생각도 갖고 있다.

(나) 상품 보충을 기피함으로써 품절이 속출하여 진열의 풍부감이 떨어지고 매출 속도가 감소하게 된다. 또한 자질이 떨어지는 담당자는 거래선과 은밀하게 협의하여 익월 일자의 전표로 상품보충을 하는 경 우도 있다. 물론 이와 같은 잘못된 매입은 실제 재고조사에서 제외되게 되므로 판매분만큼 이익 계산이 되고 역로스(정상적인 매출보다 실제 매 출액이 많은 계산 결과)가 나타나는 원인이 되기도 한다.

(다) 불량재고는 조속히 그 처분 대책을 검토하여야 함이 당연하나, 생각 없이 처분하게 되면 상당한 매가 인하 처리를 하여야 한다.

이와 같은 매가 인하에 따른 이익의 감소에 대한 책임 추궁을 피하기 위해 재고 압축을 무리하게 하면 팔리는 상품이 차차 품절을 야기하게 된다.

(라) 재고조사에 대비하여 극도로 감소시킨 재고는 재고조사가 끝나 자마자 조급하게 증가시키지 않으면 매출과 연결이 되지 않으므로 대 개 재고조사 익일부터 보충발주된 상품이 일시에 입하됨으로 인해 진 열이나 상품관리가 대충대충 이루어지고 그로 인해 점포의 품격이 떨 어지는 경향을 나타내게 된다. 어느 점포에서나 볼 수 있는 현상이므로 지양되어야 할 문제이다.

2. 실제 평균재고와 계산상의 재고

상기 내용을 도표화하면 다음과 같다

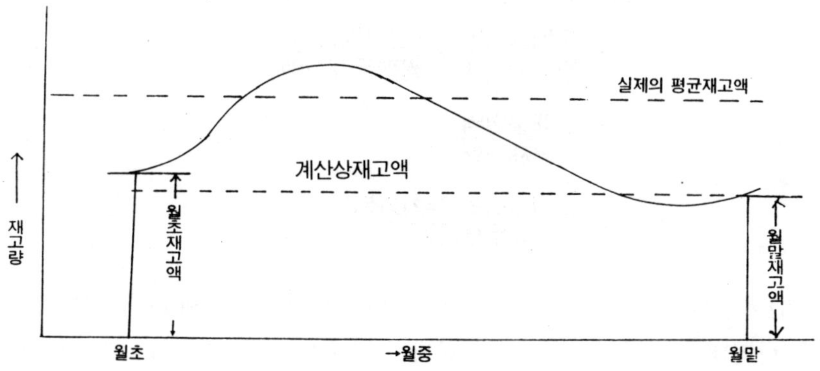

월초 재고액과 월말 재고액의 평균치인 평균 재고액으로 상품 회전율을 계산하더라도 정확한 상품 회전율은 되지 못한다. 왜냐하면 실제의 평균 재고액은 계산상 평균 재고액보다 훨씬 높기 때문이다.

매출액이라는 어느 일정 기간에 움직인 상품량을 재고액이라는 일시점의 상품량으로 나누어 효율을 파악한다는 그 자체에 약간의 무리가 있다. 따라서 상품 회전율을 상품관리상 상품효율의 유일한 지표로 검토하는 것은 바람직하지 않다. 물론 기준으로써의 지표임을 부정하는 것은 아니다.

예를 들어, 슈퍼마켓의 개점시 야채 진열량은 그날 매출의 몇분의 1에 지나지 않으며 폐점시 잔량이 있으면 곤란한 상품이다. 따라서 야채의 상품 회전율은 월 수십 회전이 된다. 상품 회전율이 높다는 것이 좋다는 단순한 생각만 한다면 전매장을 야채로 처리하는 것이 좋다는 억지가 될 수 있기 때문이다.

3. 교차(交差)주의 비율의 오용

교차주의 비율(교차비율)은 상품 회전율과 함께 상품의 유리성을 검토하는 지표로써 계산 방법은 다음과 같다.

- 교차주의 비율＝순매출 이익률×상품 회전율

$$= \frac{\text{순매출이익}}{\text{월간매출액}} \times \frac{\text{월간매출액}}{\text{월평균재고액}}$$

$$= \frac{\text{순매출이익}}{\text{평균재고액}}$$

$$= \frac{\text{순매출이익(부가가치)}}{\text{재고투하자본}}$$

교차주의 비율은 재고투하자본에 대한 부가가치(순매출이익)의 비율을 나타내는 지표이다. 그러나 앞에서 검토한 바와 같이 재고가 변동적이므로 이 지표는 상품의 유리성을 나타내는 척도로 이용되기에는 위험한 부분이 있다.

상품 회전율과 교차비율이 갖는 유의성이나 효용을 무조건 부정하는 것은 절대 아니다.

이것들은 그 자체로 중요한 의미를 갖고 있다. 단, 현실적 적용에 있어 착각에 의한 잘못된 운용을 지적하고자 하는 것이다.

상품 회전율과 교차주의 비율에 의한 평가시, 앞에서 지적한 좋은 숫자를 만들기 위한 부정한 방법의 사용 등을 방지하거나 감안한 분석이 필요하다. 결국 평가의 절대성이 없다는 것을 강조한 것이다.

4. 높은 상품 회전율의 위험성

상품 회전율을 높임으로써 발생될 수 있는 문제점으로는,

1) 대량 매입이 아닌 수시발주에 의한 코스트 다운의 어려움

2) 발주 횟수 증가에 의한 발주 비용의 증대

3) 수송 횟수 증가에 의한 수송 코스트 증가

4) 상품관리를 위한 총코스트의 간접적 증가

5) 진열의 박력 저하

6) 품절에 의한 판매기회 손실 발생 등이 있으며 이와 같은 문제점을 제거하기 위한 주의가 필요하다.

5. 재고에도 계절이 있다

현실적인 문제로 계획 매출액에서 상품 회전율을 사용하여 상품 규모를 결정하는 것이 통상의 업무처리 형태이나 이것에도 문제는 있다.

그것은 재고액과 매출액이 필연적으로 시간적인 정비례를 하지 않는데 있다.

예를 들어, 의류매장에 있어 수영복 등은 계절성이 강한 상품으로써 수영복 판매 기간은 매우 짧다. 그러므로 판매 시점부터의 보충 발주는 그다지 기회가 없으며 타이밍을 잃어버리는 경우가 많다.

또한 수영복은 최성기가 되기 전부터 진열을 하여 계절의 소식을 알려야만 판매에 영향을 받지 않는다. 확실히 재고량과 매출액 사이에는 시간적인 차이가 있다. 이와 같은 상품을 표준 상품 회전율로부터 계산된 내용을 근거로 상품 규모를 작성한다면 재고규모의 문제로 타상품의 압축을 검토하게 된다.

물론 현재의 우리나라 소매업계는 계절상품은 모두 수수료 매입을 하고 있어 재고부담을 지고 있지는 않지만 장래적으로 직매입의 비중이 늘 것에 대비하여 이론적인 근거를 이해하는 것이 좋을 것 같다. 따라서 매출에 계절변동이 있다면 재고에도 계절변동이 있게 된다. 물론 상품에 따라 식품 등은 시간적 차이는 적고 계절상품은 크게 된다.

결국, 항상 상품 회전율을 일정하게 하여 유지하는 것은 무리가 발생될 소지가 많다는 것을 이해하여야 한다.

6. 상품 회전 일수의 활용

상품관리를 위해서는 상품 회전율보다도 그때그때의 재고액을 그때그때의 매출액의 며칠분이라고 표현되는 소위 상품 회전 일수를 검토하는 것이 지금까지의 문제점 해결에 있어 상품 회전율보다 좋을 것으로 판단한다.

상품 회전 일수에는 2가지의 의미가 있다.

첫째는 해당 일수만큼의 매출액에 해당하는 재고를 항상 갖고 있는 것이며, 둘째는 재고는 해당 일수 내에 새로이 입고되어야 한다는 뜻이다.

상품 회전 일수를 계산하는 경우에도 금액과 수량의 2가지 방식을 검토한다. 예를 들면, 상품 회전율이 월 2.5라고 하는 것보다 12일분의 매출액에 해당하는 재고라고 하는 것이 매장에 있어서는 보다 구체적이고 이해하기 쉽다. 또한 UNIT CONTROL을 추진하는 경우 하나하나의 단품에 대해서 며칠분의 재고량을 진열하느냐 하는 것은 조달기간(발주해서 입하, 진열하기까지의 필요한 일수)과 발주 사이클에 따른 발주 간격 일수(주간보충제라면 7일)를 감안하여 보충 발주량을 구체적으로 계산하는 것이 쉽다.

Ⅱ. 순매출 이익과 상품 믹스

1. 상품의 조합

매가의 정의에서 이미 설명되었으나 모든 상품에 대해 같은 점출차 익률, 같은 순매출 이익률을 적용할 수는 없다. 매가는 고객이 인정하는 가치 또는 대부분의 고객이 구매코자 생각하는 가격, 즉 시가에 의해 좌우된다.

그러나 매가의 이미지를 바탕으로 순이익의 관계에서 충분한 고려를 하여야 한다. 따라서 상기와 같은 조건을 감안하여 종합적인 순매출 이익률을 확보하여야 한다. 어떠한 상품에서 얼마나 이익을 내는 상품들을 조합할 것인가에 따른 종합적인 순매출 이익률을 구하는 것이 문제가 된다. 아무리 많이 판매하더라도 이익이 없다면 경비만 발생될 것이고, 아무리 순매출 이익률이 높게 한다 하더라도 판매되지 않는다면 문제가 된다.

2. 평균 순매출 이익률의 계산

순매출 이익률이 틀린 상품(또는 부문)을 각각 틀린 수량으로 판매하였을 때 종합적으로 얼마의 순이익률이 되는가는 다음과 같이 계산할 수 있다.

〈표 5-1〉

구 분	순매출이익률 (a)	매출 구성비 (b)	상승적 (a)×(b)
A	30%	10%	3.00%
B	25	20	5.00
C	20	30	6.00
D	15	40	6.00
계	20	100	20.00

상기 표에서 보듯이 각 구분의 상승적의 합계치가 평균 순매출 이익률이 된다.(구분은 상품이든, 점별이든 관계없음)

3. 순매출 이익률 변화의 영향

〈표 5-2〉

구 분	순매출이익률 (a)	매출 구성비 (b)	상승적 (a)×(b)
A	30%	10%	3.00%
B	25	20	5.00
C	20	30	6.00
D	10	40	4.00
계	18	100	18.00

앞의 표와 비교할 때 구분 D의 순매출 이익률이 15%에서 10%로 낮아졌으며 매출 구성비는 변화하지 않았다.

구분 D의 순매출 이익률의 저하는 종합적인 순매출 이익률에 대해서 2%가 떨어진 결과로 영향을 주고 있다. 이 경우 D상품은 가격 경쟁으로 인해 매가변경을 한 것이라면 D구분의 매출 구성비를 낮추고 기타 부분의 매출 구성비를 높임으로써 평균 순매출 이익률을 확보하도록 노력하여야 한다.

4. 매출 구성의 조절

〈표 5-3〉

구 분	순매출이익률 (a)	매출 구성비 (b)	상승적 (a)×(b)
A	30%	10%	3.00%
B	25	20	5.00
C	20	50	10.00
D	10	20	2.00
계	20	100	20.00

상기 표의 D구분은 앞의 표에서와 같이 순매출 이익률이 저하되어 있는 그대로의 상태이나 매출 구성비가 40%에서 20%로 줄었으며 C구분의 매출구성비가 30%에서 50%로 증가되어 있다.

상승적의 합계는 〈표 5-1〉과 같은 20%이다. 그렇다면 왜 18%에서 20%로 다시 재조정되었는가? 그것은 다음과 같은 산술적 공식을 적용하면 쉽게 계산할 수 있다.

$$\cdot \text{증감된 매출 구성비}$$
$$= \frac{\text{저하된 순매출 이익률 폭} \times \text{저하된 부분의 지금까지의 매출 구성비}}{\text{매출 구성비를 증가시킨 부문의 순매출 이익률} - \text{저하된 부문의 저하 후의 순매출 이익률}}$$

상기 공식을 〈표 5-1〉과 〈표 5-2〉의 변화에 적용시키면 다음과 같다.

$$\cdot \text{증감된 매출 구성비} = \frac{5\% \times 40\%}{20\% - 10\%} = \frac{200\%}{10\%} = 20\%$$

상기 공식의 적용이 어렵다고 느끼면 대수적으로 다음의 방법으로 처리하여도 된다.

구 분	순매출이익율 (a)	매출 구성비 (b)	상승적 (a)×(b)
A	30%	10%	3.00%
B	25	20	5.00
C	20	$30+x$	$20(30+x)$
D	15	$40+x$	$10(40-x)$
계	(20)	100	20.00

상승적란계산

$$300 + 500 + 20(30+x) + 10(40-x) = 2,000$$

$$20(30+x)+10(40-x)=1,200$$

$$600+20x+400-10x=1,200$$

$$10x=200$$

$$x=20$$

20의 숫자를 x에 대입하면 〈표 5-3〉과 같은 내용이 정리된다.

5. 순매출 이익률이 '0'이 되는 경우

〈표 5-4〉

구 분	순매출이익률 (a)	매출 구성비 (b)	상승적 (a)×(b)
A	30%	10%	3.00%
B	25	20	5.00
C	20	? (60)	? (12.00)
D	0	? (10)	? (0.00)
계	20	100	20.00

상기 표와 같이 D구분의 순매출 이익률이 0이 되는 경우 평균 순매출 이익률을 20% 확보하기 위해서는 C구분, D구분의 매출 구성비는 얼마가 되어야 하겠는가.

D구분의 순매출 이익률은 0이다.

0에는 무엇을 곱하더라도 0이 되므로 D구분의 상승적은 0이 된다.

따라서 C구분의 상승적은 20.00%−3.00%−5.00%=12.00%로 되기 때문에 C구분의 상승적이 12.00%가 되기 위해서는 순매출 이익률이 20%이므로 C구분의 매출 구성비는 20×x=12.00

$$x=\frac{12.00\%}{20.00\%}\times100=60\%$$가 된다.

따라서 D구분의 매출 구성비는 100%−10%−20%−60%=10%가 된다.

6. 순매출 이익률이 마이너스가 되는 경우

〈표 5-5〉

구 분	순매출이익률 (a)	매출 구성비 (b)	상승적 (a)×(b)
A	30%	20%	6.00%
B	25	20	5.00
C	20	50	10.00
D	−10	10	−1.00
계	(20)	100	20.00

순매출 이익이 저하되는 것은 가격경쟁 등에 의해 매가인하를 한 경우가 대부분이나 지나친 로스의 증대도 그 요인이 되는 경우가 있다.

아무튼 경우에 따라서는 원가 이하의 판매가 이루어지는 경우도 있다.

예를 들어, 표 4에서 D구분의 순매출 이익률이 마이너스 10%가 된 경우, 이것을 A구분에서 커버하려고 하면 상기 표와 같이 매출 구성비가 10%에서 20%로 바뀌어야 한다.

7. 매출 구성비를 자유롭게 변화시키는 기술

이상과 같이 순매출 이익률의 변화, 즉 매가 인하(매가변동)가 있었다 하더라도 그에 대응하는 매출 구성비를 변화시키게 되면 소기의 평균 순매출 이익률은 충분히 확보할 수 있다.

다시 말하면, 순매출 이익률이 높은 것은 판매하면 할수록 평균 순매출 이익률은 높아지고 반대로 순매출 이익률이 낮은 것을 판매하면 할수록 평균 순매출 이익률이 저하된다.

계산상으로 '예'에서와 같이 간단하게 결론이 나오나 실제로는 매출 구성비가 간단하게 움직이는 것은 아니다. 그러나 움직임을 조금이라도 시도한다면 그만큼 순매출 이익률의 저하는 줄게 된다.

매출 구성비를 자유롭게 움직일 수 있는 기술을 '판매기술'이라고
정의할 수 있겠다. 판매 구성비를 높이기 위한, 그리고 적정한 순매출
이익률을 확보하기 위한 연구와 노력이 요구된다.

8. 사례 검토

부 문	순매출이익률 (a)	순매출이익 구성비	매출구성비 (b)	상승적 (a)×(b)	이익 공헌도
정 육	20.86%	13.84%	11.44%	2.386%	4
생 선	19.98	11.21	9.72	1.942	5
청 과	17.33	30.30	30.18	5.230	1
식 품	13.38	16.91	21.80	2.917	3
과 자	16.97	9.43	9.59	1.627	6
잡 화	18.29	18.31	17.27	3.159	2
계	17.26	100.00	100.00	17.261	

상기 표는 어느 슈퍼마켓을 가정하여 작성한 데이타이다. 식품과 과
자가 평균순매출 이익률 이하의 부진함을 나타내고 있으나 식품의 매
출구성비는 21.8%로 타 상품 부분에 비해 양호하다. 이 슈퍼마켓은 생
선과 과자의 공헌도가 각각 5위, 6위이므로 이 부분에 대한 중점적인
검토가 요구된다.

Ⅲ. 매장 면적과 평당 매출액

1. 매출액의 분석

매출액을 신장시킬 수 있는 근본적 요인은 무엇인가. 몇 가지의 요인을 검토할 수 있을 것이며 또한 그러한 요인들이 복잡하게 작용하여 이루어질 것으로 생각할 수 있다.

그 중에서도 가장 큰 비중을 차지하는 것이 무엇일까라고 한다면 평효율 등을 이야기할 수 있겠으나 그보다도 매장 면적이 아닌가 싶다.

매출액은 다음과 같이 분해할 수 있다.

$$매출액 = 매장 \; 면적(평) \times 평당 \; 매출액 \quad \cdots\cdots\cdots\cdots\cdots \quad ①$$

결국 매출액을 신장시키기 위해서는 매장 면적을 증가시키던가 평당 매출액을 높이면 된다.

2. 평당 매출액을 높임에 따른 문제점

평당 매출액을 높인다는 것은 투하된 총자본을 조기 회전시킨다는 뜻이 된다. 이와 같은 면에서는 바람직한 것이나 이에 따른 별도의 문제점을 염두에 두어야 한다. 먼저 평당 재고액을 검토하여야 한다.

평당 재고액은 다음 산식으로 정리할 수 있다.

$$평당 \; 재고액 = \frac{매출액}{매장 \; 면적 \times 상품 \; 회전율} \quad \cdots\cdots\cdots\cdots \quad ①$$

$$= \frac{평당 \; 매출액}{상품 \; 회전율} \quad \cdots\cdots\cdots\cdots\cdots\cdots \quad ②$$

즉, 평당 재고액은 평당 매출액을 상품 회전율로 나눈 것이다. 따라서 평당 매출액은 평당 재고액에 상품 회전율을 곱한 것이 된다.

평당 매출액＝평당 재고액×상품 회전율 ······················ ③

한 평당 재고액은 물리적 한계로 재고액은 한계가 있게 된다. 따라서 평당 매출액을 높이기 위해서는 상품 회전율을 높이는 것이 가장 바람직하다. 여기서 주의하여야 할 것은 평당 재고를 무조건 줄이고 상품 회전율만을 높이려고 한다면 품절에 의한 판매기회 손실이 올 수 있다는 것이다.

상품 회전율을 어느 수준 이상 올리기 위해서는 결국 보충 빈도가 높게 된다. 상품의 보충은 모두 판매사원의 작업에 의해 이루어지는 것이므로 인건비의 상승을 수반한다.

결국 인건비 증가에 따른 매출액에 대한 한계이익(순매출이익에서 변동경비를 제한 금액)을 비교하여 그 기준을 정립하여야 한다.

보충작업의 빈도 상승과 평당재고 과다에 따른 파손 등에 의한 로스의 증가 등을 함께 대비 검토함이 바람직하다.

3. 경영자의 착각

일반적으로 평당 매출액이 높은 점포는 매장 면적이 상대적으로 작고 지가는 높은 지역에 위치하고 있는 것이 일반적이다.

이러한 속성의 점포는 사용 총자본이 커지며 사용 총자본 순이익률은 그다지 높지 않은 것이 일반적이다.

일반적으로 평당 매출액이 높은 점포는 '손익계산적 사고'만으로 운영되고 '대차대조표적 사고'를 하지 않음으로 인해 이익이 많이 발생되는 것으로 잘못 생각하고 있는 경우가 있다.

평당 매출이 높은 점포를 우리는 번창하는 점포로 이해하기 쉬우나 규모가 작아서 상대적으로 평당 매출액이 높은 것은 고객에게 혼잡에 따른 불편을 가중시키는 결과가 되므로 평당 매출액이 높은 소규모점의 성장은 한계를 갖게 된다. 매장 면적을 확대하여 매출액을 증가시키는 것이 장래적으로 바람직하며 이와 같은 매장 확대에 따른 매출액 증가점을 번성하는 점포로 보아야 할 것이다.

4. 급성장은 매장 면적의 확대만으로 가능

이상 설명된 바와 같이 매출액 증가의 근본적 대책은 매장 면적의 확대가 가장 바람직하다.

매장 면적의 확대에는 2가지의 방향이 있다. 하나는 현재의 매장 면적을 확장하는 것이다. 고객의 입장에서 점포에 대한 매력 중 큰 비중을 차지하는 것은 그 점포의 상품이 어디보다도 풍부함에 있다. 풍부함을 느끼기 위해서는 매장 면적이 커야만 물리적으로 가능하다.

매스머천다이징의 발달로 상품은 차차 다양화되고 고객이 만족할 수 있는 상품 구성을 갖는 매장 면적, 즉 적정 규모는 차차 확대되고 있다.

이러한 적정 규모의 매장에 각 부문을 고루 갖춘 것을 종합화된 점포라고 한다. 그러나 현 매장의 규모로서는 상대적으로 작고 각 부문별 적정 규모를 확보하기가 어려워 매장 규모를 넓힐 것인가, 부문수를 감소시킬 것인가를 검토하여 각 부문별 적정 규모를 확보하여야만 한다.

이 경우 매장 면적을 확대하지 않고 부문수를 줄이게 되면 종합화의 미니추어 현상이 발생되어 매력이 없는 점포가 된다.

또 하나의 방법은 새로운 점포를 구성함에 따라 매장 면적을 확대하는 것이다. 각 부문이 확대되고 있으므로 신설점은 기준점보다도 매장 면적이 커지는 것은 당연한 경향이다.

평당 매출액이 월등하게 높은 점은 손익적으로는 이익이 발생되나 사용 총자본 순이익률은 상대적으로 저하되고 있으므로 평당 매출액이 월등하게 높은 점포가 매장 확장이 불가능할 경우에는 그 점포를 폐쇄하고 사용자본을 회수하여 별도로 적정 규모를 갖는 새로운 점포를 검토할 필요가 있다.

어느 수준 이상의 평당 매출액을 나타내는 점포가 매출액을 더 증가시키기 위한 노력보다는 새로운 점포를 개설하는 쪽을 검토함이 바람직하다.

왜냐하면, 어느 수준 이상에서의 신장은 많은 비용과 인재를 투입하여도 효과가 크지 않기 때문이다.

5. 스페이스 생산성

무엇을 얼마나 진열할 것인가의 상품 구성 문제는 마이크로하게는 매장 면적이 문제이나 미크로하게 접근하면 진열선의 길이가 얼마냐로 결정된다.

무엇을 얼마나 진열할 것인가는 품목의 선정과 그 재고량으로 결정된다. 결국 품목별로 FACING수를 얼마로 할 것인가로 집약된다. 여기서 매장 면적에 따라 진열선의 길이가 한정된 이상, 그 진열선의 단위당 예를 들면 50cm당 또는 1m당 매출액이나 순매출 이익이 진열선의 효율로서 계산되어야 한다. 이 진열선의 단위 길이당 순매출 이익을 특히 '스페이스 생산성'이라고 한다.

상품 구성은 고객에게는 매력을 부여하고 또한 스페이스 생산성을 될 수 있는 한 향상시키고자 하는 노력이 금후 매우 중요한 경영 요소의 하나가 된다.

결국 평당의 기준인, 즉 면적으로 계산되는 효율은 주로 투하자본에 대한 것이며 상품관리상의 효율을 관리하기 위해서는 진열선의 스페이스 생산성으로 판단하는 것이 바람직하다.

Ⅳ. 노동 생산성

1. 노동 생산성의 향상

매출액은 매출액=총판매갯수×상품평균단가의 산식으로도 설명될 수 있는데 상기 공식 양변에 순매출 이익률을 곱하면 다음과 같이 정리될 수 있다.

> 매출액×순매출 이익률=총판매갯수×상품 평균단가×순매출 이익률 ……………………………………………………………… ①
>
> 순매출 이익=총판매갯수×상품 평균 순매출 이익 …………… ②
>
> 양변을 종업원수로 나누면
>
> $$\frac{\text{순매출 이익}}{\text{종업원수}}=\frac{\text{총판매갯수}}{\text{종업원수}}\times\text{상품 평균 순매출 이익} \cdots\cdots ③$$

따라서

> 종업원 1인당 노동 생산성=종업원 1인당 판매갯수×상품 평균 순매출 이익 …………………………………………………… ④

이 된다.

즉, 노동생산성(종업원 1인당 순매출 이익)을 향상시키기 위해서는 ④식에서 분명하게 알 수 있듯이 상품 평균단가와 순매출 이익률에 큰 변화가 없을 경우 종업원 1인당 판매갯수를 얼마나 증가시키느냐가 초점이 된다.

종업원 1인당 판매갯수를 얼마나 증가시키느냐 하는 것은 어느 일정한 노동시간 내에 얼마만큼 많은 상품을 처리하느냐 하는 문제가 된다. 거꾸로 말하면 상품 1개당 취급시간을 얼마나 감소시키느냐 하는 것이 된다.

2. 시간의 절약은 노동 생산성 및 순이익 향상 기여

1분간의 인건비, 1초간의 인건비와 상품 1개당의 순매출 이익을 감안할 때 인건비는 계속 상승되고 순매출이익은 반대로 낮아지는 작금의 여건을 감안한다면 상품 1개당에 소요되는 취급시간의 절약은 곧 노동 생산성 향상이 되며 동시에 직접 순매출 이익률의 증가로 연결된다.

3. 종업원 1인당 매출액의 의미

종업원 1인당, 1시간당 매출액을 산식으로 나타내면 다음과 같다.

$$\text{종업원 1인, 1시간당 매출액} = \frac{\text{매출액}}{\text{종업원수} \times \text{평균 노동시간}}$$

$$\text{매출액} = \text{총판매갯수} \times \text{상품 평균단가}$$

$$\text{종업원수} \times \text{평균 노동시간} = \text{총노동시간이 되므로}$$

$$\text{종업원 1인, 1시간당 매출액} = \frac{\text{총판매갯수}}{\text{총노동시간}} \times \text{상품 평균단가}$$

즉, 종업원 1인, 1시간당 매출액의 상승은 단위노동 시간당 판매갯수의 증가를 말하며 또한 총노동시간의 감소를 나타낸다.

4. 식품매장의 경우

이상의 전개 내용은 상품 평균단가는 거의 변화하지 않고 고정적인 것에 가깝다는 것을 전제로 한 것이다. 이것은 특히 식품매장에 적용되는 원칙이다. 식품이라는 상품 특성으로부터 객단가를 검토하여 보자. 객단가의 분해 공식은,

$$\text{객단가} = \text{평균 판매갯수} \times \text{상품 평균단가}$$

로 된다. 식품의 경우는 어느 점포에서도 상품 구성은 거의 유사하며 극단적인 차이는 없다.

따라서 객단가의 증감은 평균 판매갯수의 증감에 큰 비중을 두게 된다.

판매갯수를 증가시키는 노력을 기울여 증가된다면 상품 평균단가를 증가시킬 필요는 없게 된다. 상품 평균단가의 증가는 상품 구성의 변화를 의미하는 것이다.

일부 판매 담당자들이 객단가 향상을 위해 매가가 높은 상품을 많이 진열하려고 하는 경향이 있는데 이것은 큰 착각이다.

결국 식품매장에서 어느 상품을 진열할 것인가의 결정 요인은 그 상품의 구매 빈도이다.

식품매장은 상품의 수를 보다 많이 판매코자 하는 것이 상술의 요체인 이상 계속 반복하여 판매될 수 있는 상품으로 매장 구성을 하여야 한다.

또한 식품의 구매 빈도는 그 매가에 따라 좌우된다. 전부 같은 상품일지라도 매가가 틀린 것은 포장량이 틀리기 때문이다.

예를 들어, 청과 중 사과는 1인이 1회에 소비하는 양은 대개 1개 또는 1/2개 정도이다. 한 번에 2개 또는 3개를 먹는 사람은 거의 없다. 따라서 평균적 가족을 생각할 때 한 개당 가격은 비록 싸다 하더라도, 그것이 10개를 한 포장으로 한 경우는 고객은 가격상 구매하기 쉽다 하더라도 구매 빈도가 떨어지게 된다. 그것은 결국 그 정도의 양이 한 번 구매에 필요하지 않기 때문이다.

결국 10개가 한 포장으로 되어 있는 사과를 구매하는 고객의 경우는 비싸게 구입하는 결과가 된다. 고객에게 필요 이상의 양이 되기 때문이다.

3~5개 정도의 포장 단위가 바람직하다. 그러나 같은 청과 가운데에도 귤과 같은 경우는 한번에 2 내지 3개를 먹는 것이 일반적이다.

그러므로 10개 단위 포장이 되더라도 저항은 없게 된다. 즉, 소비 빈도에 맞는 포장 단위가 되어야 한다. 결국, 포장량과 매가의 결정이 식품을 보다 많이 판매하게 되는 포인트가 된다.

식품은 수량으로 승부가 나게 된다. 또한 판매 갯수는 매장 면적에도 관계가 있다. 즉, 상품 구성의 질과 양에 따른 풍부함이 필요하게 된다. 아무리 노력하여도 객단위가 상승되지 않던 것이 매장 면적을 확장하면서부터 상승되는 경우를 많이 보게 된다.

국내 식품매장에서 사용되고 있는 플라스틱 바구니와 카트의 규격이 모두 일정한 것을 사용하고 있으나 객단가의 상승을 위해 기존 크기를 확대하는 것을 검토할 필요가 있다. 단, 고객은 너무 무거운 경우는 구매를 기피하므로 이런 점을 감안한 최대 크기를 검토하여 점 자체의 규격을 설정할 필요가 있다.

물론 객단가 자체에 한계가 있다는 것도 명심하여야 한다.

5. 의류매장의 경우

식품은 판매갯수의 증감에 따라 객단가가 좌우되는 데 반하여, 의류의 경우는 상품 자체의 평균 단가에 좌우되는 경향이 있다.

예를 들면, 바나나를 평상시 가격의 1/2 이하의 매가로 판매하면 2배 이상의 판매 가능성이 있으나, 스웨터가 1/2가격이라 하여 2매 이상을 구매한다고 생각하기는 어렵다. 특히 유행성·계절성이 강한 의류에 있어서는 그 경향이 더욱 강하다.

의류의 경우에는 소위 PRICE POINT라는 것이 객단가를 결정하는 데 큰 요소가 된다.

의류의 경우는 고객이 희망하는 상품(PRICE POINT는 선택의 요소 중 하나임)이 없다면 그것으로 끝나게 된다. 무엇인가 대체 상품을 찾으려는 생각을 하지 않는 것이 일반적인 구매 관습이다. 소위 상품의 대체성이 적은 특성을 갖고 있다. 따라서 될 수 있는 한 많은 고객이 희망하는 PRICE POINT를 갖도록 하는 것이 의류의 경우에는 매우 필요하다. 또한 같은 의류라 할지라도 겉옷과 속옷의 구매 빈도가 다르므로 객단가에 대한 상품 평균단가 영향도 차이가 난다는 데 주의하여야 된다.

6. 객단가 내역의 정기적 체크

객단가에 대해 대개의 점포는 매일매일 체크하여 그 경향에 깊은 관심을 갖고 있으나 그 내역에 대해서는 그다지 관심을 나타내지 않고 있는 것이 일반적 현실이다. 구체적으로 다음과 같은 절차로 처리하는 것이 좋다.

매주 어느 일정의 요일을(토, 일요일은 피하는 것이 좋다. 왜냐하면 변화가 심하기 때문이다) 정하여 객단가의 내역을 조사일로 정한다.

그날 첵카는 상품을 필히 1개마다 등록시키도록 하고 같은 금액의 상품 5개를 한꺼번에 등록시키지 않도록 한다.

이와 같이 1개마다 등록시킨 후 부문별로 등록 횟수(거래 횟수)를 조사한다.

다음에 아래와 같은 일람표를 작성한다.

( )월 ( )일　　　　　　○○○점

부 문	매출액(원)	등록횟수 (판매갯수)	상품 평균 단가 (원)
1	314,662원	6,172개	50.98원
2	45,521	1,135	40.11
3	622,930	8,334	74.75
4	155,822	6,629	23.51
5	99,416	1,726	57.60
6	591,951	9,233	64.11
7	231,604	4,619	50.14
8	167,700	4,813	34.84
합 계	(A) 2,229,606	(B) 42,661	(C) 52.26
객 수	(D) 4,751명	평균판매갯수	
객단가	(E) 469.29원	(F) 8.98개	

$$(주) \frac{A}{B}=C, \frac{A}{D}=E, \frac{B}{D}=F, E=C \times F$$

따라서 각 부문별 매출액, 등록 횟수(판매갯수), 상품 평균단가 및 그날의 객수, 객단가, 평균 판매갯수, 상품 평균단가 등에 대해서 각각의 그래프를 작성하여 경향을 살펴볼 수 있다.

어느 정도 자료가 정리되면 상한, 하한을 정해서(정확하게는 표준편차를 사용할 필요가 있음) 상한 초과와 하한 미달의 이상 수치를 특별조사하여 원인을 규명하게 된다.

V. 1분간의 인건비

1. 인건비의 내용

통상 인건비라 하는 경우는 다음의 내용들이 포함된다.
가. 급료수당(급료에 제수당도 포함)
나. 초과 근무수당
다. 상여금
라. 퇴직금
마. 현물 급여
바. 법정 복리비(법상 회사가 부담하는 복리성 비용 일체)
사. 법정 이외 복리비(기숙사, 식당지원, 체육, 오락, 경조사 등의 비
　　용)
아. 모집비용(광고, 채용시험 등의 비용)
자. 교육훈련 비용
차. 기타(유니폼, 사보 등의 비용)

이 이외에도 사무실 임차비용 등을 포함시키는 경우도 있으나, 인건
비 분석에 포함시키면 기준이 너무 높게 되어 효율적인 분석이 될 수
없으며, 또한 위치에 따라 기준의 차이가 크므로 사무실 임차비용은 인
건비에서 제외시키고 1인 유지비의 경우 사무실 비용 및 차량운영비 등
을 포함시켜 검토함이 바람직하다.

2. 1년간의 노동시간

회사마다 1일간 근무시간의 차이는 있겠으나 국내에 구체적인 자료
가 없으므로 현업계의 실상을 감각적으로 파악할 때 소매업의 1주일간
노동시간은 구속 노동시간 60시간, 실노동시간은 54시간 정도로 파악된
다.

구속 노동시간이라는 것은 휴식시간 등을 포함한 시간이다. 상기 시

간을 기준으로 볼 때 1년은 52주간이므로 1년간 실노동시간은 54시간×52주=2,808시간이며 분으로는 2,392시간×60분=168,480분이 된다.

3. 신입사원의 1분간 인건비

신입사원의 인건비를 700,000만 원이라 할 때 앞에서 살펴본 본 급여 이외의 비용률을 급여의 70% 수준으로 볼 때 신입사원의 1년간 인건비는 700,000원×12개월×1.7=14,280,000원이 된다.

따라서 1분간 인건비는 $\frac{14,280,000}{143,520}$=84.75원으로 약 85원이 된다. 또한 1초간 인건비는 $\frac{85}{60}$=1.42원이 된다.

결국 초당 약 1.5원, 분당 85원, 시간당 5,100원 정도의 금액을 업무 자체를 스스로 해결할 수 없는 신입 직원의 인건비로서 사내에서 가장 싼 인건비의 내용이 된다. 업무를 교육시키면서 분당 85원씩 지불되고 있는 실정이다.

4. 회의의 원가

경영규모가 급속하게 확대될수록 어느 회사이거나 회의가 증가되는 것이 일반적 현상이다. 물론 회의를 통해서만 경영상의 결정이 이루어지는 것은 아니나 일반적으로 회의라는 과정을 자주 갖게 된다. 이러한 회의의 결과로 영업간부는 이쪽 저쪽 회의에 동분서주하는 결과가 된다.

어느 의미에서는 '회의에서 결정되는 것은 다음 회의에서 재검토하자는 내용'이 제일 많은 경우도 있다. 그래서 외국의 어느 회사에서는 회의 시작시에 사회자가 그 회의에 참석한 간부, 직원들의 1분간 인건비 및 그 합계액을 먼저 고지하고 회의 종료 시간을 사전 고지하고 회의를 진행하는 경우도 있다.

예를 들면, '지금부터 미리 연락드린 ○○건에 대한 회의를 개최하겠습니다. 해결코자 하는 문제점은 미리 배포해 드린 자료에 상세하게 기재되어 있습니다. 이 회의에 출석하신 분들의 1분간 총인건비는 ○○○원입니다. 회의 종료시간은 ○시 ○분입니다. 따라서 본회의의 총원가는 ○○○○○원입니다. 이 총원가 이상의 결과를 얻을 수 있도록 협조를 부탁드리며 제1의제부터 시작하겠습니다'라는 요지의 말을 미리 하는 것이다.

이와 같이 원가의식을 갖고 회의를 하게 되면 불필요한 내용의 대화는 없어지고 경영진의 시간적 여유가 많아지고 회의에 대해 사전 준비를 신중하게 하게 된다.

또 어느 외국 회사는 회의를 소집한 부서에게 회의에 소요된 총비용을 그 부서로 대체시켜 경영분석을 하는 재미있는 이야기도 있다.

5. 자원으로서의 시간

경영에 있어서 참으로 어려운 것 중의 하나가 보이지 않는 원가의 발생이다. 사람의 움직임은 바로 보이지 않는 원가 중 제일 큰 내용이 된다. 보이지 않는 원가를 보이도록 하는 경우 그 원가의 발생을 방지할 수 있게 된다.

드러커 교수도 경영자의 조건에서 '시간이라는 것은 제일 결핍되어 있는 자원이다. 따라서 시간이 관리되지 않는다면 기타의 것도 관리가 되지 않는다'라고 하였다.

VI. 상품 1개당 순매출 이익

1. 인건비와 상품 매출 이익관계

앞에서 1분간의 인건비를 살펴보았듯이 인건비의 비중이 점점 높아져 가고 있는 현실을 감안하면, 연간 노동시간을 감안하여 1분간의 인건비를 계산하여 적용하는 것이 바람직하다.

실제로 소매업에 있어서 상품 1개당의 순매출 이익 규모는 매우 작은 실정이다. 더구나 식품부문은 상품 1개의 취급시간에 대한 인건비를 커버하지 못하는 순매출 이익 규모를 갖고 있는 상품도 많다. 만약 상품 1개당 순이익액이 10원이고 사원의 1초당 인건비가 46. 4원이라면 $\frac{10.00}{0.464}$ =21. 55초가 되어 상품 1개의 순매출 이익은 사원의 21. 55초의 인건비와 같게 된다.

어느 상품군의 상품 1개당 평균 순이익액이 60. 6원이고 직원의 분당 인건비가 27. 78원이라고 하면 $\frac{60.6}{27.78}$ =2. 1814분이 되고 소수점 이하를 초로 바꾸면 0. 1814×60=10. 88≒10. 9초로 되어 2분 10초 9가 된다. 이 경우는 2분 10초 9의 직원 인건비와 상품 1개당 순매출 이익과 같게 된다.

결국 2분 10초 9 이내에 해당상품 1개 이상이 처리되어야 하며 고위 직급자의 인건비를 감안하면 이것보다 더욱 빠른 시간 내에 처리되어야 한다. 만약 사장의 인건비만을 기준으로 한다면 상품에 손을 대는 순간 인건비와 순이익이 등식을 이루게 될 것이다.

2. 작업의 합리화는 순이익의 증가

고객이 상품을 구매하지 않더라도 상품의 확인을 위해 상품을 흐트러뜨리거나 입어 보거나 시험하여 보는 경우는 매일 무수하게 발생된다.

이와 같은 고객의 상품 확인에 따른 상품의 재정리는 계속되어야 한다. 이와 같은 재정리는 상품에 따라 소요시간이 틀리게 되나 대개 1분이상이 소요되므로 사원이 이와 같은 업무를 2~3회 실시하게 되면 상품 1개에 대한 순매출 이익이 없어지는 경우가 발생된다(상품에 따라 평균 순매출 이익 규모가 다르므로 소요횟수는 차이가 있음)라고 이야기하는 사람이 있을지 모른다. 물론 순매출 이익만 검토하는 접객은 바람직하지 않으나 그러나 그 상품의 순매출 이익이 재정리 시간에 상당하는 인건비의 절감을 할 수 있다면 순매출 이익은 증가하게 된다.(물론 재정리 이후 타업무에 시간을 전용시키지 못한다면 의미는 없다.)

3. 필요 기능은 무엇인가?

이 경우 제일 좋은 방법은 재정리 자체를 하지 않아도 되는 방법의 채용이다. 그러나 고객이 상품을 마음대로 만지고 시험하고 확인하지 못하는 상태가 된다면 상품 구매에 거부감을 갖게 되므로 판매가 이루어지지 않는다. 결국 고객이 자유롭게 상품을 확인하더라도 재정리 시간을 줄일 수 있는 집기, 진열구의 개발이 절대적으로 필요한 것이다.

따라서 최근에는 재진열이 되는 것을 최소화하고 진열이 흐트러지는 것을 줄이고 고객이 선택하기 편하도록 고안된 진열구 등이 급속하게 개발되고 있다. 앞의 내용을 정리하면, 고객이 상품을 선택하기 편하도록 분류하고 진열시키는 연구가 필요하며 가능하면 적상하여 진열하는 방법은 가능한 지양하는 것이 좋다.

4. 작업의 원가

경비의 절약은 결국 순이익의 증가로 나타나게 된다. 경비 중에서도 최대 경비인 인건비의 절약은 순이익에 큰 영향을 미친다. 경비 중 인건비가 차지하는 비중이 50~55% 수준인 것을 보아도 인건비의 중요성은 쉽게 이해될 수 있다.

만약 어느 직원이 정찰작업을 한다고 하면 1일 8시간 근무시 480분이므로 만약 30초당 한 개씩을 취부한다면, 직원의 초당인건비가 40원이라면 정찰작업 1개당 1,200원의 인건비가 투입되게 되는 것이다. 이 경우 기계 등을 구입하여 10초당 1개씩의 작업이 이루어진다면 정찰 1개당 400원의 인건비가 들며 초당 인건비는 13원 33전 꼴이 된다.

경비의 절약은 결국 순이익의 증가로 된다. 또는 캔 종류 1박스(24개입)를 곤도라에 보충 진열할시 5분이 소요된다면(분당 40원의 인건비 기준시) 1개 보충진열시 인건비는 (40원×5분)÷24개입=8.33원이 된다.

이것을 한 개 한 개의 진열방법이 아닌 박스상태로 진열하는 데 20초가 소요된다면(40원×⅓)÷24(1박스)=56전 꼴이 된다.

이럴 경우 약 1,500%, 즉 15배의 효율이 발생되며 1일 기준(8시간)금액으로는 앞의 경우(1캔씩 진열시) 96박스분 진열에 3,840원이 투입되나 1박스당 진열시는 53.76원이 투입되는 결과가 된다.

5. 시간은 순이익의 원천이다

상품 구매시 바이어는 매입단가를 1원, 또는 1전을 싸게 구입하기 위해 실로 눈물겨운 노력을 기울이고 있다. 그러나 일단 매입이 결정된 이후에는 경비절감에 대해 거의 무관심한 상태인 것이 현실이다.

앞에서 살펴본 바와 같이 사내의 작업원가를 줄일 수 있는 방법을 검토하게 되면 그 원가는 대폭적으로 조정될 수 있다. 결국 이것이 순이익을 상승시키는 요인이 된다. 현재의 매출을 일시에 2배 이상 신장시킨다는 것은 현실적으로 불가능하다. 작은 규모라 할지라도 상품 매입시 최선을 다하고, 사내작업을 합리화하여 상품 1개당 소요되는 사원 각자의 시간을 1초라도 줄여서 그만큼의 순이익을 증가시키려는 노력을 하여야 한다.

운반거리를 1m 줄이는 것은 어렵지만, 무엇인가 운반의 방법을 바꾸면 원터치로 작업을 할 수 없는가 등의 세부적이고 구체적으로 주변의 작업내용을 살펴보고 관심을 가져야 한다.

‘시간’, 그것은 중요한 순이익의 원천이 된다는 것을 잊어서는 안된다.

Ⅶ. 운반코스트

1. 자동차의 운행 코스트

본부 또는 점포에 보유하고 있는 상품 운반용 자동차가 운행되는 데 따른 얼마만큼의 코스트가 투입되는가를 계산하여 본 적이 있는가. 보유 자동차의 운반 코스트는 다음과 같이 계산된다.

가. 자동차의 구입 가격(할부 구입시는 할부 이자 포함)

자동차 등록에 따른 제비용 및 구입 후 액세서리 화물적재탑 제작, 도색 등 일체의 비용 포함.

나. 1년 후의 중고 판매가격을 제한 차액

세법에 의한 내용 연수로 계산한다 하더라도 중고 상태로 처분시 실판매가격과 장부가격의 차이가 있다면 결국 고정자산 매각손으로 최후 정리되므로 감가상각에 의한 잔존가격으로의 계산은 의미가 없다.

다. 1개월간의 평균 수선비

라. 연간 지불 손해보험료

책임보험 및 대손, 대물보험 일체

마. 1개월간 평균 주행 ㎞

사. 유류대금(ℓ 당 주행거리 적용)

아. 해당 제세공과금

이상이 자동차에 적용되는 물적 비용이다.

2. 운전자의 인건비

실제 차 1대당 1인의 기사만으로는 운영이 되지 않으므로 교대 및 보충기사까지 포함하여 차량수로 나눈다.

이 경우도 급여 수당만이 아닌 1분간의 인건비에서 검토된 바와 같은 인건비성 비용 일체를 포함하여 계산된다.

3. 고정비

앞의 내용 중 고정비적 성격의 비용을 정리한다.

가. 감가상각비(1년간)

1년간의 재판매 잔존가격을 제한 것을 감가상각비로 보며 4년 이후는 재판매 잔존가격이 없는 것으로 한다.

나. 수선비

수선비는 고정비적 성격과 변동비적 성격이 있겠으나 모두 고정비적 성격으로 구분한다.

다. 연간 보험료

라. 운전기사 인건비

마. 해당제세 공과금

상기 금액을 전부 월간금액으로 환산하여 월간고정비로 계산한다.

4. 변동비

가. 유류대금

나. 오일대금

5. 자동차 운행 코스트 계산공식

상기 내용을 정리한 후 월간 주행거리(km)를 Z로 하고 1km당 소요되는 총코스트를 Y로 하게 되면 다음 공식이 성립된다.

$$Y = \frac{고정비}{Z} + 1km당\ 변동비(유류비\ 오일비)$$

$$ZY = 고정비 + (1km당\ 변동비 \times Z)$$

이 경우 ZY는 자동차 운행에 필요한 월간 총비용이 된다. 어느 회사의 경우 차량 한 대가 1개월간 5,200km를 주행하고 고정비는 2,000,000원, 변동비는 1km당 1,000원이 투입된다면

$$Y = \frac{2,000,000}{5,200} + 1,000 = 1,385원(1km당\ 소요\ 코스트)$$

$$ZY = 2,000,000 + (1,000 \times 5,200km) = 7,200,000원$$

결국 차량 1대가 있으므로 소요되는 월간 총비용은 7,200,000원이 된다. 자동차 구입 가격과 대비하여 보면 운영비가 얼마나 높은 비중을 차지하는가를 이해할 수 있다. 물론 상기 총비용 중 인건비가 매우 높은 부분을 차지하고 있음을 알 수 있다.

6. 자사 보유 자동차는 꼭 필요한가

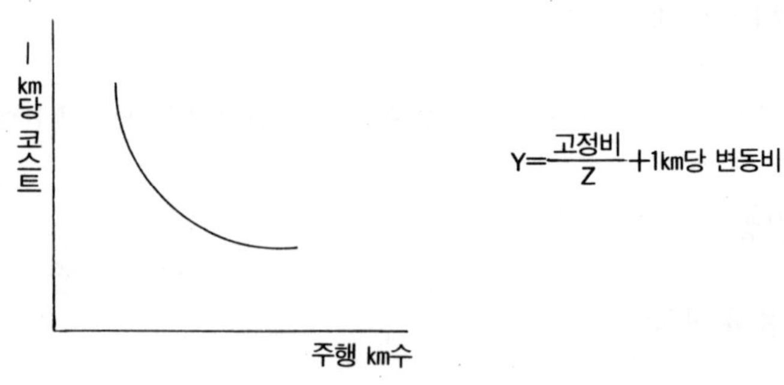

상기 표에서 보듯이 주행거리가 증가되면 1km당 운반 코스트는 급속하게 저하된다. 합리적인 배송 스케줄을 수립하게 되면 보유차량 대수를 절약할 수 있다. 동시에 아침 배송을 일제히 함을 기준으로 차량보유 대수를 계산한다는 것은 실로 바람직하지 않다.

1일 시간대별, 배송 횟수를 어떻게 계획하느냐는 조건별 내용을 총 코스트 차원과 점포 입하조건 등을 감안하여 수립하여야 한다. 또한 자사보유만이 가장 경제적인가를 검토하여야 한다.

외부 전문회사에게 시간대별 위탁 또는 일부 자사 일부 전속 임차를 하는 경우가 오히려 비용을 절감시킬 수 있는 경우가 많다. 만약 어느 운송전문회사가 오전만 계약에 의해 운행될 수 있도록 검토하여 볼 경우 100% 자사보유 차량만의 운행보다 오히려 비용을 절약할 수 있을 것으로 생각된다.

또한 용차를 함으로써 유익한 점은,

가. 운전기사의 불필요

나. 차고의 불필요, 차량관리의 불필요

다. 사고시 책임 불필요

라. 고정자산의 증가 방지 및 고정자산 매각손의 발생을 줄일 수 있다.

마. 운수회사의 전문성 및 자산 유지 노력 등으로 차량 청결상태 및 우수한 성능 유지 등의 장점이 있다.

또한 운수업자도 일정한 부분 영업의 확보 등으로 안정적인 경영이 가능하다. 따라서 자사보유 차량만으로 운영하는 것보다 용차제도를 충분하게 활용하는 것이 바람직한 경우가 많음을 인식하고 구체적인 검토를 하여야 한다.

7. 한계이익과 한계비용의 검토

정기 배송에 의한 상품 공급 후 품절 발생으로 임시 배송을 하여야 할 경우 임시 배송상품에 의한 한계이익(순매출 이익에서 변동비를 제한 정미 매출이익)과 임시 배송으로 인해 발생되는 비용, 즉 한계비용(주로 오일대, 가솔린대, 잔업수당 등)과 비교하여 한계비용이 한계이익보다 높은 경우는 손실이 발생하게 됨을 인식하여 임시 배송의 실시에 대한 검토가 필요하며, 가능한 임시 배송은 지양되어야 한다.

Ⅷ. 동작경제의 18원칙

1. 작업의 원칙

반복적으로 이야기되는 것이지만 작업의 합리화는 경비 중에서도 제일 큰 비중을 차지하는 인건비를 절약하는 것이다. 인건비의 절감은 같은 업무를 적은 인원으로 처리하는 것이다.

작업은 항상,

가. 小(인건비 코스트가 적게)

나. 正(틀림이 없이 정확하게)

다. 루(시간의 절약, 즉 인건비 절약과 타이밍)

라. 樂(피로가 내일 업무로 연결되지 않도록)하는 것을 원칙으로 하여야 한다.

모든 업무가 소정조락(小正루樂)의 면에서 검토되어야 할 것이다.

2. 3가지 무

작업은 3가지의 '무'를 없애야 한다.

3가지 무는 ① 무리 ② 무계획적 낭비 ③ 무질서적 비능률의 3가지다.

가령 2.5톤 트럭에 4톤을 적재하겠다면 무리한 것이 되고 1톤만 적재한다면 무계획적인 낭비가 될 것이며, 두 가지의 '무'가 계속된다면 무질서로 인한 비능률의 극치를 이루게 된다. 이 세 가지의 '무'가 없어지는 것을 능률이라고 할 수 있다.

능률이라는 것은 일시적으로 무계획하게 무조건 처리하는 것이 아니라 '소, 정, 조, 락'에 '3무'를 없애는 것을 인식하여야 한다.

3. 동작경제의 18원칙

그러면 이와 같은 능률적인 일을 어떻게 하는 것이 바람직한가에 대해서는 여러 가지 원칙들이 발표되었으나 매장에 있어서 바로 채용할 수 있는 기준에 의한 동작경제의 18원칙에 대해 살펴보고자 한다.

가. 제1원칙

재료, 도구, 설비는 언제나 적정한 위치에 설치하고 작업한다.

매장이나 작업장의 어디에 도구를 놓느냐 하는 것에 관심을 가져야 한다. 가장 능률적이고 쉽게 사용할 수 있는 것은 작업자의 가까운 위치에 설치되는 것이다.

반복적인 업무의 경우에는 수센티미터의 차이가 있다 하더라도 동작 결과 누적치는 수km의 거리로 되기 때문이다.

'1cm 더 가까운 거리'에 대한 인식이 요구된다.

나. 제2원칙

용구의 위치를 확실하게 결정하고 위치를 고수한다. 각 용구를 가장 효율적인 방법 및 순서로 사용할 수 있도록 위치를 결정하고 결정된 위치에 항상 정해진 용구가 비치되도록 한다.

용구를 찾기 위해 불필요한 행동과 시간을 할애하여서는 안된다. 예를 들면 레지스타 주변에는 여러 가지 용구(가위, 칼, 테이프, 포장지, 포장 봉투, 리본 등)가 있으나 이것들이 정해진 위치에 놓여 있지 않으면 교대 근무자가 불필요한 행동과 시간을 소비하게 된다. 물론 청소 도구 등도 마찬가지다.

다. 제3원칙

작업장에 배치된 용구는 언제나 사용할 수 있는 상태를 유지한다.

라. 제4원칙

작업대는 인체공학적 설계와 작업하기 편하게 제작한다.

　피로의 원인은 작업이나 중량물의 이동만으로 생기는 것은 아니다. 예를 들면, 서서 작업하는 경우 작업대는 팔꿈치보다 5~8cm 낮게 한다든가 레지스타 키보드는 매장 바닥으로부터 95~100cm 정도로 하는 것이 좋다든가 하는 것이며 또한 정찰 작업시 작업대도 없이 바닥에 쭈그리고 앉아 작업을 하는 것과 같은 경우는 횟수가 많을수록 동작이 완만해지고 피로도 쉽게 오게 된다.

　또한 조명이 어두워서 눈이 쉽게 피로하다든가 하는 경우가 많은데 작업장은 될 수 있는 한 자연광 또는 자연광 조명을 밝게 하여 피로를 줄여야 한다.

마. 제 5 원칙

　상품에 손을 대는 횟수를 최소화한다.

　예를 들면, 입하된 상품은 바로 카트나 핸드트럭에 옮겨 그 상태에서 검품하고 검품 종료와 동시에 창고에 입고시키지 않고 바로 매장 진열을 하도록 한다. 결국 상품을 1회라도 바닥에 내려놓는 작업을 줄여야 한다. 상품이 입하되어 진열시까지 몇 회나 상품을 올리고 내렸는가를 조사할 필요가 있다. 아마도 상상 이상의 숫자가 나온 것에 놀랄 것으로 생각한다.

　포장의 경우도 상품을 포장지가 놓인 위치에 바로 놓고 포장하는 경우와 포장대 위에 놓고 포장하는 경우 시간의 차이가 매우 큼을 알 수 있다.

바. 제 6 원칙

　작업자의 작업 범위 내에서 가능한 상품 또는 빈 박스의 자체 중량으로 움직일 수 있도록 도구 검토를 한다.

　예를 들면, 상품 운반 용구 밑에 활차를 취부하여 약간의 힘을 가하여 밀거나 로라, 레일 등을 검토하여 경사에 의한 상품 자체 중력으로 움직이게 하거나 검품장에서 매장까지 전용 자동 콘트롤 컴베어 라인 또는 엘리베이터에 의거하여 운반되거나 하는 등의 연구를 한다.

사. 제 7 원칙

양손을 동시에 사용하여 작업한다. 양손을 동시에 사용하는 것이 한 손을 이용하여 작업하는 것보다 훨씬 피로가 덜하다. 최근에는 자동 정찰작업대가 많이 개발되어 있어 그 사용이 일반화되어 있으나 작업장의 레이아웃이 주로 한손을 이용하도록 되어 있다면 기계 이용이 잘못된 것이다. 한손엔 상품, 다른 한 손엔 정찰 취부관리가 이루어질 수 있도록 하여야 한다.

아. 제 8 원칙

손의 동작은 끊어짐이 없이 원활하게 움직이도록 한다. 예를 들면, 카튼 포장상자를 칼로 개함시 3면까지는 한번에 이루어질 수 있으나 4면째는 다시 자세를 바꾸어야 한다. 이 경우 박스채로 개함하여 진열하지 않고 내용물을 별도로 진열한다면 4면째는 절개하지 않더라도 개함을 하는데 지장이 없게 된다. 따라서 작업의 성격에 따라 한번에 손놀림을 끝낼 수 있는 방법을 검토함이 바람직하다.

자. 제 9 원칙

불필요한 몸 움직임을 배제한다. 즉, 손가락과 손으로 작업이 되게 하고 불필요한 근육의 움직임은 최소화한다. 손을 길게 뻗어서 작업을 한다든가, 구부리고 작업을 한다든가, 비스듬히 서서 작업을 하는 것은 바람직하지 않다. 미국의 슈퍼마켓은 케시어와 샷카(상품을 포장하는 사람) 사이가 1~2m 정도 되는데 여기에도 콘베아벨트를 설치하여 작업의 효율을 높이고 있다. 콘베아벨트 설치비는 어느 정도 투입이 되겠으나 그 비용은 효율적 작업에 의한 인건비 절감에 비하면 무시하여도 될 정도이다.

차. 제10원칙

관성의 법칙을 이용한다.

콘베아벨트에 의해 흐르는 상품을 적상하는 것이 정지된 상태의 상품을 적상하는 경우에 비해 능률적이고 즐거움도 있게 된다.

카. 제11원칙

다음 단계로 자연스럽게 연결되도록 업무를 정리한다. 예를 들면, 소분작업이라든가 정찰작업 후 매장 운반을 위해 재작업이 되는 것이 아니라 앞의 작업이 끝나면 연결작업이 자연스럽게 이루어지도록 하는 것이다. 그러므로 정찰작업 후 그대로 매장에 진열될 수 있는 상태로 정리되면서 작업하는 것이 가장 효율적이다.

타. 제12원칙

리듬에 의한 동작이 될 수 있도록 연구한다. 작업은 항상 즐거움과 리듬에 의해 동작이 될 수 있도록 연구 노력하는 것이 바람직하다.

BGM(BACK GROUND MUSIC)과 같은 작업장의 배경음악은 선곡 여하에 작업능률이 향상될 수 있는 좋은 예이다.

파. 제13원칙

손은 작업을 위한 도구이지 손 자체가 어느 상품을 지지하기 위한 용도로 이용되어서는 안된다. 상품을 하나하나 들고 정찰작업을 하는 경우보다 작업대 위에 상품을 놓고 작업을 하는 것이 훨씬 능률적이다. 책상 위에 노트를 놓고 글을 쓰는 경우와 손으로 노트를 들고 글을 쓰는 경우 책상 위에 놓고 쓰는 경우가 능률적임은 누구나 경험적으로 알고 있는 사실이다.

하. 제14원칙

가능한 곳에서는 발로 조작되는 도구를 사용한다. 될 수 있는 한 발을 사용하여 손의 부담을 덜어 주는 것이다. 예를 들면 자동개폐 도어가 대표적이다. 또한 포장시 히트 실러(HEAT SEALER;열을 이용해서 비닐 등을 접착시키는 기계)의 이용시도 손과 발을 함께 사용하는 것이다. 또한 최근에는 센서에 의해 수도꼭지의 작동 없이 물이 나오고 중단되는 것과 같이 전자센서에 의한 도구의 개발도 많이 되고 있다.

거. 제15원칙

보행을 최저로 줄이도록 한다. 걷고 있는 상태에서는 어느 것도 제대로 생산할 수 없기 때문이다. 보행을 최소화하기 위해서 작업 동선에 대한 연구와 노력이 필요하다. 본인 스스로가 불필요한 보행이 많음을 느끼지 못할 때는 점포에서 담당자별로 VTR촬영을 하여 보면 수정될 사항을 쉽게 확인할 수 있다. 적절한 운반 설비를 하여 한 발자국이라도 줄이는 노력을 하여야 한다. 외국에서는 이미 매장 내에서도 진공튜브에 의한 서류전달이 이루어지고 있는 실정이다.

너. 제16원칙

작업시간의 공백 또는 오버로드를 없애야 한다.

더. 제17원칙

작업개선을 위한 제안을 실시해야 한다. 작업의 개선은 항상 필요하며 종착지가 없다. 또한 작업개선에 대해 가장 잘 알고 있는 사람은 바로 담당 사원이다.
전 작업원이 지금 내가 무엇을 하고 있는가를 생각하고 이것의 개선점은 없는가를 생각하면 개선의 방법이 나오게 된다. 미국 최대소매업체인 WAL-MART는 제안 담당 부사장이 별도로 있어 전직원들의 제안을 처리하고 업무에 적용시키고 있다. 이와 같은 제안이 생활화될 때 작업의 효율은 급상승하게 되는 것이다.

더. 제18원칙

작업중 '잘 모르겠다', '의문을 갖고 있다' 등의 내용을 없애야 한다. 대개의 경우 왜 이렇게 하여야 하는가에 대한 목적이나 본질적 기능을 이해하지 않고 그저 하던 것이니까 하는 식의 의식을 갖고 업무를 그대로 진행시키는 경우가 많다. 작업에 대한 목적과 기능이 작업원에 대해 분명하게 교육되어 있을 때 개선점에 대한 의문이 생기게 된다.

4. 작은 것도 신중하게 검토하여야 한다

아무리 큰 업체라 할지라도 작은 이익이 모여서 큰 이익을 생산하는 것이므로 작은 부분의 이익에 대한 세심한 배려가 없으면 이익 관리가 어렵게 된다.

1분간 인건비가 매우 높은 반면 상품 1개당 순이익은 매우 적다는 사실을 인지하여 매장과 사무실 주변에서 코스트다운을 위한 개선의 여지가 있는지를 구체적으로 검토할 필요가 있다. 아마 무수히 많은 문제들이 있을 것으로 생각된다. 이와 같은 개선은 금액이나 시간으로 정리될 수 있으므로 그 효과를 구체적으로 확인할 수 있다.

제6장

현상분석과 대책

제6장 현상분석과 대책

I. 이익 계획의 기본

1. 무엇 때문에 이익 계획을 세우는가

가. 계획의 개념

계획이라 함은 어떤 업무를 수행함에 있어 방법이나 순서를 검토하는 것이라 할 수 있는데, 만약 이제까지 하던 방법대로 계속해서 업무가 이행된다면 별도의 계획을 수립할 필요는 없을 것이다. 결국 계획을 수립한다는 것은 이제까지의 하던 방법대로 할 경우 예상되는 장래에 대해 충분한 대처를 사전에 할 수 있도록 하기 위한 방법이나 순서라고 할 수 있다.

우리는 '일기예보'라는 말을 사용하지 '일기계획'이라는 말을 사용하지는 않는다. 이것은 계획을 수립하여 목표를 달성할 수 없기 때문이다. 또한 노력을 하여 목표치를 수정할 수 있는 것도 아니기 때문이다.

그러나 회사의 이익계획은 항상 일정한 위기감에서 출발하게 되며 목표 달성을 위한 노력을 통해 목표 달성이 가능하기 때문이다.

나. 이익 계획의 기준

누구나, 어느 회사나 이익계획을 나름대로 수립하고 있다. 그런데 얼마나 효과적이고 현실적인 계획을 수립하느냐가 문제인 것이다. 많은 인력과 조직을 투입한 계획이라 할지라도 일반적 이론에 치우치고 자사의 현상분석이나 장래 예측이 적절한 것이 되지 못한다면 그것은 오히려 계획수립이 되지 않은 것보다 나쁜 결과를 가져오게 된다.

소매업에 있어서 업종, 업태, 규모에 따라 자신의 규모에 맞는 기업 특유의 계획수립이 요구된다.

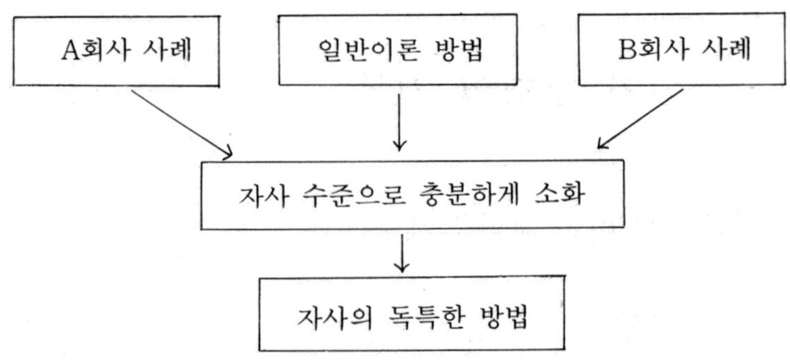

2. 이익 계획 수립 방법 및 순서

어느 기업에나 적용될 수 있는 유일·최선의 이익 계획은 아니나, 어느 기업에나 필요한 순서의 포인트를 다음과 같이 정리할 수 있을 것으로 생각한다.

순서 1 경영자와 종업원이 협력하여 지위나 부서별의 특성 주장만이 아닌 이익 계획에 대해 절대적인 공통의 이해가 필요하다.

순서 2 자사의 실태에 의한 현상분석을 통한 계획 수립이 필요하다.

순서 3 경영개선 계획, 이익개선 계획을 수립하기 위해서는 문제점의 시정이 필요하다.

순서 4 이익 계획표를 작성, 계획기간 동안의 내용을 정리한다.

순서 5 각각의 관리자가 처리하여야 하는 목표 수립 사항의 정립이 필요하다.
순서 6 필요한 항목별 예산안을 수립하여, 이익 계획, 관리자 목표,
　　　　예산 등을 결정한다.
순서 7 계획에 의한 실시 활동을 관리한다.
순서 8 계획의 달성 정도를 분석하여 실적을 평가한다.

　　　　ⓐ 이익계획에 대한 전사적 이해
　　　　ⓑ 자사의 현상분석
　　　　ⓒ 문제점, 개선점의 검토
　　　　ⓓ 이익계획서 작성
　　　　ⓔ 관리자별 목표 수립
　　　　ⓕ 부문예산안 작성 및 전체 조정
　　　　ⓖ 실시활동의 관리
　　　　ⓗ 실적평가

3. 계획의 내용은 구체적으로

가. 계획의 원칙

　이익 계획은 대체적으로 매출액, 이익, 이익률 등에 대해 중점적으로 관심을 두고 있으나 그것을 달성하기 위해 구체적으로 ① 무엇을 ② 어디까지 ③ 어떻게 등에 대한 검토가 충분히 이루어지지 않고 있는 것이 현실적으로 많다. 대개의 회사는 '매출액은 최소한 15% 이상', '비용은 2% 이내 인상 등' 숫자로 표시하고 있으나 그 구체적인 내용에 대해서는 막연한 경우를 보게 된다. 따라서 현실적인 계획이 되기 위해서는 계획 내용에 ① 무엇을(목표 항목) ② 어디까지(목표 수준) ③ 어떻게(방침, 방법) 등에 대해 구체적인 검토가 필히 있어야 한다.

　계획을 수립함에 있어 달성 가능치와는 별도로 처음에는 희망수준을 설정하게 된다. 즉, 현재의 상황으로 추이를 검토할 경우의 예상과 희망수준에 대한 차이가 발생하게 되는 것이다.

　이 양자의 차이를 숫자로 조정하는 것이 아니라 차이를 접근시킬 수

있는 해소 방안이 수립되어야 한다.

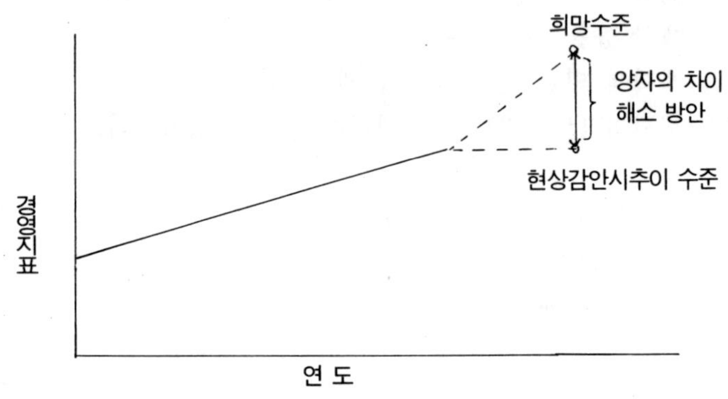

나. 자사의 장점과 문제점 파악

기업경영이란 무엇인가라는 것에 대한 답으로 여러 가지를 이야기할 수 있으나 '그것은 기업간의 경쟁이다'라고 이야기하더라도 크게 틀린 말은 아니다.

경쟁에 있어서는 강자가 이기고 약자가 패하는 것은 당연하다. 기업간 경쟁에 살아남기 위해서는 자사의 장점을 활용하고 단점을 보강할 필요가 있다. 만약 장점이 하나도 없는 기업이라면 그 기업은 결코 존재할 수가 없을 것이다. 또한 약점은 가능한 한 빨리 보강하지 않으면 안된다. 결국 경영 계획, 이익 계획이라는 것은 경영개선 계획, 이익개선 계획이 되는 것이다.

현상을 개선하기 위해서는 장점은 활용하고 단점은 보강할 필요가 있다. 어느 회사나 문제는 있다. 만약, 우리 회사는 문제가 하나도 없다라고 하는 회사가 있다면 그 회사는 결코 오래 가지 않아 도산할 것이 분명하다.

실적을 검토함에 있어 숫자의 좋고 나쁨만을 갖고 운운하는 것은 진정한 의미가 없다. 문제점이 무엇이며, 시정하여야 할 것이 무엇인가를 검토하는 것이 매우 중요하다.

○ 문제(문제점)란 ?

- 희망 수준과 현상의 차이
- 해결하지 않으면 안되는 과제
- 성장 장애 요소

다. 문제점은 구체적으로 표현하라

결산서나 기타 자료를 검토한다 하더라도 왜 매출액이 신장되지 않았는가의 문제에 대해서 생산성이 낮고 설비의 유효 활동이 적절치 못했다 등의 지적만으로는 해결책이 되지 않는다. 적절한 파악을 위해서는 문제점을 구체적으로 파악할 필요가 있다. 단순히 생산성이 떨어졌다는 것만으로는 각자의 해석이 차이가 날 수 있으며, 또한 해석 자체도 임의로 하게 될 수 있다.

생산성이 떨어졌다는 것에 대해 1인당 매출액, 부가가치 등이 어느 정도인가, 무엇에 비해 낮은가, 전사적인 하향만이 아닌, 부문별, 점포별로 분명하게 구분되어야 하며 추상적인 말이 아닌 구체적인 내용으로 분석이 되어야 한다. 일상생활에 있어서는 추상적인 표현이 문제 해결에 도움을 주는 경우가 많으나 조직의 문제 해결에서는 아무런 도움도 되지 못한다.

라. 전원 참가의 계획 수립

이익 계획을 효과적으로 추진하기 위해서는 부문관리자나 기타 종업원 전원의 협력이 필요하다. 계획을 실시하는 것은 직접적으로 경영자나 기획 담당자가 아니기 때문이다. 그러나 계획 설정이 경영자 1인 또는 기획 담당자 일부가 임의로 행함으로써 계획 자체가 상부에서 밑으로 일방적인 결정으로 내려올 경우에는 각 부문의 협력을 얻을 수가 없다. 결국 결과가 실패로 나타나기 쉽다. 전원 참가의 경영이 필요한 것이다.

조직의 콘센서스가 이루어지지 않으면 계획의 달성은커녕 상사의 지시 사항도 전달되지 않거나 또는 임의로 각색되어 전달됨으로써 효과적인 목표달성이 이루어지지 않게 된다.

마. 관리제도의 관리가 필요하다

이익 계획을 적절하게 수립하였다 하더라도 운영에 있어서는 항상 전제 조건의 정비가 필요한 경우가 발생하게 된다. 즉, 사정변경, 환경변경, 법률 개정 등 실로 많은 문제점들이 나타나게 된다.

PLAN→DO→SEE가 하나의 선상에서 끝나는 것이 아니라 원을 그리며 반복해서 이루어져야 하는 것이다. 즉, 관리제도의 관리가 필요하게 된다. 계속적인 PLAN→DO→SEE의 연속으로 계속적인 문제점이 해결되고 개선조치가 이루어지게 되는 것이다.

4. 경영자의 강한 태도와 관심이 관건이 된다

이익 계획의 추진에 있어 전제조건의 하나는 '경영자의 이해와 지지'가 주요 포인트가 된다. 경영자의 관심 정도에 따라 효과적으로 운영되느냐 않느냐의 중요한 원인이 된다.

본래의 이익 계획은 경영자의 희망사항을 구체적으로 정리한 것으로 그 작성은 해당 부서에서 이루어지더라도 결국 이익 계획의 당사자는 경영자로서 당사자로서의 관심이 절대로 요구된다.

기업을 존속시키고 목적지까지 기업을 운영하기 위한 계획의 설정, 실시단계, 반성의 과정 등이 바로 경영자의 기본 역할이 된다.

이와 같은 역할에 대한 관심의 정도가 성과와 바로 직결되는 것이다.

경영자의 업무 중 중요한 것 3가지를 선정한다면 여러 형태로 이야기할 수 있겠으나 기본적인 면에서 보면 다음 3가지로 분류하여 설명할 수 있다.

① 기업 조직의 유지 존속
② 조직활동의 통제 관리
③ 목표의 설정

5. 이익 계획이 실패하는 원인

이익 계획이 실패하는 것 중 가장 중요한 요인은 예산관리의 실패에 있다고 볼 수 있다. 즉, 이익계획은 예산관리와 같은 맥락에서 이해되어야 할 것이다.

예산관리의 원전이라고 할 수 있는 G. A. WELSCH의 《기업예산》이라는 책에서 예산관리가 실패하는 요인을 열거한 내용을 정리하여 보면 참고가 될 수 있을 것으로 생각된다.

· 예산관리가 실패하는 원인

① 지나치게 많은 것을 기대한다
② 지나치게 급속하게 설정한다
③ 부적당한 감독과 관리
④ 졸렬한 조직 구성
⑤ 부적당한 회계제도
⑥ 부적당한 원가제도
⑦ 과거의 제활동에 대한 부적당한 통계
⑧ 지나치게 조급한 결과를 기대한다
⑨ 협력을 얻는 것에 실패한다
⑩ 사장이 적극적인 지지를 보내지 않는다
⑪ 결과를 분석하여 차이의 원인을 파악하는 데 실패
⑫ 양식이 많으며, 세분된 내용에 구애되는 경우
⑬ 장래의 일을 사전 예측으로 무리하게 접근하는 경우
⑭ 일상의 업무 순서가 명확하지 않은 경우
⑮ 예산 수정에 있어 충분한 탄력성이 없는 경우
⑯ 불충분한 시장 분석
⑰ 양적 수치의 불충분한 이용
⑱ 재고, 제조, 출하량의 조정에 대해 충분한 주의를 하지 않는 경우

6. 이익 계획의 체크 리스트

자사의 이익계획을 우수하게 수립하기 위해서는 일반 이론이나 방법을 검토하거나 타사의 사례를 파악하는 것이 절대로 필요하다. 그러나 결국은 각각의 기업 고유의 이익 계획이 필요하게 되며, 자사의 현상에 맞게 단계적으로 전개시켜 나가지 않으면 안된다. 이를 위해서는 먼저 자사의 이익 계획을 분석할 필요가 있다.

아래의 체크 리스트는 그 방법 중의 하나로서 한 사람 한 사람만의 체크만이 아닌 상사와 부하, 각 부문의 내용을 종합하여 각각을 조명하고 그 공통점이나 차이에 대해 공동으로 검토하는 것이다.

경영자는 부문관리자나 현장 근무자의 의견을 기획·경리 부문의 근무자는 경영자나 각 부문의 의견을, 또한 영업·제조 부문이라면 기획·경리 부문 등의 의견을 들어 자사의 이익 계획에 대한 문제점을 서로 의견을 교환하고 개선 조치할 필요가 있다.

다음의 체크 리스트를 사용함에 있어 설문 항목이 전부를 나타낸 것이 아니므로 필요에 따라 여러 가지 형태로 변형하여 전개시킬 필요가 있다.

가. 이익 계획 전반의 검토

1) 현상의 이익 계획 수립에 있어서 만족하는가? 그렇지 않으면 문제점을 항목별로 작성하라.

2) 이익 계획 수립 후 자사의 문제점에 대해서 검토하였는가? 검토하였다면 최근에 어떠한 개선책을 실행하였는가.

3) 이익 계획의 실패는 없었는가. 계획의 실패가 있었다면 그 원인은 무엇인가.

4) 경영자는 적극적인 태도로 임하였는가. 계획의 수립, 실행, 실적 평가에 있어 어떠하였는가. 적극성이 지나쳐 어떠한 폐해는 발생되지 않았는가.

5) 관리자나 종업원은 계획 수립이나 실시에 있어서 협력적이었는가. 그렇지 않다면 그 원인은 무엇인가.

6) 기획 및 경리 담당자로서 경영자나 관리자에 대해서 어떠한 조치를 취했는가.

7) 계획 수립 결과가 최초의 희망 수준이 아닌 무조건 목표 상향 조정의 조치는 없었는가.

8) 계획 수립시 목표 숫자만이 아닌 그것을 달성하기 위한 방법에 대해서도 검토하였는가.

9) 각각의 부문 계획은 충분히 조정되었다고 생각하는가.

10) 관리자, 책임자의 책임 및 권한은 분명하게 정리되었는가. 그렇지 않다면 어떠한 점인가.

나. 현상 분석의 검토

1) 자사의 결산서를 기초로 재정 상태, 수익성, 생산성, 성장성 등에 대해서 분석하였는가.

2) 그간 몇 년 간의 경향에 대해서 검토하였는가.

3) 동업 타사의 상태 및 통계자료 등을 비교하였는가.

4) 이상의 경영 분석 결과 어떠한 문제점이 있는가. 또한 그 주된 원인은 무엇인가.

5) 분석 결과에 대해서 경영자 및 관리자에게 알기 쉽게 설명이 되었는가.

6) 제품별, 부문별, 점포별 등으로 수익성을 검토하였는가.

다. 이익 계획의 설정에 대한 검토

1) 추정 손익계산서는 전사, 부문별, 점포별, 월별로 작성하였는가. 또한 변동비와 고정비의 구분은 하였는가.

2) 매출 계획은 부문별, 품목별로 작성하였는가. 상품 구성에 대해서 고려하였는가.

3) 이익 계획은 자금 계획과 관련하여 작성하였는가.

4) 재정 상태의 개선을 위한 계획표를 작성하였는가.

5) 각종의 계획표는 경리 기준과 맞는가.

6) 관리자나 경영자의 목표(될 수 있는 한 중점 사항)는 확실하게 설정되었는가.

7) 만약 판매 예산, 매입 예산 등 부문 예산을 수립하였다면 그에 대한 문제점은 없는가.

라. 이익 계획의 실시에 대한 검토

1) 이익 계획이나 예산은 지나친 계획으로 되지 않았는가. 또한 기중(期中)관리는 만족한 상태였는가.

2) 경영자나 관리자에 대한 월차 시산표, 월별 관리자료는 익월 며칠에 관계자에게 정리, 보고되는가. 그 시기는 타당하다고 생각하는가.

3) 관리자료 등에 대한 종류, 양식, 내용, 이해도 등에 대해 사내의 불만이 있었는가. 있다면 어떠한 종류인가.

4) 실적 자금 운영표는 이해가 쉽도록 되어 있는가. 자금 계획표와 비교 검토하였는가.

5) 목표 및 예산 달성도에 대해 분석하였는가. 또한 그 차이에 대해서 어떻게 조치하였으며, 문제는 없는가.

6) 실적 평가에 대해 예산 달성도만이 아닌 중요 업무의 수행도에 대해서도 검토하였는가.

7) 연도 종료 후 필히 업적평가를 하였는가. 또한 그 기준은 정확하였는가. 향후 업적 평가에 대한 개선 방안은 수립하였는가.

7. 계수관리의 기본

가. 경영자의 본래 업무는 무엇인가

점포 경영에 있어 성장의 기본은 그 책임자인 경영자 또는 점주가
(가) 확고한 경영 방침 보유
(나) 입지 환경에 맞는 머천다이징을 적극적으로 전개
(다) 규모 및 경영력에 적합한 실현 가능한 이익 계획을 중심으로 판매계획, 점포, 인재육성 계획 등을 수립하여 그것을 실행하는 것이다.

실행이라는 것은 머천다이징을 계획에 따라 행하는 것으로써 경영자나 점주의 지도력, 관리력에 달려 있다. 투하자본의 횟수에 대해서는 엄격한 기준을 유지하고 적정한 이익을 확보하기 위한 필요이익과 매출액을 각 부문별로 분명하게 배분할 필요가 있다.

책임자는 매일 매장별 계획과 실적을 대비하고 그 차이를 파악하며 전일의 실적 비교 결과 계수상 현저하게 부진한 매장이 있을 경우에는 오후에는 해당 매장을 방문하여 고객의 움직임, 점원의 서비스 상황, 상품별 매출 현황 등을 직접 관찰하고 판매간부 및 사원들과 대책을 협의한다.

결국 간부나 경영자는 계수관리와 현장 개선을 직결시켜야 한다. 이와 같은 사무실과 매장의 왕복운동이 일과가 되어야 한다. 목표라는 것은 계획에 의한 이익을 확보하는 것이다. 이를 위해 최대한의 능력을 발휘하여 내점하는 고객에게 상품 판매를 통하여 만족을 제공하는 노력을 계속하여야 한다.

성장 점포는 단순히 의욕만을 앞세우는 것이 아니라 냉정하고 객관적인 분석을 바탕으로 계획을 수립하고 효율적이고 합목적적으로 행동하는 특징을 갖고 있다.

나. 입체적이고 종합적인 경영 평가의 필요성

재무 계수 이면에는 사람의 활동과 시장이 있다. 재무는 영업활동과 떨어져서는 존재하지 못한다. 또한 영업활동은 적정한 재무활동의 구상에 의해 그것에 가깝도록 하기 위한 활동이 된다. 판매, 재고, 매입, 노무 등의 제업무의 방향성은 경영방침(Policy)에 의해 이루어지고 인재의 결집력, 즉 조직력이 문제의 해결을 쉽게 한다. 조직력의 전개활동으로 IN PUT되는 제활동을 통해 고객에게 소구하게 되는 것이다. 이러한 계획과 금기의 실적 등이 감안되어 차기의 계획이 재수립되게 된다.

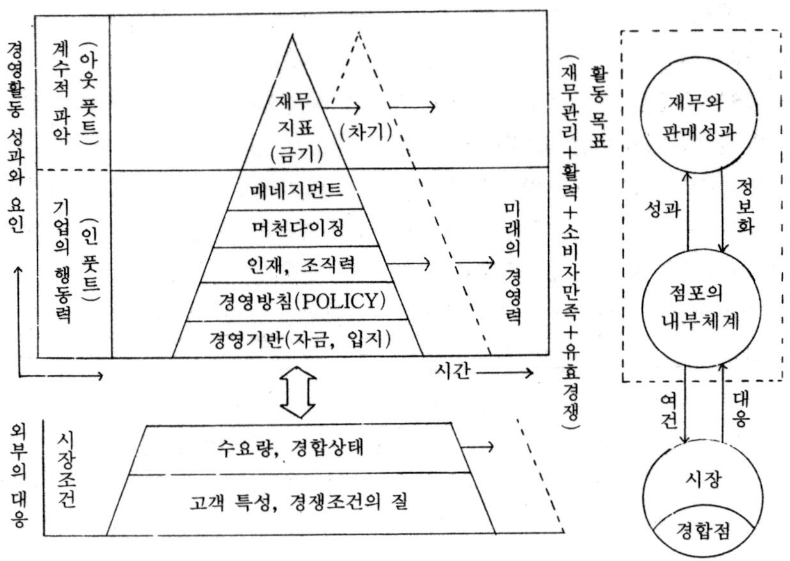

이러한 분석과 개선의 과정은 다음과 같이 정리할 수 있다.

(분석과 개선의 프로센스)

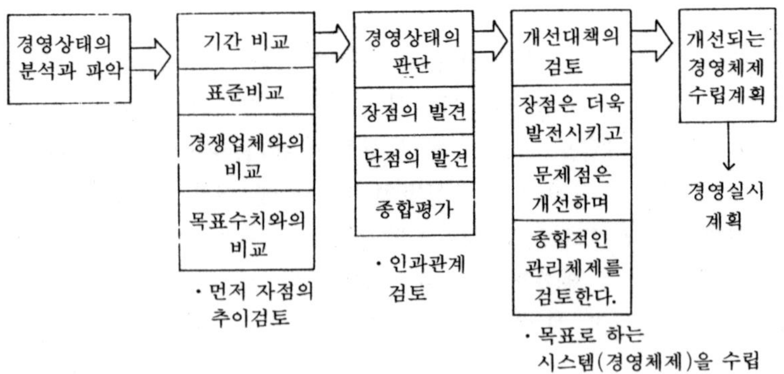

다. 계수 자료의 취사 선택

저성장시대라 하여 무조건 목표를 축소시킨다면 고객은 축소 과정에서 발생되는 점포의 제문제점 등으로 매력을 상실하게 되어 점포의 이용을 더욱 하지 않게 된다.

매출이 신장되게 되면 운전자금이 증가하고 재고가 증가되는 것은 당연한 것이며 지불 어음, 외상 매입금 등의 증가를 피할 수 없게 된다. 그러므로 사회 여건만을 직선적으로 도입할 것이 아니라 자사의 현상을 종합적으로 파악하기 위해 경영의 안전성, 효율성, 발전성 등이 전사적으로 검토되어야 한다.

계수는 객관적인 사실을 나타내고 있으므로 그것을 잘 이용한다면 항해시의 나침반처럼 매우 유용한 성과를 얻게 된다.

경영은 목표를 구체적인 숫자로 설정하여 영업활동을 하여야 하며 영업활동의 결과를 파악하여야 한다. 숫자는 매우 정직한 것이다. 따라서 점포의 업종, 규모, 계수 자료의 수집 가능 여부, 종업원의 능력 수준 등을 감안하여 필요한 것이 무엇인가를 파악하고 점포의 체질에 맞는 방법 등을 검토하여 기준에 의한 계수 데이타를 선택 결정하는 것이 필요하다.

Ⅱ. 자사의 현상분석과 대책

1. 자사의 실태 파악

계획수립에 있어 제일 먼저 검토되어야 할 부문은 자사의 현상분석이다. 즉 자사의 실태를 파악하여 그것을 기초로 계획을 수립한다.

현상분석 결과 어떠한 문제점이 있는가, 그 원인은 무엇인가, 또한 그 해결책에 대해서는 어떠한 수단과 방법이 좋을 것인가 등의 검토가 필요하다.

희망 숫자만의 정리는 탁상공론에 불과하다. 계수면의 현상분석은 먼저 전사적인 재정상태, 수익성, 생산성, 성장성에 대해서 검토하는 것이다.

이를 위해서는 자사의 최근 수년간의 경향을 파악하고 자사와 동업 타사와의 통계자료를 비교하며, 그 비교 결과에 의한 자사의 장점과 문제점을 정리한다.

또한 종합적인 검토와 함께 부문별 검토가 필요하다. 예를 들면 전사적 매출 이익률이 저하된 경우는 상품군별 수익률 변화의 검토와 상품 믹스의 변화 결과 검토, 점포별 검토, 고정비의 부담도 등 각 부문에 대해 철저한 검토가 필요하다.

자료가 포괄적으로 이루어지면 분석이나 판단도 추상적으로 이루어지게 된다. 전체에서 부문까지 분석을 구체적으로 추출하여 검토하여야만 정확한 전체의 파악이 가능하다. 또한 조직, 제도, 분위기, 사기 등 비계수면에 대해서도 어떠한 문제가 있는가, 그 원인은 무엇인가, 개선책은 무엇인가 등의 검토가 필요하다.

계수만으로 기업 실태 전부를 파악하는 것은 불가하기 때문이다.

- 계획을 수립하는 것은 실태를 파악하기 위한 현상분석이다. 현상분석의 방법은 전체로 접근하고 필요시 부분을 검토한다.
- 현상분석은 계수면만이 아닌 비계수면도 검토한다.

· 회사 숫자의 양부(良否)는 다음 사항과 비교한다.

　①동업 타사의 상태 또는 동업종 평균치
　②그 기업의 과거 상태
　③목표 또는 예산

2. 재정 상태의 분석

가. 요약 대차대조표

기업이 성장하는 것은 적정한 이익을 얻는 것과 함께 재정 상태의 건전화가 필요하다. 아래의 요약 대차대조표에 따라 그 상태를 검토하게 된다. 이것은 최근 수년간의 각기의 금액, 구성비, 추세율을 정리한 것이다. 구성률은 대차대조표의 합계를 100으로 하여 각 항목의 비율을 나타낸 것이며, 추세율은 11기를 기준 연도로 하여 차기 이후의 증감을 비율로 나타낸 것으로 기간 비교를 용이하게 하기 위한 것이다.

이와 같은 표의 정리는 전체의 흐름을 쉽게 파악하기 위한 것이다. 이 자료는 먼저 전체를 파악하고 다음에 부분을 파악하는 요령으로 정리된 것이다. 먼저 대차대조표의 합계인 총자산, 총자본의 흐름을 파악하고 그것의 증감이 있다면 자산의 무엇이 증감되었는가를 파악한다.

다음은 자금조달은 어떻게 이루어졌는가를 알기 위해서 부채와 자본의 내용을 파악한다.

또한 동업 타사나 통계자료와도 비교한다. 대차대조표의 개선을 위해서는 자산의 축소, 자본의 증가가 필요하다. 즉 대금 회수를 강화하여서 매출 채권을 축소하거나 재고를 축소하게 되면 타조건은 동일하더라도 부채의 감소를 가져오게 된다. 또한 이익의 축적과 증자에 의해 자본을 증가하게 되면 자기 자본이 충실하게 된다.

상기와 반대의 경우는 소위 차입금 경영이 된다. 차입금 제로는 현실적으로 불가능한 것일지라도 재정상태의 건전을 위한 노력이 절대적으로 필요하다.

재정상태 분석표(1)

(요약 대차 대조표)

항 목	제11기				제15기	
	금액	구성비	추세율		구성비	추세율
유동자산	3,995	65.7%	100%			
고정자산	2,061	34.3%	100%			
합 계	6,016	100.0%	100%			
유동부채	3,431	57.0%	100%			
고정부채	1,440	23.9%	100%			
특별충당금	28	0.5%	100%			
자 본	1,117	18.6%	100%			
(주)할인 어음 잔고	763	—	100%			

나. 정태(靜態)비율, 이익 처분

정태비율이란 분자, 분모에 의해 대차대조표의 내용으로부터 대차대조표의 상태를 나타내는 제비율의 총칭이다.

주로 정태비율을 기별 분석하게 되나 기간 비교에 의해 어떠한 경향을 나타내는가를 파악하고 동업 타사의 상태 및 통계 등과 비교할 필요가 있다. 이익 처분의 제비율은 재정상태와 밀접한 관계가 있다. 이것은 이익 처분 계획서에 의해 작성되게 된다. 대차대조표 개선의 방책으로서 사내유보율을 높이게 되면 그만큼 준비금이나 적립금이 증가되며, 자본 즉 자기 자본을 충실하게 하는 것이 된다.

대차 대조표

자 산	부채, 자본
유동자산①	유동부채②
	고정부채⑤
고정자산③	자 본④

재정상태 분석표(2)

(정태 비율)

항 목		제11기	제15기
① 유동비율	$\dfrac{\text{유동자산}}{\text{유동부채}}$ 115.3%		
② 당좌비율	$\dfrac{\text{당좌자산}}{\text{유동부채}}$ 77.7%		
③ 고정비율	$\dfrac{\text{고정자산}}{\text{자 본}}$ 184.5%		
④ 고정장기접합률	$\dfrac{\text{고정자산}}{\text{고정부채, 자본}}$ 79.7%		
⑤ 자기자본 구성비	$\dfrac{\text{자 본}}{\text{총자본}}$ 18.6%		

(이익처분)

항 목		제11기	제15기
배 당 율	$\dfrac{\text{배당금}}{\text{자본금}}$ 20.0%		
배 당 성 향	$\dfrac{\text{배당금}}{\text{당기이익}}$ 35.6%		
사외분배율	$\dfrac{\text{배당금, 임원상여}}{\text{당기이익}}$ 44.4%		
사내유보율	1－사외분배율 55.6%		

다. 비교 대차대조표

제정상태의 변화와 자금운영의 양부(良否)를 파악하기 위해 비교 대차대조표를 작성한다.

증감 사항을 고정자산 투자의 자금원칙이라는 생각으로 검토한다. 이것은 고정자산 투자를 하기 위해서는 유보이익, 감가상각, 증자, 고정부채, 특별 충당금의 범위 내에서만 이루어지는 것이 바람직하기 때문이다. 고정자산 투자를 하게 되면 장기간에 걸쳐 많은 자금이 고정화되게 된다. 아래의 비교 대차대조표에서는 유보이익이나 감가상각비는 나타나지 않으나 고정자산의 증가와 자본, 고정부채, 특별 충당금의 증가를 대비하게 되면 그 양부(良否)를 알 수 있게 된다.

고정자산의 증가 550에 대해서 고정부채, 특별충당금 자본의 증가는 475이다. 결국 고정자산의 일부는 유동부채로 충당된 것이다. 이것은 고정자산 투자의 자금원칙에서는 바람직하지 못한 것이 되며, 자금운영의 어려움을 나타내게 되는 것이다. 또한 각각의 정태비율도 나쁘게 된다.

유동자산과 유동부채의 차액을 정미운전자본 또는 운전자본이라고 한다. 운전자본의 증가는 자금의 조달과 운영이 바람직하게 된 것을 나타내는 것이다.

그러나, 아래의 예에서는 운전자본의 감소가 75를 나타내고 있다. 유동자산의 증가보다 유동부채의 증가가 큰 것은 고정자산의 증가가 그 요인이기 때문이다. 필요하다면 비교 대차대조표의 증감란을 기초로 하여 자금운영표를 작성한다.

재정상태 분석표(3)

(비교대차 대조표)

	제 11 기	제 12 기	증　감	
유동자산	3,955	4,375	420	
고정자산	2,061	2,611	550	
합 계	6,016	6,986	—	—
유동부채	3,431	3,926		495
고정부채	1,440	1,790		350
특별충당금	28	33		5
자 본	1,117	1,237		120
합 계	6.016	6.986	970	970

(고정자산 투자의 자금원칙 적용노력)

・유보이익, 감가상각비 ㄱ
・증가　　　　　　　　├ 의 범위내 고정자산
・고정부채, 특별충당금 ┘　　投資노력

라. 요약 손익계산서

최근의 영업 성적의 개황을 알기 위해서는 요약 손익계산서를 작성한다. 수기간에 걸쳐서 금액, 구성비, 추세율을 표시하는 것은 영업 성적의 실태를 쉽게 이해하기 위해서 작성하는 것이다. 주요 비용의 매출액 대비율은 매출 이익률의 좋고 나쁨의 원인을 파악하는 데 필요하다. 요약 손익계산서 작성은 다음의 요령으로 검토한다.

1) 매출액 추세율은 어떤가? 동업 타사의 추세율과 비교는 물론 상품군별 추세도 파악할 필요가 있다.
2) 예시된 것과 같이 제11기를 기준 연도로 할 경우 그 기준 연도의 영업 성적에 대해 깊은 검토와 주의를 하여야 한다. 즉, 기준 연

수익성 분석표(1)

(요약 손익계산서)

항 목		제11기			제15기	
	금액	구성율	추세율		구성율	추세율
매출액	7,878	100.0%	100%			
매출원가	6,388	81.1	100			
매출이익	1,490	18.9	100			
판매일반관리비	815	10.3	100			
영업이익	675	8.6	100			
영업외수익	148	1.8	100			
영업외비용	388	4.9	100			
경상이익	435	5.5	100			
특별이익	24	–	–			
특별손실	28	–	–			
세전이익	431	–	–			
법인세 등	206					
당기이익	225	2.9	100			
매출액대비 인건비율	1,092	13.9	–			
재료비율	4,062	51.6	–			
⋮	⋮	⋮	⋮		⋮	

도가 특별히 실적이 나쁜 연도라면, 차년도 이후의 실적이 현실 이상 좋게 분석되거나 그 반대의 경우는 나쁘게 분석되는 경향이 있기 때문이다.

3) 매출 이익률, 영업 이익률, 경상 이익률의 추이는 어떠한가? 또한 주된 비용률에 대해서도 동업 타사나 업종 평균치와 비교하여 그 양부를 검토한다.

업적의 양부에 대해서는 손익계산서의 검토만이 아닌 다음의 수익성 분석표(1), (2)와도 관련하여 검토함이 바람직하다.

마. 동태(動態) 비율

자사의 수익성을 알기 위해서는 수기간의 동태비율을 구할 필요가 있다.

동태비율이란 기업의 수익성을 요약한 비율이다. 이것은 분자, 분모에 손익계산서의 항목으로 얻어지는 비율과 손익계산서상의 한 항목과 대차대조표상의 한 항목간의 비율을 나타내게 된다.

먼저 ① 총자본 경상이익률로서 이것은 수익성의 지표가 된다. 이것은 또한 매출액 경상이익률과 총자본 회전율로 분해가 될 수 있으므로 총자본 경상이익률=매출액 경상 이익률×총자본 회전율로 공식이 성립되게 된다.

결국 총자본 경상 이익률의 양부의 원인을 얻기 위해서는 매출액 경상 이익률과 총자본 회전율로 분해하여 검토하게 된다.

② 매출액 경상 이익률의 양부의 원인은 손익계산서에 의해서 검토하게 된다.

③ 총자본 회전율의 양부의 원인을 알기 위한 분해의 요령으로는 아래 표의 ④⑤⑥⑦의 각 회전율을 높여야 한다. 왜냐하면 총자본 회전율의 총자본은 주로 현금, 예금, 매출채권, 재고자산, 고정자산 등으로 구성되기 때문이다.

따라서 ④⑤⑥⑦의 회전율이 파악되면 총자본 회전율의 좋고 나쁨의 원인을 알 수 있게 된다.

이 회전율은 수익성과 자금조달의 양면에 영향을 주게 된다.

　예를 들면, 매출채권 회전율이 떨어지게 되면 총자본 회전율이 저하되고 총자본 이익률도 나쁜 영향을 받게 된다. 또한 대금 회수가 나빠짐으로 인해 자금조달에 어려움이 발생하게 된다.

수익성 분석표(2)

(동태(動態)비율)

항　　　목		제11기		제15기
① 총자본경상이익률 ＝ ② 매출액경상이익률 × ③ 총자본 회전율	$\dfrac{경상이익}{총자본}$ $\dfrac{경상익익}{매출액}$ $\dfrac{매출액}{총자본}$	7.2% 5.5% 1.3회		
④ 현금, 예금회전율 (현금, 예금회전기간) ⑤ 매출채권 회전율 (매출채권회전기간) ⑥ 재고자산회전율 (재고자산회전기간) ⑦ 유형고정자산회전율	$\dfrac{매출액}{현금예금}$ $\dfrac{매출액}{매출채권}$ $\dfrac{매출액}{재고자산}$ $\dfrac{매출액}{유형고정자산}$	7.7회 (1.6개월) 3.7회 (3.2개월) 6.1회 (2개월) 4.6회		

Ⅲ. 손익분기점

1. 손익분기점이란 무엇인가

손익 분기점(BEP — BREAK EVEN POINT)은 계수관리에 있어서 없어서는 안되는 중요한 관리 용구로서 이익과 손실이 분기되는 매출액을 의미한다.

손익 분기점을 구하기 위해서는 먼저 비용을 고정비와 변동비로 구분한다. 비용분해에 있어서는 여러 가지 방법이 있다. 손익 분기점 금액의 대소만으로는 좋고 나쁨을 판단할 수 없다. 결국 손익 분기점 비율 또는 안전율을 구하여 판단하게 되며 양자의 합계는 100%가 되므로 어느쪽을 먼저 계산하든 하나는 자동적으로 계산되게 된다.

손익 분기점은 협의와 광의의 뜻으로 나누어 볼 수 있다. 협의의 의미로는 손과익의 분기점, 즉 채산점이 되는 매출액을 뜻하며 광의의 의미로는 매출, 비용, 손익의 관계라고 볼 수 있다.

다시 말하면 채산의 관계이다. 예를 들어, 어느 일정 매출액을 달성하려면 얼마의 매출이 필요한가, 또는 증가비용을 흡수하기 위해서는 얼마의 매출액이 필요한가 등이 된다.

직영 체제가 유리한가, 외주 체제가 유리한가 등의 손익 검토가 광의의 손익 분기점이 된다.

2. 고정비와 변동비의 구분

가. 비용 성격상 분류(G. A. WELSCH의 정의 — Budgeting Profit Planning and Control)

1) 고정비의 성격
(가) 장기적으로는 통제가 가능하다. 즉, 장기에 걸쳐 통제가능하므로 고정비도 장기적으로는 절감이 가능하다.
(나) 생산활동과 깊은 관계가 있다. 즉, 고정비는 생산활동을 행하

기 위해 설비능력의 설정에 깊은 관련이 있다.

(다) 조업도(매출액)의 타당한 범위 내에서 관련시켜야만 하며 이 경우 고정비는 가장 효율적이다.

(라) 장래의 경영 행위를 규제한다. 즉, 고정비 지출에 관한 결정은 하나의 경영방침 결정이다.

(마) 시간 COST이다. 고정비는 시간경과의 결과로써 발생하므로 고정비 등은 특정된 기간에 경영상의 성과와 관련시키지 않으면 안된다. 원인 행위 없이도 고정비는 발생한다.

(바) 고정비는 총액에 있어서는 고정적이다. 그러나 1단위당에 있어서는 생산성과 관련되어 변동적인 성격이 발생한다. 예를 들면, 동일한 작업시간에 생산량이 많은 경우에는 1단위당 노무비는 부담이 적어진다. 역으로 1단위당 변동비 역시 고정적 성격이 발생한다.

(사) 손익분기 계산을 위해 고정비와 변동비를 구분하고 있으나 고정비는 절대적으로 고정적인 의미는 아니다. 고정비에 포함되는 인건비는 매년 상승되나 매출은 이에 비례하지 않는 것을 보면

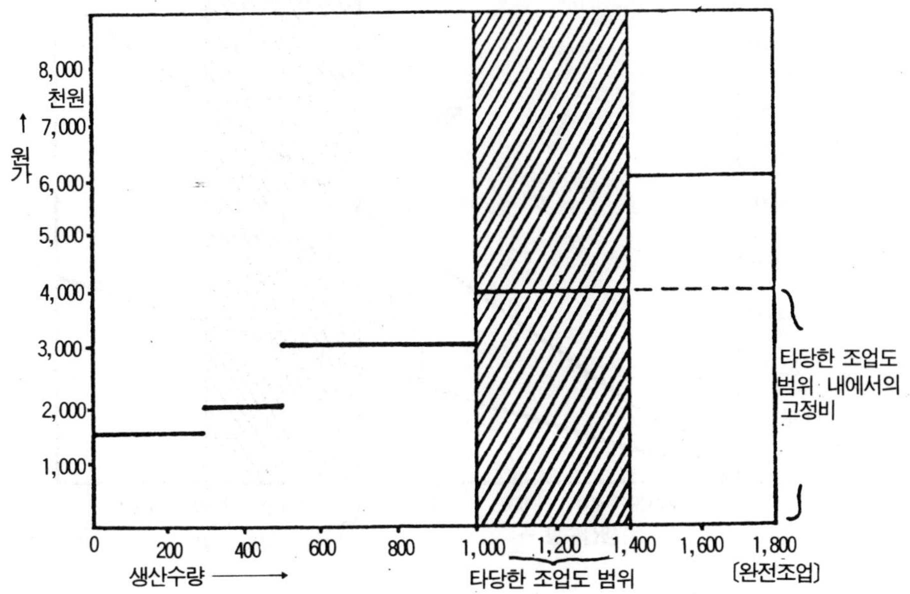

이해가 쉬울 것이다.

※ 고정비 과목 : 감가상각비, 화재보험료, 지대, 조세공과금, 이자,
임원보수, 급료 등

2) 변동비의 성격

(가) 단기적으로 통제 가능하다.

(나) 조업도와 비례적인 관계가 있다. 변동비는 시간의 경과에 비례
하기보다 조업도에 비례하여 변동한다.

(다) 타당한 조업도의 범위 내에서 생산활동, 판매활동의 어느 기준
에 관련되지 않으면 안된다.

(라) 경영상의 규제→변동비 중의 일부는 경영자의 자유로운 방침
결정의 영향을 받으며 움직인다.

(마) 변동비는 활동 COST이다.→ 부문 또는 기타 하위 부문에 비례
하여 변동하는 것으로 적당한 부문활동의 측정 척도를 선택하는
것이 중요하다.

(바) 총액으로는 변동적이나 1단위당으로는 고정적이다.

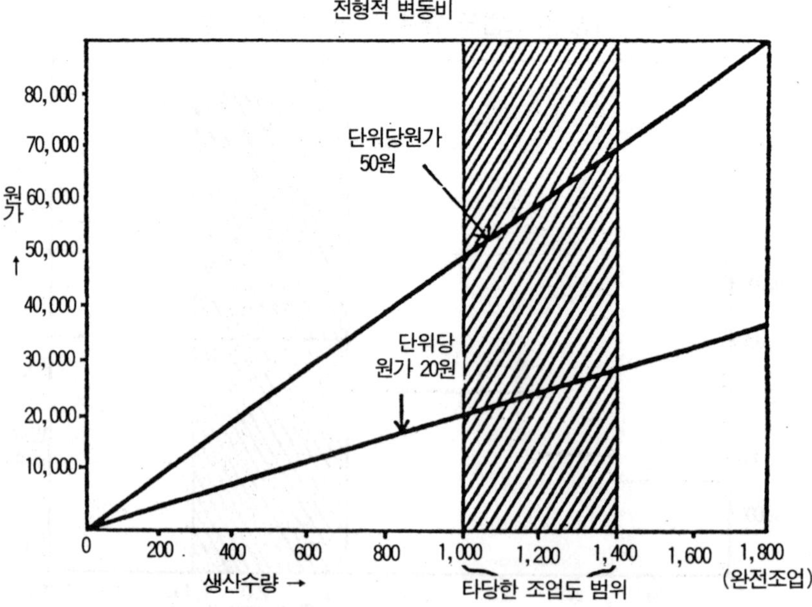

(사) 실제로 어느 계정을 변동비로 구분하든 그 COST의 절대적 변
　　동성을 강조하는 것이 아니라 실무에 있어서 실천적 목적으로써
　　변동성을 부여하는 것이다.
※ 변동비 과목 : 직접 재료비, 일용인건비, 발송비, 판매수수료, 매
　　출 원가 등

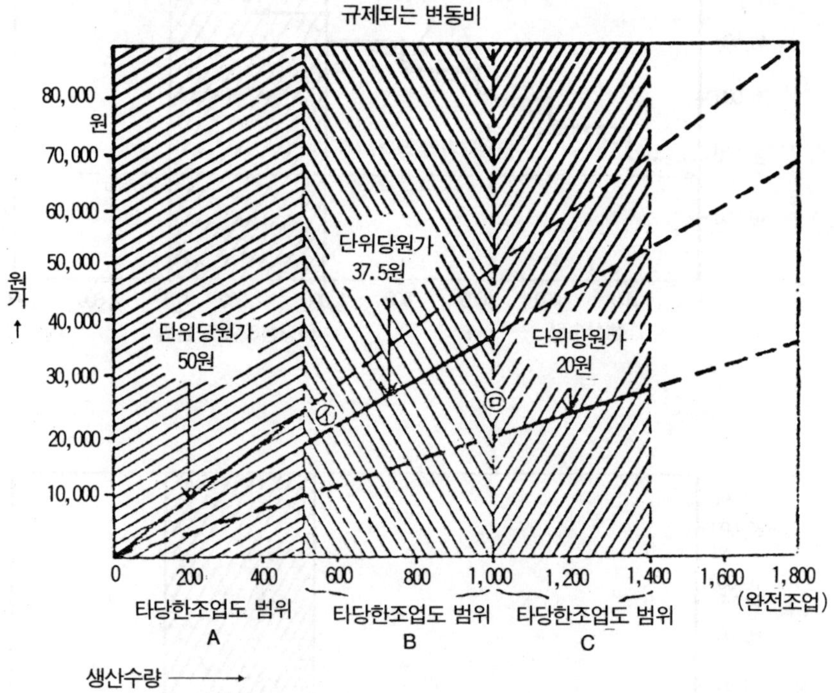

3. 준변동비(준고정비)

　준변동비 또는 준고정비는 조업도의 성격(매출액)의 증가, 축소에 있
어 증가나 감소되는 COST 항목이나 꼭 조업도(매출액)에 비례하는 것
은 아니다. (수도광열비, 수선비, 광고비, 통신비 등) 결국 준변동비는 고
정비 및 변동비의 쌍방의 성격을 갖는다는 의미를 갖게 된다.

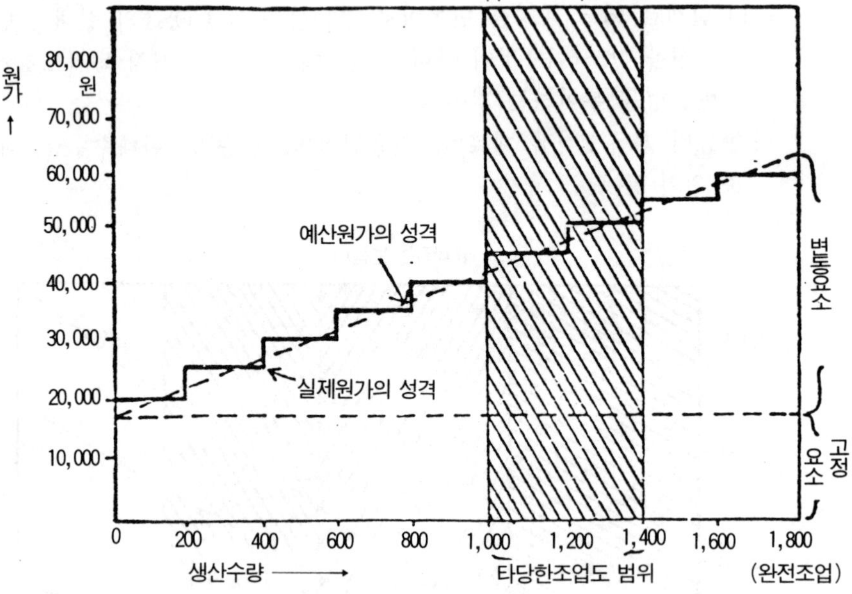
원가
원
↑
80,000
70,000
60,000
50,000
40,000
30,000
20,000
10,000
예산원가의 성격
실제원가의 성격
변동요소
고정요소
0   200   400   600   800   1,000   1,200   1,400   1,600   1,800
생산수량
타당한조업도 범위
(완전조업)

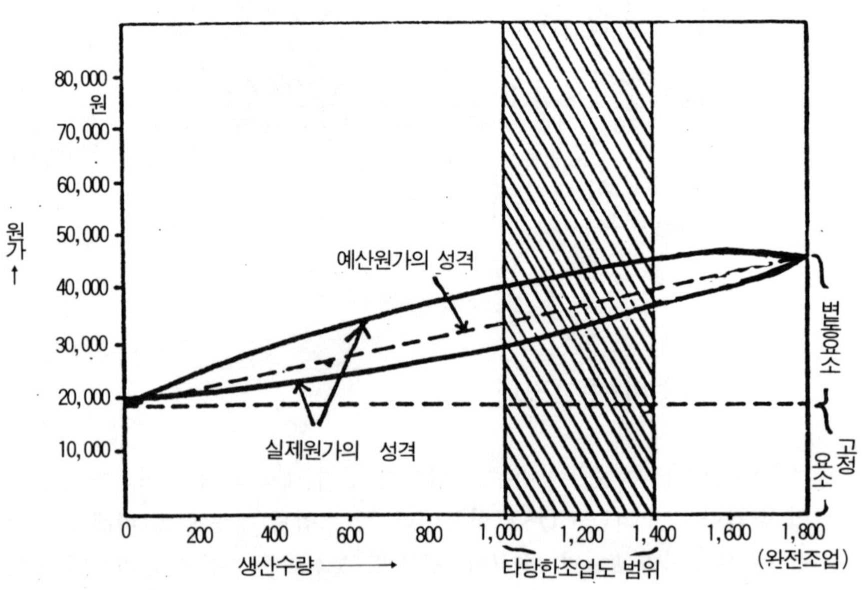
원
원가
↑
80,000
70,000
60,000
50,000
40,000
30,000
20,000
10,000
예산원가의 성격
실제원가의 성격
변동요소
고정요소
0   200   400   600   800   1,000   1,200   1,400   1,600   1,800
생산수량
타당한조업도 범위
(완전조업)

일반적으로 준변동비의 가변성은,

1) 시간의 경과 2) 생산활동, 판매활동

3) 자유로운 경영 방침 결과에 따라 생긴다.

그러나 손익분기점 계산에 있어서는 고정비와 변동비만으로 구분되어야 하므로 각자의 특성에 맞추어 비용분해 기준을 세워야 한다.

4. 고정비와 변동비의 분해법

비용 구분 방법에는 ① 개별비용법(계정과목 분해법) ② 변동비율법(총비용법) ③ 산포도표법 ④ 최소자승법 등이 있으며 가장 일반적으로 많이 사용하는 방법은 개별비용법으로 자사의 분석 경우 가장 실무적인 방법이 된다.

가. 개별비용법(개정 과목 분해법)

1) 아래의 표와 같이 비목과 금액을 표시한 후 기업의 실태, 비목의 성격과 내용을 생각하여 비목별로 변동비와 고정비로 구분하는 것이다. 표에서 노무비는 20 : 80, 운송비는 70 : 30으로 구분되어 있으나 이것은 어디까지나 예에 지나지 않으며 회사의 특성마다 그 내용은 상이하다. 급료수당이나 교제비 등은 전체가 고정비인 것은 아니다. 대개가 고정비적 성격을 나타내고 있어 고정비로 표시하여 보았다.

총비용 382,300이 고정비와 변동비로 구분된다면 손익분기점의 계산은 간단하게 할 수 있다.

개별비용법은 대기업의 경우보다 중소기업에 있어서 보다 현실적인 방법으로써 경영자 자신이 선별하는 방법으로 일견 유치하고 주관적인 것으로 보이나 이것이 가장 간단하고 또 가장 정확한 결과를 얻는 것은 경험상 명백하다.

그 이유는 다음과 같은 면에서 찾아볼 수 있다.

(가) 경영자에게 용이하게 이해가 된다.

(나) 분석 방법이 용이하다.

(다) 분해하는 별도 인원이 불필요하다.

(라) 담당자의 기준이 아니라 타부서에서 볼 때 이해가 쉽다.

(마) 제반 자료를 일상 업무에서 얻을 수 있다.

(바) 원가 계산 및 예산통제와 관련하여 비용 구분을 행할 수 있는 방법이다.

(사) 어느 경우는 경영자의 의사에 따라 비용이 변경된다.

개별 비용법은 자의적인 면이 있으므로 객관적인 분해가 되지 않으면 안된다.

BEP는 관리의 실적과 반성에 이용하기 위한 것이 아니라 이제부터 기업활동에 대한 계획적 지침을 제공하는 데 목적이 있다. 차기의 이익을 위해 고정비를 어느 정도로 하며, 최저 매출액은 어느 수준인가의 검토가 가능하므로 경영에 있어서 유효한 무기이며 지침이 된다.

개별비용법

〈표 6-1〉

항 목	총비용	변동비%	고정비%	변동비	고정비
1. 매출원가	(325,000)			(260,300)	(65,500)
재료비	135,500	100		135,500	
외주비	110,500	100		110,500	
노무비	38,600	20	80	7,700	30,900
전력비	3,200	50	50	1,600	1,600
감가상각비	18,000		100		18,000
2. 판매관리비	(48,200)			(4,300)	(43,900)
급료수당	18,200		100		18,200
운송비	4,500	70	30	3,150	1,350
교제비	3,800		100		3,800
통신비	1,200		100		1,200
3. 영업외비용	(8,300)				(8,300)
어음할인료	6,800		100		6,800
총비용	(382,300)			246,600	117,700

(비용의 개별 분해도)

〈표 6-2〉

비 목		금 액 구 성		분해기준		구 분				적 요
		전 기	당 기	고 정	변 동	고정비 F	$\frac{F}{S}$	변동비 V	$\frac{V}{S}$	
Ⅰ. 매 출 액 S			(원) 100%							
Ⅱ. 매 출 원 가					○	(원)	%	(원)	%	
Ⅲ. 판매비 및 일반관리비	판매원급료수당			○						
	여비교통비			○						
	광고선전비			○						
	발송비, 배달비				○					
	교제비			○						
	판매수수료				○					
	용원보수			○						
	사무원급료수당			○						
	사무용소모품비			○						
	통 신 비			○						
	광 열 비			○						
	수 선 비			○						
	복리후생비			○						
	지 대·임 료			○						
	감가상각비			○						
	보 험 료			○						
	조 세 공 과			○						
	잡 비			○						
	기 부 금			○						
	계									
Ⅳ. 영업외비용	지 급 이 자			○						
	어음할인료			○						
	유가증권매각손			○						
	유가증권평가손			○						
	잡 손 실			○						
	계									
Ⅴ. 영업외수익	수 입 이 자			△						
	유가증권매각이익			△						
	배당금수입			△						
	잡 수 입			△						
	계									
순 이 익 P (Ⅰ-Ⅱ-Ⅲ-Ⅳ+Ⅴ)			원 경상이익률	차인 합계		Ⅲ+Ⅳ-Ⅴ원 고정비율 %		(Ⅱ+Ⅲ)원 변동비율 %		

매출액	원	100%	손익분기점 원 %
변동비	원	(변동비율) %	경영안전율 원 %
고정비	원	(고정비율) %	비 고
이 익	원	(매출액이익률) %	

영업외 수익 (△)은 영업외비용과 상쇄한다. (작은규모)

    따라서 수학적 정확성이 중요한 것이 아니라 지침으로서 실용성이 중요한 것이다. 손익분기점은 과거가 아닌 미래의 매출 목표를 확정하는 것이다. 미래의 비용을 과거의 실적으로부터 예측하는 경우 기계적 예측이 아니라 객관적인 상황의 변화나 경영자의 경영 의도가 포함되지 않으면 안된다.

예를 들면, 대표적인 고정비인 급료에 있어서 승급이나 보너스 요소가 포함되어 있으므로 경영자는 자기의 경영방침으로 개개의 비용 내용을 결정해야 한다. 이 개개의 비용작업이 비용분해의 과정이 된다.

계산의 결과 손익분기점이 일정 금액으로 가정될 때 다음은 그 점포의 규모나 관리능력으로 가능한가, 불가능한가, 무리한 것은 없는가를 검토하지 않으면 안된다.

만약 무리하다고 판단되면 고정비의 절약 또는 상품정책 등의 내용을 바꾸지 않으면 안된다. 매출 목표가 결정되면 매출 목표를 달성하기 위해 정해진 고정비를 고수하기 위한 규제가 전 경영활동에서 이루어져야 한다. 이러한 작업은 매출액, 비용, 이익을 전체로서 관리하기 위한 것으로 이것이 손익분기점의 경영활동에 있어서 의의라고 할 수 있다.

2) 영업 외 수익에 대한 비용 구분의 방법

비용을 변동비와 고정비로 구분함에 있어 영업 외 수익을 어떻게 처리하느냐가 문제가 된다. 영업 외 수익에는 수취이자, 배당금, 유가증권 매각익, 기타 수입 등이 있는데 이에 대한 처리법은 대개 다음 3가지 중 선택하게 된다.

1) 영업 외 수익을 매출액에 가산한다.

이것은 영업 외 수익을 비용 구분의 관계로 보지 않으면서 영업 외 수익을 매출액에 추가하여 그 금액을 매출액으로 하여 손익분기점 비율을 구하는 것이다.

2) 영업 외 수익을 영업 외 비용과 상쇄하여 그 차액을 고정비로 한다.

대개의 기업은 영업 외 수익보다 영업 외 비용 금액이 크다. 따라서 상쇄된 잔액을 고정비로 처리하면 된다. 그러나 업적이 좋은 기업에서는 역으로 영업 외 수익이 큰 경우가 있으므로 상쇄된 잔액을 고정비에서 제외시켜 처리한다.

영업 외 비용의 주된 내용은 지불이자와 할인료이다.

3) 영업 외 수익이나 비용을 제외하고 비용을 구분한다.

이것은 매출원가와 판매 일반관리비만으로 비용을 분해하는 것으로 중소기업의 경우에 바람직하다.

나. 변동 비율법(총비율법)에 의한 비용의 분해

매출액과 총비용이 다른 두 기간의 실적을 비교하여 계산하는 것으로 단기간에 대해 적용하는 것으로 고정비가 고정된 것을 전제로 한다. 두 기간의 총비용간의 차이는 변동비의 차이에 기인하는 것으로 간주하여 계산한다.

(단위 : 천원)

기 간	매출액	총비용
A기	600,000	560,000
B기	700,000	640,000

$(A-B) \Rightarrow$ 700,000−600,000=100,000

            640,000−560,000= 80,000

              80,000÷100,000=0.8(변동비율)

· A기의 총비용

   560,000=고정비 80,000+변동비 480,000(600,000×0.8)

· B기의 총비용

   640,000=고정비 80,000+변동비 560,000〔(640,000−80,000)(고정비)〕

※ 변동비율법(총비용법)의 적용 필요조건은 다음과 같다.

1) 단위 판매가격과 그 변동비가 같이될 때, 즉 변동비율의 변화가 없을 때

2) 고정비가 동액일 경우 총인건비는 실제에 있어 다소 증가한다.

3) 이상한 특별비용이 없을 때

그러나 이상의 조건 등이 실제에 있어서 성립되기는 매우 어려우며, 상품의 품목이 양 기간에 있어 같을 때 취급 상품에 따라 순매출 이익률이 다르며 한계 이익률도 각각 다른 것이 보통이므로 변동비율법의 적용에 한계가 있다. 따라서 변동비율법(총비용법)은 실제 이용에 있어 보조 용구로 사용한다.

다. 산포도표(散布圖表)법에 따른 비용의 분해

산포도표법(그래프법)은 그래프의 횡축에 매출액을, 종축에 총비용(고정비+변동비)을 나타내고 그 그래프상에 매년의 매출액에 상응하는 총비용을 표시(제1기, 제2기……)하여 나가는 것이다. 이 점들을 연결한 경향선이 종축과 만나는 점, 즉 매출액이 '0'이 되더라도 발생하는 비용을 고정비로 보는 것이다. 소매업에 있어서는 대부분 "0"에 가깝게 나타난다. 그 이유는 매출원가를 주도하는 변동비 부분이 많고 매출 이익률이 적어 조업도 '0'의 고정비로서 타당한 범위가 넓게 된다.

예를 들어, 어느 점포의 매출액과 총비용이 다음과 같을 때 그 데이타를 그래프에 나타내고 제1기에서 5기까지의 경향선을 연결한다.

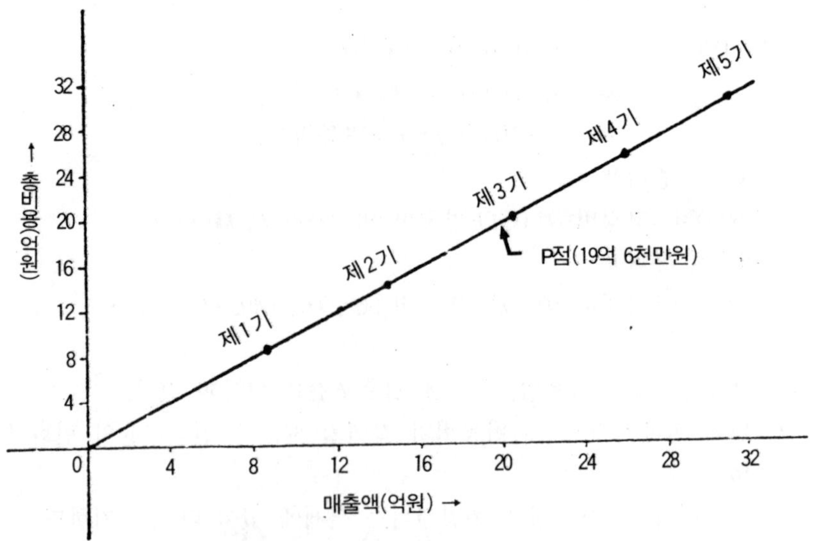

(단위 : 10만원)

기	매출액	총비용
1	8,502	8,183
2	14,418	13,881
3	20,563	19,947
4	25,888	25,069
5	32,005	30,998
합 계	101,376	98,078
평 균(P)	20,275.2	19,615.6

※ 산포도표법의 문제점은 주관성이 많이 게재될 수 있으며 그래프의 정교성에도 문제가 있다. 그러나 식당업이나 매출 이익률이 높은 업계에서 고정비를 과감히 노출시켜 기업 내 교육자료로 활용할 수 있다. 이 경우에는 경향선의 교차점은 '0'보다 위에 있다.

산포도표의 경향선을 연결하는데 있어서는 다음의 2가지 법칙을 적용해야 된다.

1) 제 1 법칙 : 경험적 법칙이긴 하지만 경향선의 아래쪽은 위쪽과 같은 선상의 점이 되지 않으면 안된다.

2) 제 2 법칙 : 최적의 경향선은 2개의 평균치에 대응하는 점 P를 통과해야 된다. 즉 제 1 기~5기까지의 합계평균치 20,275.2와 19,615.6의 좌표(P점)를 중심으로 하여 제 1 법칙을 만족시키는 경향선을 연결한다.

라. 최소자승법에 의한 비용의 분해

최소자승법은 앞에서 살펴본 산포도표에 의한 추계선을 수학적으로 구하는 것이다. 최소자승법은 주어진 일련의 점을 통하는 하나의 명확한 직선(1차식) 또는 곡선(2차식)을 그릴 수 있는 수학적 방법이다.

과거의 실적치를 갖고 그 실적치의 매출액, 비용 또는 자산 등의 관계가 명확하다면 과거의 추세를 관찰하여서 장래를 예측하는 것은 가능하다.

최소자승법은 이와 같은 내용을 수학적으로 처리하는 것으로 장래의 필요 비용을 추계하는 데 있어 매우 유용한 방법이다.

1) 최소자승법의 경향선에 대한 수학적 이해

> 대부분의 독자가 수학적 기호가 나오면 매우 어려운 것으로 이해하고 접근을 하지 않으려는 경향이 많으나 본 최소자승법의 그래프는 소매업에 있어 각종 추계치 작성에도 적용되는 매우 중요한 수학적 접근 방법이므로 그 원리를 아주 쉽게 설명코자 하므로 기호 자체나 용어 등에 부담을 느끼지 말고 차분히 읽어 보면 누구나 이해가 될 수 있다고 생각한다.

예를 들어, 다음의 데이타가 주어졌을 때 이를 그래프로 나타내면 아래 표와 같게 된다.

	A	B	C	D	합 계	평 균
X	1	2	3	4	10	2.5
Y	1	3	2	4	10	2.5

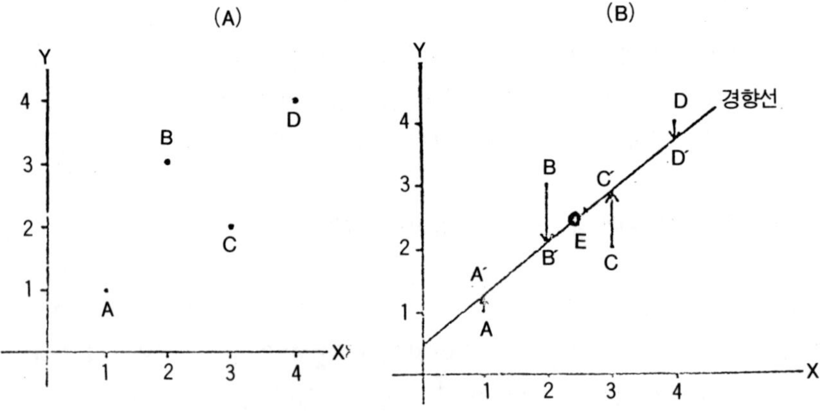

⇨ X의 평균 2.5, Y의 평균 2.5인 좌표 "E"를 통과하는 최적의 경향선을 구하기 위해 최적의 경사 형태를 가진 직선은 직선으로부터 점의 편차의 합계가 "0"이 되고 편차의 자승의 합계(편차 평방화)가 다른 모든 직선으로부터의 편차의 자승의 합계보다 작은 직선이다.

상기와 같은 조건을 충족시키기 위해서는 다음 같은 수학적 접근이 필요하다.

(가) 첫째 : 평균을 구한다.

$$\overline{X}=\frac{1}{n}(x\,i)=\frac{1}{4}(1+2+3+4)=2.5$$

$$\overline{Y}=\frac{1}{n}(y\,i)=\frac{1}{4}(1+3+2+4)=2.5$$

(나) 둘째 : 분산(分散)을 구한다.

분산은 실험의 대상으로써 채택한 인자의 처리효과를 나타내는 평균치로써 처리효과의 모수에 대하여 그들 차의 유의성(有意性)을 판정하려는 것이다.

· x의 분산

$$Sx^2=\frac{1}{n}\Sigma(x_i-\overline{X})^2$$

$$=\frac{1}{4}\{(1-2.5)^2+(2-2.5)^2+(3-2.5)^2+(4-2.5)^2\}$$

$$=1.25$$

· y의 분산

$$Sy^2=\frac{1}{n}\Sigma(y_i-\overline{Y})^2$$

$$=\frac{1}{4}\{(1-2.5)^2+(3-2.5)^2+(2-2.5)^2+(4-2.5)^2\}$$

$$=1.25$$

(다) 셋째 : 공분산(共分散)을 행한다. (확률변수X와 Y의 공분산은

두 확률 변수의 결합, 산포의 정도를 나타내는 측도)

$$C_{xy} = \frac{1}{n} \Sigma \Sigma (x_i - \overline{X})(y_i - \overline{Y})$$

$$= \frac{1}{4} \{(1-2.5)(1-2.5) + (2-2.5)(3-2.5) + (3-2.5)(2-2.5) + (4$$

$$-2.5)(4-2.5)\}$$

$$=1$$

(라) 넷째 : 상관계수 r 을 구한다.

$$r = \frac{C_{xy}}{S_x \, S_y}$$

S_x =실측치 X의 표준편차

S_y =실측치 Y의 표준편차

$$= \frac{1}{\sqrt{1.25} \, \sqrt{1.25}} \text{(분산에서 } S_x{}^2 = 1.25, \ S_y{}^2 = 1.25였으므로)}$$

$$=0.8$$

(마) 다섯째 : 회귀직선식을 구한다.

※ 회귀분석(回歸分析) : 변수 Y의 변동을 설명하기 위해 별도의 변수 $(X_1, X_2, X_3, \cdots X_k)$ 와의 관계식을 관찰치에 근거하여 정하는 방법을 부여하는 것이 회귀분석이다. 회귀분석에는 관계식의 형태(가장 기본적인 것이 직선 관계 Y=a+bx) 자료에 가장 잘 합치하는 것을 상정한다. 즉, Y=a+bx의 식에서 a와 b를 추정하는 것이다. 이를 위해 최소자승법이 채용된다. 즉, Y의 관찰치 Y_i와 회귀식에 의한 계산식 $Y_i{}^*$의 차 $e_i = Y_i - Y_i{}^*$의 분산, $\sigma e_i{}^2 = \frac{1}{n} \Sigma e_i{}^2$을, 즉 잔차를 최초로 하는 것이 최소자승법이다.

○ r 필요시

$$y - \overline{Y} = r\,\frac{Sy}{Sx}(x - \overline{X})$$

$$y - 2.5 = 0.8\frac{\sqrt{1.25}}{\sqrt{1.25}}(x - 2.5)$$

$$y = 0.8x + 0.5$$

$$(\therefore x = 0\text{이면 } y = 0.5(\text{절편}))$$

○ r 필요없을시

$$y - \overline{Y} = r\,\frac{C_{xy}}{Sx^2}(x - \overline{X})$$

$$y - 2.5 = \frac{1}{1.25}(x - 2.5)$$

$$y = 0.8x + 0.5$$

	X	Y	Y′	Y−Y′	(Y−Y′)²
A	1	1	A′의 Y좌표 Y=0.8(1)+0.5=1.3	−0.3	0.09
B	2	3	B′의 Y좌표 Y=0.8(2)+0.5=2.1	0.9	0.81
C	3	2	C′의 Y좌표 Y=0.8(3)+0.5=2.9	−0.9	0.81
D	4	4	D′의 Y좌표 Y=0.8(4)+0.5=3.7	0.3	0.09
합계				0	1.80

(편차평방화)

상기의 계산방법에 의해 앞의 (B)그래프 작성이 가능하게 되었다. 그래프의 A와 A′, B와 B′, C와 C′ 그리고 D와 D′의 각 편차의 합계가 ZERO가 되면 편차평방화가 최소로 되는 직선이 된다. 이에 따라 그것은 유일한 직선이 된다. 이 방법은 동일자료로부터 항상 동일한 경향선이 계산된다는 점에서 매우 객관적이라고 볼 수 있다.

그러나 산포도표에 의한 방법은 경향선이 분석자의 결정에 좌우되는 경향이 있으므로 객관적인 방법을 쓰기 위해서는 최소자승법이 바람직하다.

2) 최소자승법의 계산 순서

다음 표에 의해 구체적인 계산 방법을 검토코자 한다.

단위 : 10만원

N	X(매출액) ㉮	Y(비용) ㉯	X² ㉰	XY ㉱
1	8,502	8,183	72,284,004	69,571,866
2	14,418	13,881	207,878,724	200,136,258
3	20,563	19.947	422,836,969	410,170,161
4	25,888	25,069	670,188,544	648,986,272
5	32,005	30,998	1,024,320,025	992,090,990
Σ	101,376	98,078	2,397,508,266	2,320,955,547

1) N : 자료수
2) 상기 표의 ㉮ ㉯란에 매출액과 비용총액의 실수를 기입하고
3) ㉰란에 ㉮란의 매출액을 자승 ㉮²을 하고 그 누계를 계산한다.
4) ㉱란에 ㉮란의 매출액과 ㉯란의 비용을 곱하고 그 누계를 계산한
   다.

Y=a+bX의 공식 적용

(Y=총경비(비용) X=매출액 a=고정비 b=변동비율)

$$a=\frac{\Sigma X^2\ \Sigma Y-\Sigma X\ \Sigma XY}{N\Sigma X^2-(\Sigma X)^2}$$

$$b=\frac{N\Sigma XY-\Sigma X\Sigma Y}{N\Sigma X^2-(\Sigma X)^2}$$

$$a=\frac{2,397,508,266\times98,078-101,376\times2,320,955,547}{5\times2,397,508,266-(101,376)^2}$$

$$=\frac{235,142,815,712,748-235,289,189,532,672}{1,710,447,954}$$

$$=\frac{-146,373,819,924}{1,710,447,954}=-85.576(단위\ 10만원)$$

≒ −856만원

$$b=\frac{5\times2,320,955,547-101,376\times98,078}{5\times2,397,508,266-(101,376)^2}$$

$$=\frac{1,662,022,407}{1,710,447,954}$$

$$=0.971688$$

$$\fallingdotseq 0.971$$

$$Y=a+bX$$

$$=-856만원+0.971X$$

이 산식은 과거 수년간의 매출액과 비용과의 관계를 분석하는 것이지만 때에 따라서는 상기 예와 같이 고정비가 MINUS로 되거나 또는 MINUS의 변동비율이 생길 수 있다.

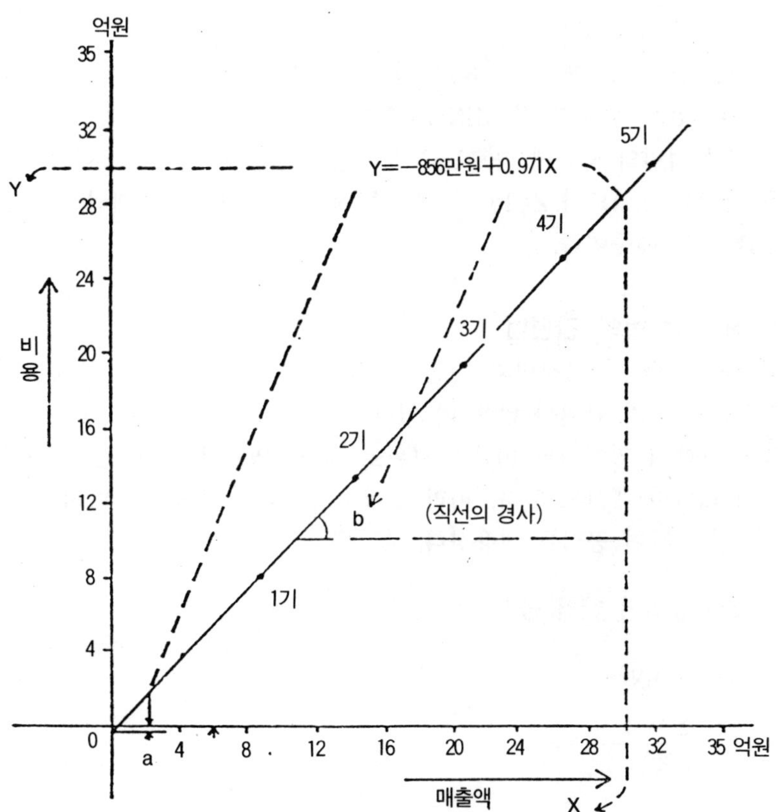

물론 이러한 MINUS의 수치는 수학적으로 정확한 것이다. 그러나 실무에서는 이러한 MINUS수치를 사용해서는 안된다. MINUS수치를 나타낼 수 있는 요소는 이상한 상태의 자료, 부정확한 가변성요인, 이익 을 내지 않는 회계처리, 그리고 회사가 급성장하는 경우 등에 많다.

결국 이와 같은 것을 방지하기 위해서는 표준적이 아닌 상태를 나타내는 월 또 년을 분석에 포함시켜서는 안된다.

예를 들어 어느 년, 월의 창업행사 또는 대규모 SALE 같은 큰 기념행사를 치를 경우는 그 년, 월도 함께 분석 데이터에서 제외시키지 않으면 안된다.

수정한 후에도 MINUS의 결과가 나오면 왜 비용의 값이 MINUS가 되었는가를 분석할 필요가 있다. 이와 같은 사례를 그래프화 한 것이 앞의 도표이다.

· 매출액이 0일 때 $Y = -856만원 + 0.971(0)$

비용$= -856만원$으로 왜 MINUS가 되었는가를 검토할 필요가 있다.

· 이 분석법의 사용에 따르는 통상고정비 부분은 매우 소액이다. 그것은 타당한 조업도가 ZERO일 때, 즉 매출액이 ZERO일 때의 고정비를 나타내기 때문이다.

3) 최소자승법의 간편법

최소자승법으로 고정비와 변동비율을 계산하는 실무상의 문제점은 조작하는 숫자의 단위가 많은 데 있다.

앞의 사례에 있어서의 10만원 단위로 계산하였으나 최고로는 15단위까지의 대단한 계산도 있다. 따라서 실무적으로는 계산을 간단히 처리할 수 있는 간편 공식을 적용한다.

최소자승법의 간편 공식

$$a = \overline{Y} - b\overline{X}$$

$$b = \frac{\sum X_1 Y_1}{\sum X_1}$$

$X_1 =$ 각기의 X(매출액)와 X의 평균치와의 차

Y_1==각기의 Y(비용)와 Y의 평균치와의 차

$\overline{X}$=X의 평균치

$\overline{Y}$=Y의 평균치

$\overline{X}$는 X의 평균인바

$$\overline{X}=\frac{\Sigma X}{n}=\frac{101,376}{5}\fallingdotseq 20,275$$

$\overline{Y}$=Y의 평균인 바

$$\overline{Y}=\frac{\Sigma Y}{n}=\frac{98,078}{5}\fallingdotseq 19,616$$

N	X(매출액)	Y(비용)	$X_1=(X-\overline{X})$	$Y_1=(Y-\overline{Y})$	$X_1^2=(X-\overline{X})^2$	$X_1\,Y_1$
1	8,502	8,183	−11,773	−11,433	138,603,529	134,600,709
2	14,418	13,881	−5,857	−5,735	34,304,449	33,589,895
3	20,563	19,947	288	331	82,944	95,328
4	25,888	25,069	5,613	5,453	31,505,769	30,607,689
5	32,005	30,998	11,730	11,382	137,592,900	133,510,860
Σ	101,376	98,078	1	−2	342,089,591	332,404,481
평균	20,275	19,616	작은 차이는 무시			

$$a=\overline{Y}-b\overline{X}$$

$$b=\frac{\Sigma X_1\,Y_1}{\Sigma X_1^2}$$

$$b=\frac{332,404,481}{342,089,591}=0.97168$$

$$a=19.616-(0.97168\times 20,275)$$

$$=19,616-19,700.8$$

$$=-84.8(단위\ 10만원)$$

$$=-848만원$$

원래의 기본공식과 간편식의 계산결과

Y=−848만원+0.971X와 Y=−856만원+0.971X의 사이에서 매출액
이 ZERO이면 8만원의 차이가 발생한다.

※ 최소자승법은 효과적인 방법이나 다음 한계를 인식해야 한다.

> ① 앞의 사례에서 본 바와 같이 극단적인 항목에 영향을 받으면 때때로 MINUS로도 표현된다.
> ② 직선의 정확성을 기하기 위해 DATA가 최소한 5단위(년, 기)가 필요하다.
> ③ DATA를 간단히 조정하는 정도로서는 제거되지 않는 영향에 의해 결과가 정확하지 않을 수 있다. (예, MINUS의 경우 등)
> ④ 최소자승법뿐만 아니라 통계적 분석이 한계이긴 하지만 이러한 것들에 대한 분석은 통상과거를 취급하는 것에 지나지 않는다. 또한 과거가 비능률을 반영하는 것이다. 그러므로 통계적 분석은 근사치를 구하는 용구로 이해되어야 한다.

5. 손익분기점의 계산 방법

손익분기점은 일정의 매출액에 의한 한계이익으로 고정비를 충당하는 수준인바 그 시점의 매출액을 말한다. 손익분기점을 이해하는 데 있어 용어의 정의와 계산 방식은 다음과 같다.

가. 한계이익은 무엇인가

매출액에서 변동비를 뺀 잔액을 한계이익이라고 한다. 결국 한계이익에서 고정비를 뺀 것이 이익이 된다. 여기서 한계라는 뜻을 이해할 수 있을 것으로 생각된다.

상기 내용을 공식화하면 다음과 같다.

> · 한계이익＝매출액－변동비
> · 이　　익＝한계이익－고정비

이해를 돕기 위해 다음 표의 내용을 설명코자 한다. (물론 실제에 있어서 1개 매출의 경우나 10개 매출의 경우 고정비가 일정하지는 않으나 이해를 돕기 위해 매출액 증감에 관계없이 고정비는 일정한 것으로 보았다.)

매출수량	매출액	변동비	한계이익	고정비	이 익
1	100	50	50	400	$(-)350$
2	200	100	100	400	$(-)300$
7	700	350	350	400	$(-) 50$
8	800	400	400	400	0
9	900	450	450	400	50
10	1,000	500	500	400	100

매출 수량과 매출액에 비례하여 변동비는 증가하고 또한 한계이익도 증가하게 된다. 한계이익이 고정비보다 크게 되면 그것이 이익이 되는 것이다.

결국 한계이익 단계에서 적자가 나타나는 기업은 성립 자체가 불가능하게 된다.

박리다매라는 염가정책 원리도 매출 수량 증가로 고정비를 부담하고 이익이 추가되는 한계이익을 얻는 것을 말한다.

나. 한계이익률과 변동비율

한계이익률은 매출액과 한계이익의 비율이다. 엄밀히 이야기하면 매출액에 대한 한계이익률이 되나 일반적으로 단순히 한계이익률이라고 한다. 변동비율 역시 매출액과 변동비의 비율로서 매출액에 대한 변동비율이라고 하여야 하나 일반적으로 변동비율이라고 한다.

이것을 공식으로 표시하면 다음과 같다.

$$\cdot \ 한계이익률 = \frac{한계이익}{매출액} \times 100\%$$

$$\cdot \ 변동비율 = \frac{변동비}{매출액} \times 100\%$$

한계이익률과 변동비율을 합하면 100%가 되므로 한쪽을 계산하면 한쪽은 자동적으로 구할 수 있다.

한계이익률이 높은 것이 좋으며 변동비율은 낮을수록 좋으므로 경쟁 회사간의 비교도 가능하게 된다. 소매업에서의 주된 변동비는 상품매입액이 중심이 되므로 매입금액의 중요성이 거듭 강조된다. 제조업의 경우는 재료비, 외주비가 주된 변동비가 된다.

한계이익률이나 변동비율은 손익분기점의 계산만에 필요한 것이 아니라 수익성의 대소, 이익 구조의 양부, 이익 계획의 수립 등에 매우 중요한 지표로 사용되는 것이다.

변동비율의 인하, 즉 한계이익률을 높이기 위해서는 다음과 같은 대책이 필요하다.

① 재료비 또는 상품 매입액의 절감 ② 한계이익률이 높은 제품을 중심으로 한 상품 구성의 개선

③ 한계이익률이 높은 상품이나 제품의 개발

④ 원재료비 이외의 변동비의 절감 ⑤ 매가 인상 등

다. 손익 분기점을 금액으로 산출

$$\text{손익분기점} = \frac{\text{고정비}}{1 - \dfrac{\text{변동비}}{\text{매출액}}} = \frac{\text{고정비}}{\text{한계이익률}}$$

상기 공식의 분모의 $\dfrac{\text{변동비}}{\text{매출액}}$ 는 바로 변동비율이다. '1−변동비율'은 한계이익률이 되므로 고정비를 한계이익률로 나누는 것이 되며 다음과 같은 관계가 성립된다.

손익 분기점의 경우 ⇨ 매출액−변동비=한계이익=고정비

따라서 $\text{매출액}(1 - \dfrac{\text{변동비}}{\text{매출액}}) = \text{고정비}$

이것을 변형시키면 앞의 공식처럼 손익 분기점 공식이 된다.

$$\cdot \text{매출액(손익분기점)} = \frac{\text{고정비}}{1 - \dfrac{\text{변동비}}{\text{매출액}}}$$

손익분기점은 낮은쪽이 좋은 경영을 나타내게 되는데 아래의 B사는 750만원의 매출액으로 손익분기가 되나 A사는 800만원의 매출액 도달시까지는 적자가 되게 된다.

	A사		B사	
매 출 액	1000만원	100%	1000만원	100%
변 동 비	500	50	600	60
(한계이익)	500	50	400	40
고 정 비	400	40	300	30
(이 익)	100	10	100	10
손익분기점	$\dfrac{400}{50\%}=800$		$\dfrac{300}{40\%}=750$	

B사의 검산

매출액	750
변동비	450
(한계이익)	300
고정비	300
이 익	0(OK)

라. 손익 분기점을 수량으로 산출

손익 분기점은 매출액이라는 금액이 아닌 수량으로도 산출할 수 있다. 손익 분기점의 매출액을 판매단가로 나누어 손익 분기점을 수량으로 표시하는 것이다.

$$\text{손익분기점(수량)} = \frac{\text{고정비}}{\text{매가} - \dfrac{\text{변동비}}{\text{판매수량}}} = \frac{\text{고정비}}{\text{1개당 한계이익}}$$

분모의 판매 수량분의 변동비는 1개당의 변동비이다. 매가―1개당 변동비는 1개당 한계이익이다.

계산을 간단히 하기 위해 고정비를 1개당 한계이익으로 나누어도 된다.

상기 공식은 다음의 관계로부터 성립된다.

손익 분기점의 경우 ⇨ 매출액―변동비＝한계이익＝고정비

따라서 매출 수량×1개당 한계이익＝고정비

이것을 변형시키면,

$$\text{손익 분기점(수량)} = \frac{\text{고정비}}{\text{1개당 한계이익}} \quad \text{의 산식이 된다.}$$

산식에서 알 수 있는 것은 분자의 고정비는 작게 하고 분모의 1개당 한계이익을 크게 하면 손익 분기점의 수량은 적게 된다.

다음 표의 B사는 A사보다 1개당 한계이익이 작은 것이 약점이나 고

	A사		B사	
매 출 액 (수량 10개 단가 100만원)	1000만원	100%	1000만원	100%
변 동 비	500	50	600	60
(한계이익)	500	50	400	40
고 정 비	400	40	300	30
(이 익)	100	10	100	10
손익분기점	$\dfrac{400}{50\%}=8$개		$\dfrac{300}{40\%}=7.5$개	

정비가 적기 때문에 손익분기점의 수량은 7.5개로 끝나게 된다. 아래 표의 손익 계산서에서는 B사의 손익분기점 수량이 적어 좋게 나타나나 판매수량이 증가할 경우 B사는 A사보다 1개당 한계이익이 적다는 약점이 문제가 된다.

B사에 대한 검산

매출액(7.5개×100)	750
변동비(7.5개× 60)	450
한계이익	300
고정비	300
이 익	0(OK)

마. 손익 분기점 비율과 안전율

매출액이 같다면 손익 분기점의 금액의 대소에 따라 그 좋고 나쁨이 판단될 수 있다. 그러나 실제의 경우에는 자사와 동업 타사의 매출액이 다르고 당기와 전기의 매출액도 같지 않다.

따라서 손익분기점과 매출액의 비율로 그 양부를 판단할 필요가 있다.

여기서 우리는 손익 분기점 비율과 안전율에 대한 검토를 하게 된다. 손익 분기점 비율은 낮을수록 좋고 안전율은 높을수록 좋다.

$$손익분기점\ 비율 = \frac{손익\ 분기점}{매출액} \times 100\%$$

$$안전율 = \frac{매출액 - 손익\ 분기점}{매출액} \times 100\%$$

다음 표의 B사는 손익분기점 비율이 75%, 안전율 25%로서 A사보다 좋은 양상을 나타내고 있다.

안전율의 의미는 B사의 안전율 25%는 현재의 매출액이 25% 저하되

더라도 손익이 0이 되는 것을 나타낸다. 손익분기점 비율이 높아지고,
즉 안전율이 저하되게 되면 이익구조는 악화되는 것을 나타내게 된다.

	A사		B사	
매 출 액	1000만원	100%	1000만원	100%
변 동 비	500	50	600	60
(한계이익)	500	50	400	40
고 정 비	400	40	300	30
(이 익)	100	10	100	10
손익분기점	$\dfrac{400}{50\%}=800$		$\dfrac{300}{40\%}=750$	
손익분기점비율	$\dfrac{800}{1,000}=80\%$		$\dfrac{750}{1,000}=75\%$	
안전율	$\dfrac{1,000-800}{1,000}=20\%$		$\dfrac{1,000-750}{1,000}=25\%$	

바. 매출 이익률과 안전율의 관계

1) 매출 이익률이 같은 기업의 비교시

	A사	B사
$\text{매출 이익률}=\dfrac{이익}{매출액}$	10%	10%
=	=	=
$\text{안전율}=\dfrac{매출액-손익 분기점}{매출액}$	20%	40%
×	×	×
$\text{한계 이익률}=\dfrac{한계 이익}{매출액}$	50%	25%

상기 공식에서 다음 관계가 성립됨을 알 수 있다.

이익＝매출액×안전율×한계 이익률

매출 이익률＝안전율×한계 이익률

상기 표에서 매출이익률을 높이기 위해 A사는 한계이익률의 증가도 필요하나 안전율의 개선이 시급하며, B사는 안전율의 증가도 필요하나 직접적인 한계이익률의 향상이 시급하다고 할 수 있다.

여기서 우리는 매출 신장과 비용절감의 우선 선택의 경영전략을 수립하게 됨을 이해하여야 한다.

사. 매출 이익률과 고정비율의 관계

매출 이익률은 한계이익률과 고정비율로 나눌 수 있다. 즉, 매출액에서 변동비를 제한 것이 한계이익이며 한계이익에서 고정비를 제한 것이 이익이다. 그러므로 한계이익률에서 고정 비율을 제하면 매출 이익률이 된다.

매출 이익률 10%로 동일한 경우

	A사	B사
매출 이익률＝ $\dfrac{이익}{매출액}$	10%	10%
‖	‖	‖
한계 이익률＝ $\dfrac{한계이익}{매출액}$	50%	40%
−	−	−
고정비율＝ $\dfrac{고정비}{매출액}$	40%	30%

A사는 한계 이익률을 높이는 것은 좋으나 고정비율이 높은 것이 문제이다. B사는 이것의 반대현상이다. 실적 검토시에는 매출 이익률의 양부가 어떤 요소에 의해 영향을 받고 있는가를 관찰하여야 한다. 또한 계획을 수립할 경우 한계이익을 어느만큼 높일 것인가, 고정비율을 어느 정도 유지할 것인가를 검토하는 것이 필요하다.

고정비율은 매출액과 고정비의 비율이다. 이것은 낮추는 것이 좋으나 그를 위해 고정비 증가의 억제 또는 인하든지 매출의 증가가 필요하게 된다. 일반적으로 손익계산서를 평면적으로 보고 매출이익률의 양부를 판단하고 있으나 비용을 고정비와 변동비로 구분하여 어디를 어떻게 하는 것이 좋은가를 검토하여 구체적인 개선책을 수립함이 바람직하다.

아. 판단 기준의 비교 대상

자사의 당기 손익 분기점 비율, 매출 이익률을 구하더라도 그 자체만으로는 양부의 판단을 하기가 어렵다. 판단기준이 되는 것으로는 다음의 3가지 기준을 이용할 수 있다.

1) 동업 타사의 상태 또는 동업종 평균치
2) 자사의 과거 실적
3) 목표 또는 예산

자. 수기간 손익 계산서의 비교 검토

비교 1 : ① 변동비율은 57→58→59%로 높아지고 그에 따라 한계이익률은 43→42→41%로 저하되고 있다. 이것은 바람직하지 않은 추세인바 상세한 자료에 의거하여 원인을 분석할 필요가 있다.

② 고정비율은 38%로 같은 비율을 구성하고 있으나 고정비 추세는 133%로 증가되고 있다.

③ 경상이익률의 저하는 한계이익률의 저하가 주된 원인이다. 매가인하, 매입원가 상승, 상품 구성의 변화, 비생산적 업무 등 그 원인을 파악할 필요가 있다.

④ 매출액 신장은 129%, 손익 분기점 추세율은 139%인바 손익분기점 증가를 억제하기 위해서는 매출 증가가 필요하게 되며, 만약 매출 증가가 불가능하다면 손익 분기점을 인

비교	항목	11기		12기		13기	
비교(1)	매출액	2,420	100%	2,770	100%	3,120	100%
	변동비	1,390	57	1,600	58	1,830	59
	(한계이익)	1,030	43	1,170	42	1,290	41
	고정비	910	38	1,060	38	1,210	38
	(경상이익)	120	5	110	4	80	3
비교(2)	① 매 출 액	2,420	100%	2,770	114%	3,120	129%
	② 고 정 비	910	100	1,060	116	1,210	133
	③ 한계이익률		43		42		41
	④ 손익분기점 ②÷③	2,120	100	2,520	119	2,950	139
	⑤ 손익분기점 비 율		88		91		95
	④÷①		12				
	⑥ 안 전 율 1−⑤				9		5

하할 필요가 있다.

⑤ 또한 손익 분기점이 높아지는 것은 고정비가 증가하여 한계 이익이 저하되기 때문인데 고정비의 인하와 한계 이익률의 향상이 필요하다.

차. 점포별(지점) 매출 이익률 검토

매출 이익률을 높이기 위해서는 한계 이익률을 높이기 위해 고정비율을 저하시킬 필요가 있다. 기업의 이익 구조로서 Ⓐ고 한계 이익률, 저 고정비율형이 이상형이다. 그러나 Ⓑ고 한계 이익률, 고 고정비율형 Ⓒ저 한계 이익률, 저 고정비율형 Ⓓ저 한계 이익률, 고 고정비율형 등 실로 여러 가지로 나타난다.

따라서 ⒷⒸⒹ형의 매출이익률 개선 방법은 같지 않게 된다.

전사적으로 검토할 경우 Ⓒ형에 속한다 하더라도 지점(점포)별로 보게 되면 전체가 Ⓒ형이 아니고 점포별 형태가 상이함을 알 수 있으며,

개선책도 점포별로 검토되어야 한다.

따라서 각각의 시장 특성, 취급상품, 판매활동, 경쟁회사의 동향, 점포의 조직 등이 구체적으로 검토되어야 한다.

(%)

점 포	한계이익률	고정비율	매출이익율
(1)	25	15	10
(2)	33	25	8
(3)	34	22	12

(2)(3)점포는 고정비율의 인하를 위한 대책이, (1)점포는 한계이익률을 향상시키기 위한 노력이 집중적으로 검토되어야 한다.

카. 상품별 우열 검토

상품 구성의 요인은 소매업에서 여러 가지 접근 방법이 있으나 무엇보다 한계 이익률을 높이는 것이다. 따라서 취급 상품의 매출 구성비, 한계 이익률을 평가하여 향후 대책 수립의 자료로 이용하여야 한다.

실제의 경우에는 아래 표와 같은 극심한 차이가 발생되는 경우는 많지 않으나 이해를 돕기 위해 숫자의 차이를 많이 둔 점을 이해하여 주기 바란다.

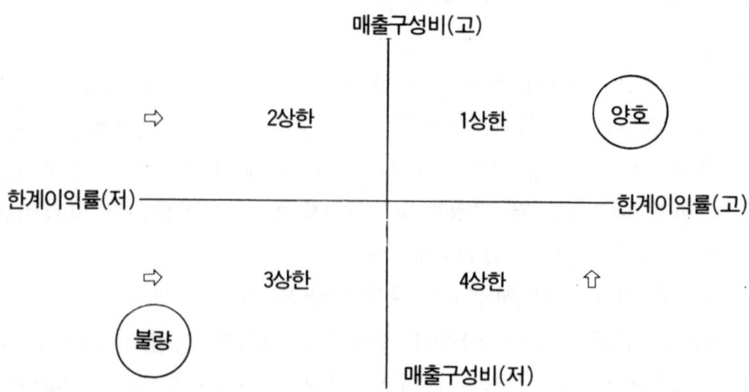

상품별 매출액, 한계이익률표

상품별	매출액	구성비	한계이익률
A	460만원	46%	45%
B	310	31	29
C	230	23	53
합 계	1,000	100	—

(상품분석표)

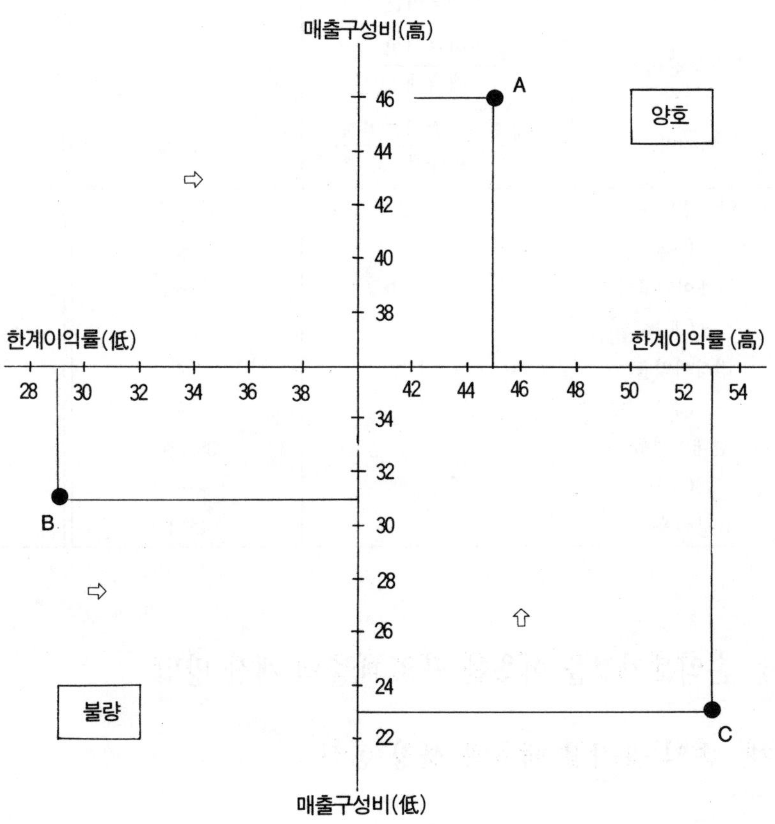

파. 손익 분기점 중심 수익성 분석표(3)

			제 10 기	제13기
손 익 계 산 서	매출액		7,878(100.0)	
	변동비		5,073(64.4)	
	(한계이익)		2,805(35.6)	
	고정비		2,370(30.1)	
	(경상이익)		435(5.5)	
손익분기점	$\dfrac{\text{고정비}}{\text{한계이익률}}$		6,657	
손익분점비율	$\dfrac{\text{손익분기점}}{\text{매출액}}$		84.5%	
안전율	$\dfrac{\text{매출액}-\text{손익분기점}}{\text{매출액}}$		15.5%	
안 전 율			15.5%	
(×)			×	
한계이익률			35.6%	
(॥)			=	
경상이익률			5.5	
(॥)			=	
한계이익률			35.6%	
(l)			—	
고정비율			30.1	

6. 손익분기점을 이용한 필요 매출액 계산 방법

가. 손익 분기점 매출액 산정 공식

$$\text{손익 분기점 매출액(BEP)} = \frac{\text{고정비}}{1 - \dfrac{\text{변동비}}{\text{매출액}}}$$

$$= \frac{\text{고정비}}{1 - \text{변동비율}}$$

$$= \frac{\text{고정비}}{\text{한계 이익률}}$$

나. 목표 이익 달성을 위한 매출액 산정 공식

$$\text{필요매출액} = \frac{\text{고정비} + \text{목표이익}}{1 - \text{변동 비율}}$$

목표 이익은 ① 배당금 ② 차입금 상환 ③ 내부 유보액 등이 주된 내용이다.

다. 차입금 상환에 필요한 매출액 산정 공식

$$\text{필요 매출액(1)} = \frac{\text{고정비} + \dfrac{\text{차입금 상환액}}{1 - \text{법인세율}}}{1 - \text{변동비율}}$$

$$\text{필요 매출액(2)} = \frac{\text{고정비} + \dfrac{\text{차입금 상환액} - \text{감가상각비}}{1 - \text{법인세율}}}{1 - \text{변동비율}}$$

※ 필요 매출액(1)은 차입금을 순이익만으로 상환하는 경우이며 필요 매출액(2)는 순이익과 감가상각비로 차입금을 상환하는 경우이다.

라. 고정비 및 변동비율이 변화된 경우의 필요 매출액 산정 공식

$$\text{손익 분기점 매출액} = \frac{\text{고정비} \pm \text{고정비 증감액}}{1 - (\text{변동비율} \pm \text{변동비율의 변화})}$$

마. 영업 외 수익이 있는 경우 필요 매출액 산정 공식

영업 외 수익이 있는 경우 손익 분기점

$$= \frac{고정비+영업\ 외\ 비용-영업\ 외\ 수익}{1-변동비율}$$

바. 목표 자본 이익률 달성점 매출액 산정 공식

목표 자본 이익률 달성점 매출액

$$= \frac{고정비+(자본이익률\times고정자본)}{1-변동비율-(자본이익률\times변동자본율)}$$

1) 기업은 목표 이익을 정하고 그에 따른 손익분기점 관련 공식을 이용하여 목표이익을 확보하기 위한 필요매출액, 경비의 허용액을 산출하여 그것을 기초로 한 판매계획, 매입계획, 자금계획 등 여러 가지 계획을 수립하여 그에 따른 경영활동을 수행한다. 경영활동의 수행을 위해서는 필히 자본(토지, 건물, 재고, 상품 등의 취득에 필요한 자금)이 필요하다. 이익은 자본을 경영활동에 이용하여 얻은 결과이므로 이익액은 사용된 자본액과 대비하지 않으면 안된다.

이익과 그것을 확보하기 위해 사용된 자본의 관계가 자본이익률(이익÷자본)로서 기업의 업적 평가와 이익 목표의 지표로서 중요시되고 있다.

기업은 목표 이익액을 금액으로 정하지 않고 사용 자본에 대한 비율, 즉 목표 자본 이익률로써 정한다.

어느 기업의 손익계산서를 요약한 결과 매출액 1억원 고정비 2,500만원, 변동비 7,000만원, 이익 500만원일 때 이 기업의 변동비율은 70%(변동비÷매출액×100%)이므로 손익 분기점 매출액은 8,333만원이 된다.

$$(BEP = \frac{고정비(2,500만원)}{1-변동비율(0.7)} = 8,333만원)$$

현재 1억원의 매출액에 500만원의 이익이 있다. 또한 1억원의 매출액 달성을 위해 사용된 자본이 자본총액 6,500만원, 고정자본 3,500만원, 변동자본 3,000만원, 변동자본 비율 30%(변동자본 3,000만원)÷매출액 (1억원×100%)라고 하면 이 기업의 자본이익률은 7.7%(이익 500만원)÷자본총액(6,500만원)×100%가 된다.

다음 사업 연도의 자본 이익률을 10%까지 높이려면 매출액을 얼마로 하는 것이 좋겠는가? 물론 변동비 및 변동자본 비율은 변화하지 않는 것으로 한다.

이 경우의 목표 자본 이익률 달성점 매출액은 다음과 같이 구하게 된다.

목표 자본 이익 달성점 매출액

$$= \frac{고정비 + (목표자본\ 이익률 \times 고정자본)}{1 - 변동비율 - (목표자본\ 이익률 \times 변동자본비율)}$$

$$= \frac{2,500 + (0.1 \times 3,500)}{1 - 0.7 - (0.1 \times 0.3)}$$

$$= 1억\ 556만원$$

즉, 1억 556만원의 매출액을 달성하여야 한다. 이 경우 경비의 허용 범위 및 자본총액 등은 다음과 같이 된다.

매출액 1억 556만원, 고정비 2,500만원, 변동비 7,389만원(매출액 1억 556만원×변동비율 0.7) 이익 667만원, 자본총액 6,667만원, 고정자본 3,500만원, 변동자본 3,167만원(당초변동자본 3,000만원+추가이익 167만원)

$$자본이익률\ 10\% \left(\frac{667만원}{6,667만원} \times 100\% \right)$$

2) 이익 계획 도표 작성법

앞에서 살펴본 목표자본 이익률 달성점 매출액은 아래와 같이 그래프를 작성하여 구할 수 있다.

상기 도표의 작성 순서는 다음과 같다.

(가) 손익 분기점 도표를 작성한다. (손익 분기점 매출액을 구하고 손

이익계획도표

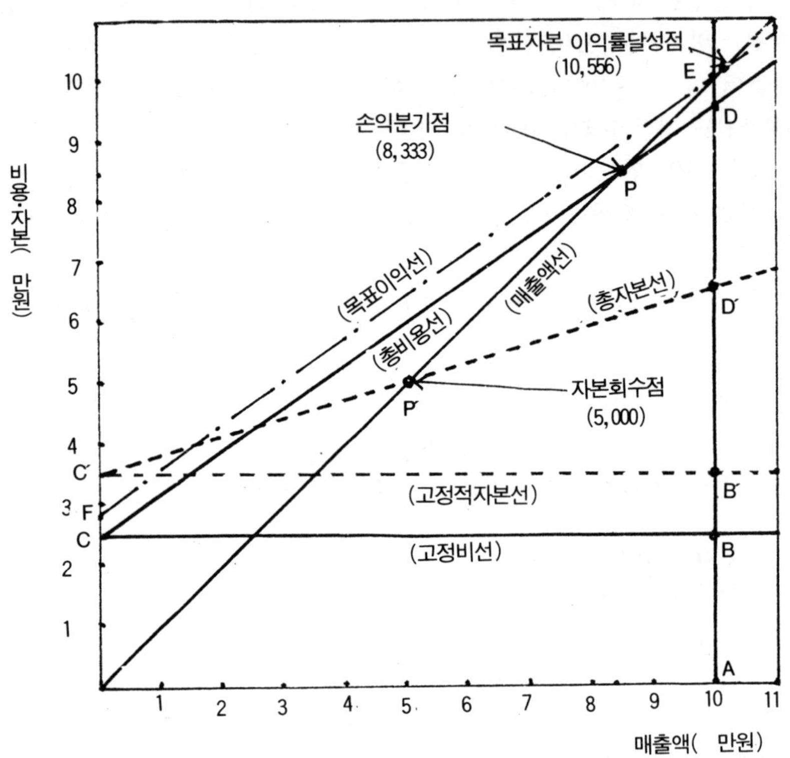

익분기점 도표 작성)

　(나) (가)의 손익분기점 도표상에 자본 도표를 추가 작성한다.

　　① 횡축에 임의의 매출액(이 경우는 10,000만원)을 나타내는 점을 구하고 그 점을 A로 한 곳에 세로로 직선을 그린다.

　　② 매출액이 10,000만 원일 경우의 고정자본과 변동자본액을 산출한다.

　　고정자본 3,500만 원, 변동자본 3,000만 원(매출액 10,000만원×변동비율 0.3)

　　③ 점 A의 수직선상에 고정자본의 3,500만 원과 총자본 6,500만 원

을 나타내는 점을 구하여 각각 점 B′, 점 D′로 한다.

④ 점 B′를 통과하는 횡축에 평행선(고정자본선)을 그어 종축과 교차점을 C′로 한다.

⑤ 점 C′와 D′점을 연결하는 선(총자본선)을 그어 매출액과의 교차점 P가 자본회수점(매출액과 사용자본액이 같게 되는 매출액)이 된다.

(다) 목표자본 이익률은 10%로 예정하고 있으므로 매출액이 10,000만원의 경우 이익은 650만원이 된다.

(고정적 자본＋매출액×변동적 자본비율)×목표자본 이익률＝650만 원
      3,500   10,000   0.3   0.1

(라) 점 D(매출액이 10,000만원의 경우 총비용을 나타내는 위치) 수직선상 위에 목표이익 650만원을 추가한 점이 E가 된다.

(마) 점 C에 매출액이 0인 경우 총자본 3,500만원의 10%를 더한 점 F를 구한 후 점 E와 연결한 선이 목표 이익선이 된다.

(바) 목표 이익선과 매출액선이 교차하는 점이 목표자본 이익률 달성점이 된다. 지금까지 설명된 절차가 목표자본 이익률 달성점 매출액을 구하는 내용이 된다.

사. 사례 검토

A양품점의 손익계산서와 대차대조표를 요약하면 다음과 같다고 할 때

대차대조표   (단위 천원)

차	변	대	변
유동자산	35,768	유동부채	14,935
고정자산	7,088	고정부채	—
		자　본	27,921
합　계	42,856	합　계	42,856

손익계산서

차	변	대	변
매출원가	139,627	매 출 액	186,013
지불운임 및 가공비	1.961		
기타 영업비용	34,541		
영업이익	9,884		

(변동비는 매출원가＋지불운임＋가공비＝141,588천원)

1) 손익분기점 매출액은

$$\frac{고정비}{1-\dfrac{변동비}{매출액}}=\frac{34,541}{1-\dfrac{141,588}{186,013}}=144,644천원$$

2) 자본회수점 매출액은

$$\frac{고정자본}{1-\dfrac{변동자본}{매출액}}=\frac{7,088}{1-\dfrac{35,768}{186,013}}=8,775천원$$

(주) 변동자본＝유동자산, 고정자본＝고정자산으로 한다.

3) 다음사업년도는 인건비 상승 등 비용이 증가하기 때문에 전체적으로 10%정도의 고정비 증가를 피할 수 없을 것으로 예상되므로 이 경우의 손익분기점은 얼마인가.

$$\frac{고정비＋고정비증가액}{1-\dfrac{변동비}{매출액}}=\frac{34,541＋3,454}{1-\dfrac{141,588}{186,013}}=159,108천원$$

4) 또한 전기와 마찬가지로 9,884천원의 이익을 얻기 위한 필요매출액은 얼마인가

$$\frac{고정비＋고정비 증가액＋목표이익}{1-\dfrac{변동비}{매출액}}=\frac{34,541＋3,454＋9,888}{1-\dfrac{141,588}{186,013}}=200,498천원$$

5) 매출액이 증가하게 되면 사용자본도 증가하므로 금기와 같은 9,884천원의 이익으로는 자본이익율은 저하되게 된다.

금기의 자본이익률은 23.1%(이익 9,884천원÷총자본 42,850천원)이었는데 차기사업년도도 동일수준의 자본 이익률을 유지하기 위해서는 필요매출액은 얼마가 되어야 하는가.

$$\frac{\text{고정비}+\text{고정비증가액}+\text{자본이익률}\times\text{고정자본}}{1-\text{변동비율}-\text{자본이익률}\times\text{변동자본비율}}$$

$$=\frac{34,541+3,454+\dfrac{9,884}{42,856}\times7,088}{1-\dfrac{141,588}{186,013}-\dfrac{9,884}{42,856}\times\dfrac{35,768}{186,013}}=203,748\text{천원}$$

6) 이 경우 예상되는 비용 및 자본은 다음과 같이 된다.

매출액 203,748천원

고정비 37,995천원

변동비 155,093천원　　203,748×0.7612(변동비율)

이 익 10,660천원

자본총액 46,248천원

고정자본 7,088천원

변동자본 39,160천원　　203,748×0.1922(변동자본비율)

금기와 같은 자본이익률을 유지하기 위해서는 203,748천원의 매출액을 확보하고 변동비 및 고정비를 각각 155,093천원, 37,783천원 이하로 억제하도록 비용관리를 철저하게 함과 동시에 사용자본이 3,392천원(차기자본총액 46,248−금기자본총액 42,856=3,392천원)만큼만 증가되어야 함을 나타낸다.

7) 자본이익률을 30%까지 높이려 할 경우 필요매출액 및 비용, 사용자본은 각각 어떻게 되는가.

(가) 필요매출액

$$\frac{34,541+3,454+0.3\times7,088}{1-\dfrac{141,588}{186,013}-0.3\times\dfrac{35,768}{186,013}}=221,785천원$$

(나) 비용 및 자본

매출액 221,785천원
고정비 37,995천원
변동비 168,823천원　221,785×0.7612(변동비율)
이　익 14,967천원
자본총액 49,775천원
고정자본 7,088천원
변동자본 42,627천원 221,785×0.1922(변동자본비율)

7. 이익 계획의 입안

가. 목표이익 설정

이익계획의 입안은 목표이익을 설정하는 것에서 출발된다. 이익은 자본을 경영활동에 사용한 결과의 과실이라는 관점에서 이익의 규모는 금액 그 자체보다도 경영활동에 사용된 자본과 대비하여 검토되어야 한다. 따라서 목표이익도 자본과 대비해서 '자본이익률'로써 검토됨이 바람직하다.

그러나 이익은 주주에 대한 배당, 내부 유보, 차입금 상환 등의 재원으로 사용되므로 이에 대한 필요 금액이 요구된다. 이와 같은 관점에서 목표이익'액'으로 설정된다.

목표이익을 '금액'으로 결정하는 경우 이것을 확보하기 위한 매출액 또는 그것을 위한 허용경비 등 이익계획 입안에 손익분기점 산출 방식이 이용된다.

나. 사례 검토

아래 표가 어느 점포의 3개년간의 비교 손익계산서라고 할 때

단위 : 천원

항목 \ 년도			전전기	전 기	금 기
매 출 액			107,256	135,171	141,467
		매출원가	※ 81,774	※ 101,096	※ 104,013
총 비 용	판 매 및	판매원 급료수당	5,286	8,566	9,642
		지불운임, 가공비	※ 1,296	※ 1,870	※ 984
		보관료	※ —	※ —	※ —
		차량유지비	153	279	130
		소모품비	505	536	601
		광고선전비	925	585	2,053
		기타판매비	—	—	—
		소 계	8,165	11,836	13,410
	일 반 관 리 비	임원급여수당	4,020	6,795	8,480
		사무원급여수당	—	—	—
		복리후생비	234	372	516
		감가상각비	928	1,003	958
		토지, 건물임차료	1,484	1,740	1,796
		수도광열비	849	999	1,236
		지불이자할인료	123	47	—
		조세공과금	669	734	955
		기타영업비	775	1,006	1,631
		소 계	9,082	12,996	15,572
		합 계	17,247	24,832	28,982
		총 계	99,021	125,928	132,995
영 업 이 익			8,235	9,243	8,472
변동비(※ 표시비용)			83,070	102,966	104,997
고정비(총비용-변동비)			15,951	22,962	27,998

1) 목표 이익의 설정

(가) 배당

종래부터 30%의 배당률이 적용되었으므로 차기도 동일하게 적용

자본금(10,000천원)×배당률(0.3)=3,000천원

(다) 사내 유보

배당과 동율로 결정

자본금(10,000천원)×0.3=3,000천원

(다) 차입금 상환충당금

차기 사업년도의 장기차입금 상환 예정은 2,000천원이다.

감가상각비가 958천원이었으면 이것을 차입금 상환재원으로 하면 2,000천원－958천원=1,042천원이 이익이 있으면 된다.

(라) 세전 목표이익

필요이익액은 7,042천원((가)＋(나)＋(다))인바 세후 금액으로 환산시 세율을 50% 적용하면 14,084천원이 필요하게 된다.

2) 고정비의 증가액

(가) 종업원 인건비

전전기 5,286천원, 전기 8,566천원, 금기 9,642천원으로 대폭 증가되고 있으나 차기사업년도는 인원증가 계획이 없으므로 10% 정도의 증가로 예정함

9,642×0.1=964천원

(나) 임원 인건비

2개년도에 걸쳐 대폭 인상하였으므로 차기사업년도는 인상하지 않기로 함.

(다) 광고선전비

금기에 본격적인 광고활동을 하였으므로 차기 사업년도에 있어서도 500천원 정도의 증가가 예상됨.

(라) 토지, 건물임차료

명년도는 계약기간 중인바 인상 요인이 없음.

(마) 기타 경비

특별한 증가나 감소요인은 없으나 물가상승 등에 따른 8% 정도의 증가가 예상됨. 6,027×0.08=482천원

(사) 이상 증가 고정비의 합계액 1,946천원

3) 변동 비율의 변화

(가) 매출원가율

전전기 76.2%, 전기 74.8%, 금기 73.5%로 서서히 낮아지고 있으나 명년도는 1% 정도 인하될 것으로 예상됨.

(나) 기타 변동비율

금년도와 동일 수준으로 검토함.

4) 필요매출액의 산출

$$\frac{고정비+고정비의\ 증가분+목표이익}{1-(변동비율-변동비율저하분)}$$

$$=\frac{27,998+1,946+14,084}{1-\dfrac{104,997}{141,667}-0.01}$$

$$=177,675천원$$

명년도의 필요매출액은 177,675천원으로 비용의 내용은 다음과 같다.

매출액 177,675천원

변동비 131,870천원　　177,675×0.7422(변동비율)

고정비 31,721천원

영업이익　14,084천원

5) 목표 매출액의 타당성 검토

목표이익을 달성하기 위한 필요매출액이 177,675천원이 계산되었으나 이 기업으로서 177,675천원의 목표매출액이 타당한가의 여부를 다음의 관점에서 검토되어야 한다.

(가) 시장환경의 검토

상권의 크기, 시장점거율, 경합관계 등을 검토하여 적정여부를 판단한다.

(나) 판매효율의 검토

종업원 1인당 매출액, 매장면적 평당매출의 기준적용에 의한 검토

상기 점포시 기준

$$1평당\ 매출액=\frac{177,675천원}{60평}=2,961천원$$

$$1\text{인당 매출액}=\frac{177{,}675\text{천원}}{8\text{명}}=22{,}209\text{천원}$$

으로 지금까지의 실적 및 경영지표와 대비하여 달성곤란 여부 검토.

(다) 과거의 판매실적 이용 검토

사업년도	매출액	전년대비 증가율
전전기	107,256천원	—
전기	135,171천원	26.0%
금기	141,467천원	4.7%
명년도	177,675천원	25.5%

전전기부터 금기까지의 평균 증가율을 산출하여 대비 검토한다.

6) 이와 같이 검토한 필요매출액은 월별지수에 의한 월간 필요매출액과 상품구분 필요매출액을 나누어서 구체적으로 검토한다.

Ⅳ. 생산성 분석

1. 1인당 얼마나 판매하면 좋겠는가

가. 산출공식

점포주 입장에서는 항상 종업원에게 보다 열심히, 보다 효율이 높게 근무하여 줄 것을 바라고 있다. 그러나 경쟁이 격화되고 있는 상황에서는 그저 열심히 근무한다는 것만으로는 경쟁에 이길 수 없다. 얼마나 효율적으로 근무하느냐에 따라 열심히 근무한다는 기준이 성립되게 된다.

또한 이것은 계수관리에서 출발하게 된다. 될 수 있는 한 많이 판매하라는 기준으로는 목표관리가 될 수 없다.

1인당 얼마나 판매할 것인가를 결정하는 것이 매우 중요한 관리기준이 된다. 소매업에서 종업원 1인당 효율을 나타내는 데는 일반적으로 다음의 3가지 지표를 사용한다.

$$\cdot\ \text{종업원 1인당 매출액} = \frac{\text{순매출액}}{\text{종업원수}} \quad\cdots\cdots\cdots\cdots\quad ①$$

$$\cdot\ \text{종업원 1인당 매출총이익} = \frac{\text{매출총이익}}{\text{종업원수}} \quad\cdots\cdots\cdots\quad ②$$

(노동생산성이라고도 함)

$$\cdot\ \text{종업원 1인당 영업이익} = \frac{\text{연간 영업이익}}{\text{종업원수}} \quad\cdots\cdots\cdots\quad ③$$

1) 공식 ①

종업원 1인당 평균 연간 얼마나 판매하는가를 나타내는 것으로서 종업원의 활동성이 평가되는 것이다.

물론 이 숫자는 높은 것이 바람직하다. 그러나 그 내용이 문제이다.

만약 염가로 판매하게 되면 매출이 증가하게 되므로 1인당 매출액은 당연히 높게 된다. 이와 같은 숫자는 의미가 없음을 잊지 말아야 한다.

2) 공식 ②

종업원 1인당 연간에 걸쳐 생산된 가치를 나타내는 것으로서 종업원의 생산성을 평가하게 된다. 이것은 경영상 중요한 의미를 갖게 되는데 이것이 높게 되면 우수한 인재가 육성된 것을 의미하며 또한 급여의 인상 등도 가능하게 된다.

3) 공식 ③

종업원 1인당 얼마만큼의 이익을 생산하는가, 즉 기업에 얼마만큼의 공헌을 하는가를 나타내는 것으로서 종업원의 수익성이 평가된다. 또한 이익의 상승에 있어서 종업원 1인당으로 환산하는 것으로 이해할 수 있다. 기업의 목적은 이익을 증가시키는 것을 매우 중요한 지표로 삼는다.

공식 ① ②의 지표가 좋다고 하더라도 공식 ③의 지표가 낮아서는 안된다. 결국 얼마를 판매하여야 하는 것은 공식 ③의 지표가 출발점이 된다.

4) 공식에 의해 계산만으로 평가되기에는 오늘날의 기업은 단순하지만은 않다. 다음 사항 등을 주의하여 계산하여야 한다.

(가) 연간 매출액은 할인, 반품 등을 제한 순매출액을 대입한다.

(나) 종업원이 연도중 입사하여 퇴사하는 경우가 있으므로 월별 급여대장의 인원수를 합계하여 12로 나누었을 경우 해당 연도의 정확한 종업원수를 적용할 수 있다.

정확한 종업원 계산 ①

4월	5	6	7	8	9	10	11	12	1	2	3	계
16	16	15	15	14	13	16	16	16	15	13	12	177

(계산 177÷12=14.8)

상기 표에서 보듯이 정확하게는 14.8인이므로 3월의 12인으로 계산된다면 실태와는 틀린 숫자가 된다.

(다) 또한 파트타임을 사용하고 있다면 한번 더 계산을 수정할 필요가 있다.

정규 종업원의 평균 급여가 보너스를 포함하여 월 900,000원이라면 (900,000×12)÷12=900,000원이 된다.

이에 반해 파트타임(1일 4시간 기준, 시간당 6,000원, 월 25일 근무시)은 1일 24,000원, 월 600,000원이 급여가 된다.

600,000÷900,000=0.6인이 되어 정규종업원 0.6인이 파트타임 1인이 된다. 이와 같은 기준으로 파트타이머 인원수를 환산하여 계산한다.

정확한 종업원 계산 ②

	4월	5	6	7	8	9	10	11	12	1	2	3	계
정규종업원	16	16	15	15	14	13	16	16	16	15	13	12	177
파트타이머	2.8	2.8	3.5	4.9	4.9	4.2	4.2	5.6	5.6	4.9	2.8	2.8	49.0
계	18.0	18.8	18.5	19.9	18.9	17.2	20.2	21.6	21.6	19.9	15.8	14.8	22.6

(계산 226÷12개월=18.8인)

파트타이머를 포함한 정확한 종업원수는 18.8인이 된다.

나. 종업원 1인당 매출액의 평가

1) 동종업계의 경영지표와 비교

동업계의 1인당 매출액과 비교하여 인원수의 적정 여부를 판단한다. 이 경우 동일업태간 동업계, 유사규모의 동업계와 자료를 대비하여야 한다. 대면 판매를 주로하는 업체가 셀프서비스 판매 방식의 업체와 대비하는 것은 오히려 의사 결정의 혼돈만을 초래하게 된다.

2) 인건비의 증가율과 비교

1인당 매출액 신장률보다도 인건비 신장률이 높은 상태는 좋은 것이 아니다. 1인당 매출액은 인원수에 비례하여 달성된 매출액이므로 인건비 증가율 이상으로 되어야 한다. 상기 예의 경우는 인건비 신장률이 1인당 매출액 신장률보다 높기 때문에 인원수를 줄이든가, 인건비 신장

(예) Y상점

(단위 : 천원)

	90		91		92	
	금액	구성비	금액	구성비	금액	구성비
매출액	46,000	100%	54,000	100%	60,000	100%
매출원가	29,800	64.8	35,000	64.8	39,000	65
매출이익	16,200	35.2	19,000	35.2	21,000	35
판매관리비	14,400	31.3	17,500	32.4	20,000	33.3
(인건비)	(7,200)	(15.7)	(8,500)	(15.7)	(10,000)	(16.7)
영업이익	1,800	3.9	1,500	2.8	1,000	1.7
종업원수	5인		5인		5인	

(단위 : 천원)

	90	91	92
1인당 매출액	9,200	10,800	12,000
(전년 대비 신장률)	(18.5%)	(17.4%)	(11.1%)
인 건 비	7,200	8,500	10,000
(전년 대비 신장률)	(18.5%)	(18.1%)	(17.6%)
매 출 이 익	16,200	19,000	21,000
(전년 대비 신장률)	(15.0%)	(17.3%)	(10.5%)
인 원 수	5인	5인	5인
1인당 매출이익	3,240	3,800	4,200
(전년 대비 신장률)	(15.0%)	(17.3%)	(10.5%)
매 출 액	46,000	54,000	60,000
종 업 원 수	5인	5인	5인
1인당 매출액	9,200	10,800	12,000
(전년 대비 신장률)	(18.5%)	(17.4%)	(11.1%)

률을 낮추든가, 1인당 매출액 증가율을 높이는 노력을 하여야 한다.

3) 매출이익과 비교

이익률을 낮추면 판매량이 증가되고 이에 따라 1인당 매출액이 증가되는 것은 앞에서 살펴보았다. 여기서 매출이익과의 관계를 비교하면 1992년도 매출이익은 10.5% 신장되었으며 1인당 매출이익도 인원수가 전기와 같은 5인으로 10.5% 신장하였다.

또한 1인당 매출액은 11.1% 신장하였으나 종업원수가 변화하는 경우는 커다란 변화가 있음을 주의하여야 한다. 1인당 매출이익률의 신장은 1인당 매출액의 신장률보다 높은 것을 필요로 한다. 인건비는 17.6% 신장한 데 비해 1인당 매출이익은 10.5% 신장하는 데 그쳐 성적이 나쁜 것으로 판단된다.

다. 종업원 1인당 매출이익의 평가

1) 동업계의 경영지표와 비교
2) 매출액 신장률과 비교
   매출액 신장률보다 높은 것이 좋다.
3) 인건비 신장률과 비교
   인건비 신장률보다 높은 것이 좋다.
4) 계산에 의한 평가
상기 나의 2)항 도표 중 1992년도의 내용을 정리하면,

	1992년도
판매 및 일반관리비	20,000
인 건 비	(10,000)
인건비 이외의 경비	10,000
종 업 원 수	5인
1인당 판매 일반관리비	4,000
(1인당 인건비)	(2,000)
(1인당 인건비 이외 경비)	(2,000)

1인당 이익을 15%로 검토할 경우 1인당 인건비와 1인당 기타경비의 합계액을 85%로 나누어 1인당 매출이익의 목표로 하면 수준 이상의 양호한 영업이 될 수 있다.

즉 (1인당 인건비+1인당 인건비 이외의 경비)÷0.85는 (2,000+2,000)÷0.85=4,706이 되면 양호하다고 평가할 수 있다.

상기 예에서 92년도 1인당 매출이익은 4,200이므로 이 계산을 기준으로 할 때 성적이 나쁜 것으로 판단된다. 즉 1인당 매출이익의 85%를 영업비 및 판매관리비로 사용하고 나머지 15%를 이익으로 하고자 하

는 검토가 된다.

라. 종업원 1인당 영업이익

종업원 1인당 영업이익은 매우 중요한 것으로 최후의 이익단계가 나쁘다면 1인당 매출액이나 1인당 매출이익이 아무리 좋다 하더라도 의미가 없게 된다.

1인당 영업이익의 신장률은 언제나 높은 것이 요구된다.

(단위 : 천원)

	1990	1991	1992
1인당매출액 (전년대비신장률)	9,200 (17.4%)	10,800 (17.4%)	12,000 (11.1%)
1인당 매출이익 (전년대비신장률)	3,200 (15.0%)	3,800 (17.3%)	4,200 (10.5%)
1인당 인건비 (전년대비신장률)	1,440 (18.5%)	1,700 (18.1%)	2,000 (17.6%)
1인당 영업이익 (전년대비신장률)	340 ($\triangle$8.5%)	300 (11.8%)	200 ($\triangle$33.3%)

상기 표와 같이 앞의 Y상점의 경우 종업원 1인당 영업이익을 보면 신장률은 마이너스로 되고 있어 성적이 나쁨을 알 수 있다.

마. 활용의 방법

상기 Y상점의 자료에 따라 상기 표와 같이 1인당 매출액은 12,000천원이나 1인당 영업이익은 200천원으로 작은 규모이나 수준급인 500천원까지 하더라도 경비는 같은 수준으로 하면 1인당 매출이익은 4,500천원이 되어야 한다. 이것을 매출이익률 0.35로 나누면 12,857천원이 되며, 이것이 1인당 영업이익 500천원을 달성하는데 필요한 1인당 매출액이 된다. 또한 종업원이 5인이므로 연간 매출액은 12,857천원×5인=64,285천원이 되며, 또한 4,285천원의 매출액을 증가시켜야 한다.

Y상점의 1인당 영업이익을 수준급으로 향상시키기 위한 목표계수

(단위 : 천원)

구 분	실 적	수 정 목 표
매출액	60,000	12,857×5인=64,258
매출원가	39,000	
매출이익	21,000(35%)	
판매 및 일반관리비	20,000	
영업이익	1,000	
1인당 매출액	12,000	12,857(4500÷0.35)
1인당 매출이익	4,200	4,500(4,200+300)
1인당 경비	4,000	
1인당 영업이익	200	영업이익을 수준급인 500으로 (200+300)

이것은 1개월당 4,285천원÷12개월=357천원이 증가되고 1일당 4,285천원÷12개월÷25일=14.3천원 증가되어야 하므로 그 가능성이 있는가의 유무를 검토하여야 한다.

2. 인건비는 얼마를 지불하여야 하는가

가. 인건비 지급기준

매년 인건비의 상승은 매우 높은 신장률로 인상되어 왔으며 모든 기업이 인건비의 부담으로 어려움을 겪고 있는 실정이다. 매가를 인상할 경우는 고객의 납득을 전제로 하고 있으나 인건비는 정확한 근거나 계획보다는 사회적 환경요인 등으로 인상되는 경우가 많은 실정이다.

저성장시대에 있어 인건비의 계속적인 상승은 경영에 가장 큰 부담이 되고 있으며 경쟁력을 상실하는 요인 중 큰 비중을 차지하고 있다.

따라서 소매업의 경우 점포의 생산성에 따라 얼마까지 인건비를 지불하는 것이 바람직한가를 계수적으로 파악해 보는 것은 매우 중요하다.

이와 같은 계수적인 검토를 위해서는 여러 가지 측면에서 검토할 수 있겠으나 가장 많이 이용되고 있는 공식은 노동분배율과 노동생산성

두 가지이다.

$$\cdot \text{노동분배율} = \frac{\text{인건비}}{※ \text{부가가치}} \times 100 \quad \cdots\cdots\cdots\cdots\cdots ①$$

$$(\text{소매업의 경우}) = \frac{\text{인건비}}{\text{매출이익}} \times 100$$

$$\cdot \text{노동생산성} = \frac{\text{생산금액}}{\text{노동인원}} \times 100 \quad \cdots\cdots\cdots\cdots\cdots ②$$

$$(\text{소매업의 경우}) = \frac{\text{매출이익}}{\text{종업원수}} \times 100$$

나. 인건비는 무엇인가

인건비는 급료만을 뜻하는 것이 아니라 ① 상여 ② 의료보험 부담금 ③ 국민연금 보험부담금 ④ 통근교통비 ⑤ 퇴직금 ⑥ 복리후생비 ⑦ 기숙사 비용 ⑧ 직원모집 비용 ⑨ 교육훈련비 등 종업원에게 지불되는 비용 일체를 말한다.

인건비는 급여의 1.5~1.8배까지 되는 것이 통상적인 수준이다.

따라서 인건비 절감의 노력 없이 용도품, 소모품의 절약을 위해 노력한다는 것은 매우 어리석고 무의미한 경영이 된다. 4인이 할 수 있는 일을 5인이 한다는 것은 경영의 최대 낭비이며 5인이 하던 업무를 4인이 충분히 할 수 있다고 판단하여 1인을 줄였을 때 불평과 서비스가 나빠진다면 종업원의 자질상의 문제가 된다.

그러나 인건비 절감만을 이유로 무리하게 인원을 줄여서 업무의 마비나 서비스의 부재현상이 발생되는 것 역시 바람직하지 못하다.

다. 노동분배율

소매업의 경우는 매출이익에 대해 몇 %의 인건비율이 되느냐를 나타내는 기준이다.

공식 중에 ※ 부가가치라고 표시한 내용은 실로 이것 하나만을 갖고

도 책 한 권이 될 수 있는 내용이지만, 간단하게 이야기하면 매출액에
서 기업이 생산한 원가를 제한 후 기업이 만들어낸 산출액이라고 할 수
있다.

　예를 들면

　공제식　1) 매출액－매출원가＝부가가치 …… 중소 상점의 경우

　　　　　2) 매출액－원재료비－외주 가공비＝부가가치 …… 중소
　　　　　　　공장의 경우

　　　　　3) 매출액－원재료비－외주가공비－동력비＝부가가치
　　　　　　　…… 중급규모 이상의 공장 경우

　가산식　4) 순이익＋인건비＝부가가치

　　　　　5) 순이익＋인건비＋임차료＋금융비용＝부가가치

등 부가가치를 구하는 방법에는 여러 가지가 있으나 정의는 확립되어
있지 않은 실정이다. 결국 소매업의 경우는 매출액－매출원가＝부가가
치, 즉 매출이익이 부가가치가 되는 것으로 이해하는 것이 좋을 듯하
다.

라. 노동분배율의 평가

노동분배율 평가표($\frac{인건비}{매출이익} \times 100$)

	33%	40%	45%	50%	50% 이상
평 가	매우 우수한 상태이며 소위 3분법으로서 매출이익의 $\frac{1}{3}$…인건비 $\frac{1}{3}$…기타경비 $\frac{1}{3}$…이익이 되는 형태	성적이 양호한 상점으로서 매출 총이익의 40%가 인건비가 된다. 다음 40%가 기타경비 20%가 이익이 되는 경우이다.	보통표준형의 상점으로서 45%가 인건비, 45%가 기타경비이며 10%가 이익인 경우가 많다.	경영성적은 나쁜 것으로 판정된다. 매출 총이익의 50%가 인건비가 되며 이익은 많은 경우라도 5% 또는 1~2%가 되는 경우이다.	적자 경영이 되며 이것이 계속되면 도산이 불가피하고 이익의 전부가 인건비로 충당되는 경우이다.

노동분배율은 어느 정도가 적당한가의 평가기준은 앞의 표와 같다.

결국 종업원 1인당 평균 인건비의 3배 이상의 매출이익을 달성하는 것이 가장 바람직하다.

마. 노동분배율의 사용 방법

1) 자신의 점포에서 발생되는 인건비가 적정한가를 판정할 수 있다.

매출이익 ; 13,200 천원

인 건 비 ; 4,800 천원이 발생하는 점포가 있다면,

$$노동분배율 = \frac{인건비}{매출이익} \times 100$$

$$= \frac{4,800천원}{13,200천원} \times 100 = 36.4\%$$

이것을 상기의 노동분배율 평가표에 대입하여 보면 극도로 우수한 점포임을 알 수 있다.

2) 자신의 점포에서 얼마만큼의 인건비를 사용할 수 있는가를 판단할 수 있다.

예를 들면, 점포에서는 매입원가와 이에 따른 매출이익을 알 수 있으므로 이 수치에 대해 40%까지는 인건비를 지출하여도 좋다.

어느 점포가 예상매출액 50,000천원, 매입원가율 65%로 운영코자 한다면,

예상매출액×매입원가율=예상매입원가

　50,000 천원×0.65=32,500 천원

예상매출액－예상매입원가=예상매출이익

50,000 천원－32,500천원＝17,500 천원

예상매출이익×적정노동분배율(40%)＝적정인건비(지불하여도 좋은 인건비)

17,500 천원×0.40＝7,000 천원

따라서 이 점포가 차기에 지불 가능한 인건비는 7,000 천원이 된다.

3) 매출이익을 목표관리하고 있는 점포라면 매출액에 대해서 몇 %

의 인건비를 지불할 것인가를 판단할 수 있다. 예를 들어 매출이익률이 20%라면,

20%×0.4(적정노동분배율)=8%, 즉 매출액의 8%까지는 인건비를 지불할 수 있다.

또한 매출이익률이 30%라면,

30%×0.4=12%, 즉 매출액의 12%까지 인건비를 지불하는 것이 좋다.

이 경우 점포의 매출액이 50,000 천원이라면,

50,000 천원×12%=6,000 천원의 인건비를 지불하여도 좋다.

4) 결산 특별보너스의 지급 기준이 되며 노동의욕을 높이는 것이 가능하다.

예를 들어, 점주가 '우리 점포는 당기노동분배율은 40%를 목표로 하고 있다. 목표달성이 되면 특별보너스를 지급하겠다. 여러분의 노력을 부탁한다'의 훈시를 한 경우 아래 표와 같은 계획과 실적을 나타냈다면

단위 : 천원

계 획		실 적	
매출액	100,000	매출액	120,000
매출원가	80,000	매출원가	96,000
매출이익	20,000	매출이익	24,000
인건비	8,000	인건비	8,000
○ 노동분배율	40%	○ 노동분배율	33.3%

상기 결과는 노동분배율을 40%로 목표하였으나 33%가 되었다. 만약 계획대로 노동분배율 40%로 실적이 발생되었다면 24,000(매출이익)×0.4=9,600천원까지 인건비의 지불이 이루어졌으나,

96,000천원−8,000천원=1,600천원이 되어

　　　(실지불 인건비) (추가지불 가능 인건비)

이 1,600천원을 종업원 50% 주주, 임원 50%로 나누게 되면 종업원에 대한 특별보너스는 800천원이 된다.

바. 노동생산성

1) 노동생산성은 무엇인가
노동생산성이란 단위노동량 당의 산출량을 말한다.

$$\text{노동생산성}=\frac{\text{생산금액}}{\text{노동인원}}(\text{노동생산성 소매업의 경우})=\frac{\text{매출이익}}{\text{종업원수}}$$

의 공식에서 보듯이 종업원 1인당 매출이익을 나타내는 것이다.
(노동생산성은 특히 종업원수를 기준으로 하는 것에 주의를 요함)
2) 노동생산성의 평가
노동생산성은 어느 정도의 금액이 타당한가는 협회 등이 발표하는
지표를 비교할 수도 있겠고 각각 자신의 점포의 업종, 규모, 지역 특성
등을 감안하여 평가하는 것도 있으나 기준의 타당성 등에 문제가 있으
므로 일반적으로 1인당 인건비와 1인당 인건비 이외의 경비 합계액을
80~85%로 나누어 검토하는 것이 바람직하다.

(1인당 인건비+1인당 이외의 경비)÷80%~85%
=매우 양호한 노동생산성

예를 들어 어느 점포의 경영 내용이 다음과 같다면

매 출 액	60,000천원
매 출 원 가	48,000천원
매 출 이 익	12,000천원
1인당 인건비	4,800천원
1인당 인건비 이외의 경비	4,600천원
종 업 원	4인

$$\text{노동생산성}=\frac{\text{매출총이익}}{\text{종업원수}}=\frac{12,000천원}{4}=3,000천원$$

이 되며 이것이 타당한가의 판단은

$$\frac{1인당\ 인건비+1인당\ 인건비\ 이외의\ 경비}{종업원수}\div 80\sim 85\%인바$$

80% 적용하면

$$\frac{4,800천원+4,600천원}{4}\div 0.8=2,938천원$$

85% 적용시는

$$\frac{4,800천원+4,600천원}{4}\div 0.85=2,765천원$$

이 되어

노동생산성 3,000천원에 육박하므로 노동생산성은 양호한 것으로 판단할 수 있다.

3) 노동생산성과 노동 분배율의 조화

노동생산성만 높아서는 안되며 노동분배율과의 조화가 필요하다.
다음과 같은 커피 전문점이 있다면

매출액	24,000천원
매출원가	4,320천원
(원료비율 18%)	
매출총이익	19,680천원
인건비	9,600천원
인건비 이외의 경비	8,000천원
종업원수	6인

노동생산성 $=\dfrac{매출이익}{종업원수}=\dfrac{19,680천원}{6}=3,280$천원이 되어 중소기업의 동업종 지표보다 높게 나타나나 노동분배율은 어떠한가. 노동분배율$=\dfrac{인건비}{매출이익}\times 100$의 공식에 대입하면 노동분배율$=\dfrac{9,600천원}{19,680천원}\times 100=48.8\%$로 높게 나타나므로 적정노동분배율 40%까지 낮추기 위해서는 (매출액－매출원가)×40%＝적정한 인건비의 기준에 대입하면 (24,000천원－4,320천원)×0.4=7,872천원이 되어 인건비를 9,600천원에서 7,827천원까지 낮추어야 한다. 이 경우 인건비를 낮추는 것이 어렵다면 이 커피 전문점의 1인당 평균 인건비는 9,600천원÷6인＝1,600천원이 되므로

7,872천원÷1,600천원=4.9인≒5인이 되어 1인의 종업원을 감원하여야 한다.

노동생산성이 높고 노동분배율이 나쁘다면 아무런 의미가 없게 된다. 따라서 인건비의 문제는 항상 노동생산성과 노동분배율의 2가지 지표를 함께 검토하여야 한다.

3. 평당(3.3㎡) 얼마나 판매하여야 하는가

가. 평효율의 개념

지금까지 1인당 판매액, 1인당 인건비의 기준을 설명하였으나 이것들은 모두 손익계산서를 중심으로 검토한 것으로, 즉 매출액, 매출원가, 매출이익, 인건비 등 경비, 영업이익 등을 문제로 하였으나 이것들은 소매업의 한 부분만을 검토한 것이다. 상업이란 1년간 어느 정도의 자금을 운영하여서 얼마만큼의 이익을 올릴 것인가 하는 것이다. 그러므로 대차대조표의 내용을 파악하지 않고서는 본질을 이해할 수 없다.

경영자본의 대부분이 토지나 점포에 투하되고 있다. 입지조건이 좋으면 좋을수록 토지의 가치가 높아져서 투하자본의 규모는 커지게 된다.

가령, 20평의 매장을 운영하기 위해 점포임대, 설비, 집기, 비품, 상품에 2억원의 투자가 되었다면 평당 1,000만원이 투하되어 1평에 1만원권 1,000장을 깔아놓고 영업을 하고 있는 것이다. 1,000만원을 정기예금하면 110만원~120만원의 이자가 발생되므로 이 점포에서는 최하 평당 120만원 이상의 이익을 발생시켜야만 이자보다 수익이 증대되게 된다. 그러므로 매장 면적을 무리없이 최대한 활용하도록 하고 보기 편하고 접근하기 쉽고, 매장 내에서의 회유가 쉽게 되도록 하고 매력 있는 상품을 진열하여 매출액을 높이는 것이 포인트가 된다.

나. 공식과 유의점

매장 면적 평당 매출액에 대한 공식은,

$$\cdot\ 평당매출액 = \frac{매출액}{매장\ 면적} \quad\cdots\cdots\cdots\cdots\cdots\cdots\cdots\cdots ①$$

상기 공식은 매우 간단하다. 그러나 주의하여야 할 것은 매장 면적이 무엇이냐에 대한 기준이다.

직접적으로 매장과 관계가 없는 창고, 주차장, 종업원 휴게실, 종업원 식당, 화장실 등은 포함되지 않는다. 매장 면적이라는 것은 고객과 직접적으로 관계가 있는 부문으로

1) 고객이 자유롭게 걷고, 보고, 회유할 수 있는 곳

2) 상품에 직접 부수되어 이용되고 있거나 사용되고 있는 곳

3) 판매사원이 고객에게 서비스하기 위해 절대로 필요한 면적이라고 보면 될 것이다.

다. 평가의 방법

어느 점포의 경영 내용이 다음과 같을 때 평당 효율을 검토하면 아래와 같다.

<table>
<tr><td colspan="2" align="center">손익계산서
단위 : 천원</td><td colspan="2" align="center">대차대조표
단위 : 천원</td></tr>
<tr><td>매출액</td><td>120,000</td><td>토지</td><td>15,000</td></tr>
<tr><td>매출이익</td><td>42,000</td><td>건물</td><td>12,000</td></tr>
<tr><td>인건비</td><td>19,000</td><td>집기비품</td><td>3,000</td></tr>
<tr><td>인건비이외경비</td><td>18,000</td><td>상품</td><td>21,000</td></tr>
<tr><td>경비합계</td><td>37,000</td><td>합계</td><td>51,000</td></tr>
<tr><td>영업이익</td><td>5,000</td><td>매장면적</td><td>30평</td></tr>
<tr><td>종업원</td><td>12인</td><td></td><td></td></tr>
</table>

$$\cdot\ 평당\ 매출액 = \frac{120,000\ 천원}{30평} = 4,000\ 천원이\ 되며$$

$$\cdot\ 평당\ 투하자본 = \frac{51,000천\ 원}{30평} = 1,700천\ 원이\ 된다.$$

이 점포는 평당 1,700천 원의 투자를 한 셈이다.

영업 이익률의 업계 평균이 5%수준이라고 한다면

영업 이익률 $= \dfrac{\text{영업이익}}{\text{매출액}}$ $0.05 = \dfrac{1,700천원}{x} = 1,700천원 \div 0.05 = 3,400천원$

이 되므로 이 점포는 평당 3,400천원이 판매가 되어야 하므로 실제로 평당 4,000천원의 실적이므로 경영 상태는 적합한 것으로 볼 수 있다.

라. 노동생산성과 노동분배율과의 관계

이익을 올리기 위해서는 노동생산성(1인당 매출이익)을 올리고 노동분배율(매출이익을 점하는 인건비의 비율)을 낮게 하는 것이 좋다는 것은 앞에서 살펴보았다.

따라서 노동생산성을 높이기 위해서는 종업원수를 줄이든가 매출이익을 올려야 한다. 또한 노동분배율을 낮추기 위해서는 인건비를 축소하던가 매출이익을 증가시켜야 한다. 그러나 종업원수를 줄이든가, 인건비를 감소시키는 것은 그다지 간단한 일이 아니다. 또한 매출이익을 증가시키려고 생각하면 필연적으로 인원수도 증가하게 되어 인건비도 증가하게 된다.

여기서 우리는 인원수나 인건비를 증가시키지 않고 노동생산성을 높일 수 있는 방법은 없는가를 검토해야 한다.

그것은 1인당 설비액을 증가시키는 것이 바람직하다. 즉, 사람에게 기능을 집중시키는 것이 아니라 자본에 기능을 집중시키는 것이다. 이것을 우리는 노동장비율이라고 한다.

$$\cdot \text{노동장비율} = \frac{\text{유형고정자산}(\text{※ 가설가계정은 뺌})}{\text{종업원수}} \cdots\cdots\cdots \text{②}$$

※ 건설가계정 — 점포 및 설비의 완성 전에 시공업자 등에 지불한 금액으로 가동되지 않은 상태이므로 노동장비율에 포함되지 않는다.

노동장비율이란 소매업의 경우는 결국 매장 면적을 증가시키는 것이 주된 내용이 된다.

그러면 왜 면장 면적을 증가시키는 것이 노동생산성을 높이며, 이익

을 크게 하는 것이 되는가를 검토하여 보자. 물론 매장 면적을 증가시
킴에 따라 종업원 1인당 판매 면적은 넓게 된다.

가령 A점포가 다음과 같은 손익계산서의 개요를 갖고 있다면,

A점포 손익계산서

매출액	30,000천원
매출이익률	30%
매출이익	9,000천원
인건비	4,500천원
인건비이외의 경비	4,000천원
경비합계	8,500천원
영업이익	500천원
매장면적	10평
종업원수	4인

	개선전	개선후
매출액	30,000천원	36,000천원
매출이익률	30%	30%
매출이익	9,000천원	10,800천원
인건비	4,500천원	4,500천원
인건비 이외경비	4,000천원	4,800천원
경비합계	8,500천원	9,300천원
영업이익	500천원	1,500천원
노동생산성	$\frac{9,000}{4}=2,2,50$천원	$\frac{10,800}{4}=2,700$천원
노동분배율	$\frac{4,500}{9,000}\times100=50\%$	$\frac{4,500}{10,800}\times100=41.7\%$
종업원수	4인	4인
매장면적	10평	15평

매장 면적이 10평이므로 1인당 판매 면적은 2.5평이며 매출액 30,000
천원이므로 1인당 매출액은 7,500천원, 매출이익 9,000천원이므로 1인
당 매출이익은 2,250천원, 평당매출액은 3,000천원, 평당매출이익은
900천원이 된다.

즉, 1인당 2.5평 담당에 1인당 2,250천원의 매출이익을 달성하는 점
포가 된다.

$$\cdot\ \text{노동생산성} = \frac{\text{매출이익}(9,000천원)}{\text{종업원수}(4인)} = 2,250천원$$

$$\cdot\ \text{노동분배율} = \frac{\text{인건비}(4,500천원)}{\text{매출이익}(9,000천원)} = 50\%\text{가 된다.}$$

따라서 이 A점포가 매장 면적을 50% 증가시켜서 15평이 되는 경우 매출액이 20~30% 정도는 확실하게 증가하게 된다.(이것은 통계적으로도 증명됨.)

만약 최하의 매출 증가율인 20%가 상승되었다고 생각할 때 1인당 판매 면적은 2.5평에서 3.8평(15평÷4인)으로 증가되나 이 정도의 면적 증가는 쇼케이스 진열 방법의 변경이나 무리한 동작을 하지 않는다면 영업 신장에 지장은 없다고 생각한다.

결국 개선 후의 매출액은 36,000천원, 매출이익 10,800천원, 인건비는 불변(종업원 증가 없음), 인건비 이외의 경비는 같은 20% 증액으로 보아 4,800천원, 영업이익은 1,500천원, 노동생산성은 2,700천원으로 높아지고, 노동분배율은 41.7%로 낮아진다.

결국 이익을 높이기 위해 노동생산성을 높이고 노동분배율을 낮추는 결과가 되었다. 따라서 영업이익은 500천원에서 3배 수준인 1,500천원으로 크게 증가하게 되었다. 따라서 인간기능 중심이 아닌 매장기능 중심으로 이익을 개선하게 된 것으로 매장 확장에 따라 투자된 금액이 기능 중심이 된 것이다.

마. 상품효율과의 관계

1) 평당 매출액은 상품효율과 밀접한 관계가 있다

아무리 매장 면적을 증가시킨다 하더라고 판매가 잘 되는 상품이나 이익률이 높은 상품을 효율적으로 진열하지 못한다면 평당 효율은 좋아질 수 없다. 상품의 효율이 좋다는 것은 상품 회전율과 매출이익률을 곱한 결과로 나타내게 된다.

> - 매출이익률 $= \dfrac{\text{매출이익}}{\text{매출액}} \times 100$
>
> - 상품회전율 $= \dfrac{\text{매출액}}{※ \text{상품재고액}} \times 100$
>
> ※ 상품재고액 : 기중 평균재고로 하는 것이 이상적이나 불가능할 경우는(기수상품재고+기말상품재고)÷2로 하는 것도 상관없다.

매출이익률이 높으면 높을수록 이상적이나 현실적으로는 간단하게 높일 수 있는 것이 아니다. 따라서 이익을 높이기 위해서는 상품회전율을 높일 필요가 있다. 상품회전율을 높인다는 것은 공식에서 보듯이 매출액을 증가시키거나 재고를 감소시키는 이외의 방법은 없다.

판매 속도가 빠른 상품, 매출이익이 높은 상품을 중심으로 상품 구성을 갖추고 적정 재고를 유지하여야 한다.

2) 교차주의 비율의 활용

> - 교차주의 비율 $= \dfrac{\text{매출이익}}{\text{상품재고액}} \times 100$
>
> $\qquad = (\dfrac{\text{매출이익}}{\text{매출액}} \times \dfrac{\text{매출액}}{\text{상품재고액}}) \times 100$
>
> $\qquad = \text{매출이익률} \times \text{상품회전율}$

교차주의 비율이란 예를 들면, 상품 A와 상품 B의 재고가 각각 100만 원이고 연간 매출이익은 상품 A가 200만 원, 상품 B가 160만 원이라면 이 경우 A는 재고에 대해 2배(200%), B는 1.6배(160%)의 매출이익을 올린 것이 되므로 상품 A가 효율이 좋은 것으로 된다. 이와 같이 상품재고에 대한 연간 매출이익의 비율을 교차주의 비율이라고 한다. 또한 이것을 분해하면 매출이익률에 상품회전율을 곱한 것이 된다. 따라서 교차주의 비율을 높이는 것은 매출이익을 높이든가 상품회전율을 높이는 것이 된다. 평당 매출액이 감소하는 경우 상품별 효율을 계산하여 상품 구성이 적정한가 여부를 분석하는 것이 매장 면적을 증가시키는 것과 마찬가지로 매우 중요하다.

그러나 상품회전율 계산시의 재고액 산정기준이 재고조사일(대개 월말기준) 기준인바 조사에 대비한 인위적인 감소 등의 사례가 있으므로 교차주의 비율만으로 점포별 우선 순위를 결정하는 것은 주의를 요한다.

· 공헌비율＝상품별 매출구성비×교차주의 비율

상품별 회전율, 매출이익, 매출구성비를 감안한 공헌비율은 상기 공식으로 산출하고 공헌비율의 누계에 대한 한 품목의 공헌비율 구성비를 공헌도 구성비율이라고 하며 이 공헌도 구성비율의 크기에 따라 효율의 순위가 결정된다.

· 공헌도률 구성비율＝상품별 공헌비율÷공헌비율 누계
　　즉, 공헌비율을 백분비율로 수정한 것임

바. 사례 연구

1) 주식회사 K의(가상적 예이며 계산편의상 숫자는 임의 적용)

상기 회사는 10년 전 창업 이래 순조롭게 발전을 계속하여 현재는 연 6억원을 넘는 부인 양품전문점으로 발전하였다. 번화가에 위치하여 환경과 점격이 젊은 여성에게 인기가 있다. 종업원 35명은 거의 여성이다. 현재의 문제점은 이 이상 점포 면적을 증가시킬 수 없으므로 상품구성과 매장효율이 문제로 되어 있다.

2) 매장전체의 효율

(가) 매장에 투하된 자본에 맞는 경영인가

매장면적 107평으로 투하유형고정자산(상품재고)은 305,400천원 매출액은 639,917천원이다.

적더라도 투하유형 고정자산의 10%는 영업이익이 되기를 바라므로 305,400천원×0.1＝30,540천원, 영업이익률은 5% 이상이면 표준 이상이라고 할 때 필요매출액은 30,540천원÷0.05＝610,800천원으로 실제 달성된 매출액이 29,117천원(도표의 ⑦)이 많으므로 이러한 각도에서 볼 때 적절한 경영을 한 것으로 이해된다.

매장 전체의 효율(K점포 매장 효율표)

구 분	내 용	구 분	내 용
①92년 매출액	639,917	⑨평당매출이익(②÷④)	205,615÷106.8=1,925
②92년 매출이익	205,615		
③92년투하유형	305,400	⑩종업원수	35인
고정자산(재고)		⑪1인당 매출액(①÷⑩)	639,197÷35인=18,283
④매장면적(평)	106.8	⑫1인당매출이익(②÷⑩)	205,615÷35인=5,875
⑤필요영업이익	305,400×10%=30,540	⑬1인당 판매면적(④÷⑩)	106.8÷35인=3.1평
⑥필요매출액	30,540÷5%=610,800	⑭인건비	82,250
⑦실매출액−필요매출액 (①−⑥)	639,917−610,800=29,117 **1992년도 매출액**	⑮노동분배율(⑭÷②)	82,250÷205,615×100 =40%
⑧평당매출액(①÷④)	639,917÷106.8=5,992		

(나) 평당효율은 어떤가

평당매출액은 5,992천원으로(도표 ⑧) 동업계 기준보다 높은 것으로 판단됨.(동업계 기준보다 높은 것으로 가정)

(다) 기타 관련지표 대비 상태는 어떤가

(1) 종업원 1인당 매출액은 18,283천원(도표 ⑪)로서 동업계 기준보다 높다(동업계 기준보다 높은 것으로 가정)

(2) 종업원 1인당 매출이익(노동생산성)은 5,875천원(도표 ⑫)으로 동업계 기준보다 높다.(동업계 기준보다 높은 것으로 가정)

(3) 노동분배율은 40%로 적정하다고 할 수 있다.

결론적으로 매장 전체로 볼 때는 충분할 만큼의 적정한 경영을 한 것으로 판단된다.

3) 상품매장(코너)별 효율

(가) 상품매장별 효율분석(1)

매장별 상품의 효율이라는 측면에서 교차주의 비율, 공헌비율, 공헌도를 중심으로 분석한다.

432

구분	ⓐ 매출액	순위	ⓑ 구성비	매출이익	순위	ⓒ 매출이익률	순위	평균재고	ⓓ 상품회전율	ⓔ 교차주의비율 ⓒ×ⓓ	ⓕ 공헌비율 ⓑ×ⓔ/100	ⓖ 공헌도 ⓕ의 배분비	순위
스타킹 매장	53,753	5	8.4	15,934	5	29.6	10	10,307	5.2	153.9	12.4	2.6	10
손수건, 스카프, 소품매장	23,037	10	3.6	7,336	10	31.8	7	2,008	11.5	365.7	13.2	2.7	8
브라우스 매장	106,866	2	16.7	34,924	2	32.7	4	11,583	9.2	300.8	50.2	10.1	5
쉐타, 가디간매장	83,189	4	13.0	27,706	4	33.3	2	3,999	20.8	692.6	90.0	18.2	2
스카트, 판타롱매장	89,589	3	14.0	30,194	3	33.7	1	7,390	12.1	407.8	57.1	11.5	4
브레지어, 코트매장	39,675	7	6.2	12,933	7	32.6	5	2,625	15.1	492.3	30.5	6.2	7
정장, 원피스매장	28,156	9	4.4	9,296	9	33.0	3	2,980	9.4	310.2	13.6	2.7	9
샤쓰, 내의 매장	131,823	1	20.6	42,235	1	32.0	6	6,743	19.5	624.0	128.5	25.9	1
슬립 매장	47,354	6	7.4	14.112	6	29.8	9	1,725	27.5	819.5	60.6	12.2	3
파자마, 까운매장	36,475	8	5.7	10,945	8	30.0	8	1,601	22.8	648.0	39.0	7.9	6
	639,917		100	205,615		32.1		50,961	12.6		495.6		

(1) 공헌도가 높은 매장

순위	매　　　　장	공헌도
1	셔츠, 내의 매장	25.9%
2	쉐타, 가디간 매장	18.2%
3	슬립 매장	12.2%
4	스커트, 판타롱 매장	11.5%
5	블라우스 매장	10.1%

(2) 공헌도가 낮은 매장

순위	매　　　　장	공헌도
10	스타킹 매장	2.6%
9	정장 원피스 매장	2.7%
8	손수건, 스카프, 소품 매장	2.7%

(나) 상품매장별 효율분석(1)

단위 : 천원

구분 \ 매장명	스타킹	손수건 스카프 소품	블라우스	쉐타 가디간	스커트 판타롱	브레지어 코트	정장 원피스	셔츠 내의	슬립	파자마 까운	합계
① 매출액(92년)	53,753	23,037	106,866	83,189	89, 589	39,675	28,156	131,823	47,354	36,475	639,917
② 매출이익	15,934	7,336	34,924	27,706	30,194	12,933	9,296	42,235	14,112	10,945	205,615
③ 투하유형고정자산	20,767	5,803	64,134	18,324	51,613	5,497	44,588	54,361	12,216	28,097	305,400
④ 매장면적(평)	7.3	2.0	22.4	6.4	18.1	1.9	15.6	19.1	4.2	9.8	106.8
⑤ 필요영업이익(③×10%)	2,077	580	6,413	1,832	5,161	550	44,459	5,436	1,222	2,810	30,540
⑥ 필요매출액(⑤÷5%)	41,540	11,600	128,260	36,640	103,220	11,000	89,180	108,720	24,440	56,200	610,800
⑦ 평당매출액(①÷④)	7,376	11,519	4,771	12.998	4,950	20,882	1,805	6,902	11,274	3,722	5,992
⑧ 평당매출이익	2,183	3,668	1,559	4,329	1,668	6,807	596	2,211	3,360	1,117	1,925
⑨ 종업원수(인)	2.5	1.5	5.5	3.5	4.5	1.5	4.5	5.5	2.5	3.5	35
⑩ 1인당매출액(①÷⑨)	21,501	15,385	19,430	23,768	19,909	26,450	6,257	23,968	18,942	10,421	18,283
⑪ 1인당매출이익(②÷⑨)	6,374	4,891	6,350	7,916	6,710	8,622	2,066	7,679	5,645	3,127	5,875
⑫ 1인당판매면적(평)	2.9	1.3	4.1	1.8	4.0	1.3	1.5	3.5	3.5	2.8	3.1
⑬ 인건비	5,875	3,525	12,925	8,275	10,575	3,525	10,575	12,925	5,875	8,225	82,250
⑭ 노동분배율(%) (⑬÷②)×100	36.9	48.1	37.0	29.7	35.0	27.3	113.8	30.6	41.6	75.1	40
⑮ 실제매출－필요매출	12,213	11,437	△21,394	46,549	△13,631	28,675	△11,024	23,103	22,914	△19,725	29,117

　　점포 전체의 경영상태(효율)를 검토한 것과 마찬가지의 수준으로 상품 부문별(매장별)로 적정한 경영이 되고 있는가를 분석한다.

　(1) 매장면적에 투하된 자본에 대하여 적합하지 못한 경영을 하고 있는 부문(상기표 ⑮항)

　　　블라우스매장→매출액이 필요매출액보다 21,394천원 부족, 스커트·판타롱매장→13,631천원 부족, 정장·원피스 매장→11,024천원 부족, 파자마·까운매장→19,725천원 부족

　(2) 1인당 매출액이 동종동업계보다 적은 매장(표 ⑩항)

　　　(동종동업계 평균 1인당 매출액을 12,677천원이라고 가정할
때) 정장·원피스 매장→6,257천원, 파자마·까운매장→10,421천원
(3) 1인당 매출이익이 동종동업계보다 적은 매장(표 ⑪항)
　　　(동종동업계 평균 1인당 매출이익은 3,651천원이라고 가정할
때)
　　　정장·원피스 매장→2,066천원, 피자마·까운매장→3,127천원
(4) 노동분배율이 나쁜 매장(표 ⑭항)
　　　정장·원피스 매장→113.8% 파자마·까운매장→75.1%
　　　손수건·스카프·소품매장→48.1%

(상품 부문별 매장효율)

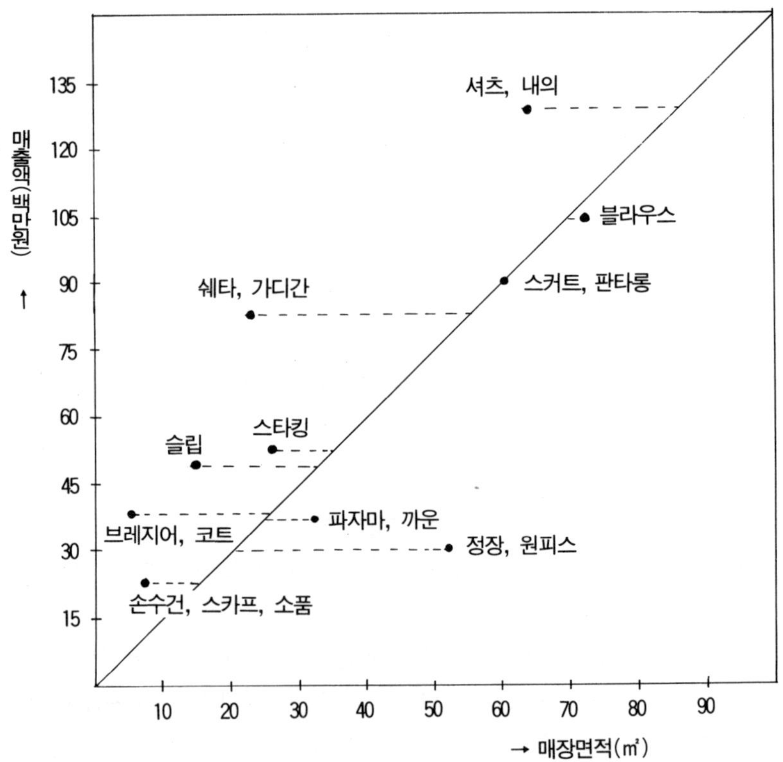

제6장 현상분석과 대책 **435**

(1) 매장면적 이상으로 판매한 매장

　1위→쉐타·가디간 매장

　2위→셔츠·내의 매장

　3위→브레지어·코트 매장

　4위→슬립 매장

　5위→스타킹 매장

　6위→손수건·스카프 소품매장

(2) 매장면적에 상응하고 있는 매장

　스커트·판타롱 매장

(3) 매장면적의 효율이 나쁜 매장

　정장·원피스 매장, 파자마·까운매장, 블라우스매장

(라) 상품매장별 효율 종합 판정

(상품매장별 효율 종합판정표)

	매장별 공헌도	투하자본에 대한 효율	노동분배율	평당 매출액	평당 매출이익	1인당 매출액	1인당 매출이익	매장면적 효율	합계	순위
스타킹	10위	5위	5위	5위	6위	4위	5위	6위	46위	6위
손수건, 스카프, 소품	8	6	8	3	3	8	8	5	49	7
블라우스	5	9	6	8	8	6	6	8	56	8
쉐타, 가디간	2	1	2	2	2	3	2	1	15	1
스커트, 판타롱	4	7	4	7	7	5	4	7	45	5
브레지어, 코트	7	2	1	1	1	1	1	3	17	2
정장, 원피스	9	10	10	10	10	10	10	10	79	10
셔츠, 내의	1	3	3	6	5	2	3	2	25	3
슬 립	3	4	7	4	4	7	7	4	40	4
파자마, 까운	6	8	9	9	9	9	9	9	68	9

※ 효율 분석 (1)(2) 및 매장효율 도표 참조

종합분석표

순위	점수	매 장 명	조 치
1위	15점	쉐타, 까운매장	현상태로 양호함으로 별도의 조치 불필요.
2위	17점	브레지어, 코트매장	매출을 좀더 신장시킴이 바람직하다. 매장면적을 조금 확대하는 것을 검토할 필요가 있음
3위	25점	셔츠, 내의 매장	현상태로 양호하다 할 수 있음
4위	40점	슬립매장	노동분배율, 1인당 매출액, 1인당 매출이익이 문제가 있으므로 인원을 감소시키는 것이 좋겠음.
5위	45점	스커트, 판타롱 매장	현상유지
6위	46점	스타킹 매장	매출이익율이 낮고 상품회전율도 나쁘므로 문제가 심각하다. 축소방향으로 검토함이 바람직하다.
7위	49점	손수건, 스카프, 소품 매장	노동분배율, 1인당 매출액, 1인당 매출이익이 나쁘므로 인원을 줄이는 것을 검토하여야 함.
8위	56점	블라우스 매장	매장을 조금 줄이고 인원을 감소시키는 것이 좋겠음. 매출액이 높으므로 적극적인 운영이 요구됨.
9위	68점	파자마, 까운매장	매장 축소방향으로 검토 요함
10위	79점	정장, 원피스 매장	절대적으로 매장을 축소하여야 함

4. 상품의 효율

지금까지 매장의 효율을 검토하였으나 더욱 중요한 것은 상품 그 자체의 효율이다. ① ABC분석 ② 상품별 효율분석 ③ 점수법에 의한 상품의 평가 ④ 상품별 매출증가 기여율의 검토 등을 살펴보자.

가. ABC분석에 의한 검토

1) ABC분석 기초표

ABC분석표

상 품	92년도 매출액 (천원)	구성비 (%)	누계 구성비(%)
1. 스커트	65,911	10.3	
2. 블라우스	61,432	9.6	19.9
3. 쉐타	60,792	9.5	29.4
4. 브레지어	49,274	7.7	37.1
5. 니트브라우스	45,434	7.1	44.2
6. 셔 츠	42,874	6.7	50.9
7. 청바지	33,916	5.3	56.2
8. 슬 립	30,076	4.7	60.9
9. 코트, 수영복	26,877	4.2	65.1
10. 거 들	26,237	4.1	69.2
11. 가디간	22,397	3.5	72.7
12. 브라, 슬립	17,278	2.7	75.4
13. 양말, 타이즈	15,358	2.4	77.8
14. 파자마	14,718	2.3	80.1
15. 란제리	14,078	2.2	82.3
16. 손수건, 스카프	12,798	2.0	84.3
17. 조 끼	12,798	2.0	86.3
18. 정 장	12,158	1.9	88.2
19. 판타롱	11,519	1.8	90.0
20. 원피스	10,879	1.7	91.7
21. 가방, 소품	10,239	1.6	93.3
22. 모 피	9,599	1.5	94.8
23. 내의, 생리용품	7,679	1.2	96.0
24. 실내복, 까운	7,679	1.2	97.2
25. 야회복	5,759	0.9	98.1
26. 니트 정장	5,119	0.8	98.9
27. 액세사리	4,479	0.7	99.6
28. 잠바스커트	2,560	0.4	100.0
합 계	639,917	100.0	

2) 상품별 ABC분석

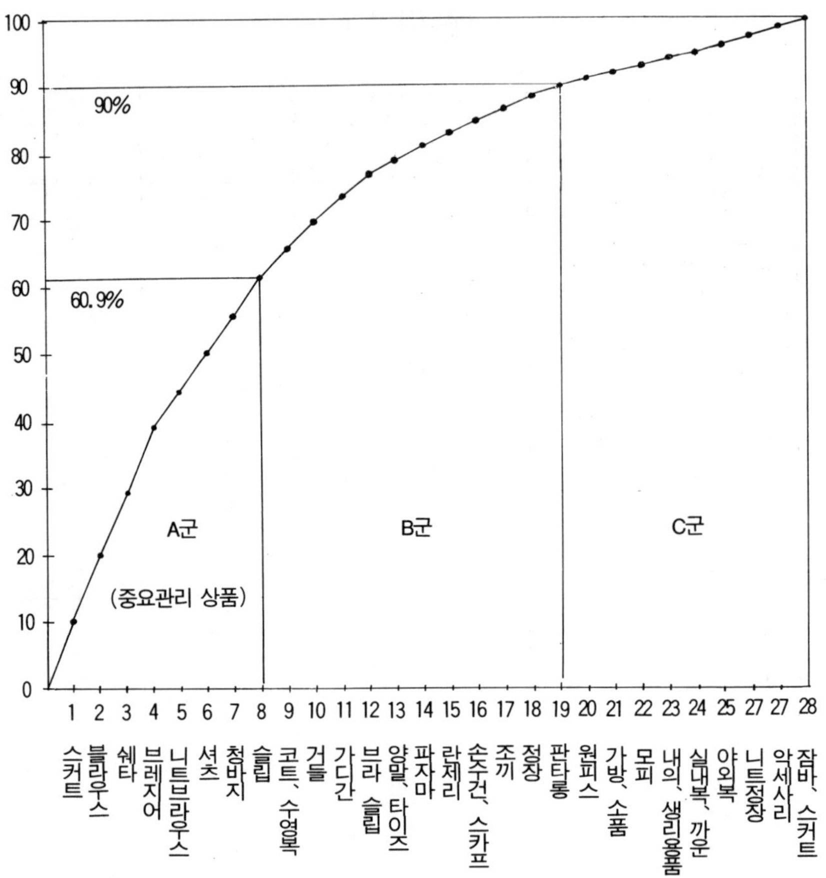

나. 상품별 효율표

· 순위는 공헌도율 구성비가 같은 숫자가 있을 경우는 동일 순위로 하고 그 숫자만큼의 다음 숫자순으로 한다.

상품번호	Ⓐ 상품부문	Ⓑ 92년도 매출액 (천원)	Ⓒ 구성비 (%)	Ⓓ 매출이익 (천원)	Ⓔ 매출이익률 (%)	Ⓕ 상품평균재고 (천원)	Ⓖ Ⓑ÷Ⓕ 상품회전율(%)	Ⓗ Ⓔ×Ⓖ 교추주의 비율 (%)	Ⓘ Ⓒ×Ⓗ 공헌 비율 (%)	Ⓙ Ⓘ의 백분비 공헌도율 구성비 (%)	Ⓚ 순위
1	청바지	33,916	5.3	9,870	29.1	8,272	4.1	119.3	6.3	1.2	19
2	액세서리	4,479	0.7	1,303	29.1	309	14.5	422.0	3.0	0.6	25
3	양말, 타이즈	15,358	2.4	4,761	31.0	1,726	8.9	275.9	6.6	1.3	17
4	손수건, 스카프	12,798	2.0	4,121	32.2	1,133	11.3	363.9	7.3	1.4	16
5	가방, 소품	10,239	1.6	3,215	31.4	875	11.7	367.4	5.9	1.1	21
6	블라우스	61,432	9.6	20,703	33.7	6,535	9.4	316.8	30.4	5.8	6
7	니트블라우스	45,434	7.1	14,221	31.3	5,048	9.0	281.7	20.0	3.8	7
8	쉐 타	60,792	9.5	20,001	32.9	2,666	22.8	750.1	71.3	13.6	1
9	가디간	22,397	3.5	7,705	34.4	1,333	16.8	577.9	20.2	3.8	7
10	스커트	65,911	10.3	22,278	33.8	4,609	14.3	483.3	49.8	9.5	5
11	잠바스커트	2,560	0.4	845	33.0	136	18.8	620.4	2.5	0.5	28
12	판타롱	11,519	1.8	3,836	33.3	1,097	10.5	349.7	6.3	1.2	19
13	모 피	9,599	1.5	3,235	33.7	1,548	6.2	208.9	3.1	0.6	25
14	조 끼	12,798	2.0	4,467	34.9	525	24.4	851.6	17.0	3.2	10
15	코트, 수영복	26,877	4.2	8,466	31.5	2,100	12.8	403.2	16.9	3.2	10
16	니트정장	5,119	0.8	1,612	31.5	400	12.8	403.2	3.2	0.6	25
17	원피스	10,879	1.7	3,623	33.3	1,183	9.2	306.4	5.2	1.0	22
18	정 장	12,158	1.9	4,061	33.4	1,397	8.7	290.6	5.5	1.0	22
19	야외복	5,759	0.9	1,791	31.1	333	17.3	538.0	4.8	0.9	24
20	셔츠	42,874	6.7	13,548	31.6	1,772	24.2	764.7	51.2	9.7	3
21	브레지어	49,274	7.7	15,767	32.0	2,392	20.6	659.2	50.8	9.7	3
22	거 들	26,237	4.1	8,265	31.5	1,958	13.4	422.1	17.3	3.3	9
23	내의생리용품	7,679	1.2	2,864	37.3	288	26.7	995.9	12.0	2.3	15
24	슬 립	30,076	4.7	8,963	29.8	765	39.3	1,171.1	55.0	10.5	2
25	브라슬립	17,278	2.7	5,149	29.8	960	18.0	536.4	14.5	2.8	14
26	란제리	14,078	2.2	4,322	30.7	602	23.4	718.4	15.8	3.0	13
27	파자마	14,718	2.3	4,342	29.5	621	23.7	699.2	16.1	3.1	12
28	실내복, 까운	7,679	1.2	2.281	29.7	378	20.3	602.9	7.2	1.3	17
소　계		639,917	100%	205,615	32.1%		453.1	14,558.8		100%	

다. 점수법에 의한 상품의 평가

구분 상품		Ⓐ 매출액	Ⓑ 매출이익	Ⓒ 매출 이익률	Ⓓ 상품 회전율	Ⓔ 교차 주의비율	Ⓕ 점수	순위
1	청바지	※ 148.4	※ 134.4	※ 90.9	※ 25.3	※ 23.0	※ 422.0	16
2	액세서리	19.6	17.7	90.9	89.6	81.5	299.3	27
3	양말, 타이즈	67.2	64.8	96.8	55.0	53.3	337.1	22
4	손수건, 스카프	56.0	56.1	100.6	69.8	70.3	352.8	20
5	가방, 소품	44.8	43.8	98.1	72.3	70.9	329.9	23
6	블라우스	268.8	281.9	105.3	58.1	61.2	775.3	5
7	니트블라우스	198.8	193.7	97.8	55.6	54.4	600.3	7
8	쉐 타	266.0	272.4	102.8	140.9	144.8	926.9	1
9	가디간	98.0	104.9	107.5	103.8	111.6	525.8	10
10	스커트	288.4	303.4	105.6	88.4	93.3	879.1	2
11	잠바스커트	11.2	11.5	103.1	116.2	119.8	361.8	18
12	판타롱	50.4	52.2	104.0	64.9	67.5	339.0	21
13	모 피	42.4	44.1	105.3	38.3	40.3	270.4	28
14	조 끼	56.0	60.8	109.0	150.8	164.4	541.0	9
15	코트, 수영복	117.6	115.0	98.4	79.1	77.9	488.3	14
16	니트정장	22.4	22.3	98.4	79.1	77.9	299.8	26
17	원피스	47.6	49.3	104.0	56.9	59.2	317.0	25
18	정 장	53.2	55.3	104.3	53.8	56.1	322.7	24
19	야회복	25.2	24.4	97.1	106.9	103.9	357.5	19
20	셔츠	187.6	184.5	98.7	149.5	147.7	768.0	6
21	브레지어	215.6	214.7	100.0	127.3	127.3	784.9	4
22	거 들	114.8	112.6	98.4	82.8	81.5	490.1	13
23	내의, 생리용품	33.6	39.0	116.5	165.0	192.3	546.4	8
24	슬 립	131.6	122.1	93.1	242.9	226.1	815.8	3
25	브라슬립	75.6	70.1	93.1	111.2	103.6	453.6	15
26	란제리	61.6	58.9	95.9	144.6	138.7	499.7	11
27	파자마	64.4	59.1	92.1	146.5	135.0	497.1	12
28	실내복, 까운	33.6	31.1	92.8	125.4	116.4	399.3	17
소 계		2,800.4	2,800.1	2,800.5	2,800	2,799.9		

1) 접수법의 기본공식은 $\dfrac{\text{해당상품매출액}}{\dfrac{\text{매출액합계}}{\text{상품수}}} \times 100$으로 해당 항목별 내용의

합계액과 해당상품의 숫자를 대입하여 계산한다.

(계산근거) 청바지의 경우

		해당 숫자는 앞에서 검토한 (2)상품별 효율표의 자료 적용
매출액	$33,916 \div \dfrac{639,917}{28} \times 100 = 148.4\%$	
매출이익	$9,870 \div \dfrac{205,615}{28} \times 100 = 134.4\%$	
매출이익률	$134.4 \div 148.4 = 90.9\%$ (매출이익) ÷ (매출액)	
상품회전율	$4.1 \div \dfrac{453.1}{28} \times 100 = 25.3\%$	
교차주의비율	$0.909 \times 0.253 = 0.2299$ (매출이익률)×(상품회전율)≒23%	
점 수	Ⓐ+Ⓑ+Ⓒ+Ⓓ+Ⓔ=Ⓕ $148.4 + 134.4 + 90.9 + 25.3 + 23.0 = 422.0$	

라. 상품별 매출 증가 기여율의 검토

매출액은 91년에 비해 8.9%(52,314천원) 증가하였다. 증가에 기여한 상품이 무엇인가를 조사하는 것보다도 이후의 성장상품이 무엇인가를 조사하는데 활용하는 것이 바람직하다.

	상품명	91년도 매출액 Ⓐ	구성비 Ⓑ	92년도 매출액 ⓒ	전년대비 신장률 $Ⓓ=\frac{ⓒ}{Ⓐ}×100$	가중치 $Ⓕ=Ⓑ×Ⓓ$	매출액 증가기여율 Ⓕ의 구성비 (백분율)	순위
1	청바지	30,997	5.3	33,916	9.4	49.8	5.6	7
2	액세서리	4,331	0.7	4,479	3.4	2.4	0.3	27
3	양말, 타이즈	14,304	2.4	15,358	7.4	17.8	2.0	15
4	손수건 스카프	11,820	2.0	12,798	8.3	16.6	1.9	10
5	가방, 소품	9,350	1.6	10,239	9.5	15.2	1.7	21
6	블라우스	56,635	9.6	61,432	8.5	81.6	9.2	2
7	니트블라우스	41,817	7.1	45,434	8.6	61.1	6.9	5
8	쉐 타	56,110	9.5	60,792	8.3	78.9	8.9	3
9	가디간	20,466	3.5	22,397	9.4	32.9	3.7	11
10	스커트	60,440	10.3	65,911	9.1	93.7	10.6	1
11	잠바스커트	2,597	0.4	2,560	Δ1.4	Δ0.6	Δ0.07	28
12	판타롱	10,848	1.8	11,519	6.2	11.2	1.3	23
13	모 피	8,591	1.5	9,599	11.7	17.6	2.0	15
14	조 끼	11,749	2.0	12,798	8.9	17.8	2.0	15
15	코트, 수영복	24,581	4.2	26,877	8.2	34.4	3.9	10
16	니트정장	4,724	0.8	5,119	8.4	6.7	0.8	25
17	원피스	9,926	1.7	10,879	9.6	16.3	1.8	19
18	정 장	11,233	1.9	12,158	8.2	15.6	1.8	19
19	야회복	5,526	0.9	5,759	4.2	3.8	0.4	26
20	셔츠	39,435	6.7	42,874	8.7	58.3	6.6	6
21	브레지어	45,029	7.7	49,274	9.4	72.4	8.2	4
22	거 들	23,824	4.1	26,237	10.1	41.4	4.7	9
23	내의, 생리용품	7,038	1.2	7,679	9.1	10.9	1.2	24
24	슬 립	27,382	4.7	30.076	9.8	46.1	5.2	8
25	브라슬립	15,783	2.7	17,278	9.5	25.7	2.9	12
26	란제리	12,832	2.2	14,078	9.7	21.3	2.4	14
27	파자마	13,346	2.3	14,718	10.3	23.9	2.7	13
28	실내복, 까운	6,890	1.2	7,679	11.5	13.8	1.6	22
	소 계	587,603	100%	639,917	8.9%	886.4	100%	

마. 상품별 종합평가

방법은 여러 가지가 있으나 가장 간단한 방법을 채택하면 가~다까지 분석된 숫자를 정리하여 다음과 같은 종합평가표를 작성할 수 있다. 효율이 나쁜 상품은 축소 또는 폐지를 검토하여야 한다.

		ABC 분석(1)	상품효율 분석(2)	점수법 분석(3)	매출증가 기여율(4)
효율이 좋은 상품	쉐 타	3위	1위	1위	3위
	스커트	1	5	2	1
	블라우스	2	6	5	2
	브레지어	4	4	4	4
	셔츠	6	3	6	6
	슬 립	8	2	3	8
	니트블라우스	5	7	7	5
	가디간		8	10	
	거 들	10	9		9
	코트수영복	9	11		10
효율이 나쁜 상품	잠바스커트	1위	1위	1위	1위
	액세서리	2	2	2	2
	니트정장	3	4	3	4
	원피스	9	6	4	9
	가방, 소품	8	8	6	7
	판타롱	10	10	8	6
	연회복	4	5	10	3
	실내복, 까운	5			8
	청바지		9		
	내의, 생리용품	6			5

바. 매출액과 매출이익율 상관도

1) A군은 제일 중점관리 상품이다

⑩ 스커트 ⑥ 블라우스 ⑧쉐타

444

2) B군은 매출이익률은 평균 이상이나 매출액은 평균 이하이므로 매출액을 높이기 위한 대책을 필요로 한다.

⑨ 가디간 ⑭ 조끼 ㉓ 내의, 생리용품 ⑬ 모피 ⑰ 원피스 ⑫ 판타롱 ⑱ 정장 ⑪ 잠바스커트 ④ 손수건, 스카프

3) C군은 매출액은 평균 이상이나 매출이익률이 평균 이하이므로 매출이익률을 높이기 위한 대책이 필요하다.

㉒ 거들 ⑮ 코트, 수영복 ㉔ 슬립 ① 청바지 ⑳ 셔츠 ⑦ 니트블라우스 ㉑ 브레지어

4) D군은 이 이상 취급을 하지 않든가 또는 축소, 폐지해야 하는 상품이다.

⑯ 니트정장 ⑲ 야회복 ⑤ 가방, 소품 ㉖ 란제리 ③ 양말, 타이즈 ㉘ 실내복, 까운 ㉗ 파자마 ㉕ 브라슬립 ② 액세서리

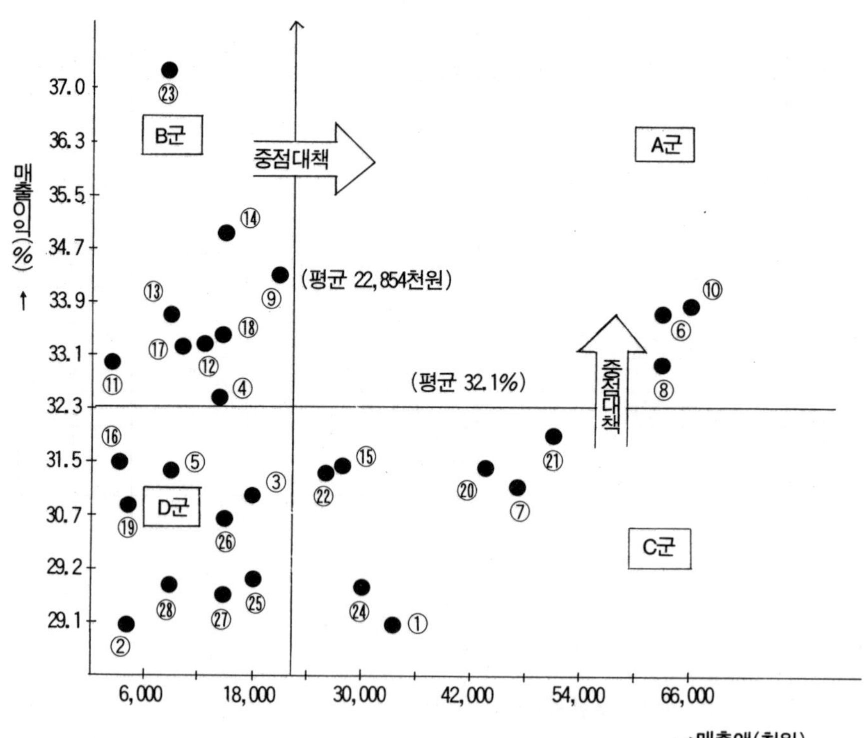

V. 수익성 분석

1. 수익성 분석의 관점

점포가 영속적으로 발전 성장하기 위해서는 적정한 이익을 확보할 필요가 있음은 말할 나위가 없다. 점포가 얼마만큼의 이익을 증가시킬 것인가, 이익이 향상되지 않는 문제점은 무엇인가 등을 발견하는 것이 수익성 분석이라고 할 수 있다.

수익성 분석의 방법은 시대와 함께 변화하여 현재와 같은 종합적인 방법에서 판단하는 것으로 되었다. 수익성 분석의 발전 과정은 4단계로 되어 있다. 즉 ① 유동자산과 유동부채를 비교하여 지불 능력에 의한 수익성을 판단하던 시대 ② 지불 능력과 상품 회전 등으로 계산하던 시대 ③ 지불 능력을 지불 회전율로 바꾸고 상품 회전율을 매출채권 회전율로 바꾸어 이것을 조합하여 수익성을 분석하던 시대 ④ 이것이 현대에서는 이익률 및 자본의 회전율로써 구성시켜 자본의 수익성에 따라 분석하는 것으로 되었다.

수익성 분석에서 말하는 '이익', '자본' 등은 무엇을 가리키는 것일까. 같은 이익이란 표현에도 몇 개의 이익이라는 명칭을 사용하고 자본에 대해서도 마찬가지다.

즉, 이익이란 것을 보면 다음과 같다.

> - 매출이익＝매출액－매출원가
> - 영업이익＝매출이익－판매일반 관리비
> - 경상이익＝영업이익±영업 외 손익
> - 당기이익(세전)＝경상이익±특별손익
> - 당기이익(세후)＝당기이익(세전)－법인세 충당금
> - 당기 미처분이익＝당기이익(세후)＋전기 이월이익

또한 자본의 경우도 살펴보자.

> * 총자본=자기자본＋타인자본=총자산
> * 경영자본=총자산－직접영업 외 자산(유휴시설, 영업 목적 이외의 대여금, 투자유가증권)
> * 자기자본=자본금＋법정준비금＋잉여금
> * 타인자본=유동부채＋고정부채＋충당금

소매업은 판매활동을 주체로 하여 그에 따른 이익을 통해 존립을 유지하는 것이므로 영업활동의 결과로 얻어지는 영업이익을 중요시하여야 한다. 또한 점포 경영을 위한 투하자본 즉 경영자본의 효율을 검토하여야 한다.

(수익성 분석 과정)

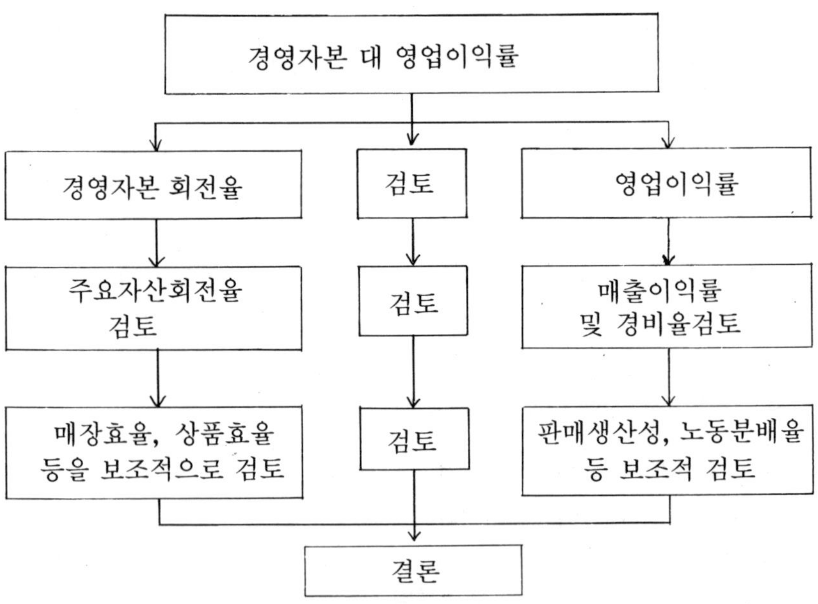

상기 도표와 같이 수익성 분석의 수순은 먼저 투하된 경영자본에 대한 영업이익이 어떠한가, 수익률은 상승되고 있는가, 저하되고 있는가를 종합적으로 분석, 판단하는 것이 중요하다. 다음 단계에서는 그 좋

고 나쁨의 원인을 경영자본의 활동상황 또는 주요 자산이 적정하게 운영되고 있는가를 분석하고, 한편으로는 매출액과 영업이익의 관계를 살펴서 수익을 발생시키는 경영의 관계 및 그에 따른 효율을 분석, 검토하는 것이다.

- **기간비교**… 자사의 전기수치와 당기의 수치를 비교하여 전기로부터의 변화를 확인하는 방법.
- **상호비교**… 특정기업(경쟁점)의 수치와 자사의 수치를 비교하여 비교기업과의 차이를 확인하는 방법.
- **표준비교**… 자사의 수치와 동업 타사의 표준치를 비교하여 업계에서 점하는 자사의 지위를 확인하는 방법 등이 있다.

수익성 분석을 위한 관련비율과 분석 단계를 도표화하면 다음과 같다.

(수익성 분석의 관련비율과 관계분석)

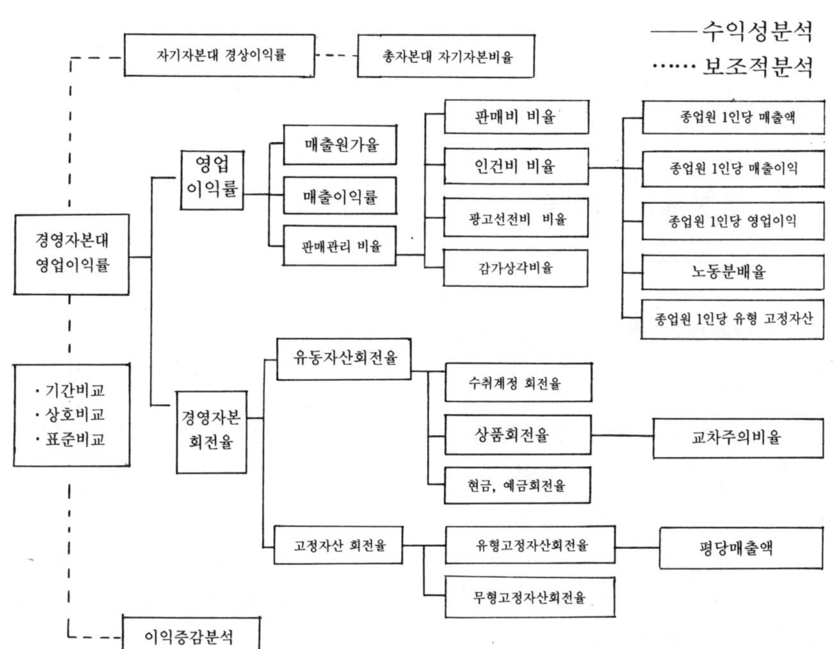

2. 경영자본 대 영업이익률

$$\cdot \ \text{경영자본 대 영업이익률} = \frac{\text{영업이익}}{\text{경영자본}} \times 100$$

$$= \frac{\text{순매출액}}{\text{경영자본}} \times \frac{\text{영업이익}}{\text{순매출액}} \times 100$$

$$= \text{경영자본 회전율} \times \text{영업이익률} \times 100$$

경영자본 대 영업이익률은 기업(점포)이 그 본래의 목적인 경영활동을 위해 투하된 경영자본의 수익력을 나타내며, 경영활동의 수익성을 종합적으로 표시하는 것이 된다. 이 비율이 높으면 기업의 수익성이 좋은 것을 의미하나 분모인 경영자본이 적기 때문인지, 아니면 영업이익이 많기 때문인지를 판단하는 것이 필요하다. 또한 비율이 낮으면 경영자본이 과대하기 때문인지, 영업이익이 적기 때문인가를 판단함이 매우 중요하다.

결국 경영자본 대 영업이익률의 좋고 나쁨의 원인은 경영자본 회전율과 영업이익을 관련시켜 검토할 필요가 있다.

3. 경영자본 회전율

$$\cdot \ \text{경영자본 회전율} = \frac{\text{순매출액}}{\text{경영자본}}$$

경영자본 회전율은 수익성을 종합적으로 판단하는 경영자본 대 영업이익률 구성의 하나로 기업(점포)이 경영을 위해 투하된 경영자본이 매출액을 형성하기 위해 이용된 정도를 나타내는 비율이 된다. 즉 투하된 경영자본이 목적을 달하여 매출액으로써 회수되고 재차 영업활동에 투하되는 것을 경영자본의 회전율이라 한다. 또한 365일을 이 비율로 나누어 경영자본이 1회전하는 데 필요한 일수를 알 수 있게 된다. (예; 경영자본 회전율이 4. 2라고 하면 365÷4. 2=86. 9가 되어 경영자본회수기간은 86. 9일이 걸리게 된다.) 이 회전율은 높을수록 경영자본의 이용(회수)도가 좋은 것을 의미하나 분모에 있는 경영자본 금액이 적은 것인지, 분자에 있는 매출액이 큰 것인지를 분석할 필요가 있다.

반대의 경우도 마찬가지다. 또한 경영자본은 자산=유동자산+고정자산이라는 형태로 운영되는 것으로써 자산효율을 함께 검토함이 필요하다.

4. 고정자산 회전율

$$\text{고정자산 회전율} = \frac{\text{순매출액}}{\text{고정자산}}$$

고정자산 회전율은 영업 성과로 되는 매출액과 고정자산액과의 비율로써 고정자산의 이용도를 나타내는 것이다.

즉 기업(점포)의 설비자산의 이용도를 나타내는 것으로써 높을수록 설비자산이 충분히 활용된 것으로 나타난다. 그러나 회전율이 높은 이유가 고정자산이 적기 때문인지, 매출액이 많기 때문인지를, 그리고 반대의 경우도 검토할 필요가 있다.

여기서 고정자산은 1년 이상 계속 보유할 자산으로써 다음과 같이 구분된다.

- **유형고정자산**=눈으로 볼 때 그 실체가 확인될 수 있는 자산으로 토지, 건물, 집기 비품, 자동차 등.
- **무형고정자산**=계산상의 고정자산으로 전화가입권, 영업권, 특허권, 지상권 등.
- **투자**=관계회사 유가증권, 투자유가증권, 출자금, 장기대여금 등이 있다. 투자부문은 본래 영업 목적과 직접 관계가 없는 영업 외 자산이 많이 포함되어 있는 경우가 있다.

그러므로 고정자산 회전율을 검토할 경우에는 유형·무형고정자산 회전율을 나누어 검토할 필요가 있으며 특히 소매업은 유형고정자산 회전율과 함께 평당매출액, 소위 평효율도 함께 검토할 필요가 있다.

5. 유동자산 회전율

$$\cdot\ 유동자산\ 회전율 = \frac{순매출액}{유동자산}$$

유동자산을 구분하는 데 있어 소매업 기준은 다음과 같다.

- **당좌자산**=언제든지 쉽게 현금화할 수 있는 현금, 예금, 외상매출금, 기간이 짧은 받을 어음 등.
- **재고자산**=판매가 됨으로써 비로소 당좌자산이 되는 상품, 재료 등.

유동자산은 기업(점포)의 경영활동의 주목적으로 되는 직접투자의 자산 즉 판매자산이라 할 수 있다.

이 자산과 매출액과의 비율을 갖고 판매효율 또는 자산이 효율적으로 움직이느냐를 나타내는 것이 된다.

이 회전율은 클수록 좋으나 기말 상품이 작은 것인지, 또는 받을 어음이나 외상매출금이 적은 것인지, 또는 매출액이 많은 것인지 등의 판단이 필요하다. 그 반대의 경우도 마찬가지다.

유동자산 회전율과 관련된 비율 공식을 살펴보면 다음과 같다.

$$\cdot\ 매출채권\ 회전율 = \frac{매출액}{받을\ 어음 + 외상매출금}$$

매출채권의 회수 상황을 나타내는 것으로써 비율이 클수록 회수가 양호하다.

$$\cdot \ \text{현금, 예금회전율} = \frac{\text{순매출액}}{\text{현금, 예금}}$$

당좌자산 중 현금, 예금의 효율을 판단하는 것으로 비율이 높은 것이 좋다. 그러나 지나치게 높으면 자금운영에 지장을 초래하게 된다. 또한 낮은 경우는 현금, 예금의 보유 여유는 있으나 유효 이용상 손실이 발생되지 않도록 주의하여야 한다. 이외에 생산성 분석에서 살펴본 상품회전율과 교차주의 비율도 함께 검토할 필요가 있으며 둘 다 비율이 높을수록 좋다.

6. 매출액 대 영업이익률

$$\cdot \ \text{매출액 대 영업이익률} = \frac{\text{영업이익}}{\text{순매출액}} \times 100$$

영업이익률은 수익성의 종합지표인 경영자본 대 영업이익률에서 경영자본 회전율과 함께 중요한 요소의 비율이다.

기업(점포)이 본래의 목적인 경영활동에 사용되고 있는 영업용 투하자본이 그 활동에 따라 어느 만큼의 이익을 발생시키는가를 나타내는 지표이다.

즉, 영업이익은 기업의 본래 목적인 수익의 원천이다. 그 영업이익이 매출액에 점하는 비율을 나타낸 것으로써 기업의 수익성, 경영효율의 좋고 나쁨을 나타내는 중요한 비율로써 높을수록 좋다. 그러나 비율이 높은 경우에도 매출액이 적은 것인지, 비용이 적은 것인지의 검토가 필요하다. 또한 이익률 판정에 있어서 매출이익, 즉 매출원가의 내용을 검토할 필요도 있다.

7. 매출액 대 판매, 일반관리비

$$\cdot \text{ 매출액 대 판매, 일반관리비율} = \frac{\text{판매, 일반관리비}}{\text{순매출액}} \times 100$$

예를 들면, 100원의 매출액을 올리기 위해 얼마만큼의 경비가 필요한가를 나타내는 비율이다. 이 비율은 낮을수록 판매코스트 및 경비효율이 좋은 것이 된다. 그러나 그것은 지불하여야 할 경비를 지불한 것인지, 아닌지를 검토하여야 한다. 비율이 높다는 것은 매출액에 비해 경비가 많다는 것을 의미한다. 또한 판매, 일반관리비에는 여러 가지 비목이 있으나 주로 검토되는 내용은 다음과 같다.

가) 인건비율(인건비÷순매출액×100)
  인건비율 검토시 보조적으로 1인당 매출액, 1인당 매출이익, 1인당 영업이익, 1인당 유형고정자산, 노동분배율도 함께 검토한다.
나) 매출액 대 광고선전비율(광고선전비÷순매출액×100)
다) 매출액 대 감가상각비비율(감가상각비÷순매출액×100)

8. 자기자본 대 경상이익률

$$\cdot \text{ 자기자본 대 경상이익률} = \frac{\text{경상이익}}{\text{자기자본}} \times 100$$

자기자본 대 경상이익률은 수익성 분석의 관련비율은 아니나 중소상인의 경우는 경영자가 곧 점주인 경우가 많으므로 자본주로서 투하자본이 어느 정도의 이익을 발생시키는가를 알 수 있는 유효비율로써 영업 외 수익 등을 포함한 경상이익을 나타내는 비율이다. 그 좋고 나쁨은 경영자본 대 경영이익률과 같은 맥락에서 검토되므로 수익성 분석에서 함께 검토코자 한다.

이 비율은 높을수록 좋으나 타인자본비율이 높음에도 불구하고 자기자본의 규모가 좋아 비율이 높아질 수도 있으므로 관련하여 총자본 대

자기자본 비율을 검토할 필요가 있다.

총자본 대 자기자본비율＝(자기자본÷총자본×100)로써 자기자본과 타인자본의 균형 상태를 나타내는 비율이다.

9. 평가와 대책

기업(점포)의 이익은 그 결산기에 따라 증감이 발생되므로 일정하지가 않다. 이와 같은 이익의 증감 원인을 분석하는 것이 이익증감 분석이 된다. 수익성을 분석하는 관련비율 분석과 병용하여 활용하는 것이 좋다. 또한 매출이익, 영업이익, 경상이익 별로 이익 구분에 따른 이익 증감 분석도 있다.

가. 경상이익 증감 분석

• 비교손익계산서

항　　목	전기(1) (천원)	당기(2) (천원)	이익의 증감(2)−(1)	
			증　가	감　소
매출액			(2)−(1)＝증	(2)−(1)＝감
매출원가			(2)−(1)＝감	(2)−(1)＝증
매출이익			(2)−(1)＝증	(2)−(1)＝감
판매일반관리비			(2)−(1)＝감	(2)−(1)＝증
영업이익			(2)−(1)＝증	(2)−(1)＝감
영업외수익			(2)−(1)＝증	(2)−(1)＝감
영업외비용			(2)−(1)＝감	(2)−(1)＝증
경상이익			(2)−(1)＝증	(2)−(1)＝감

상기와 같이 손익계산서에 이익의 증감란을 작성하여 다음과 같은 요령으로 기입한다.

각 항목별로 당기(2)에서 전기(1) 금액을 증가, 감소에 따라 기입한다.

매출원가, 판매 일반관리비, 영업 외 비용은 (당기−전기)의 결과 증가된 경우는 이익증감란의 감소란에 기입하고 반대의 경우는 증가란에 기입한다.

이익증감란의 증가란의 계와 감소란의 계의 차이가 플러스가 되면
이익의 증가가 된 것이다. 이것을 경상이익 증감 분석표로 작성하여 아
래와 같이 기입한다.

· **경상이익 증감 분석표**

항 목	내 역	소 계	합 계
1. 경상이익의 증가요인			
가) 매출액의 증가			
당기	① ○○○○	①-②=③	
전기	② ○○○○	○○○○	
나) 영업외수익의 증가			
당기	④ ○○○○	④-⑤=⑥	
전기	⑤ ○○○○	○○○○	③+⑥=⑦
다) 경상이익의 증가요인계			○○○○
2. 경상이익의 감소요인			
가) 매출원가의 증가			
당기	⑧ ○○○○	⑧-⑨=⑩	
전기	⑨ ○○○○	○○○○	
나) 판매, 일반관리비의 증가			
당기	⑪ ○○○○	⑪-⑫=⑬	
전기	⑫ ○○○○	○○○○	
다) 영업외 비용의 증가			
당기	⑭ ○○○○	⑭-⑮=⑯	
전기	⑮ ○○○○	○○○○	⑩+⑬+⑯=⑰
라) 경상이익의 감소 요인계			○○○○
3. 경상이익의 증가			⑦-⑰ ○○○○

나. 매출이익 증감 분석

1) 판매단가, 수량 변화에 의한 분석에 따른 이익증감 분석.

· 매출이익 증감 분석표(1)

1. 매출액의 증가			
㉮ 판매수량의 증가에 따른 매출액의 증가 (당기판매량×전기판매가격)-전기매출액	○○○○		
㉯ 판매가격 변화에 따른 매출액 당기매출액-(당기판매량×전기판매가격)	○○○○		
㉰ 매출액 증가 ㉮+㉯		○○○○	
2. 매출원가 변화에 따른 매출액			
㉱ 판매수량 변화에 따른 매출원가의 증가 (당기판매수량×전기단위원가)-전기매출원가	○○○○		
㉲ 단위원가 변화에 따른 매출원가 당기매출원가-(당기판매량×전기단위원가)	○○○○		
㉳ 매출원가의 변화 ㉱+㉲		○○○○	
3. 매출이익의 증가 요인			
㉴ 판매수량 변화에 따른 매출이익증가 ㉮-㉱ ‥‥‥ ㉿	○○○○		(％)
㉵ 판매가격의 변화에 따른 매출이익증가 ㉯-㉲ ‥‥‥ ㈀	○○○○		(％)
㈁ 매출이익의 증가 ㉿+㈀ ‥‥‥ ㈂		○○○○	(100％)

  상기 분석은 품목이 적은 도매업이나 단품에 가까운 품목을 취급하는 소매점에 적합하나 상품 종류가 많은 일반 소매업에서는 적합하지가 않으므로 다음의 제 2 분석표를 사용하는 것이 바람직하다.

2) 물가변동 요인에 의한 분석에 따른 이익증감 분석

• 매출이익 증감 분석표(2)

1. 매출액의 증가 ㉮ 물가변동요인을 제거한 매출액의 증가 당기매출액×(1−전기물가상승률)−전기매출액	○○○○		
㉯ 물가변동요인에 의한 매출액증가 당기매출액−당기매출액×(1−전기물가상승률)	○○○○		
㉰ 매출액 증가 ㉮+㉯		○○○○	
2. 매출원가의 증가 ㉱ 물가변동요인을 제거한 매출원가의 증가 당기매출원가×(1−전기물가상승률)−전기매출원가	○○○○		
㉲ 물가변동요인에 의한 매출원가의 증가 당기매출원가−당기매출원가×(1−전기물가상승률)	○○○○		
㉳ 매출원가의 증가 ㉱+㉲		○○○○	
3. 매출이익의 증가 요인 ㉴ 물가변동 요인을 제거한 매출 이익의 증가 ㉮−㉱ ‥‥‥ ㉵	○○○○		(%)
㉶ 물가 변동요인에 의한 매출이익의 증가 ㉯−㉲ ‥‥‥ ㉷	○○○○		(%)
㉸ 매출이익의 증가 ㉵+㉷ ‥‥‥ ㉹		○○○○	(100%)

Ⅵ. 성장성 분석

1. 성장성 분석의 관점

가. 기업의 성장

성장성 분석이란 기업이 장래에 있어서 성장, 발전할 가능성이 있는가, 없는가를 판단하기 위한 경영분석의 한 방법이다. 기업의 성장에 대해서는 여러 가지 견해가 있으나 기업은 생물체의 성장과는 근본적으로 다른 점에 유의하여야 한다.

생물은 출생과 동시에 기관, 조직의 유기적 결합에 따라, 무의식 상태에서도 생명현상을 나타내고 자연환경에 적응이 되고 있다. 이에 비해 기업은 목적 추구를 위한 의식적 결합체이므로 기업의 성장을 이루기 위해서는 당연히 구성체의 의사통일, 생산요소의 유기적 결합 등과 같은 인위적 진행 과정이 필요하게 된다. 따라서 기업성장은 생물체와 같은 무의식적인 성장이 되지 않고 경영자의 의사결정이 주요한 성장요인으로 작용하게 된다. 또한 오늘날과 같이 기업의 주변환경이 급변하고 있는 시대에 있어서는 기업의 계속적인 성장을 확실하게 하기 위해서는 경영전략의 채택이 불가피하게 된다.

경영전략은 다음과 같은 마켓팅 전략을 중심으로 전개시킴이 좋다.

① 신제품 개발, 기술개발

② 신시장의 진출

③ 제품다각화

④ 기타 소매업도 이것에 준하여 취급 상품, 시장 세분화 등의 상품 전략 등이 중심이 된다.

이와 같은 전략을 실현하고 성장으로 연결시키기 위해서는 기업 내부의 성장 요인이 충분히 준비되어 있지 않으면 안된다. 구체적인 예는 다음과 같다.

1) 경영자의 적극성과 객관적 판단력이 있을 것

2) 유능한 참모를 보유할 것
3) 직원의 능력을 유감없이 발휘할 수 있는 기능적 조직이 완비될 것
4) 기업의 신용력, 자금력이 충분할 것
5) 경영목표가 명확할 것 등이다.

나. 성장 지표와 그 한계

성장성 분석의 의의는 상기와 같은 경영성과를 측정함과 동시에 새로운 경영전략의 기초자료로서 역할을 수행하는 데 있다. 현재 사용되고 있는 성장성 분석은 성장척도로써의 매출액, 이익 등을 대차대조표, 손익계산서의 각 과목에 대해서 기간비교를 행하고 그 증감을 검토하는 것이 일반적인 방법이다.

성장 지표를 예시하면 다음과 같은 것들이 있다.

1) 매출액 2) 이익(매출이익, 영업이익, 경상이익, 당기순이익) 3) 총자본 4) 경영자본 5) 자기자본 6) 종업원수 7) 매장면적

이 중에서 부채나 인건비의 증감을 검토하는 방법도 가끔 지표로써 검토되고 있으나 본서에서는 상기 7가지만을 지표로 검토한다.

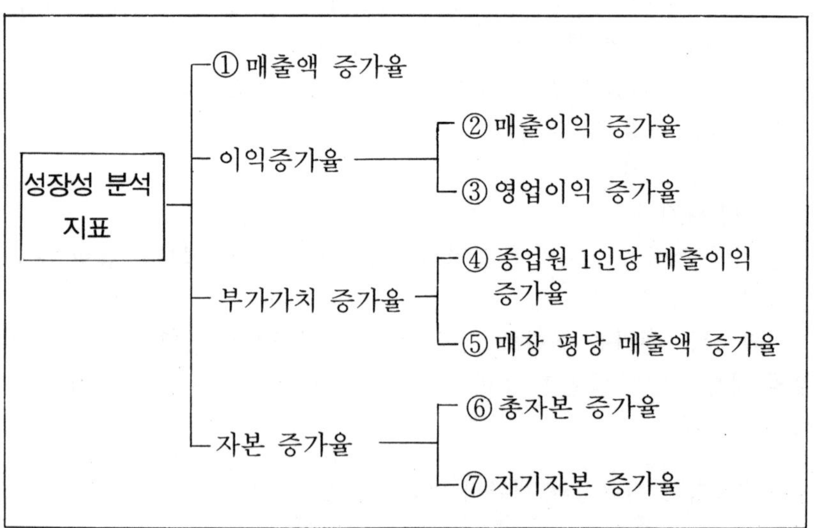

또한 이와 같은 지표에 대해 어느 한 항목 또는 단기간에 관찰된 것으로는 매출액, 이익의 증감 경향은 알 수 있더라도 기업의 성장성 분석은 되지 못한다. 항상 기업의 수익성, 생산성, 활동성, 안정성 분석을 기초로 또는 성장지표 상호간의 유기적 관련을 갖고 검토함으로써 비로소 기업의 성장을 도모하는 것이 가능하게 된다.

그러나 앞에서 설명하였듯이 기업성장을 촉진하는 요인에는 경영자의 자질이 조직이나 수치상에 나타나지 않는 부문이 많으며, 또한 분석 수치의 범위 등이 성장을 나타내는 데 문제가 있으므로 이것을 성장성 분석의 한계라고 한다.

다. 분석 방법

1) 성장성 분석에 사용되는 계산식은 다음과 같다. 이것을 신장률 또는 성장률이라 한다.

$$\cdot\ 증가율 = \frac{당기의\ 당해\ 수치}{전기의\ 당해\ 수치}$$

2) 이외에 필요에 따라

$$\cdot\ \frac{당기의\ 당해수치}{기준년도의\ 당해수치} \times 100$$에 의한 수치도 사용한다.

3) 성장성 분석은 될 수 있는 한 장기간의 비교가 필요하므로 작더라도 5년 이상의 검토가 바람직하다.

4) 장기간 분석을 행하는 경우 그간의 큰 물가변동에 대해서는 도매물가지수, 소매물가지수 등 각 지표에 맞는 물가지수로 수정하여서 가격 요소의 변동에 따른 영향을 제거하여, 실질성장(증가)률을 산출할 필요도 있다.

2. 매출액 증가율

$$\text{매출액 증가율} = \frac{\text{당기 매출액}}{\text{전기 매출액}} \times 100$$

매출액 증가율은 문자 그대로 매출액의 증가를 나타내는 것으로 당기의 매출액을 전기의 매출액으로 나누어서 구하는 값이 100을 초과하면 증가, 100 미만이면 감소, 100이면 변화가 없는 것으로 된다.

공식에서 사용되는 매출액은 총매출액으로 또는 총매출액에서 매가 인하, 반품 등을 제한 순매출액으로 하든 상관없으나 분자, 분모가 동일한 매출액을 기준으로 하여야 한다. 장기간 비교의 경우도 물론 마찬가지다.

매출액은 기업의 성장성을 나타내는 가장 대표적인 척도이다.

그 이유는 다음과 같다.

1) 대개의 기업이 매출액을 경영 목표의 하나로 하고 있다.
2) 업계 내의 세력 평가도 일반적으로 매출액으로 행한다.
3) 쉽게 얻을 수 있는 기준이 된다.
4) 매출액의 신장은 부가가치 및 이익액의 증대를 수반하는 경우가 많다.

이상과 같은 이유로 기업은 매출액을 중요시하고 그 증대화를 도모하고 있다. 이것이 매출액 증가율을 성장성 분석에서 필히 채택하는 이유가 된다.

매출액 추이를 파악할 경우 그 증감 요인을 확실하게 파악하지 않게 되면 참된 성장성을 파악하는 것이 어렵게 된다.

매출액 증감에 영향을 주는 요인에는 구매객수, 객단가 또는 그 양쪽을 모두 염두에 두어야 한다.

객단가의 상승은 ①1인당 구매수량의 증가 ②고가상품 구매 빈도가 높아지는 소비자의 구매행동 변화 ③취급 상품의 단가 상승 등의 요인이 있다.

매출액의 신장은 기업 전체의 매출액으로 검토함은 물론 개개의 상품군, 판매지역, 판매원별로 검토하는 것이 중요하다.

취급 상품별로 분석하게 되면 상품별로 성장기인지 쇠퇴기인지의 판단 기초가 되며 수익력 판단이 가능하게 되어 상품 전략의 검토 자료가 된다. 또한 매출액 증가율 검토시 주의하여야 할 것은 가격변동에 따른 매가의 현저한 상승이 있는 경우 소매 물가지수 등에 따라 가격변동의 영향을 제거하여야 한다는 점이다.

• 실질 증가율의 계산(예)

단위 : 천원

항 목	전기(90년)	당기(91년)
매 출 액	141,980	179,070
소매물가지수(87년=100)	124.5	152.7
실질매출액(87년 기준)	114,040	117,269
실질 매출액 증가율	102.8%	
명목 매출액 증가율	126.1%	

※실질 매출액=매출액÷소매 물가지수

114,040=141,980÷124.5%

117,269=179,070÷152.7%

3. 매출이익 증가율

$$\text{매출이익 증가율} = \frac{\text{당기 매출이익}}{\text{전기 매출이익}} \times 100$$

매출이익 증가율은 매출이익이 전기에 비해 얼마만큼의 증감이 있는가를 검토하는 것으로써 구하고자 하는 수치가 단순히 100을 넘는 것이 아니라 물가상승률을 상회하는 것이 바람직하다.

매출이익을 최근에는 경제학에서 사용하는 부가가치라는 용어로 바꾸어 부르는 경우가 많아졌다. 매출이익의 증감 요인에는 ① 매출액의 증감 ② 매출원가의 감소 등이 있다.

매출원가의 감소에는 판매수량의 감소와 매입정책에 따른 원가의 인하가 있다.

4. 영업이익 증가율

$$\cdot \text{영업이익 증가율} = \frac{\text{당기 영업이익}}{\text{전기 영업이익}} \times 100$$

영업이익 증가율은 기업의 영업활동에 의해 발생되는 이익을 그 기간에 걸쳐 비교하여 그 증감비율을 판단하는 것으로써 100을 초과하는 것과 함께 매출이익 증가율의 수치를 증가시키는 것이 바람직하다.

영업이익은 매출이익에서 손익계산서상의 판매, 일반관리비를 공제시킨 금액이 된다.

영업이익의 증감을 좌우하는 요인으로는 ① 매출액 증감 및 매출원가의 증감 ② 판매관리비 등의 증감이 있다.

이상적인 매출이익 구성은 ① 인건비 ② 인건비 이외 영업비 ③ 영업이익으로 3등분되는 것이나 최근 인건비의 급격한 상승으로 영업이익의 비율이 상대적으로 낮아지고 있다. 영업이익 증가율이 매출이익 증가율보다 하회하는 경우는 경영 효율의 저하를 의미한다. 따라서 비용이 어느 정도 절감될 수 있는가의 비목별 검토를 행하고 고정급의 일부를 시급이나 일급 등으로 교체하고 외주의존도를 높여 비용 구조의 개선에 따른 영업이익의 향상을 도모하는 것이 바람직하다.

또한 점포 개조나 기계 도입 등의 신규투자에 따른 감가상각의 증대, 판매촉진 활동에 따른 광고선전비 등의 정책적인 비용의 증가인 경우에는 즉시 실효를 거두기가 어렵다. 따라서 일시적으로 매출이익에 점하는 기타 영업비가 증가되더라도 경영효율의 악화를 즉시 개선하기는 어렵다.

영업이익이 성장성 분석에서 중요시되는 이유로는 내부 유보에 의한 자본 축적을 가능케 하는 원천인 동시에 외부자금의 조달 가능량을 측정하는 기준이 되기 때문이다. 즉, 영업이익은 이자나 배당의 지불능력을 보증하는 것이 되므로 영업이익의 증가는 기업 신용을 증가시키는 것이 되며 기업규모 확대의 가능성을 높이는 것이 된다.

5. 종업원 1인당 매출이익 증가율

> • 종업원 1인당 매출이익 증가율=
> $$\frac{당기\ 종업원\ 1인당\ 매출이익}{전기\ 종업원\ 1인당\ 매출이익} \times 100$$

상기식을 분해하면 부가가치 생산성을 측정하는 다음과 같은 일반 산식이 된다.

$$\frac{당기매출이익}{당기평균\ 종업원수} \div \frac{전기매출이익}{전기평균종업원수}\ 가\ 되므로$$

$$\frac{매출이익}{평균종업원수}$$

종업원 1인당 매출이익을 증대시킴은 기업의 최종 목적인 이윤의 증대를 가능하게 한다.

1인당 매출이익의 산식은 다음과 같이 분해할 수 있다.

$$• 종업원\ 1인당\ 매출이익 = \frac{매출액}{평균종업원수} \times \frac{매출이익}{매출액}$$

$$= 1인당\ 매출액 \times 매출이익률$$

따라서 종업원 1인당 매출이익을 증가시키기 위해서는 종업원 1인당 매출액을 높이든가 매출이익률을 높이든가 또는 2가지 모두 상승시키는 것이 필요하다.

$$또한\ 노동생산성 = \frac{매출이익}{평균종업원수}의\ 산식을\ 분해하면$$

$$\frac{매출이익}{평균종업원수} = \frac{유형고정자산}{평균종업원수} \times \frac{매출이익}{유형고정자산} = 노동장비율 \times 설비투자효율$$

의 산식이 가능하게 되므로 종업원 1인당 유형고정자산을 높이면 종업원 1인당 매출이익이 증가되는 것으로 이해될 수 있다. 그러나 이것은 제조업 부문에서는 타당할지 모르나 인적 요소가 점하는 비율이 크며 외부환경에 많이 좌우되는 소매업에서는 맞지 않으며 위험할 수도 있다.

6. 매장 평당 매출액 증가율

$$\text{매장 평당 매출액 증가율} = \frac{\text{당기매장 평당매출액}}{\text{전기매장 평당매출액}} \times 100$$

매장 평당 매출액은 일반적으로 평효율이라고 한다. 이 경우 한 평당 매출액 증가에 따라 증가되나 한계가 있으므로 매장 면적 자체의 증가를 검토하여 매출액 증가를 검토하게 된다. 이 경우 필요 매출 증가액은 다음 공식을 적용 산출할 수 있다.

- 필요 매출 증가액

$$= P + \frac{\dfrac{\text{차입금상환액(연간)} - Q + R}{1 - \text{세율}} + \text{경영위험 부담료}}{1 - \dfrac{\text{변동비}}{\text{매출액}}}$$

P=고정비증가분 Q=감가상각비+전기이익×안전여유율
R=증가자기자본에 대한 배당

7. 총자본 증가율

$$\text{총자본증가율} = \frac{\text{당기 총자본}}{\text{전기 총자본}} \times 100$$

총자본이란 타인자본과 자기자본의 전체를 말하며 대차대조표상 대변의 합계액이 된다. 또한 총자본은 유동부채+고정부채+자기자본으로 구성되고 차변의 총자산에 대한 자금 원천의 의미를 갖는다.

총자본의 증가 요인으로는 ① 장기부채의 증가 ② 단기 부채의 증가 ③ 자기자본의 증가가 있다. 또한 감소 원인은 감자 또는 차입금 상환 등으로 증가 원인과는 반대의 사유가 된다.

총자본의 증가는 일반적으로 신규사업의 확대 등으로만 생각하기 쉬우나 꼭 그런 것은 아니다.

총자본이 증가되더라도 자본의 사용에 따른 자산 구성에 있어서 자금의 고정화나 재고자산의 이상 증가를 야기시키거나, 설비 등의 과대투자, 투자(관계사의 투자 포함) 등으로 기업활동에 적극적으로 이용되지 않는 경우에는 경영의 결과가 위험하여질 수 있으므로 불요자산의 매각 등으로 총자본이 감소하더라도 계속적 성장을 위해 일시적 성장 후퇴의사 결정을 함이 바람직하다.

또한 자본운영이 적정하게 되었다 하더라도 자기자본의 구성비를 검토할 필요가 있다.

8. 자기자본 증가율

$$\text{자기자본 증가율} = \frac{\text{당기 자기자본}}{\text{전기 자기자본}} \times 100$$

자기자본이란 기업주 자신이 출자한 자본과 이익 축적액의 합계로써 주식회사의 자기자본은 자본금과 잉여금으로 구성된다. 자기자본은 기업이 존재하는 한 반환청구권을 수반하지 않는 자본이며, 이에 비해 타인자본은 반환의 의무를 갖게 된다.

또한 자기자본은 반환청구권을 수반하지 않으므로 가능한 건물이나 기계설비 등 고정자산의 투자에 이용되는 것이 바람직하다. 따라서 고정비율 $= \frac{\text{고정자산}}{\text{자기자본}} \times 100$은 100 이하가 이상적인 것이 된다. 또한 자기자본으로 충당되지 않는 경우에는 장기차입금과 같은 상환 기간이 장기인 자금으로 충당하는 것이 바람직하다.

이 경우에도 고정장기 적합률 $= \frac{\text{고정자산}}{\text{자기자본}+\text{장기부채}} \times 100$이 100 이하의 상태로 되는 것이 바람직하다.

소매업은 수치가 낮으면 낮을수록 좋다. 자기자본 비율이나 고정비율의 개선은 기업의 안정성을 높이게 된다. 따라서 자기자본 증가율을 검토하는 경우는 총자본 증가율을 상회하는 것이 바람직하다는 것을 염두에 두어야 한다.

9. 평가와 대책

가. 성장 단계의 파악과 대응

기업의 성장은 그 기업이 속하는 산업이나 취급 상품에 따라 좌우된다. 따라서 기업이 확실한 성장을 이루기 위해서는 기업 자신이 성장산업 상의 업종이든가 또는 성장 상품을 취급하는 것이 필요하다.

기업의 쇠퇴는 경영자의 노력에 따라 피할 수 있으므로 안정기의 단계에서 장래 산업구조의 변화에 따른 취급 상품의 수요 증감 예측과 고객의 라이프 스타일에 따른 업태의 발전 추세 등을 감안하여 사전 대응의 노력을 하여야 한다.

나. 자본 이익률에 의한 성장 파악

이와 같이 내외의 경영환경의 변화를 받아들여 기업이 어떻게 변화할 것이며, 또한 현재의 상황은 어떠한 상태이며, 이후 어떻게 대처할 것인가를 알 수 있는 것이 성장 지표이다. 그러나 현재 사용하고 있는 성장 지표만으로는 기업 체질의 정확한 파악과 위치 정리는 무리다.

그러나 기업을 유지, 발전시키기 위해서는 수익력의 장기적 안정과 그 개선이 기초가 되므로 수익성을 종합 표시하는 자본 이익률의 증감 경향은 현행의 성장 지표 중 기업의 성장성을 가장 잘 파악할 수 있는 내용이 된다.

자본 이익률에는 총자본 대 순이익률, 경영자본 대 영업이익률, 불입자본 배당 가능 이익률 등 여러 종류가 있으나 본서에서는 편의상 총자본 대 영업이익률을 사용하여 검토코자 한다. 총자본 대 영업이익률은 다음과 같이 분해할 수 있다.

$$\cdot \quad \frac{\text{영업이익}}{\text{총자본}} = \frac{\text{영업이익}}{\text{매출액}} \times \frac{\text{매출액}}{\text{총자본}}$$

- 총자본 대 영업이익률=매출액 대 영업이익률×총자본 회전율

따라서 총자본 대 영업이익률은 매출액, 영업이익, 총자본의 3요소로 분해되므로 이 3요소의 유기적 관련을 검토함에 따라 기업의 성장을 추정할 수 있다.

총자본 대 영업이익률을 높이는 것은 상기 산식에서 보듯이 매출액 대 영업이익률과 총자본 회전율을 높이는 것이 좋으나 매출액 증가율이 영업이익 증가율 이상으로 증가하게 되면 자본 회전율은 증가하게 되나 매출액 대 영업이익률은 낮아지게 된다. 또한 총자본 증가율이 매출액 증가율 이상으로 증가하게 되면 총자본 회전율은 낮아지게 된다.

총자본 대 영업이익률을 효율 좋게 높이기 위해서는 총자본 증가율 이상으로 매출액 증가율이 증가하고 매출액 증가율 이상으로 영업이익률이 증가하는 것이 바람직하다.

VII. 안정성 분석

1. 안정성 분석의 관점

기업경영에 있어서 경영자가 유의하여야 할 점은 ① 수익성 ② 성장성 ③ 생산(효율)성 ④ 안정성의 4가지라 할 수 있다. 따라서 이 4가지 요소를 상호 균형 있게 유지함으로써 기업신장을 유지시킬 수 있다. 그러나 기업의 창업기에 있어서는 성장성과 수익성이 우선하고 다음으로 안전성과 효율성을 검토하게 되는 경우가 일반적이다.

그러나 4가지 요소의 관리에 따른 시간차는 있을지라도 항상 균형 유지에 관심을 가져야 한다.

재무의 안정성이란 ① 대차대조표상의 자산, 부채, 자본, 상호간에 균형이 유지되고 있는가. 즉 자금의 조달과 운영에 무리는 없는가 ② 일일 자금운영이 안정되고 있는가를 파악하는 것이다.

따라서 안정성에 대해서는 대차대조표를 중심으로 다음과 같은 내용을 포인트로 검토하는 것이 바람직하다.

가) 자기자본은 충실한가.
나) 고정자산은 안정자금으로 취득하고 있는가.
다) 중·단기 자금계획은 안정되어 있는가.
라) 주요한 자산이나 부채에 이상은 없는가.

2. 자기자본 비율

$$\cdot \ 자기자본\ 비율 = \frac{자기자본}{총자본} \times 100$$

자기자본 비율은 기업의 재무 기반이 튼튼한가, 아닌가를 나타내는 지표이다. 자기자본의 비율이 어느 정도이면 좋은가는 이론상으로는 50% 이상이 되겠으나 동업계의 자료를 기준으로 검토함이 바람직하다.

자기자본 비율이 낮다는 것은 타인자본이 많다는 것을 의미하며 타인자본은 차입금 등과 같은 이자 부담의 자본이므로 고정비의 증가를 초래하고 수익력을 약하게 하며 동시에 경기저항력을 약하게 한다. 자기자본 비율이 높다는 것은 안정성이 높다는 뜻이 되나 자기자본의 구성 내용을 검토할 필요가 있다.

즉, 자기자본은 자본금과 법정준비금, 잉여금으로 구성되므로 법정준비금과 잉여금이 많다는 것은 과거의 경영실적이 양호하였다는 것을 나타낸다. 자본금과 법정준비금, 잉여금의 비율도 이론적으로 50 : 50 이 바람직하다.

또한 자산 재평가가 이루어지지 않은 상태의 부동산의 실질 가치를 파악한 자산의 실제 규모를 검토하여 표면적 비율이 아닌 실제 비율을 검토하는 것이 바람직하다.

3. 고정비율

$$\text{고정비율} = \frac{\text{고정자산}}{\text{자기자본}} \times 100$$

고정비율은 고정자산이 안정자금으로 이루어져 있느냐의 여부를 나타내는 비율이다. 고정비율은 일반적으로 100% 이하가 바람직하다. 그 이유로는 고정자산은 토지, 건물, 사무실, 운반구 등 설비투자된 자산이 대부분이므로 고정자산에 투입된 자금은 장기에 걸쳐 고정화되고 그에 따라 장기적으로 이익을 발생시키게 되어 자산에 운영된 자금이 타인자본인가, 자기자본인가는 그 안정성에 매우 큰 작용을 하기 때문이다.

결국 이 비율은 작을수록 양호하다. 고정비율의 검토에 있어서 주의하여야 할 점은 해마다 비율이 작아지고 있느냐의 여부를 확인하는 것이다. 그것은 설비투자를 새로이 행하지 않는 경우에는 고정자산은 토지를 제외하고 매년 감가상각에 의해 감소되기 때문이다.

4. 고정장기 적합률

$$\cdot \text{고정장기 적합률} = \frac{\text{고정자산}}{\text{자기자본} + \text{고정부채}} \times 100$$

고정장기 적합률은 고정비율과 마찬가지로 고정자산이 안정자금으로 투자되어 있는가의 여부를 나타내는 지표이다. 고정부채는 장기차입금으로 바꾸어 부르기도 한다. 고정비율과 다른 점은 고정부채 또는 장기차입금을 안정자금으로 생각하는 점이다.

경제성장이 활발하게 이루어지는 단계에서는 물가의 상승 등을 검토할 때 장기차입에 의한 자산의 취득이 자기자본만으로 투자를 검토하는 것보다 유리한 것으로 판단될 수 있으므로 고정비율보다 고정장기 적합률이 중요하게 검토되기 시작하였다. 그러나 경기불황이 계속될 경우에는 고정장기 적합률보다 고정비율의 충실이 더욱 요구되므로 경기의 변동에 따라 양 지표의 비중이 선택, 비교되어야 한다.

그러나 기본적으로 고정부채의 비중이 많은 경우에는 문제가 남게 된다. 왜냐하면 고정부채도 차입금이므로 언젠가는 상환하지 않으면 안된다. 결국 금리부담이 발생되므로 자금은 안정되어 있더라도 적자가 발생된다면 아무 의미가 없게 된다.

결국 고정장기 적합률을 검토하는 경우에는 기업의 상환 능력이나 수익력과 관련시켜 검토하는 것이 중요하다.

5. 유동비율

$$\cdot \text{유동비율} = \frac{\text{유동자산}}{\text{유동부채}} \times 100$$

유동비율은 중·단기의 지불 능력이 어느 정도인가를 나타내는 것으로, 다시 말하면 자금계획이 안정되어 있는가를 나타내는 지표이다.

일반적으로 150% 또는 200% 이상을 바람직한 수준으로 본다. 그 근거로는 유동비율은 유동자산을 유동부채로 나누어서 산출하는 것이다.

여기서 유동자산은 현금, 예금, 외상매출금, 상품 등 1년 이내에 현금 화할 수 있는 것을 말하며, 유동부채는 지불어음, 외상매입금, 단기차 입금 등 1년 이내에 지불하여야 하는 것을 말한다.

따라서 자금계획 면에서 받을 예정금액이 지불 예정금액보다 많은 경우는 문제가 없다. 그러나 유동자산은 현금화가 꼭 100% 이루어진다 고 보기는 어렵다. 유동부채는 100% 지불하여야만 하므로 유동자산의 회수 불능 금액을 감안하여 검토함이 바람직하므로 상기의 기준인 150%~200%를 바람직한 수준으로 본 것이다.

소매업은 제조업에 비해 유동자산 회수 불능 규모가 적고 현금회수 기간이 매우 짧으므로 유동비율의 기준이 타산업보다는 낮게 나타난 다. 이 역시 동업계와 대비하여 자사의 상황을 대비 검토하는 것이 바 람직하다.

또한 유동비율은 1년간의 비교적 짧은 기간의 수입과 지출의 관계를 나타내는 것이므로 이 비율이 좋다고 해서 자금계획에 문제가 없다는 뜻은 아니다. 자금계획과 병행하여 검토함이 바람직하다.

분석시에는 상품 중 파손 등 가치가 상실된 것은 제외되어야 하며 매 출채권(외상매출금 또는 받을 어음) 중에서 회수 불능이 예견되는 것은 제외되어야 하며, 엄밀하게 보면 가불금이나 전도금 등과 같이 환금성 이 어려운 것도 제외하여 검토함이 바람직하다.

6. 당좌비율

$$\text{당좌비율} = \frac{\text{당좌자산}}{\text{유동부채}} \times 100$$

이 비율은 유동비율의 분자에 사용되었던 유동자산보다도 더욱 확실 하게 단기에 회수될 것으로 생각되는 당좌자산을 분자로 하여 유동부 채로 나눈 것으로써 유동비율과 함께 자금계획을 나타내는 지표이다.

당좌자산이란 일반적으로 현금·예금, 매출채권(받을 어음, 외상 매출 금), 단기 유가증권 등을 말한다. 물론 여기에는 가불금이나 전도금은 포함되지 않는다.

이 비율은 일반적으로 100% 이상이 바람직한 것으로 검토되나 역시 동업계 수준과 대비하여 검토함이 좋다.

또한 당좌비율은 1년의 결산에 따라 당좌자산의 잔액과 유동부채의 잔고의 비율이므로 단기적인 지불 능력을 나타내는 것에 지나지 않는다. 그러므로 매월의 자금 계획표와 병행 검토되어야 한다.

7. 현금·예금·보유잔고율

$$\text{현금·예금보유 잔고율} = \frac{\text{현금·예금잔고}}{\text{월간매출액}}$$

안전 유동성을 검토하는 경우에는 현금·예금 등을 어느 정도 보유하고 있는가를 검토하는 것이 중요하다. 기업이 현금·예금을 보유하고 있다는 의미는 매월 지불을 위한 준비가 된다. 현금·예금의 보유율은 업종에 따라 차이가 나므로 자사의 매월 지출되는 현금분의 규모를 자사의 매출액과 대비하여 검토함이 바람직하다.

이때 매출액과의 차액이 소매업에 있어서 자금 운영의 크나큰 메리트인 회전차 자금의 규모가 된다.

8. 차입월수(月數), 금리부담률

$$\text{차입월수} = \frac{\text{할인어음} + \text{단기차입금} + \text{장기차입금}}{\text{월간매출액}} \times 12$$

$$\text{금리부담률} = \frac{\text{지불이자} + \text{할인료} - \text{수입이자}}{\text{매출액}} \times 100$$

차입 규모의 크고 작음은 안정성과 수익성 양면에 영향을 미치기 때문에 어느 정도가 타당한가를 안정성과 수익성 양면에서 검토하는 것이 바람직하다.

차입의 과대함에 따른 영향으로서는 수익성의 저하, 즉 금리부담이 증가함에 따라 고정비가 증가하고 수익성이 낮아지는 결과를 나타내고 또한 안정성에 대한 영향으로서는 자기자본 비율이 낮아지고, 상환능력을 압박하는 결과가 되고, 경기불황 저항력이 낮아지는 것이 된다.

따라서 차입금(특히 운전자금)은 매출액과 밀접한 관계가 있으므로 차입의 대소, 즉 차입금 및 금리부담의 적부는 매출액과 관련시켜 검토함이 매우 중요하다.

차입금은 금리부담력, 차입의존도의 2가지 면에서 생각할 때 소매업의 경우는 대체로 2개월 이내가 건전함의 기준이 된다고 본다. 따라서 차입액의 월수가 4개월을 초과할 경우는 문제가 있는 것으로 검토하여야 한다.

예를 들어, 연간 매출액 6,000만원(월간매출액 약 500만원), 차입잔고 2,000만원, 차입금리 10%라고 할 때 차입월수와 금리부담률은 다음과 같다.

$$\cdot \ \text{차입월수} = \frac{2,000\text{만원}}{6,000\text{만원}} \times 12 = 4\text{개월이 되며,}$$

$$\cdot \ \text{금리부담률} = \frac{2,000\text{만원} \times 0.1}{6,000\text{만원}} \times 100 = 3.3\%$$

업종에 따라 차이가 있으나 소매업의 경우 경험적으로 금리부담률이 3% 이상이면 도산의 위험이 있다.

안정된 기업의 기준으로는 1% 미만, 1~2% 미만은 불안정, 2~3% 미만은 위험수준인 것으로 검토함이 바람직하다. 또한 차입액의 타당성을 판단하는 경우 매출 증가율과 차입 증가율의 균형을 판단하는 것이 필요하다.

즉, 매출증가에 비해 차입이 이상 증대되는 경우, 예를 들면, 매출액 신장은 10%인데 차입은 40%로 신장되었다면 매출 둔화, 외상매출금의 회수둔화, 또는 재고의 과잉현상이 발생되는 경우가 많으므로 주의하여야 한다.

그러나 지불채무(외상매입금, 지불어음)를 감소시키기 위해 차입으로 대체하는 경우도 마찬가지 현상이 야기된다. 언제든지 차입월수가 증가되고 있는지를 면밀하게 검토하고 차입월수의 증가를 최대로 억제하여야 한다.

Ⅷ. 종합평가와 대책

1. 주요 비율

지금까지 수익성, 성장성, 생산성, 안전성의 상호관계를 검토한 기업의 경영비율을 분석하여 기업의 현상분석과 대책수립을 위한 내용을 검토하였다.

경영비율 중 각 부분의 주요 비율은 다음과 같으며 이 중심비율을 보다 깊이 있게 검토할 필요가 있다.

수익성	경영자본 대 영업이익률 경영자본 회전율 매출액 대 영업이익률
성장성	매출액 증가율 경영자본 증가율 영업이익 증가율
생산성	매출 이익률 종업원 1인당 매출액 평당 매출액
안정성	자기자본 비율 유동비율 고정장기 적합률

2. RADAR CHART의 활용

가. RADAR CHART란 무엇인가

경영분석의 결과를 나타내는 방법은 여러 가지가 있으나 종합적으로 평가하기 위해서는 RADAR CHART를 사용하는 것이 좋다. RADAR CHART는 RADAR와 같이 은밀하게 숨어 있는 것을 찾아내는 것과 같이 이것을 도형화한 것이다.

레다차트를 이용하게 되면 경영분석의 결과 수치를 수익성, 안전성, 성장성, 생산성 등 각 요소별로 중요사항을 관련시켜 종합적으로 보기 좋게 원형 도형상에 나타내게 되므로, 일목요연하게 경영상의 장점과 단점을 파악할 수 있다.

나. RADAR CHART 작성 방법

1) 먼저 기본 비율의 분석 결과 수치를 차트에 표시한다. 즉, 기준이 되는 주요 비율의 기준 수치를 결정한다. 기준 수치는 ① 하한(최저)수치 ② 지표(표준)수치 ③ 상한(이상)수치의 세 가지로 나누어 본다. 이 경우 지표(표준)수치에서 하한 또는 상한 라인에는 등간격으로 눈금을 표시한다.

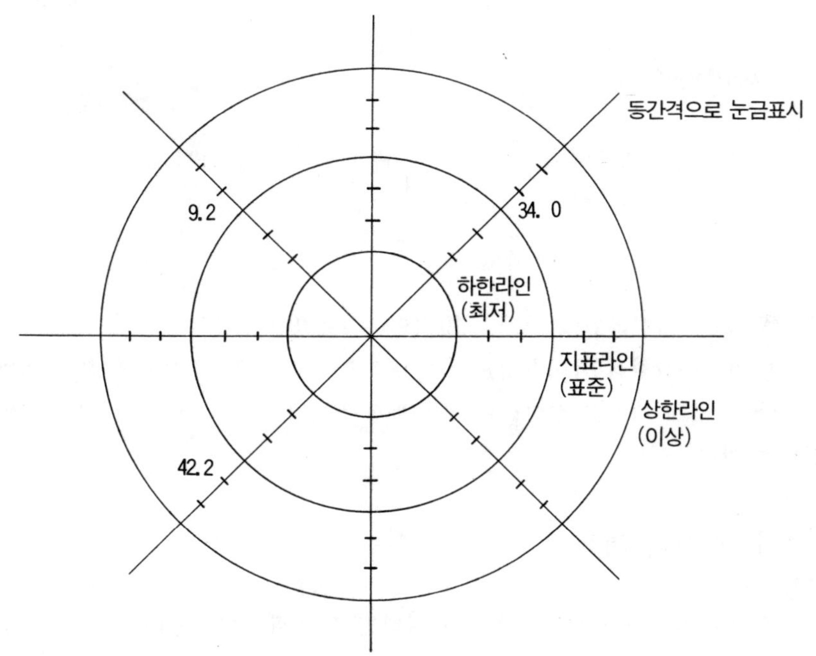

Ⓐ 라인…하한라인(최저)　　Ⓑ 라인…지표라인(표준)

Ⓒ 라인…상한라인(이상치)을 각 요소별로 동업계기준수치를 작성 기입한다. 동업계 평균은 점선으로 자사 내용은 실선으로 하여 쉽게 비교 대비토록 한다.

3. 평가와 대책

자사의 RADAR CHART를 완성하면 다음과 같은 형태별 판정에 따라 대책을 검토한다.

가. 안정이상형

안정이상형은 문자 그대로 4가지 요소가 균형을 유지하며 충실하게
된 형태이다. 인재교육투자를 과감하게 하고 신상품 도입을 위한 거래
선의 개척과 시장조사 등에 역점을 두어야 한다.

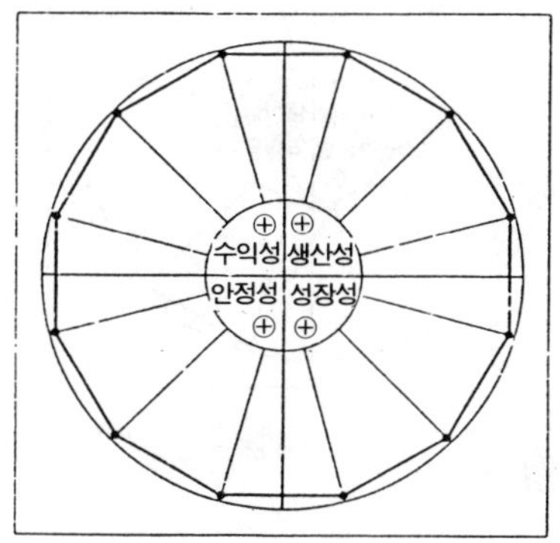

나. 보수형

성장 없이 안전제일주의의 경영형태로써 보수안전형이며 오래 된 점
포에 많은 형태이다. 이러한 점포는 젊고 새로운 발상이 필요하며, 신
규 부문의 개발, 선전활동 등에 의욕적인 활동이 요구된다.

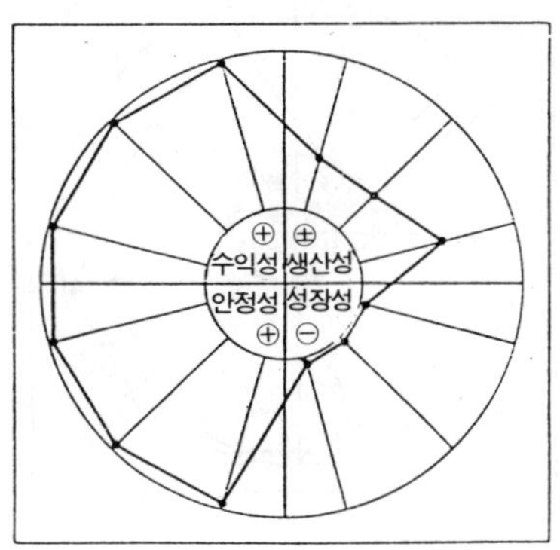

다. 성장형

지역 인구가 급격하게 증가하는 입지의 점포에서 많이 볼 수 있으며 재무상태보다 업적의 신장이 높은 형태로써 증자 등 재무면의 강화 등으로 무리없는 성장이 요구된다.

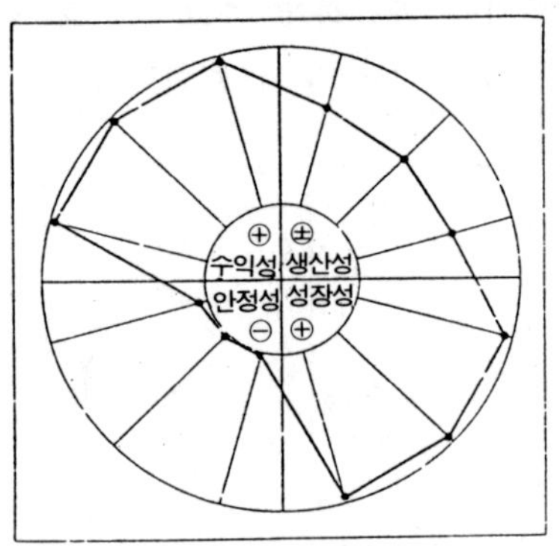

라. 적극확대형

현재 우리나라의 편의점 추세나 1970년대 후반의 슈퍼마켓 체인 증설 등과 같이 급격하게 매출 규모를 확대하는 경우의 형태로써 이익률의 저하, 재고의 과다 등으로 경영 상태가 어려워질 수 있다.

이익계획을 먼저 수립하고 안정이상형을 목표로 노력하여야 한다.

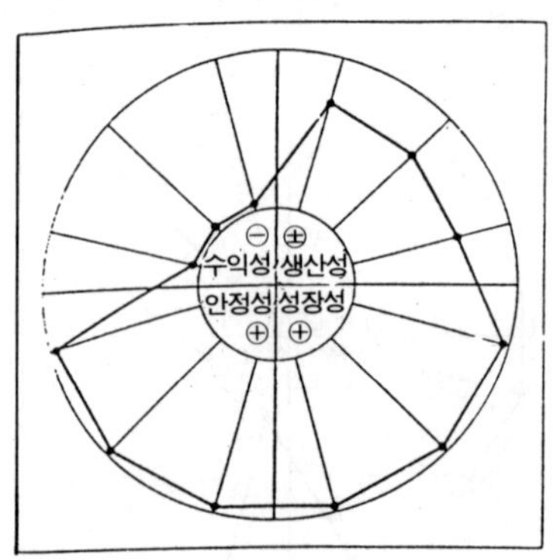

마. 소극안전형

모든 것을 안전중시 형태로 경영하는 형태로써 재정력은 있으나 이
것을 활용하는 의욕이 부족한 형태이다. 적극확대형을 지향하되 최종
적으로는 안정이상형을 목표로 계획을 수립함이 필요하다.

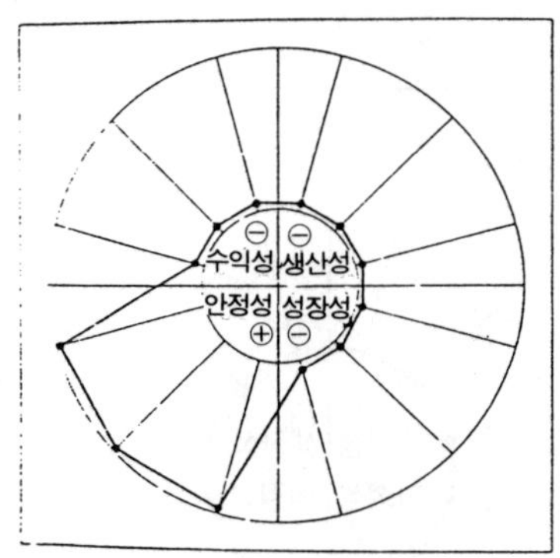

바. 활동형

매출액을 급상승시킬 경우 나타나는 현상으로써 경영기반이 취약하
여지고 안정성이 극도로 나빠지는 형태이다. 이 형태는 장기계획을 수
립하여서 내부에 자금을 축적하는 것이 바람직하며 먼저 성장형을 목
표로 경영계획을 수정함이 필요하다.

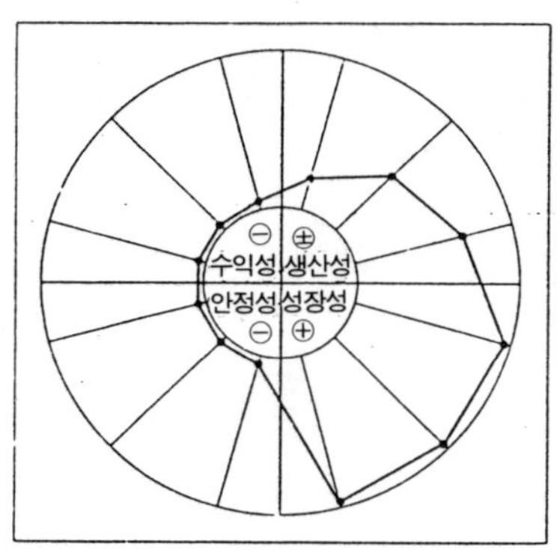

사. 축소균형형

  4가지 요소를 표준보다 축소하여 그것들의 균형을 유지하는 형태이
다. 상권이 영세하거나 한적한 지역에서 볼 수 있는 형태로써 외부환경
을 깊이 파악하고, 새로운 활로를 찾아 성장지향을 과제로 삼아야 한
다.

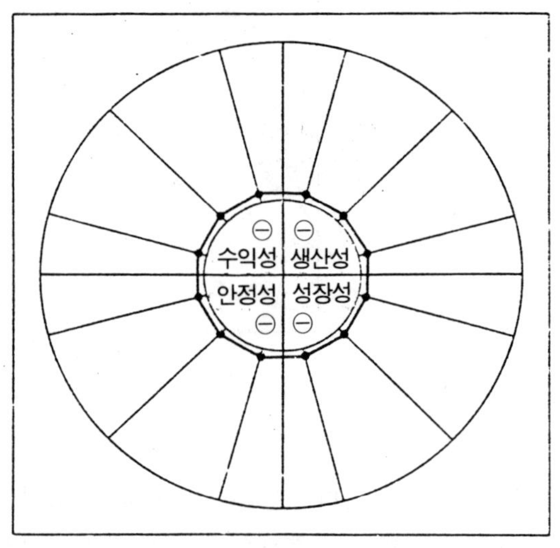

투자효율의 타당성 검토

제 7 장 투자효율의 타당성 검토

I. 투자효율

1. ROI(RETURN ON INVESTMENT)이론

가. ROI 적용 원칙

ROI는 RETURN ON INVESTMENT의 약자이다. 계산식은 ROI= $\frac{당기이익}{투하자본}$ ×100%로서 투자수익률이라고 할 수 있으며, 이것은 다시 RONW와 ROA로 구분하여 볼 수 있다.

즉, RONW(RETURN ON NET WORTH)는 $\frac{당기이익}{자기자본}$ ×100%로 계산되며 자기자본 이익률이라고 할 수 있다.

또한 ROA(RETURN ON ASSETS)는 $\frac{당기이익}{총자본}$ ×100으로 총자본 이익률이라고 할 수 있다.

미국에서는 ROI=ROA의 의미로 사용되고 있으며 ROI의 의미는 수익성 분석에서 보듯이 투하자본에 대한 당기이익의 비율로 이해하면 된다.

이 방법은 1930년대 중간에 HARVARD 연구소에서 개발되었으나 미국에서도 업계에 보급된 것은 2차대전 이후이다.

전후 미국의 많은 소매업자들은 점포별 영업을 평가하는 문제에 직면하게 되면서 매출이익률의 평가만으로는 불충분하다고 판단하여 투자액에 대한 영업실적 평가를 실시하게 된 것이다.

특히 체인스토아 전개에 있어서 ROI분석은 매우 유용한 것이며 저성
장시대에 매출액 기준의 평가는 매우 위험한 분석 방법이며 ROI 기준
에 의한 검토가 바람직한 것으로 판단된다.

나. 자기자본 이익률(RONW)과 총자본 이익률(ROA)

자기자본 이익률(RONW)과 총자본 이익률(ROA)의 관계는 다음과
같다.

$$
\begin{array}{ccc}
\text{자기자본 이익률} = \text{총자본 이익률} \times \text{자기자본 비율} \\
\text{(RONW)} \qquad \text{(ROA)} \qquad \text{(LEVERAGE)} \\
\dfrac{\text{당기이익}}{\text{자기자본}} = \dfrac{\text{당기이익}}{\text{총자본}} \times \dfrac{\text{총자본}}{\text{자기자본}}
\end{array}
$$

자산의 평가에 있어서 검토되는 기간에 있어 평균 총자산액을 통상
기준으로 하고 있으나 장부 가격 평가상 문제가 있을 경우에는 필요에
따라 시가계산을 하는 경우도 있다.

장부 가격을 이용하는 최대의 이점은 장부 가격이 혼란을 최소화하
기 때문이나 고정자산의 장부 가격이 매년 감가상각됨에 따라 취득가
격보다 감소하게 되므로 수년간에 걸친 검토에서는 ROI는 상승하게 되
는 결과를 나타내게 되는 점을 주의하여야 한다.

그러므로 미국의 듀퐁이나 GM 같은 회사는 ROI 계산에 있어 취득
원가인 장부 가격을 사용하고 있다.

그 이유는 투자 시기가 인플레이션 시대였느냐, 디플레이션 시대였
느냐를 구분 파악하는 것이 문제가 되기 때문이다.

다. ROI 적용시 이익의 기준

총자본 이익률(ROA) 계산시의 이익은 타인자본 이자가 포함된 세전
당기이익을 적용하며 자기자본 이익률(RONW)을 계산할 경우의 이익
은 세후 당기순 이익을 적용한다.

$$\cdot \text{ROA(투자수익률)} = \frac{\text{세전당기이익} + \text{지불이자}}{\text{총자본(당기평균)}} \times 100$$

$$\cdot \text{RONW(자기자본 이익률)} = \frac{\text{세후당기순이익}}{\text{자기자본}} \times 100$$

이론적으로는 투자수익률의 산식은 틀림이 없으나 분자의 지불 이자가 많아도 투자수익률이 높은 것으로 되기 쉬우므로 판단에 주의를 요한다.

라. ROI의 기준

ROI의 값으로 가령 9%가 나왔다면 이것이 투자수익으로써 충분한가에 대한 판단기준이 필요하게 된다.

ROI라는 것은 앞에서 살펴본 바와 같이 자본활동의 성과를 투하자본과 그 자본에 의해 창출되는 이익과의 관계를 측정하려는 것이다. 왜냐하면 재무적 측면에서 기업경영을 생각하면 투하된 자본에 대한 회수를 최대 목적으로 하는 것이 되기 때문이다.

어느 소매업체가 A시에 출점을 결정하였다면 그 업체는 타도시에의 출점, 또는 점포개장 등의 별도 목적에 투자하는 기회를 포기하는 것을 의미하고 또한 투하자본에 대해서는 회수의 보증이 없는 위험한 상태로 되는 것을 의미한다. 이와 같은 위험 부담에 대한 대가로서 투하자본에 대한 회수를 항상 고려하여야 한다.

마. 세후 당기 순이익의 내역(ROI의 최저기준)

이익은 손익계산서에서 계산된 수익과 비용의 차액이다. 이 차액으로서의 세후 당기 순이익은 ① 자기자본의 이자 ② 위험료(위험보상료) ③ 기타 이익으로 구성되었다고 할 수 있다.

1) 자기자본의 이자

대차대조표는 타인자본으로서의 부채와 자기자본 등 2가지 자본으로 구성되어 있다. 타인자본은 원칙적으로 확정이자를 지불해야 되며 지불이자는 손익계산서상에 영업 외 비용란에 경비로서 계산되나 자기자본에 대한 이자는 비용계산이 되지 않는다. 따라서 자기자본의 이자가 세후 당기 순이익의 하나의 구성 요소가 될 수 있는 것이다.

2) 위험료(위험보상료)

소매업의 각 점포는 상권에 한계가 있으며, 고객의 신장도 한계가 있어 당연히 매출액이나 이익의 신장도 한계가 있다. 소위 수익체감법칙이 적용되는 업종이다.

소매업의 위험 요인이라는 것은 예를 들면, 입지변화에 따른 위험, 경쟁격화에 따른 판매가격 인하로 발생하는 위험, 상품의 매출부진에 따른 위험, 경제여건 변화의 위험, 기술변화에 따라 발생되는 위험 또는 대손발생위험 등 여러 가지가 있다. 손익계산 차원에서 검토하면 이 위험은 2가지로 분류할 수 있다.

하나는 비용으로서 계산되는 위험이다. 예를 들면 대손발생 위험은 대손충당금이라는 비용으로서 계산될 수 있다. 또 하나의 위험은 비용으로서 계산되지 않는 위험이다.

위험이 언제 발생될는지, 어느 정도의 금액이 될 것인지를 알 수 없는 위험이다. 앞에서 본 입지의 변화, 경제환경의 변화, 경쟁의 변화, 기술의 변화 등으로 발생되는 위험들이다. 손익계산으로는 처음부터 비용으로 계산되지 않으므로 이를 위해 세후당기순이익으로서 장래 위험이 발생하는 경우 비용 또는 손실로서 보상받을 필요가 있으므로 제 2 요소가 된다.

3) 기타 이익

경영관리를 합리화함에 따라 또는 상품전략·자본전략에 따라 당기이익을 얻게 되나 경우에 따라서는 예측하지 않는 여건에 따라 당기이익을 증가시킬 수도 있다. 예를 들면, 입지의 호전 또는 경제여건의 호전 등이 이에 해당된다. 이상과 같은 이익이 제 3 의 이익의 구성 요소가 된다.

　상기 3가지, 즉 ① 자기자본 이자 ② 위험료 ③ 기타 이익 중 진정한 이익은 기타 이익밖에 없다. 자기자본 이자와 위험료는 비용으로 계산만 되지 않았지 실제는 비용이 발생되는 것이기 때문이다. 기업이 영속적으로 발전하기 위해서는 자기자본 이자와 위험료 부분이 세후당기순이익으로써 필요하게 된다.

　이와 같은 수준은 기업으로서 장기적 성장이 어려운 정도의 소극적인 최저 필요이익으로써 기업이 움직일 수 있는 최소 필요 세후 당기순이익 기준으로써 바꾸어 말하면 ROI의 최저기준이라고 할 수 있다.

바. 총자본 필요이익률의 계산

$$\cdot\ \text{총자본 필요이익률} = \frac{\text{필요이익(세후)}}{\text{총자본(당기평균)}} \times 100$$

$$= \frac{\text{세후당기순이익}}{\dfrac{\text{기수총자본} + \text{기말총자본}}{2}} \times 100$$

　총자본 필요이익률은 상기와 같이 필요이익이 기업에 투하 운영되고 있는 총자본(부채와 자본의 합계)의 몇 %가 될 것인가를 나타내는 것이다.

　필요이익은 세후 당기순이익이므로 앞에서 본 바와 같이 소극적 최저이익은 자기자본의 이자와 위험료의 합계가 된다. 그러므로 총자본 필요 이익률은 다음과 같다.

$$\cdot\ \text{총자본 필요이익률}$$

$$= \frac{\text{자기자본이자(연간)} + \text{위험료(연간)}}{\text{총자본(당기평균)}}$$

$$= \frac{\text{자기자본이자(연간)}}{\text{자기자본(당기평균)}} \times \frac{\text{자기자본(당기평균)}}{\text{총자본(당기평균)}} + \frac{\text{위험료(연간)}}{\text{총자본(당기평균)}}$$

$$= ①\ \text{자기자본 이자율(년)} \times ②\ \text{자기자본 구성 비율(당기평균)}$$
$$+ ③\ \text{총자본 위험률(년)}$$

상기 공식에서 ① 자기자본 이자율은 차입금 중 단기차입금까지 포함하여 적용한 차입금 이자율을 적용하는 것보다 자기자금 자체가 장기자본이므로 정확하게 계산하려면 장기차입금의 실질이자율을 적용하는 것이 바람직하다.

· 실질 이자율

$$= \frac{정미지불이자}{정미차입금} = \frac{총지불이자 - 수입이자}{총차입금 - 은행예금}$$

$$= \frac{총지불이자}{총차입금} \times \frac{총차입금}{정미차입금} - \frac{수입이자}{은행예금} \times \frac{은행예금}{정미차입금}$$

$$= 차입이자율 \times 총차입금의 \ 율 - 수입이자율 \times 은행예금의 \ 율$$

예를 들어, 은행으로부터 3,000만원을 금리 8.9%로 차입을 하고 그 가운데 1,000만원을 금리 5.75%로 예금하였다면 실질 이자율은 10.475%가 된다.

· 실질 이자율

$$= 차입이자율 \times 총차입금의 \ 율 - 수입이자율 \times 은행예금의 \ 율$$

$$= 8.9\% \times \frac{3,000}{2,000} - 5.75\% \times \frac{1,000}{2,000}$$

$$= 0.1335 - 0.02875$$

$$= 0.10475$$

$$= 10.475\%$$

② 자기자본 구성비율(당기평균)은 예를 들어 기수의 총자본 3,200만원, 기말총자본 3,600만원, 이에 대해 기수의 자기자본 860만원, 기말은 910만원이라고 한다면,

$$· \ 자기자본 \ 구성비율(당기평균) = \frac{\dfrac{860 + 910}{2}}{\dfrac{3,200 + 3,600}{2}} \times 100$$

$$= \frac{885}{3,400} \times 100$$

$$\fallingdotseq 26.03\%$$

식 ③ 총자본 위험률에 대해서 어느 정도의 위험을 계산하여 위험률을 정할 것인가에 대해서는 정확하게 산출할 수 없으나 경험법칙상 3%로 보는 것이 타당하다고 생각한다.

기업의 매출액 신장률은 업태별로 차이가 나며 1년의 기준을 보면 마이너스 성장을 하는 업태도 있을 수 있다.

동업계의 그간의 성장률을 감안하여 평균치를 적용하는 것이 바람직하며 장기적으로 볼 때 총자본 회전율이 거의 일정하게 되므로 매출액 증가율과 총자본 증가율을 같이 보는 것이 바람직하다.

예를 들어, 어느 기업의 매출액 증가율이 11% 수준이라면 총자본 증가율도 11%로 예견되므로 이에 대한 자기자본 증가율을 예측할 수 있다. 자기자본 구성비가 30%라면 자기자본은 총자본의 3.3% 증가하는 것이 된다.

- 자기자본 증가율=총자본 증가율×자기자본 구성비

$$0.033 \quad = \quad 0.11 \times 0.3$$

이상과 같이 자기자본 증가율을 갖고 기업의 위험률을 계산할 수 있으므로 기업 위험률=정상적인 매출액 증가율×자기자본 구성비율로 정리할 수 있으며 장기 목표에 따라 자기자본 구성비를 30% 이상을 목표로 하는 것이 바람직하다.

사. 총자본 필요이익률의 계산 사례

어느 지방 백화점 A사는 자기자본 구성비가 평균 30.3%, 실질이자율은 9.85%, 매출액 정상 증가율은 12%라고 할 때 A사의 총자본 필요이익률을 세전당기순이익(법인세 등 과세율을 42%로 할 때)으로 구하면 다음과 같다.

- 총자본 필요이익률＝자기자본 이자율×자기자본 구성비＋위험률
  ＝실질 이자율×자기자본 구성비＋매출액의 정상
  적 증가율×자기자본 구성비
  ＝9.85%×30.3%＋12%×30.3%
  ＝6.62%

이 6.62%는 세후당기순이익에 의한 이익률이므로 이 비율을 세전 당기 순이익으로 바꿀 필요가 있다.

- 총자본 필요 세전당기순이익률＝총자본 필요 세후 당기순이익률÷(1
  －과세율)
  ＝6.62%÷(1－42%)
  ＝11.41%

이 11.41%를 정기예금 금리와 대비하여 ROI의 기준을 검토한다.

아. ROI의 전개

이익과 투하자본 이외에 ROI에 영향을 주는 제3의 요소로써 매출액을 대입하여 ROI산식을 전개하면 다음과 같이 된다.

$$\text{ROI}(\%) = \frac{\text{이익}}{\text{투자액}} \times 100$$

$$= \frac{\text{매출액}}{\text{투자액}} \times \frac{\text{이익}}{\text{매출액}} \times 100$$

$$= \text{자본회전율} \times \text{매출이익률}$$

예를 들어, 매출액 4억원, 이익 2,000만원, 투자액 1억 2,500만원이라면,

$$\text{ROI} = \frac{2,000}{12,500} = 16\%$$

$$\text{자본회전율} = \frac{40,000}{12,500} = 3.2회,$$

$$\cdot \text{ 매출이익률} = \frac{2,000}{40,000} = 5\%$$

$$16\% = 3.2회 \times 5\%$$

ROI는 결국 자본회전율과 매출이익률을 곱한 것이 된다. ROI를 사업부별, 지점별로 적극적인 이용을 하고 있는 대표적 기업은 듀퐁사이다.

소매업의 경우도 점포별로 ROI의 검토가 필연적으로 이루어지는 것이 바람직하다.

자. 판매관리와 ROI

1) ROI의 판매관리 부분 응용

제일선의 판매관리자(점장)는 단순한 세일즈맨으로서 행동하는 것이 아니라 영업기능의 관리자로서 자질이 요구된다. 단순히 판매가 누구보다 우수하다는 사실만으로는 진정한 관리자가 못 된다.

이것은 일반 점포의 점주도 단순히 판매만을 하는 것이 아닌 기업경영에 관심을 가져야 한다는 것을 의미한다.

성장경영은 매출액보다도 투자에 대한 이익개념을 중시하여야 한다.

매출액 제일주의가 아닌, 이익을 중요시하는 것이란 제일선의 판매관리자(점장)는 상품 개개의 상품회전율이나 부문별 믹스(부문별 구성)에 관심을 가져야 한다. 다시 말하면, 기업의 존속과 성장의 입장에서 스토아 이미지 또는 고객의 증가에 주의를 하여야 한다.

따라서 매출 이익률은 하나의 결과이며, 그것만이 기업활동의 중요한 목표도 지침도 아닌 것이다. 여기서 중요한 지침이 되는 것은 ROI이다.

기업은 일견 상당한 이익을 발생하는 것으로 보이는 경우에도 투자차원에서 검토하여 보면 의외로 수익이 불충분한 경우를 보게 된다. 슈퍼마켓의 정육 부문의 장비 및 편의점의 집기 비품 등을 검토할 때 이와 같은 경우를 종종 보게 된다.

이와 같은 의미에서 ROI, 즉 투자에 대한 이익률은 경영자가 단위점 또는 부문의 자본투하에 대하여 성적을 평가하고 개선점을 찾는 데 이용되어야 한다.

점장은 회사를 대표하여 점포(기업)를 운영하는 최고 책임자이므로 매출액만이 아닌 투자에 대해서 적정한 수익을 검토하여야 한다.

2) ROI의 이용

앞에서 설명한 것과 같이 ROI는 이익을 점포 투자와 관련시켜 검토하는 경영비율로서 사용할 수 있으므로 ROI의 공식을 다음과 같이 정리할 수 있다.

$$㉮ \quad \frac{당기이익}{매출액} \times \frac{매출액}{투자} = ROI$$

$$㉯ \quad \frac{순매출이익}{매출액} \times \frac{매출액}{투자} = 투자의 \ 생산성$$

㉯의 공식은 투자의 생산성으로서 자본의 활동을 나타내고 있다. 투자의 생산성도, ROI도 경영자가 출점 등의 투자효율을 검토하기 위한 분석 용구로서 사용될 수 있다.

계산을 단순하게 하기 위해 어느 단위점의 연간 영업 성적이 다음과 같다면,

자산 15,000만원	부채 10,000만원 자본　5,000만원
15,000만원	15,000만원

또한 매출액이 38,000만원, 당기이익 1,900만원(매출액 대 당기이익률 5%)이라고 할 때 ROI는 2가지 방법으로 검토가 가능하다.

먼저 주주 등 자기자본에 대한 수익이 중요한 경우는 다음 공식에 대입하는 것이 좋다.

$$\frac{(당기이익)1,900만원}{(매출)38,000만원} \times \frac{(매출)38,000만원}{(자기자본)5,000만원} = 38\%$$

이 경우 ROI는 38%가 된다.

또 하나의 방법은,

$$\frac{(당기이익)1,900만원}{(매출)38,000만원} \times \frac{(매출)38,000만원}{(투자)15,000만원} = 12.7\%$$

즉, 경영자는 1억 5,000만원을 투자하여 1,900만원, 즉 12.7%의 수익을 발생시켰다. 여기서 투자라는 용어 대신에 사용자산, 경영자본이라는 용어를 사용할 수 있다. 상기 공식을 다시 분해하면 매출액 순이익률×자본회전율이 되는데 이때 매출액 순이익률은 객수, 객단가, 판매수량, 프라이스라인, 부문 믹스(상품 구성), 매입코스트, 판매촉진, 리베이트, 인건비, 마케팅 비용 및 실질 금리, 사무비의 영향을 받게 된다. 이것은 매출액 순이익률이 어떻게 만들어지는가를 설명하는 것이 된다.

자본회전율은 투자를 매출에 관련시킨 것으로서 코스트 또는 이익과는 무관한 것으로서 자산이용 상황에 중점을 둔 것이다. 이것은 재고회전, 진열기술, 레이아웃, 연출기술 등과 관계가 있다. ROI는 12.7%이나 이 비율은 매출에 대한 당기이익의 비율을 변동시키면 그에 따라 증감을 하게 된다.

그러나 자금회전율에는 직접적인 영향을 주지 않는다. 예를 들어 당기이익이 2,200만원이라면, $\frac{2,200만원}{38,000만원} \times \frac{38,000만원}{15,000만원} = 14.6\%$로 매출액에 대한 이익의 비율은 5.78%, 투자는 2.53회전, ROI는 14.6%가 된다.

그러나 동일한 이익수준이라도 투자액을 14,000만원으로 가정하면 $\frac{19,000만원}{38,000만원} \times \frac{38,000만원}{14,000만원} = 13.57\%$가 되어 이익률은 5%이나 투자회전은 2.71회전이 되어 ROI는 13.57%가 된다.

결국 ROI는 점포운영을 콘트롤하는 경우의 용구로 사용되는 중요한 지표임을 알 수 있다.

3) 매장 각 부문의 ROI 응용

제일선의 각 부문 관리자도 ROI에 관심을 가져야 한다. 먼저 매출액 순이익률의 계산에 주목하고 다음에 자본회전율에 주목하여야 한다.

각 부문 관리자의 경우는 거의 재고가 자본회전의 투자가 되겠으나 장비나 고가의 비품을 보유한 부문은 그 금액도 함께 계산한다. 각 부문의 책임자는 이와 같은 개념과 구체적 계산방법을 이해하고 목표에 사용된 수치가 점 전체와의 관계에서 어떠한 의미를 갖고 있는가를 이해하여야 한다.

그 작업 순서는,

㉮ 주어진 매출액, 순매출이익, 경비, 당기순이익의 목표에 따라 연간손익계산서를 작성한다.

㉯ 자점의 과거실적, 업계기준, 업계의 계획 및 자점의 면적과 생산성을 고려하여 전체로서 연간 평균 재고금액을 산정하고 상품회전율 목표를 수립한다.

㉰ 각 부문별로 매출액, 순매출이익, 상품회전율 목표를 연간 예산의 형태로 설정한다.

㉱ 이상과 같이 설정된 연간 부문별 예산을 계절지수, 자본효율, 부문별 생산성 계산(평당 매출액, 평당 순매출이익, 평당 당기이익, 1인당 매출액, 1인당 매출이익 등)을 기초로 월별 예산을 작성한다.

㉲ 월별예산의 기재 항목은,

① 월별 매출목표 ② 월초 매가재고 ③ 월초 원가재고
④ 월중 매입매가 ⑤ 월중 매입원가 ⑥ 매가변경 예정액
⑦ 재고로스 예정액 ⑧ 월말 매가재고 ⑨ 월말 원가재고
⑩ 점 원가율 ⑪ 점 매출원가 ⑫ 점 순매출 이익률
⑬ 점 순매출이익 ⑭ 점포경비 ⑮ 손익분기점 예정일

작업 순서는 부문별 계별로 위에서 아래로 세분시켜 가면서 작성한다. 이와 같은 기준으로 시간적으로는 연에서 월로, 월에서 주로, 주에서 일로 분할하여 나간다.

전체 책임자는 전체의 부문 믹스를, 부문 책임자는 취급 상품 라인을 구체적으로 검토하여야 한다.

4) ROI의 개선

예를 들어, 어느 단위점의 연간 성적이 다음과 같다고 할 때,

- 매출액 10,000만원
- 원가 7,000만원
- 순매출이익 3,000만원(30%)
- 점포단계 경비 2,100만원

- 기타 경비 280만원 120만원
- 경비 합계 2,500만원
- 기여 이익 500만원
- 사용자산 평균액 3,000만원

  ROI의 계산은

$$\frac{500만원}{10,000만원} \times \frac{10,000만원}{3,000만원} = 16.66\%가\ 된다.$$

즉, 매출에 대한 이익률은 5%, 연간 사용자산 회전율은 3.33회로서 ROI는 16.66%가 된다.

이상의 예에서 매출액, 이익(기여 이익) 또는 투자(사용자산)를 좌우하는 것을 검토하게 되면 ROI를 개선하는 것이 가능하게 된다.

㉮ 매출액에 대해서 보면,

점장이 매출액을 2,000만원 신장시키고 이 2,000만원에 대해 동일한 이익률 5%가 적용되어 100만원의 이익이 추가된다면,

$$\frac{600만원}{12,000만원} \times \frac{12,000만원}{3,000만원} = 20.0\%가\ 된다.$$

즉, 이익률은 5%가 불변이며, 투자회전율은 3.33회에서 4회가 됨으로써 ROI가 향상되었다.

물론 실제에 있어서는 매우 힘든 일이 된다. 왜냐하면 투자를 증가하지 않고 매출과 이익을 향상시키기 위해 상품 믹스나 판매 방법을 개선하여야 하기 때문이다.

또한 부문 믹스를 조정한 결과 매출액은 2,000만원 증가하였으나, 이익은 종전과 같이 500만원으로 불변이라고 한다면 $\frac{500만원}{12,000만원} \times \frac{12,000만원}{3,000만원} = 16.6\%$가 된다. 즉, 매출이 증가되더라도 이익률은 저하(5%에서 4.16%로)되고 회전수는 증가(3.33회전에서 4회전으로)되었으나 ROI는(16.66%에서 16.6%로) 오히려 약간 낮아진 결과를 가져오게 되었다.

㉯ 이익에 대해서 살펴보면,

이익(기여 이익)은 부문믹스 향상 또는 경비의 감소 또는 양자의 조합으로 증대되게 된다. 이런 경우는 ROI는 당연히 향상되게 된다.

앞의 예에서 이익이 550만원으로 증가되었다고 가정하면 ROI는 $\frac{550만원}{10,000만원} \times \frac{10,000만원}{3,000만원} = 18.33\%$가 된다. 즉, 이익률은 5.5%로 되고 투자회전율은 3.33회가 된다. 예를 들어, 3가지 부문의 상품을 판매하고 있는 점포의 내용이 다음과 같다면,

	A	B	C	합　계
① 순매출이익률	40%	20%	30%	
② 매출목표액	5,000만원	2,000만원	3,000만원	10,000만원
③ 순매출이익 목표액 ①×②	2,000만원	400만원	900만원	3,300만원
④ 매출실적	1,000만원	5,000만원	4,000만원	10,000만원
⑤ 순매출 이익실적 ①×④	400만원	1,000만원	1,200만원	2,600만원

매출 목표액 10,000만원은 달성하였으나(②와 ④ 비교) 부문 믹스의 질이 차이가 나서 순매출이익은 감소(③과 ⑤ 비교)되었다. 당초 계획에 의한 부문 믹스대로 판매가 되지 않는 경우 일반적으로 재고자산이 증가되는 경우가 많다.

여기서 재차 강조하는 점은 이익이 감소되면 투자가 증가되고 ROI가 대폭적으로 낮아지는 경우가 의외로 많다는 것을 명심하여야 한다.

④ 투자

투자의 효율은 ROI에 절대적 영향을 주게 되며 부분 믹스의 실패는 재고투자의 증대를 갖고 온다는 것을 재차 명심하여야 한다.

차. 점장의 ROI책임

점포의 전체 자본 투자액에 대한 필요매출액 계산에 있어서 점포 전체에 대한 투자금액을 분명하게 하지 않는 경우가 있다. 통상적으로는 점포의 토지, 건물, 설비, 상품 기타로서 소위 점포의 대차대조표상의 총자산은 쉽게 이해하나 점포의 판매활동을 지원하기 위한 배송센터, 또는 전산센터 등의 투자부문도 그 기능이 점포를 위한 것이므로 점포 단계의 ROI도 그러한 투자까지도 부담하여 계산되어야 한다.

예를 들어, 전사적인 ROI가 12%를 목표로 한다고 할 때 회사의 투자에 대한 점포단계 투자액 비율이 80%라고 하면 점포단계의 목표 ROI는 12%÷80%=15%가 된다.

또한 점포단계 투자액 비율이 70%라면 12%÷70%≒17%가 된다.

이 계산은 다음의 산식으로 설명될 수 있다.

$$\cdot\ \text{점포단계 목표 ROI} = \frac{\text{점포단계 이익}}{\text{점포단계 투자액}}$$

$$= \frac{\text{점포단계 이익}}{\text{전사 총자본}} \times \frac{\text{전사총자본}}{\text{점포단계 투자액}}$$

점포단계 이익=회사 이익인바

$$= \frac{\text{전사이익}}{\text{전사 총자본}} \times \frac{\text{전사총자본}}{\text{점포단계 투자액}}$$

$$= \frac{\text{전사이익}}{\text{전사 총자본}} \div \frac{\text{점포단계 투자액}}{\text{전사 총자본}}$$

산식의 전개에 있어서 점포단계 이익과 전사 이익이 같은 것에 대해 의문을 갖는 사람이 있을지 모르나, 본부 등의 후방에서 발생하는 경비는 본부 공통비로써 점포단계에서 부담하고 있는 것과 같은 금액이 된다.

따라서 어느 지방 점포에서 전사의 목표 자본 이익률은 10%, 전사 총자본 대 점포단계 투자액은 80%이며 점포의 매장, 평당 투자액은 100만원일 때 매출액 대 순이익률을 5%로 예정한다면 평당 얼마만큼의 매출이 이루어져야 하는가를 계산하여 보자.

먼저 점포단계 목표 ROI는 10%를 80%로 나누면 12.5%가 된다. 또한 평당 투자액이 100만원이므로 평당이익은 100만원에 12.5%를 곱하면 12.5만원이 된다. 이 12.5만원을 매출액 대 순이익률 5%로 나누면 250만원의 평당매출액이 필요한 것을 알 수 있다.

2. 신규 출점시의 매출액 추정

· 구체적인 신규 출점 조사는 저자의 《상권조사와 전략》(명지출판사

발행) 참조

신규 출점시 매출액 추정은 ① SS법 ② 손익분기점 필요매출액 ③ 투하자본에 의한 필요매출액 ④ 필요자본 이익률 달성 매출액 ⑤ 차입금 상환을 위한 최저매출액 등의 방법이 있으나 손익분기점 필요매출액은 앞의 손익분기점 부분에서 검토한바 생략하고 여기서는 ① ③ ④에 대해서만 검토코자 한다.

가. SS법

시장 점거율과 매장 면적 비율(일정지역에서의 동일업종, 업태의 총매장 면적에 대한 매장 면적 구성비)을 계산하는 방법으로서 그 공식은 다음과 같다.

$$\cdot \ \text{SS비율} = \frac{\text{시장 점거율}}{\text{매장 면적 비율}} \times 100$$

$$\cdot \ \text{시장 점거율} = \frac{\text{출점 점포의 예상 매출액}}{\text{상권 내의 총수요액}} \times 100$$

$$\cdot \ \text{매장 면적 비율} = \frac{\text{출점 점포의 예상 점포 면적}}{\text{상권 내 매장 면적 합계}} \times 100$$

예를 들어, 어느 슈퍼마켓이 A지역에 출점 계획을 다음과 같이 하였다면,

- 신규 점포의 예정 매장 면적 100평
- A지역의 슈퍼마켓 총매장 면적 350평
- 출점 후의 총매장 면적 450평(100평＋350평)
- 신규 점포의 매장 면적 비율 22.22%(100평÷450평)
- 모델 점포 K의 SS비율 78.5%
- A지역의 상권 내 유효 수요액 9억원
- 상권 내 유효 수요액＝상권 내 세대수×1세대당 연간 소매지출액
  9억원＝9,000세대×10만원

- 신규 점포의 시장 점거율＝매장 면적 비율×SS비율인바 0.1744＝0.2222×0.785
- 추정매출액＝신규 점포의 시장 점거율×상권 내 유효 수요인바 1억 5,696만원＝0.1744×9억원이 된다.

즉, 신규 점포의 매출액은 1억 5,696만원으로 추정되기 때문에 이 추정매출액을 매장 면적으로 나누어 평당매출액을 구하면 156만원이 된다. 이 평효율은 출점코자 하는 회사의 기존 점포의 평효율보다 높은 수준이고 또한 신규 출점시 높은 효율을 올리는 것이 어렵다는 것을 경험상으로 알고 있으므로 매출액은 추정매출액의 85% 수준(1억 5,696만원×85%)으로 수정하여 1억 3,341만원으로 결정하였다. 경영자는 초년도의 손익분기점 위치를 90%(결국 안전여유도 100%−90%＝10%), 순매출이익 24%, 노동분배율을 40%로 계획하였다. 이 경우의 손익분기점 매출액, 고정비 총액, 인건비 총액, 고정비 대 인건비 비율은 다음과 같다.

먼저 손익분기점 매출액은 계획된 매출액에 계획된 손익분기점 위치를 곱한 것으로 계산되므로 손익분기점 매출액＝계획매출액×계획손익분기점 위치, 즉 약 1억 2,007만원＝1억 3,341만원×90%

또한 고정비 총액은 변동비를 매출원가만으로 검토될 때 순매출 이익률은 한계이익률이 되므로 손익분기점 매출액에 순매출 이익률을 곱하면 구할 수 있다.

고정비 총액＝1억 2,007만원×24%

인건비 총액은 순매출 이익에 노동분배율을 곱하여 구할 수 있으므로 순매출 이익＝계획 매출액×계획 순매출 이익률이다. 즉,

약 3,202만원＝1억 3,341만원×24%

인건비 총액＝순매출 이익×계획 노동분배율

약 1,281만원＝3,202만원×40%

고정비 대 인건비 비율은 인건비를 고정비로 나누어서 구하므로

고정비 대 인건비율＝$\dfrac{인건비}{고정비}$×100이다. 즉,

44.4%＝$\dfrac{1,281만원}{2,882만원}$×100이 된다.

이상의 계수는 계획된 매출액에 대하여 안정된 경영을 하기 위해서는 이 이상의 비용은 지출되어서는 안된다는 입장에서 계산된 것이다. 물론 이 숫자로 실제 운영이 될 수 있느냐에 대해서는 검토가 필요하다.

물론 소매업의 상권 크기에 영향을 주는 것으로는 점포의 크기, 위치, 인구밀도, 점포도달의 용이성, 주차가능 대수, 소득수준, 문화적 특징, 자연조건, 점포의 이미지 등 다수의 수량적, 질적 요소가 있다. (상권조사와 전략 참조, 저자 김배한 명지출판사 발행)

본서에서는 구체적인 설명을 생략코자 한다.

나. 투하자본 기준 필요매출액

어느 디스카운트 스토아 경영자가 다음과 같은 조건으로 토지를 구입하여 건축을 하였다면 투하자본에 대한 필요매출액은 얼마나 되겠는가.

① 토지취득가격 1평당	20만원
② 건물 1평당 건축비	18만원
③ 내장 설비 1평당 금액	8만원
④ 매장 평당 원가 재고	38만원
⑤ 건폐율	50%
⑥ 건축 면적 대 연면적 비율(용적률)	200%
⑦ 건축 연면적 대 매장면적 비율	75%
⑧ 점포단계 ROI	12%
⑨ 매출액 대 당기이익률	3.5%

먼저 ① 토지 ② 건물 ③ 내장 설비를 매장면적 1평당의 투자액으로 산출하여야 한다.

① 토지는 부지면적 1평당 20만원이 되므로 매장면적 1평당으로 바꾸기 위해서는 부지 1평당 지가를 건폐율과 건축 면적 대 연면적 비율과 건축연면적 대 매장면적 비율로 나누어야 한다.

・매장면적 1평당 지가=부지면적 1평당 지가÷건폐율÷건축면적 대
　　　　　　　건물연면적률÷건물연면적 대 매장면적률
　　　　　　　=20만원÷50%÷200%÷75%
　　　　　　　=26.66≒27만원이 된다.

(옥외주차장 공사비도 건축비에 포함하여 계산되어야 한다.)

　② 건물은 1평당 건축비가 18만원이므로 이것을 매장면적률 75%로
나누면 매장 1평당 건축비는 24만원이 된다.

　　매장 1평당 건축비=건물 1평당 건축비÷건물 연면적 대 매장면적률
　　　　　　　=18만원÷75%=24만원

　③ 내장설비 1평당 금액 8만원도 75%로 나누면 매장 1평당 약 11만원
이 된다.

　　매장 1평당 내장 설비비=건물 1평당 내장 설비비÷건물 연면적 대
　　　　　　　매장면적률
　　　　　　　=8만원÷75%=10.6≒11만원

　이상을 정리하게 되면 매장면적 1평당

　① 토지 27만원 ② 건축비 24만원 ③ 내장설비비 11만원, 합계 62만원
이 된다. 여기에 매장면적 평당 원가 재고 38만원을 더하면 매장면적
평당 투자액은 100만원이 된다.

　여기서 점포단계 ROI 12%를 곱하게 되면 1평당 목표 당기이익액 12
만원을 구하게 된다.

　・매장 1평당 목표 당기이익=매장 1평당 투자액×ROI
　　　　　　　=100만원×12%
　　　　　　　=12만원

　따라서 매장 1평당 당기이익(세전)을 매출액 대 당기이익률 3.5%로
나누면 매장평당 매출액 343만원을 구할 수 있다.

　평당 매출액=매장 평당 당기이익(세전)÷매출액 대 당기이익률 342.
　　　　　　　8만원=12만원÷3.5%

　이 경우 매장 면적이 300평이라면 연간 매출액은 343만원×300평=10
억 2,900만원이 된다.

이 연간 매출액을 상권분석에 비추어서 가능 여부를 검토하게 된다. 투하자본에 대한 필요매출액을 구하는 것은 매우 중요한 내용이 되나 평당 필요매출액이 상권분석에 의한 예상매출액보다 높다고 하면 매출 이익률의 증가를 검토하여야 한다.

왜냐하면, 당기 이익률을 크게 좌우하는 것은 운영비용, 즉 고정비가 대부분이기 때문이다. 만약 매출이익의 증가가 어렵다면 투자 규모를 재검토하여야 한다.

다. 필요자본 이익률 달성 매출액

필요매출액을 계산하는 제 3 의 방식으로는 목표로 하는 또는 필요로 하는 이익과 고정비를 커버하기 위해서는 어느 정도의 매출액을 달성하는 것이 필요한가를 계산하는 것이 필요하다. 이 방식은 2번째 검토한 투하자본 기준 매출액 계산에 있어서 결점이었던 매출액 대 당기이익률 설정에 있어서 고정비가 경시되었던 결점을 완전하게 보완하는 계산식이 된다.

$$\cdot \text{ 필요자본 이익률 달성 매출액} = \frac{\text{고정비} + \text{투하자본} \times \text{ROI}}{\left(1 - \dfrac{\text{변동비}}{\text{매출액}}\right)}$$

$$\cdot \text{ 간편식} = \frac{\text{고정비} + \text{투하자본 이익}}{\text{순매출 이익률}}$$

이 산식의 기준은 목표이익을 고정비로 보고 그 합계액을 커버하는 매출액을 구하는 것이다. 고정비를 커버한 후, 즉 손익분기점 매출액 도달 후의 한계이익(매출액-변동비 또는 〈매출액-손익분기점 매출액〉× 순매출 이익률)은 전부 이익이 되는 경우이다. 따라서 목표 투하자본 이익을 고정비와 합한 후 순매출 이익률로 나누어 구할 수 있게 된다.

예를 들어, 어느 오디오 전문점이 공장이 많은 도시에 출점을 계획하면서 투하자본이 4,500만원, ROI 13%, 고정비가 1,800만원이며, 계획 순매출 이익률은 20%로 검토하였다면 이 경우의 필요자본 이익률을 커버하는 매출액은 다음과 같이 계산된다.

$$\cdot \text{필요자본 이익률 매출액} = \frac{1,800\text{만원} + 4,500\text{만원} \times 0.13}{0.2}$$

$$\text{즉, } 1\text{억 } 1,925\text{만원} = \frac{2,385\text{만원}}{0.2}$$

고정비 1,800만원에 투하자본 이익 585만원(4,500만원×0.13)을 합계하여 2,385만원을 순매출 이익률 20%로 나누어서 1억 1,925만원을 구하였으며 월간 평균 매출액은 994만원이 된다. 물론 오디오 상권분석에 의한 타당성을 검토하여야 한다. 또한 이 이익액으로 차입금의 상환이 가능하고 CASH FLOW 상의 문제가 없어야 함도 물론이다. 또한 경비가 고정비와 변동비로 구분되듯이 자본도 고정자본과 변동자본으로 구분할 수 있으므로 자본의 성격을 가미한 이익계획 달성점 매출액은 다음 산식으로도 계산할 수 있다.

· 이익계획 달성점 매출액

$$= \frac{\text{고정비} + \text{자본이익률} \times \text{고정적 자본}}{1 - \text{변동비율} - \text{자본이익률} \times \text{변동적 자본율}}$$

신규 출점은 소매업에 있어서 최대의 고정투자이므로 재무구조상의 주의를 하여야 하며 특히 고정비율이나 장기적합률 등도 함께 검토되어야 한다.

Ⅱ. 고정투자의 계수

1. 고정투자의 원칙

무리한 고정자산의 투자는 기업 도산이라는 최악의 국면을 맞이할 수 있으므로 소매업에 있어서 연속적인 신규 점포출점에 대해서는 실로 깊은 검토가 요구된다. 여기서 고정자산 투자에 대한 10가지 원칙을 검토하여 보기로 한다.

가. 원칙 1⋯ROI는 필요자본 코스트(또는 필요총자본 이익률) 이상이어야

자본코스트라는 것은 기업이 투자를 행함에 있어서 기업의 기회비용(투자자가 타부분에 이용하여 얻을 수 있는 이익과 비교하는 것)을 말하는 것이 된다.

그러나 이 경우의 기회비용은 말할 것도 없이 기업 자신의 것이 아니고 기업에 자본을 제공한 투자자 측의 기회비용이 된다. 투자자의 입장에서 보더라도 투자한 자본에 대해서 일정한 보수를 기대하는 것은 당연하다. 따라서 기업은 투자자에게 투하자본에 대해 만족할 만한 보수를 지불하여야 한다. 이러한 의미에서 자본코스트는 투자자에 있어서 필요 최저 투자이익률이라는 것을 생각할 수 있게 된다.

기업이 투자자 입장에서 본 자본코스트를 커버하지 못한다면 그 기업은 계속적인 자금조달이 불가능할 것이다.

자본코스트는 크게 나누어 채무코스트(타인자본 코스트)와 자기자본 코스트가 있다. 그리고 이 양자를 가중평균해서 구한 평균자본 코스트가 있으며 또 이 양자를 가중평균해서 구한 평균자본 코스트를 통상자본 코스트라고 한다.

어느 편의점이 채무 3,000만원, 자기자본 1,000만원으로 채무는 전액 장기차입금이며, 그 차입금의 실질이자율은 9,8%(세전)이고, 자기자본에 대해서 8%의 이자(배당)를 희망한다고 할 때 이 편의점의 평균자본

코스트는 아래 표와 같다.

자본구성요소		구성비	구성요소별코스트	상승적
채　무	3,000만원	75%	5.684%	4.263%
자기자본	1,000만원	25%	8.0%	2.0%
합　계	4,000만원	100%		6.263%

- 자본코스트는 세후 기준이다. 따라서 채무의 차입금이자율 9.8%
  (세전)는 세후로 바꾸어야 한다.
  세후 이자율=9.8×(1−0.42 과세율)=5.684%
- 상승적인 구성비×구성요소별 코스트×100
- 평균자본 코스트는 6.263%

이 편의점의 자본코스트는 6.263%(세후)임을 구하였으나 이 회사는 필요 총자본 이익률을 세전으로 사용하고 있으므로 자본코스트를 세전으로 다시 수정하여야 한다. 이 계산은 평균자본 코스트 6.263%를 과세율 42%를 제한 58%로 나누어서 10.79%가 된다.

이 회사의 필요자본 이익률은 세전 자본코스트 10.79%를 상회하는 12%이므로 충분히 투자자를 만족시킬 수 있는 수치가 된다. 그러나 또한 중요한 것으로는 ROI를 확보하기 위해서는 이와 같은 계산만이 아닌 자산과 인재의 조합에 대해 노력을 잊지 말아야 한다.

투자하는 토지, 건물이 있다 하더라도 상품, 인재와의 적절한 조합이 되지 못한다면 이익이 상승되지 않는다.

나. 원칙 2…고정투자는 자기자본과 장기차입금의 범위 내에서

자금이 고정화되는 것은 고정투자와 상품의 고정 부문이다. 전자는 대개 출점문제가 되며 후자는 사람과 조직의 능력문제가 된다. 고정투자에 있어서 다음의 2가지 계수가 중요하다. 이 비율은 자금의 고정화의 한도를 나타내는 것으로써 이 비율이 나쁜 경우에는 차입금이 증가하고 재무의 건전성을 해치게 된다.

$$\cdot \text{고정비율} = \frac{\text{고정자산}}{\text{자기자본}} \times 100 \cdots\cdots 150\% \text{ 이하가 바람직하다.}$$

$$\cdot \text{고정 정기적합률} = \frac{\text{고정자산}}{\text{자기자본} + \text{고정부채(특정 충당금 포함)}} \times 100$$

$$100\% \text{ 이하기준}$$

고정투자의 자금은 상품투자의 자금과는 달라서 유동성이 없으므로 될 수 있는 한 자기자본과 장기차입금으로 검토되어야 한다. 그러나 재무의 건전성만을 검토하게 되면 또한 큰 비약은 기대할 수 없다. 따라서 리스크가 있다 하더라도 타인자본의 도입을 검토할 수밖에 없다.

물론 이 경우에도 건물이나 설비에 대해서는 될 수 있는 한 재무의 건전성을 유지하기 위해 자기자본이 부족할 경우는 장기차입금의 도입을 검토하여야 한다.

다. 원칙 3…장기차입금의 상환재원은 세후 당기이익(배당 등의 지출이 있는 경우에는 유보이익)과 감가상각의 합계, 즉 CASH FLOW의 범위 내에서 검토한다

고정투자 상환의 재원의 제1은 세후이익(유보이익)이다. 그리고 제2의 재원은 감가상각비가 된다. 감가상각비가 상환의 재원이 되는 이유는 예를 들면, 설비 투자시 전액을 지불한 후 그것을 감가상각이라는 형태로 해마다 비용 계산되고 있다. 이것은 지불을 수반하지 않는 비용이 된다. 비용은 사전에 지불되었으므로 자금은 회사 밖으로 지출이 되지 않는다. 따라서 그만큼을 충당할 수 있는 것이다.

라. 원칙 4…순매출 이익을 직접 1원도 발생하지 않는 고정 투자는 가능한 한 금지할 것(자본생산성 제로임)

직접적으로 순매출 이익을 1원도 발생시키지 않는 고정투자라는 것은 본사, 사장실, 종업원 후생시설 등 자본의 생산성이 전혀 없는 시설에 투자하는 것이다. 그러나 이러한 시설이 절대로 불필요한 것은 아니나 여유가 있을 때 실행하는 것이 바람직하다.

마. 원칙 5…확실한 매출액을 기준으로 투자액을 결정한다

이만큼의 자본을 투하하면 이 정도의 매출액이 필요하다라는 순서로 매출액을 결정하지 말고, 이만큼의 매출액이 예상되므로 이 정도의 투자액을 투하한다는 순서로 소위 거꾸로 생각하여야 한다.

예를 들면, 30평의 편의점의 경우 평균 1일 30만원 전후의 매출액이 예상된다고 할 때 연간 영업 일수를 감안할 때 약 1억원의 매출액이 된다. 이 매출액 1억원에 대해 어느 정도의 투자가 가능한가를 판단하여야 한다. 목표 순매출 이익률 20%, 금리분배율 5%, 이익분배율 15%, ROI를 10%로 설정하게 되면 총투하자본의 상한선은 다음과 같다.

먼저 매출액 1억원에 목표 순매출 이익률 20%를 곱하여 순매출 이익 2,000만원을 구한다. 다음에 이익분배율 15%를 그 매출이익 2,000만원을 곱한 후 세전 당기이익 300만원을 구한다. 이것을 ROI 10%로 나누면 총자본액은 3,000만원이 된다.

- 매출액 1억원

  1억원×0.2(순매출 이익률)=2,000만원(순매출 이익)

  2,000만원×0.15(이익 분배율)=300만원(세전 당기이익)

  300만원÷0.1(ROI)=3,000만원(투하자본액)

따라서 차입금 총액은 금리 분배율이 순매출 이익에 대해서 5%이므로 100만원(2,000만원×5%)이 되어 이 100만원이 연간 지불이자가 되며, 장기 차입금 이율을 8,9%로 가정하면 100만원÷8.9%=1,124만원이 된다. 결국 총자본액 3,000만원 중 1,876만원은 자기자본으로 충당되어야 한다. 이 경우 고정비율은 약 107%, 고정장기 적합률은 67%가 된다.

  2,000만원×0.05(금리분배율)=100만원(지불이자)

  100만원÷0.089(장기차입금 이자율)=1,124만원(장기차입금 총액)

- 고정비율 $= \dfrac{2,000만원}{3,000만원 - 1,124만원} \times 100 ≒ 107\%$

- 고정장기 적합률 $=\dfrac{2,000만원}{3,000만원} \times 100 \fallingdotseq 67\%$

특히 매출액 증가가 그다지 기대되지 않는 편의점의 경우는 이러한 검토가 매우 필요하고 중요하다.

바. 원칙 6···고정투자에는 장기계획이 전제되어야 한다

고정투자는 장래의 영업활동에 큰 영향을 주게 되며 그것은 생산, 판매의 형태, 업무의 질과 양을 한정시키는 결과가 된다. 따라서 고정 투자는 현재나 장래에 있어서 투자효과를 크게 하는 것이 되어야 한다. 노동생산성과 자본생산성을 관련시켜 검토하면 이것은 매우 명료하게 된다.

다음과 같이 노동생산성 공식을 전개시켜 보면 노동생산성은 결국 자본생산성과 자본집약도에 의해 결정되는 것을 알 수 있다.

$$\begin{aligned}
\text{노동생산성} &= \frac{\text{순매출 이익}}{\text{종업원수}} \\[1em]
&= \frac{\text{순매출 이익}}{\text{매출액}} \times \frac{\text{매출액}}{\text{종업원수}} \\[1em]
&= \frac{\text{순매출 이익}}{\text{매출액}} \times \frac{\text{매출액}}{\text{사용 총자본}} \times \frac{\text{사용 총자본}}{\text{종업원수}} \\[1em]
&= \text{순매출 이익률} \times \underbrace{\text{자본이용도} \times \text{자본집약도}}_{\text{(자본회전율)}}
\end{aligned}$$

자본의 생산성

예를 들어, 업종 : 전기기구 전문점, 매장 면적 : 99㎡, 사용 총자본 4,000만원

연간매출액 : 1억 1,000만원, 종업원수 : 4명이라고 할 때,

- 노동생산성 $=$ 1인당 매출액 $\times$ 순매출 이익률

  550만원 $=$ 2,750만원 $\times$ 20%

- 자본생산성＝자본이용도×순매출 이익률
  55%＝2.75×20%

- 노동생산성＝자본집약도×자본의 생산성
  550만원＝1,000만원×55%

사. 원칙 7…인플레시대에 있어서는 차입을 하는 것이 유리하나 금리부담률 및 이자 부담률은 그 한도를 넘지 않도록 유의하여야 한다.

금리부담률은 다음 산식으로 계산된다. 전략적인 투자에 있어서도 순매출 이익률이 20% 정도인 점포에서는 매출액에 대해서는 1.5% 정도의 부담률이 한도가 된다. 또한 순매출 이익에 대해서는 7.5%까지가 한도가 된다.

1) 금리 부담률＝$\dfrac{\text{지불이자}-\text{수입이자}}{\text{순매출 이익률}}×100(7.5\% \text{ 이내})$

2) 매출액 이자 부담률＝$\dfrac{\text{지불이자}-\text{수입이자}}{\text{순매출액}}×100(1.5\% \text{ 이내})$

금리부담률은 연 1회의 결산기만의 계산이 아니라 매월 검토하는 것이 필요하다. 매출액 이자 부담률은 매출액이 신장하는 경우에는 1.5%까지 안전성이 있으나 이 경우 매출액은 전액 현금 매출이어야 한다.

아. 원칙 8…개개의 설비투자 선택은 ROI가 높은 것부터 시행한다

자. 원칙 9…투자액의 크기는 자금의 조달력에 따라 결정된다

특히 이 경우 내부자금과 외부자금으로 구별하여 검토한다. 먼저 내부자금 충실을 도모한다. 내부자금은 유보이익＋감가상각비＋외상매입금의 증가로 구성되나 이 중 외상매입금의 증가는 특별히 거래선의 대책이 있다면 별문제이겠으나 막연하게 외상매입금을 확대하는 것은 자금의 상환 원천을 무리하게 회전차 자금으로 운영하는 형태가 되어 바람직하지 않다.

차. 원칙 10…자금 조성에도 순서가 있다

자금운영이 나쁜 경우에는 먼저 이익액의 증가, 다음에는 장기차입금, 회전차자금의 이용, 그리고 증자, 고정자산의 처분, 한도를 지키는 단기차입금의 순서로 한다.

2. 설비투자의 경제 계산

설비투자의 경제 계산은 기본적으로 ① 회수기간법 ② 평균이익률법 ③ 내부이익률법 ④ 정미현가법 등이 투자 제안의 순위로서 사용되고 있다. 또한 평균이익률법 이외의 3가지 방법에 있어서 미래 이익은 그 프로젝트로부터 얻게 되는 감가상각비와 세후 단기이익을 합계한 금액이 된다. 결국 투자에 의한 CASH FLOW가 된다.

가. 회수기간법

회수기간법은 감가상각비와 세후 당기이익의 합계액(CASH FLOW)에 따라 투하자본을 회수하는 데 필요한 연수를 나타내는 것이다.

$$\text{회수기간법} = \frac{\text{투자액}}{\text{내용(耐用)기간 연평균 CASH FLOW}}$$

예를 들어 어느 편의점이 아래의 표와 같이 5년간 손익계획을 수립하였다면 투자액 3,450만원의 회수기간은 회수기간법으로 계산할 때 얼마가 되는가?

(손익계산계획)

단위 : 만원

	1차년도	2차년도	3차년도	4차년도	5차년도
매출액	11,000	12,560	13,662	14,345	14,919
매출액증가율		115%	108%	105%	104%
순매출이익률	22.5%	23%	23.5%	24%	25%
순매출이익액	2,475	2,910	3,211	3,443	3,730
순매출이익증가율		117.6%	110.3%	107.2%	108.3%
인건비	980	1,106	1,204	1,291	1,399
수도광열비	200	220	242	266	293
ⓐ감가상각비	278	278	278	278	278
기타비용	448	493	542	596	656
판매비 및 일반관리비	1,906	2,097	2,266	2,431	2,626
영업이익	569	813	945	1,012	1,104
지급이자	288	243	184	106	9
세전당기이익	281	570	761	906	1,095
(과세율 38%)					
ⓑ세후당기이익	174	353	472	562	679
CASH FLOW(ⓐ+ⓑ)	452	631	750	840	957
투자액 : 3,450만원,					

총투자액 3,450만원

(단위 : 만원)

	CASH FLOW	투자회수액(잔액)
3,450	452	2,998
2,998	631	2,367
2,367	750	1,617
1,617	840	777
777	957	-(180)

(투자회수 기간 : 4년과 777/957=0.81, 즉 4.81년)

512

또한 회수 기간법은 투하자본이 몇 년에 걸쳐서 회수되느냐를 나타내는 것은 되나 그 투자가 유리하냐를 분명하게 하는 것은 되지 않는다.

에를 들면, 어느 소매업체가 4년의 회수기간을 기준으로 할 경우 프로젝트 A는 3.5년이며 프로젝트 B는 4.2년이라고 할 때 이 기업은 회수기간 4년 이내의 프로젝트 A를 채택하게 될 것이다. 이 경우 프로젝트 A는 회수기간이 짧다는 이유로 채택되었으나 이 결정은 이론적으로는 크게 잘못될 가능성을 갖고 있다. 왜냐하면 회수기간 이후의 이익은 전혀 무시되어 있기 때문이다.

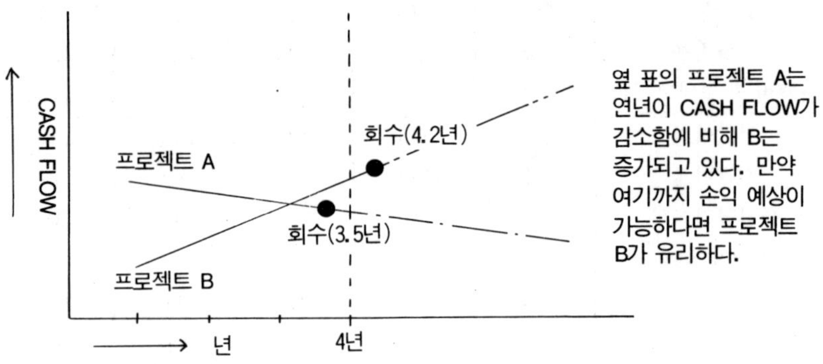

회수기간법의 최대 장점은 계산이 간단하게 되는 것이나 회수기간을 중심으로 하고 있기 때문에 투자 목적의 원칙이 무시되는 것이 문제다. 투자활동의 주된 목적은 자기 자본의 증식이지 당초 지출의 회수는 아니라는 것이기 때문이다. 회수기간법은 투자에 대한 이익보다도 투자에 대한 안전성에 중점을 두는 분석 방법이다.

이처럼 회수기간법은 많은 이론적 결함이 있다. 시장 조건의 변화와 경쟁이 격화되는 소매업계에 있어서는 장기간의 장래를 예측하는 것은 실무적으로 매우 위험하다. 따라서 지나친 장기간의 CASH FLOW를 추정하는 것은 바람직하지 않다. 그러므로 안정된 성장을 바라는 소매업자는 투하자본을 5년 이내에 회수하는 것을 기준으로 하여야 한다.

나. 평균이익률법

$$\text{평균이익률(\%)} = \frac{\text{연차 평균 세후 당기이익}}{\text{내용(耐用)기간 중의 평균투자액}}$$

내용기간 중의 평균 투자액은 당초 투자액과 최종 잔존액의 합계를 평균으로 한다. 회수기간법에서 예를 든 편의점의 경우, 입지의 변화 등을 감안하여 내용 연수를 10년으로 하고 10%의 잔존가액이 있다고 한다면 1,898만원이 된다.

$$\text{평균투자액} = \frac{(3,450\text{만원} + 3,450\text{만원} \times 0.1)}{2}$$

$$= 1,897.5 = 1,898\text{만원}$$

또한 10년간 세후 당기이익의 합계가 3,360만원이 된다면 1년간 336만원이 되고 평균이익률은 17.7%가 된다.

$$\text{평균이익률} = \frac{\dfrac{3,360}{10}}{\dfrac{3,450\text{만원} + 3,450\text{만원} \times 0.1}{2}} \times 100 = 17.7\%$$

또한 내용기간을 5년으로 하고 잔존가액은 마찬가지로 10%이며, 5년간 세후 당기이익 합계를 2,240만원으로 하면 연평균 세후 당기이익은 448만원이 되고 평균이익률은 23.6%로 된다.

$$\text{평균이익률} = \frac{\dfrac{2,240\text{만원}}{5}}{\dfrac{(3,450\text{만원} + 3,450\text{만원} \times 0.1)}{2}} \times 100$$

$$= \frac{448\text{만원}}{1,989\text{만원}} \times 100 = 23.6\%$$

이 방법은 설비의 기대 내용 연수, 내용기간 말의 잔존 가격을 고려하고 프로젝트의 경제적 연수에 맞는 이익을 고려하였다는 점에 있어

514

서 회수기간법보다 우수하다고 할 수 있다. 그러나 이 방법에도 근본적인 결점이 하나 있다. 그것은 투자지출과 회수와의 타이밍 간격을 고려하지 않았다는 것이다.

연평균 세후 당기이익이 같은 금액이라면 8년차에 큰 이익을 얻는 프로젝트가 최초의 2,3년차에 큰 이익을 얻는 프로젝트와 같은 이익이 있는 것으로 판단된다는 것이다. 즉, 투자되어 2년차에 얻는 이익이나 8년차에 얻는 이익이 같은 가치로 검토되고 있다.

결국 평균이익률법에 있어서도 회수기간법과 마찬가지로 화폐의 시간가치를 무시하고 있다. 1차년도에 받는 100원과 제 8 차년도에 받는 100원은 절대로 같은 가치가 될 수 없다.

다. 내부 이익률법

1) 회수기간법 및 평균이익률법에 있어서 결점은 투하자본과 그 투하자본으로부터 기대되는 매기의 이익을 비교하는 경우에 자본을 투하하는 시기와 이익이 실현되는 시기와의 시간적 간격을 고려하지 않는데 있다.

현재 갖고 있는 100만원은 물가가 7% 정도 상승하게 되면 10년 후에는 50만 8,000원의 가치밖에 되지 않는다. 반대로 10년 후에 받게 되는 100만원의 가치는 현재는 50만 8,000원의 가치밖에 되지 않는 것을 검토하면 장래 실현될 것으로 기대되는 이익의 금액 그 자체와 비교한다는 것은 의미가 없다는 것을 이해하게 될 것이다. 결국 장래 실현하고

1의 현가표(복리현가표)

$$PV(Zero\ 시점의\ 현가) = \frac{S(장래\ 금액)}{(1+r)^n}$$

n	1 %	2 %	3 %	4 %	5 %	6 %	7 %	8 %	9 %	10 %	11 %	12 %	13 %	14 %	15 %	16 %	17 %	18 %	19 %	20 %
1	0.990	0.980	0.971	0.962	0.952	0.943	0.935	0.926	0.917	0.909	0.901	0.893	0.885	0.877	0.870	0.862	0.855	0.847	0.840	0.833
2	0.980	0.961	0.943	0.925	0.907	0.890	0.873	0.857	0.842	0.826	0.812	0.797	0.783	0.769	0.756	0.743	0.731	0.718	0.706	0.694
3	0.971	0.942	0.915	0.889	0.864	0.840	0.816	0.794	0.772	0.751	0.731	0.712	0.693	0.675	0.658	0.641	0.621	0.609	0.593	0.579
4	0.961	0.924	0.888	0.855	0.823	0.792	0.763	0.735	0.708	0.683	0.659	0.636	0.613	0.592	0.572	0.552	0.534	0.516	0.499	0.482
5	0.951	0.906	0.863	0.822	0.784	0.747	0.713	0.681	0.650	0.621	0.593	0.567	0.543	0.519	0.497	0.476	0.456	0.437	0.419	0.402
6	0.942	0.888	0.837	0.790	0.746	0.705	0.666	0.630	0.596	0.564	0.535	0.507	0.480	0.456	0.432	0.410	0.390	0.370	0.352	0.335
7	0.933	0.871	0.813	0.760	0.711	0.665	0.523	0.583	0.547	0.513	0.482	0.452	0.425	0.400	0.376	0.354	0.333	0.314	0.296	0.279
8	0.923	0.853	0.789	0.731	0.577	0.627	0.582	0.540	0.502	0.467	0.434	0.404	0.376	0.351	0.327	0.305	0.285	0.266	0.249	0.233
9	0.914	0.837	0.766	0.703	0.645	0.592	0.544	0.500	0.460	0.424	0.391	0.361	0.333	0.308	0.284	0.263	0.243	0.225	0.209	0.194
10	0.905	0.820	0.744	0.676	0.614	0.558	0.508	0.463	0.422	0.386	0.352	0.322	0.295	0.270	0.247	0.227	0.208	0.191	0.176	0.162

자 하는 이익의 금액과 현재 투하하는 자본의 금액을 비교하기 위해서는 시간적 차이를 고려하여야만 한다.

이러한 원칙하에서 정립된 방법이 할인 CASH FLOW법이다. 할인 CASH FLOW법의 주된 내용으로는 내부이익률법과 정미현가법이 있다.

내부이익률법은 기대되는 미래 수입의 현재 가치를, 투자지출의 현재 가치로 같게 하는 이자율이라고 정의할 수 있다.

2) 상기 표는 1은 현가(現價)를 조건표로 작성한 것이다.

예를 들면, 3년 후에 1,000만원의 원리 합계액을 얻고자 할 때 투자이익률을 5%하면 현재 얼마를 지불하는 것이 좋은가를 계산하면,

3년차말에 1,000만원이 되기 위해서는

제 2 차년도 말에는 $\dfrac{1}{1.05} \times 1,000$만원 $= 952$만원을 지불하면 되고

제 1 차년도 말에는 $\dfrac{1}{1.05} \times 952$만원 $= 907$만원

0년도에는 $\dfrac{1}{1.05} \times 907$만원 $= 864$만원이 된다.

계산식	연도말	연이자	복리할인의 할인누계	연도말 현가
	3	48만원	48만원	1,000만원
$PV_2 = 1,000$만원$\times (\frac{1.0}{1.05}) = 952$만원	2	45만원	48+45=93만원	952만원
$PV_1 = 1,000$만원$\times (\frac{1.0}{(1.05)^2}) = 907$만원	1	43만원	93+43=136만원	907만원
$PV_0 = 1,000$만원$\times (\frac{1.0}{(1.05)^3}) = 864$만원	0			864만원

현가산식은 다음과 같다.

$$PV(\text{제로시점의 현가}) = \frac{\text{장래금액}}{(1+\text{이자율})^{\text{연수}}} \quad \text{※ PV(PRESENT VALUE)}$$

3) 내부이익률 계산 방법의 순서는 다음과 같다.

(가) 임의로 선정한 하나의 이자율을 사용해서 투자로 창출된 CASH FLOW의 현재가치를 계산하고 합계한다.

(나) 계산된 CASH FLOW의 총 현재가치를 투자액과 비교한다. 만약 현재가치가 투자액 수치보다 높으면 보다 높은 이자율을 적용해서 새롭게 다시 작업한다.

(다) 거꾸로 현재가치가 투자액보다 낮으면 이자율을 낮추어 그 수속을 반복한다.

(라) 이와 같이 하여 투자로 인해 발생되는 CASH FLOW의 현재가치가 거의 투자액과 동등한 것이 될 때까지 수속을 계속한다.

(마) CASH FLOW의 현재가치와 투자액을 동등하게 하는 이자율이 내부이익률이라고 정의할 수 있다.

(바) 상기와 같이 같아지는 연수가 내부 이익률법에 의한 투자 회수 기간이 된다.

(사) 사례 검토

> 회수기간법에서 예를 든 편의점을 기준으로 내부이익률을 구하여 보라. (자본회수 기간을 5년으로 가정함)

편의점 기존자료

	CASH-FLOW	
	1년	452
투자 3,450만원	2년	631
	3년	750
	4년	840
	5년	957

투자액 3,450만원보다 7만원이 적으므로 다시 한번 투자액과 거의 동일 금액(정미현가가 PLUS가 되도록)에 가깝게 되도록 임의의 이자율수치를 다시 한번 낮춘다. (1.5% 적용)

정미현가 PLUS와 MINUS 사이에 두는 숫자 중에 내부이익률이 있으므로 정미현가 △7과 4사이인 내부이익률 1.5%와 1.6% 사이에 해당 내부이익률이 있게 된다.

내부이익률 6%적용시(임의의 이자율선택)

연수	IF(이자계수)	현재가치
1	0.943×(452)	426
2	0.893×(631)	562
3	0.840×(750)	630
4	0.792×(840)	665
5	0.747×(957)	715
		계 2,998

정미현가(2,998－3450)＝△452

⇩ 현재가치가 투자액보다 낮으므로 이자율을 임의로 더욱 낮춘다.

1.6%적용시

연수	IF(이자계수)	현재가치
1	0.984×(452)	445
2	0.969×(631)	611
3	0.953×(750)	715
4	0.938×(840)	788
5	0.924×(957)	884
		계 3,443

정미현가(3,443－3,450)＝△7

1.5%적용시

연수	IF(이자계수)	현재가치
1	0.985×(452)	445
2	0.971×(631)	613
3	0.956×(750)	717
4	0.942×(840)	791
5	0.928×(957)	888
		계 3,454

정미현가(3,454－3,450)＝4

해당이자율을 찾기 위해 보완법을 적용하여 계산하게 되며 계산 결과는 1.54%가 된다.

$$1.5\% + (1.6\% - 1,5\%) \times \frac{4}{4+7} = 1.536 = 1.54\%$$

이자계수를 1.54%를 기준으로 재작성(조견표에는 없으므로 계산 요함)하여 이에 따른 현재가치를 수정하면 투자액 3,450과 현재가치의 합계가 동일하게 된다.

$$\frac{1}{(1+0.0154)^n} = n \text{ 연수에 해당하는 } 1.54\% \text{시의 이자계수}$$

내부이익률이 높다는 것은 개점 초년도부터의 이익이 상대적으로 많다는 것을 나타낸다.

라. 정미현가법(正味現價法) : NPV(Net Present Value)

1) 시간 간격을 고려한 또 하나의 할인 CASH FLOW법은 정미현가법이다. 내부이익률에 있어서는 필연적으로 계산의 시행착오를 가져오게 되므로 내부이익률을 계산하기 위한 시간이 필요하게 된다. 정미현가법은 이것과는 대조적으로 어느 희망 최저이익률이 가정되어 있다. 이 율은 자본코스트로부터 얻게 된다.

계산의 순서는 ① 투자로부터 기대되는 정미 CASH FLOW를 희망 최저투자 이익률(자본코스트)로 할인하고, ② 할인된 수치의 합계, 즉 총 현재가치로부터 그 프로젝트의 원가, 즉 투자액을 공제하고 정미현가가 플러스인가 마이너스인가를 본다.

만약 정미현가가 플러스(정)이면 그 프로젝트는 채택될 수 있으나 마이너스(부)라면 거부되어야 한다. 또한 두 프로젝트 가운데 하나밖에 채택하지 못하는 경우에는 정미현가가 큰 프로젝트부터 채택하여야 한다.

2) 사례 검토

어느 지방 슈퍼마켓이 다음 표와 같은 출점계획을 수립하였다. 동사의 희망 최저세 후 이익률은 5.5%일 때 이 5.5%를 할인하더라도 정미현가가 플러스가 되어 이 프로젝트가 채택될 수 있는지 검토하여 보자.

(출점손익 계획표)

단위 : 만원

	1년	2년	3년	4년	5년	6년
매출액	320,000	377,600	438,000	499,300	564,200	620,700
순매출이익률(%)	22.0	22.5	23.0	23.3	23.6	24.0
순매출이익	70,400	84,960	100,740	116,337	133,151	148,968
인 건 비	25,600	27,187	30,660	34,452	40,058	43,449
감가상각비	8,830	5,730	3,750	2,490	1,670	330
기타경비	23,570	26,903	30,200	33,565	36,043	43,689
지불이자 등	8,600	7,740	5,910	3,390	90	
세전당기이익	3,800	17,400	30,220	42,440	55,290	61,500
세후당기이익	1,900	8,700	15,110	21,220	27,645	30,750
CASH FLOW	10,730	14,430	18,860	23,710	29,315	31,080
정미 투자액 : 79,000만원(임대매장예수보증금은 제외)						

투자액	연수	CASH FLOW	IF(5.5%)	현재가치
79,000	1	10,730만원	× 0.948	10,172
	2	14,430	× 0.898	12,958
	3	18,860	× 0.852	16,069
	4	23,710	× 0.807	19,134
	5	29,315	× 0.765	22,426
	6	31,080	× 0.725	22,533
				계 103,292
103,292−79,000=24,292(정미현가)				

정미현가가 플러스로 되었으므로 이 프로젝트는 채택할 수 있다.

(※ J.F WESTON 교수는 자본량의 제한이 없는 경우는 정미현가법을 또한 제한이 있는 경우에는 내부이익률법을 장려하고 있음.)

Ⅲ. 자본코스트의 계산

자본코스트는 출점과 같은 장기자본 지출에 있어서 투자안에 대하여 필요 최저이익률로써 이용되고 있다. 자본코스트는 기업이 특정의 투자를 행함에 따른 기업의 기회비용으로 된다.

그러나 이 경우의 기회비용은 투자자측으로부터의 기회비용이다. 투자자는 투하된 자본에 대하여 어느 일정한 보수를 기대한다. 따라서 기업은 투자가에게 만족할 만한 보수를 지급하여야 한다. 이것이 자본코스트이다.

1. 자본코스트의 계산식

자본코스트의 계산 순서는 채무 코스트의 계산, 자기자본 코스트의 계산 그리고 평균자본 코스트 계산 순서로 한다.

가. 채무 코스트의 계산

1) 장기차입금이나 회사채 등에 의해 조달된 자본의 자본 코스트를 계산하는 것은 비교적 간단하다. 왜냐하면, 그것들은 계약에 의해 이자율이 명확하게 결정되어 있기 때문이다. 이 경우의 채무 코스트는 운용 가능한 수취자금액과 실제로 기업이 부담한 금리액과의 비율이 된다.

따라서 계산식은 다음과 같다.

$$\frac{\text{장기차입금 지불이자} - \text{양건예금의 수입이자}}{\text{장기차입금} - \text{양건예금} - \text{장치차입금의 지불이자}}$$

$$\cdot\ \text{회사채 코스트} = \frac{\text{발행액} \times \text{이율} + (\text{발행차액} + \text{밸행비용})/\text{연수}}{\text{발행액} - \text{발행차액} - \text{발행비용}}$$

· 장기차입금코스트 : 은행과의 계약 시점에 연간 지불이자를 공제한

경우는 상기 식과 같이 계산하고 공제하지 않는
경우는 실질이자율이 장기차입금 코스트로 된
다.
· 양건 예금 : 정부에서는 금지하고 있으나 현실적으로는 일반화된 금
융관행으로 차입과 동시에 그 일부를 정기예금 등에 가
입하는 경우

2) 사례 검토

어느 회사가 8,000만원을 이자율 8.9%로 은행에서 차입하고 양건으
로서 2,000만원을 이자율 6%인 예금에 가입하였으며, 초년도의 연간
지불이자를 계약시에 공제하는 경우의 장기차입금의 자본코스트는 얼
마인가?

$$\cdot \text{장기차입금 코스트} = \frac{712\text{만원} - 120\text{만원}}{8,000\text{만원} - 2,000\text{만원} - 712\text{만원}}$$

$$(\text{세전}) \quad = 11.19\%$$

이 장기차입금 코스트 11.19%는 세전이므로 세후의 기준으로 수정하
여야 한다. 채무 코스트는 전부 세후로 수정하고 자기자본 코스트와 가
중 평균하여야 한다.

$$\cdot \text{세후 코스트} = (\text{세전 코스트}) \times (1.0 - \text{과세율})$$
$$= 11.19 \times (1 - 0.42)$$
$$= 6.49\% (\text{과세율을 42\%로 가정한 경우})$$

나. 자기자본 코스트

자기자본 코스트를 계산하는 것은 그다지 쉬운 것이 아니다. 특히 비
상장 회사가 많은 소매업계는 더욱 그러하다. 자기자본 코스트는 다음
산식으로 계산한다.

$$\cdot \text{자기자본 코스트} = \frac{1\text{주당 배당금액}}{1\text{주당 발행가액} - 1\text{주당 발행비용}} \times 100$$

예를 들어, 액면금액 5,000원의 주식을 발행가액 1주당 5,000원, 1주당 발행비용 12원, 1주당 배당을 600원한다면 자기자본 코스트＝$\frac{600원}{5,000-12원}$＝12.02%가 된다.

다. 평균자본 코스트의 계산

채무 코스트 및 자기자본 코스트의 가중평균치를 구한 것이 평균자본 코스트가 되는데 이것은 자본 지출에 대해서 매우 중요한 것이 된다.

가중 평균을 한다는 것은 각 자본의 총자본에 대한 비율을 산출하고 그것에 각각의 자본 코스트를 곱하여 얻은 결과(상승적)를 합계하여 구하는 것을 말한다.

예를 들면, 상기 예의 회사가 타인자본 8,000만원, 자기자본 3,000만원을 목표로 하면 아래 표와 같이 평균자본 코스트는 약 8%가 된다.

자본구성요소	① 금액	② ①의 구성비	③ 구성요소별 코스트	④ ②×③
채　무	8,000만원	72.72%	6.49%	4.719
자기자본	3,000만원	27.28%	12.02%	3.279
합　계	1억 1,000만원	100%		7.998

이 평균자본 코스트의 8%가 희망 최저투자 세후이익률이 된다. 또한 자본지출에 대해서 통상은 장기자본이 사용되고 있으나 자본 코스트의 계산에는 장기 타인자본 코스트와 자기 자본 코스트의 가중평균치로 하며 단기차입금 및 외상매입금 등의 타인자본은 무시하는 것이 실무적 계산 방법이다. 또한 자본지출 계획은 장래에 대한 전략적인 계획이므로 자본 구성비율은 현재의 자본 구성이 아닌 경영자가 목표로 하는 장래의 최적 자본 구성으로 한다. 이때 8%(현재의 평균자본 코스트)가 할인 계수로서 사용되게 된다.

2. 설비투자의 상태

설비투자의 경제계산으로서 대표적인 4가지 분석법을 검토하였으나 실무상 중요하다고 생각하는 포인트는 다음과 같다.

가. 설비투자의 내용 연수는 그 투자의 물리적 내용 연수보다도 입지의 변화, 경쟁점의 진출 등 외부의 통제 불가능 영역으로부터 큰 영향을 받게 된다. 결국 투자에 대해 조기 회수가 가능한 점포를 만들어야 하며 이것은 INITIAL COST든 RUNNING COST이든 LOW COST 점포를 개발하여야 함을 의미한다.

나. 동일한 CASH FLOW가 검토된다면 고정투자액이 낮은 점포가 유리하다.

다. 설비 투자도 많고 또한 CASH FLOW도 분명치 않고 회수가 늦는 고정투자가 제일 위험하다.

라. 고정투자 계산에 추가하여 자금계획(자금조달 계획, 자금상환 계획)을 정확하게 수립하여야 한다. 이때 손익분기점 매출액도 계산할 필요가 있다.

비지니스는 항상 불확실한 세계이다. 자사에서 유리한 것은 동업 타사에서도 유리하다. 현재나 장래의 여건 속에서 경쟁은 피할 수 없는 상황이므로 리스크는 항상 각오하여야 한다. 그러므로 리스크를 피하기 위해 적극적 전개를 피한다면 더욱 장래가 위험하다. 드러커 교수의 《창조하는 경영자》에서 주장하는 도전의식을 음미할 필요가 있다.

제 8 장

# QR(Quick Response)과
ECR(Efficient Consumer Response)

제 8 장 QR(Quick Response)과 ECR(Efficient Consumer Response)

I. QR과 ECR의 배경

가격파괴라는 시대적 필연 사항의 도래에 즈음하여, 상품을 최종 판매하는 소매업계와 제조업 또는 도매업체(Distributor)는 이제까지 서로 승자의 위치를 차지하기 위해, WIN & WIN의 논리가 아닌 WIN & LOSE의 관계로써 상호협력보다는 상호경쟁의 기준에 의거 나름대로 발전하여 왔으나, 마케팅의 기본 원리인 고객 욕구를 통합적 노력으로 수용하고 또한 고객만족을 통한 이익확보 행위를 위한 마케팅 사이클 내의 제조업, 도매업, 소매업이 동맹의 관계를 유지하지 않으면 고객만족을 통한 업계의 발전에 한계가 있음을 인지하게 되었다.

지금까지 소매업계는 매출원가의 부담을 줄이기 위해 대표적인 Trade Promotion의 방법으로 ① 수량할인 가격(Bracket price), ② 정율할인(Off Invoice), ③ 리베이트(Bill Back), ④ 선매(先買), 〈Forward Buying : 수요 이상 구매에 의한 수량 할인 거래〉, ⑤ 전매(轉買) 〈Diverting : 필요 이상 구매 후 재판매 처리 형태로 블랙마켓의 상품공급원이 되기도 함.〉, ⑥ PB상품개발(Private Brand), ⑦ 구매챤넬의 단축(산지거래, 계약재배 등), ⑧ 구매제도 개선 등의 방법에 의해 독자적인 노력을 하여 왔으며 메이커는 이에 대한 나름대로 매출증대를 위해 코스트의 절감, 다품종 소량 생산의 체계화, 공급챤넬의 단축 등 각자의 노력에 의해 각각의 부문에 있어서는 효과의 증대 및 효율의 증가를 이룩하였으나 마케팅 전체 부분에서의 효율은 오히려 비용증가 등으로 문제가 심각함을 인지하게 되었다.

이와 같은 배경에 따라 미국의 의류 및 일용잡화 업계가 시스템 개혁으로 QR(Quick Response)를 그리고 가공식품 업계는 ECR(Efficient Consumer Response)이라는 실로 광범한 제도의 정립을 하게 되었다. 본서에서는 양제도의 개념을 소개하는 수준 정도만을 기술하나, 독자 여러분은 깊은 관심을 갖고 특히 대기업 중심으로 우리 나라의 도입에 대한 검토와 추진이 필요하다고 생각한다.

Ⅱ. 미국 일용잡화, 의류업계의
QR(Quick Response)

미국의 일용잡화 제조업은 가공식품 제조업과 다르게 20년 이상 해외로부터 치열한 경쟁에 직면하였다. 1980년초 경우에는 완구, 가전제품 등 주요 분야에서 미국내 메이커의 쉐어는 20% 이하로 저하되고 의류분야에서 수입품 쉐어는 40%에 달했다.

1970년부터 1980년초에 걸쳐서 섬유업계나 의류업계에서는 경쟁의 주요한 대응책으로써 근대적 설비에 집중적인 투자를 행하는 일방 수입에 대해서는 법적인 보호를 강구하였다.

1980년대 후반에는 섬유, 의류산업은 수입할당 시스템을 적용하였으므로 미국 내에서 가장 보호색이 강한 산업이었다. 그로 인해 섬유산업은 미국 제조업 중에서 가장 높은 생산성의 신장을 유지하였다.

그러나 의류업계의 수입품 침투는 증가가 계속됨으로 인해 업계는 보호무역만으로 강한 미국의 의류업계를 유지하는 것은 불충분하며, 다른 계획이 필요하다는 것을 느끼게 되었다.

이에 따라 1984년에는 유력기업 중심으로 국산품 애용협의회(Crafted with Pride in USA Council)를 형성하였다.

이 협의회의 임무는 미국산 섬유와 의류의 우수함을 소비자에게 선전하는 것이다. 의류, 섬유, 직물산업계의 기업에 의한 자금원조를 받았다.

1985년 협의회는 광고캠페인을 개시하여 그 후 7년간의 캠페인을 통해 수입품 의류 구입의 문제점에 대해서 소비자의 인지도는 매우 높아졌다.

또한 미국 제품의 경쟁력을 장기간 유지할 수 있는 방법의 조사가 시행되었으며, 이에 따라 미국 내 마케팅 부분의 유명한 컨설팅 회사인 Kurt Salmon Associates Inc.가 1985년~1986년에 걸쳐 Supply chain 분석을 행한 결과 Supply chain 개개의 요소는 효율적이나 시스템 전체의 효율은 극히 낮은 것이 지적되었다.

섬유산업, 직물산업, 의류산업, 소매업의 각각 독립된 코스트는 최소화하나 거꾸로 Supply chain 전체로는 큰 폭의 코스트가 증가되게 업무처리가 되고 있었다.

이것을 개선함으로써 얻을 수 있는 효과를 보고 모두 놀랐다. 즉 Supply chain의 길이와 이것이 효율에 미치는 영향에 대해 모두 주목하게 되었다.

의류 Supply chain은 원재료에서 소비자까지 66주가 걸리며, 그중 공장 내의 기간이 11주, 창고와 운송 시간이 40주, 점포 내 시간이 15주간이었다.

Supply chain의 길이와 자금부담의 문제가 당연히 발생되었으며, 더욱 큰 문제는 부정확한 수요 예측에 기초한 생산, 유통으로 상품의 과잉공급 또는 부족으로 손실의 규모를 크게 확대하였다.

시스템 전체의 손실은 250억불로 추정되었다. 이 중의 $\frac{2}{3}$인 약 170억불은 소매업이나 제조업계의 가격 인하에 의한 손실 또는 소매점에서 품절에 의한 판매기회 상실의 손실이었다.

이 조사에 따라 의류 및 일용잡화 메이커와 관련 소매 업계가 QR(Quick Response) 전략을 개발하게 되었다. QR은 보충 아이템의 예측을 공동으로 행하고 신상품의 기회를 발견하기 위해 계속해서 추세를 모니터하기 위해 POS(Point of Sales : 판매시점 동시관리라고 해석하며, 소매점의 레지스타로써 바코드를 센서로 읽으며, 가격의 계산은 물론 매출 집계와 단품 집계도 가능하다. 최근 판매 동향을 파악하는 도구로써 그 이용법이 주목되고 있다.) 정보를 공유하게 되었다.

즉 소매업과 메이커가 협력하여 소비자의 니드에 신속하게 대응하는 파트너쉽 전략이다.

쌍방의 기업이 EDI(Electonic Data Interchange : 서로 틀린 컴퓨터 사이에서 범용적인 데이타 교환을 목적으로 한 통신서식 규격으로써, 주문서, 청구서 등 데이타 내용별로 서식이 결정되어 있다. VAN(Value Added Network : 부가가치 통신망)과 같은 기능을 갖고 있으나 VAN은 Protocol(컴퓨터 본체와 주변기기간의 데이타 전송의 수순 규약) 변환의 부담이 크고 코스트가 높기 때문에 통신 서식을 통일하는 것으로 컴퓨터간 직접 전송을 하는 것으로 주로 기업간

상거래 데이터 교환에 이용되고 있다]를 이용해서 정보의 흐름을 신속하게 하고 리드타임이나 코스트를 최소화하기 위해 협력된 활동을 재편성한다.

보충 사이클에 있어 QR의 효과는 리드타임을 75%나 삭감하는 효과를 나타냈다.

QR의 검증을 위해 백화점, 체인스토아 및 메이커 등에 대해 실험한 결과 20~25%의 매출증가와 안전재고의 축소로 30%의 재고회전 개선을 나타냈다. QR을 업계 전체로 급속하게 확대하는 데 장애요소로는 EDI 및 출하콘테이너 식별의 표준이 되어 있지 않는 것이었다.

앞서가는 일부 소매업은 이미 메이커와 EDI를 실시하였다. 그러나 각 소매업은 각각 독자의 시스템을 갖고 있으며, 메이커 역시 거래선별로 틀린 Interface(컴퓨터와 주변기기간의 데이터 처리)를 전체적으로 구축할 필요가 있었으며 동시에 많은 소매업은 자기(磁氣) Strip, Bar-code, OCR(Optical Character Reader : 광학식 문자 판독기) 등의 판독 가능한 기기를 사용하고 있으나 이것 역시 업체 표준이 되지 못하고 있다.

이와 같은 문제를 해결하기 위해 1986년 중반에 VICS(Voluntary Inter-Industry Communications Standards Committee : 미국의 소매업과 섬유산업간의 수발주용 EDI 표준규약으로 ANSIX. 12(American National Standards Institute : 미국 규약협회가 정한 미국 내 EDI의 국내 표준규약. 각종의 업계에서 광범하게 이용될 수 있도록 규격이 개발되고 유지가 행해지고 있음. 정보의 기밀유지를 배려하여 설계되어 있음)의 보조 세트가 되기도 한다]를 형성하였으며 VICS의 역할은 상품식별과 EDI의 업계 표준을 개발하였다.

일용잡화 업계는 가공식품 업계가 개척한 UPC상품코드(Universal Product Code : 미국과 캐나다에서 사용하고 있는 상품 코드)를 사용하기로 하고 Bar-Code에 의한 Carton박스 식별 시스템을 개발하였다. ANSIX. 12표준을 사용하여 EDI TRANSACTION SET(EDI 표준으로 결정된 서식집)가 개발되었다.

EDI의 도입에 따라 POS데이터로부터 직접 구매 주문을 매우 자동적으로 전송하는 것이 될 수 있음으로 인해 발주 빈도는 4배에서 8배까지 증가하고 안전재고 감소 및 품절로 인한 기회 손실이 대폭 삭감되었다.

결국 소매업이나 제조업은 소비자의 니드 예측, 대응, 발견 등이 개선되어 그 결과 소비자의 만족을 높이고 적극 대응에 늦는 경쟁업체보다 마켓쉐어를 높일 수 있게 되었다.

Ⅲ. ECR(Efficient Consumer Response)

1. ECR은 ?

ECR은 미국의 가공식품 업계가 소비자에게 보다 많은 가치를 제공할 목적으로 Distributor에서부터 메어커까지 상호 긴밀하게 협업하는 전략이다.

즉, 가공식품 공업시스템에 속하는 기업이 각각 사내의 효율만이 아닌 공급시스템 전체의 효율을 검토함으로써 소비자의 가치, 즉 효율적으로 리드타임을 단축하고, 시장의 동향과 연동하여 보다 저코스트적인 Supply chain을 통하여 보다 좋은 상품, 보다 완전한 상품 구성, 보다 적은 결품, 보다 높은 편리성, 보다 더 저코스트를 창출시키고자 하는 시스템이다.

ECR의 최종 목표는 디스트리뷰터와 메이커가 상호기업간 동맹으로 연대함으로써 고객 만족도를 최대화하고 더욱 코스트를 최소화함으로써 감도가 높은 소비자 주도시스템(Consumer-Driven System)을 구축하는 것이다. 이것은 제조라인과 점포의 레지스타 간을 연결하여 페퍼레스 시스템을 통하여, 기업동맹의 각 기업 내 및 기업간의 정보의 빈곤과 상호 무리한 시장 잠식 행위를 최소화하여, 정확한 정보와 고품질의 상품이 흐르게 하는 것이다.

2. ECR의 기본 원칙

가. ECR은 일관되게 가공식품의 소비자에게 보다 높은 가치를 제공하는 것을 목적으로 한다. 보다 높은 가치라는 것은 보다 높은 품질, 보다 완전한 상품 구성, 보다 적은 결품, 보다 높은 편리성, 보다 낮은 코스트를 Supply chain 전체에서 달성하는 것이다.

나. ECR은 과거의 패러다임(Paradigm)인 WIN & LOSE의 거래 관

계를 상호이익이 되는 WIN & WIN의 기업간 동맹으로 바꾸어, 그에
따라 이익을 얻는 것을 신념으로 갖는 경영자에 의거 리드되지 않으면
안된다.

다. 정확하고 시기에 맞는 정보를 효율적인 마케팅, 생산, Lògistics
(상품의 공급시스템으로 상품의 수송이 아닌 상품의 공급 기능을 강조하기 위
해 물류로 부르기도 함. 다시 정리하면 기업이 필요로 하는 조달 유통과 물적
유통을 하나의 조직으로 하여 행하는 경제적·기술적 제어 활동. 원래 군사용어
로 병참이란 뜻이므로 기업에 적용시 Business Lògistics로 구분하여 사용하기
도 함)의 의사결정 지원에 활용하기 위한 것이다. 이 정보는 외부적으
로는 동맹기업간 UCS 표준을 사용하여 EDI를 경유한 후 전달되게 된
다.
    따라서 기업 내에서는 컴퓨터를 활용하여 시스템을 가장 생산적으로
또한 보다 효율적으로 이용하는 것이 가능하게 된다.

라. 필요한 것이 필요한 경우에 입수되기 위해서는 생산공정 / 포장
공정에서 소비자에게 인도되는 전과정에 최대의 부가가치에 첨부하여
상품을 유통시키지 않으면 안된다.

마. 시스템 전체로서의 효과를 겨냥(예;코스트 저감, 재고 삭감, 설비가
동률 향상에 의한 가치의 향상) 잠재적인 이익을 명확하게 확정하고, 획
득한 이익의 공정한 배분을 촉진하기 위해 공통적인 일관된 업적 평가,
보상시스템을 정해야 한다.

3. 배 경

가. 업무의 고효율성을 계속적으로 추구하는 Supermarket은 1970년대
초에 Bar-Code를 최초로 채용한 산업이었으며, 이에 따라 1972년 업계
전체의 이익을 위해, 업계 표준관리를 위해 UCC(Uniform Code Council
:1972년 설립된 상품코드를 관리하는 미국 코드 센터)를 설립하였으며, 또
한 1982년 가공식품 업계는 EDI, 즉 Telecommunication망을 이용하여

기업 컴퓨터간 직접 전송시스템을 구축하였으며, 가공식품 업계는 그간 혁신적인 상품개발, 마케팅 기술 향상, 생산성 향상 등을 위한 노력 등이 결실을 맺었다.

나. 1970년대, 1980년대는 미국의 경제성장 저하로 가공식품 업계 성장도 저하되었으며 여기에는 가정의 외식 증가도 한몫을 하였다.

지금까지 디스트리뷰터는 매출액과 이익의 유지를 위해 수직 통합이나 스케일 메리트(Scale Merit)에 의한 저코스트를 추구하고 메이커는 단기의 프로모션을 증가시켜 상품을 밀어내는 데 주력하였다.

이미 이익이 확대되지 않는 상황에서 적더라도 보다 많은 비율을 차지하기 위한 투쟁이 이루어지므로 양자 관계는 긴장 대립관계로 되었다.

다. 1980년대 후반에 기존의 가공식품 업태에 대해 새로운 위협이 대두되었다. 즉 wholesale club 및 Mass Merchants가 가격공세에 의해 가공식품 시장에서 쉐어를 신장시켜 나갔다. 이와 같은 새로운 경쟁 상대는 가공식품 업계만이 아니고 일용잡화 업계에도 나타났다.

라. 1991년 식품마케팅 협회(Food Marketing Institute)의 의뢰에 의거 마킨제사가 실시한 조사 결과 다음과 같은 보고서가 정리되었다.

〈Markinze Report〉

1) wholesale club, Mass Merchants의 가격차가 변하지 않는다면 2001년에는 새로운 업태가 접하는 쉐어는 현재의 2배로 예측하였다.

2) 신소매업태의 비지니스 시스템 특색

(가) wholesale club

(1) 압축된 SKU 상품 구성

※ SKU(Stock Keeping Unit : 재고관리의 상품 단위로써 단품(Item)과 보관 장소의 조합 형태를 지칭하는 것으로 3종의 Item이 3개소 창고에 있는 경우)

Item A는 창고 1과 2, Item B는 창고 1과 2, Item C는 창고 1, 2, 3에 있을 경우

① I-A/W1, ② I-A/W2, ③ I-B/W1, ④ I-B/W2, ⑤ I-C/W1, ⑥ I-C/W2, ⑦ I-C/W3으로 7개의 SKU가 된다.

(2) Streamline Logistics(유선형의 조달 및 물적 유통의 조직적 체계)

(3) 점내 업무의 효율화

(나) Mass Merchants

(1) EDLP(Everyday Low Price)로 특화된 광범한 SKU 선택

※ EDLP : 소매점이 소비자에 대해서 매일 동일 가격으로 판매하는 것을 전제로 하여 Supplyer(Maker, Distributor)가 소매점에 동일 코스트로 상품을 판매하는 것

cf. EDLC(Everyday Low Cost)

Supplyer는 소매점에 대해 일정 기간(예 ; 6개월 등) 일정의 Cost로 상품을 판매한다. 그러나 소매점은 소비자에 대해서 특별할인 가격이나 프로모션을 제공한다.

(2) 세계 대상의 Logistics

(3) 고객서비스 지향

(4) 우수한 관리 시스템

마. Wholesale club과 Mass Merchants는 상품구성 전략에 있어 명확한 차이는 있으나 양자 공히 세련된 관리시스템에 의해 제어되어 효율적인 Streamline Logistics에 기초하고 있다.

그 동안 Supermarket의 시스템이 그리고 재고보충 Logistics가 선진적

인 것으로 생각하여 왔으나 오늘날 이 분야에서 별도의 소매업태가 기존 시스템을 추월하고 있다는 인식하에 관심이 커졌다.

4. 소비자 가치의 개선(ECR 전략)

가. Buffer(완충재고)가 없는 상품의 흐름 창출

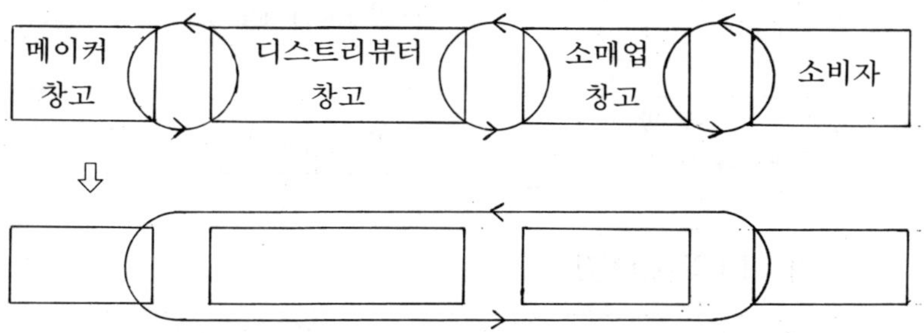

나. 조달 일수의 단축 목표

예) 드라이식품 : 공장 포장에서 매장 판매시점 평균 104일
   식품 전체 평균 : 공장 포장에서 매장 판매시점 평균 75~80일의
   기간을 최대 단축 목표

다. 상품 구성의 폭과 재고회전율의 최적 밸런스 목표

예) 조사시 표준점의 Item 회전율 현황
   매일 22%
   1－7일 22%   의 조정
   1주-4주 34%
   월 1회 이상 22%

라. 핵이 되는 부가가치 Process와 ECR 전략

<table>
<tr><td align="center">부가가치 Process</td><td align="center">ECR 전략</td><td align="center">결과</td></tr>
<tr>
<td>소비자의 욕구에 맞는
완전구매 상품구성</td>
<td>효율적 상품구성</td>
<td rowspan="4">보다 좋은 상품
보다 좋은 품질
보다 좋은 상품 구성
보다 좋은 재고서비스
보다 좋은 편리함
보다 좋은 가치</td>
</tr>
<tr>
<td>필요한 상품구성과 높은
재고회전의 유지</td>
<td>효율적 보충</td>
</tr>
<tr>
<td>선전, 가격인센티브를 통한
상품의 이익과 가치전달</td>
<td>효율적 Promotion</td>
</tr>
<tr>
<td>소비자 니드에 맞는
상품개발과 도입</td>
<td>효율적 상품도입</td>
</tr>
</table>

보다 큰 고객만족

마. ECR COST 삭감

비용형태	ECR에 의한 삭감
상품코스트	·상품 손상에 의한 상품 Loss의 저감 ·제조비용의 감소(잔업감소, 설비의 효율적 이용) ·포장비용의 삭감(판촉품의 삭감, 다양성의 삭감) ·효율적인 자재 구입
마케팅	·channel의 정리 ·소비자 Promotion의 감소 ·신상품 도입 실패의 감소
구매, 판매	·현장, 본사 지원의 감소(판매활동의 감소, 자동발주, 지불전 공제의 감소) ·관리의 간소화
Logistics	·창고, 트럭 이용효율의 향상 ·Cross Docking(메이커 창고의 상품이 파렛트, 또는 케이스 상태로 있을 때 그 상태로 점포에 수송하는 방법으로 물류비용의 감소, 창고 면적 감소, 상품 손상 방지의 효과가 크다. Pallet Cross Docking과 Case Cross Docking으로 구분한다.) ·창고 스페이스 감소
관리	·사무, 회계 요원의 감소
점포 업무	·자동발주 ·매출의 증가(평당)

· ECR 효과는 아래 표와 같이 검토되었다.

	COST삭감	재무적 감소
Maker	47%	7%
Distributor	32%	14%

바. POM(Purchase Order Management : 구매 주문 관리)

ECR에 의한 구매시스템은 다음의 시스템으로 완전히 통합되었다.
(1) Item 가격 및 Promotion Data Base
(2) EDI 시스템
(3) 매입전표 관리시스템
(4) 메이커 Fulfillment 시스템
(※ Integrated Supplyer Fulfillment system : 수주에서 대금 징수까지 일련의 프로세스를 칭하는 것으로 수주에서 발송까지를 Frontend(전반) 청구에서 입금까지를 Backend(후반)으로 나눔)

POM시스템은 Item번호, 프로모션코드, 가격, 경로 지시의 항목에 대해서 코드화와 주문데이터의 사전 조회를 자동적으로 행하기 위해 Item Data Base가 이용된다. 이에 따라 그간 EDI 이용에 있어 문제가 된 저밀도 출력 증후증에서 탈피하여 발주처리, 발주가격, 청구가격 등이 일치하지 않는 일이 대폭 경감되었다.

POM은 청구서를 받는 즉시 주문서 내용으로 바뀌어 매입전표 관리시스템으로 갱신된다.

사. CRP(Continuous Replenishment Program : 연속 보충방식)

소매점의 POS Data와 연동시켜 재고필요량, 보충량을 자동적으로 계산하여 메이커에서 소매점까지 스므드한 상품의 흐름을 만든다.
CRP는 창고 보충사이클에 있어서 상품의 흐름을 균일화한 점에서

많은 발전을 한 프로그램이다. 창고 수준에 있어 50%의 재고 축소를
실현하였다.

아. ACAS(Account Cash Application System : 자동이체시스템)

자. SVCR(Scan-Validated Coupon Redemption)

POS Scan에 의한 쿠폰회수 재도로써 POS로 상품코드를 읽고 할인
가격으로 판매한 후 동시에 On Line으로 메이커에 할인액을 청구하는
시스템이다. 종래의 쿠폰에 비해 처리기간 단축으로 저코스트 유지 가
능.

차. DEX UCS
    (Direct Exchange Uniform Communication Standard)

미국에서 점포 직송(DSD : Direct Store Delivery) 용의 포터블 단말의
표준 통신 제어 수순 및 양식.

카. PIS(Perpetual Inventory System : 계속재고 관리시스템)

입하량, 출하량을 재고 수준으로로부터 차인하여 현재의 재고 수준을
계산하는 것.

타. Net Costing Arrangement(고정이익협정)

도매가격에 일정 이익을 붙여 판매하는 것으로 소매점과 메이커 간
의 협정.

5. ECR의 조직 구조

ECR 조직 구조는 이제까지의 기능별 조직 구조에서 고객별 조직 구조(Customer Based Organizational Structure)를 바탕으로 팀별조직(필요기능간 합친 조직, Team Based Organization)을 구축한다.

가. 전통적 기능별 조직도

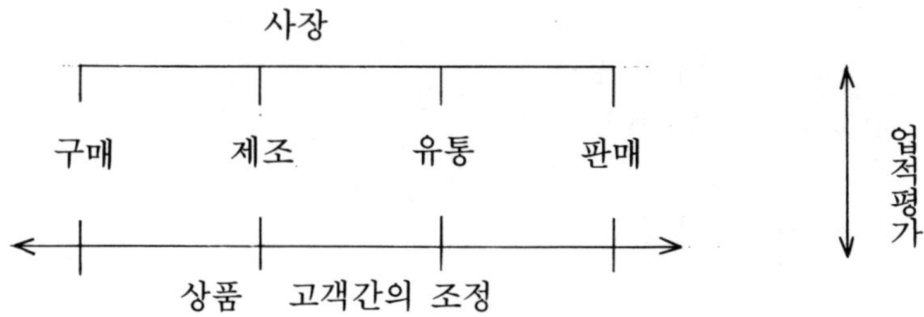

나. 고객별 조직 구조

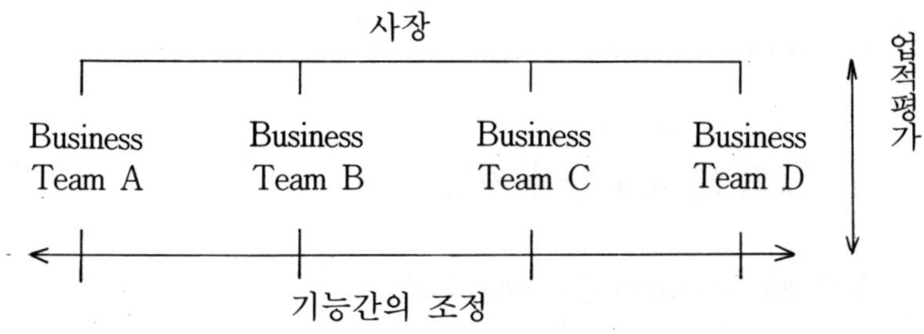

6. ECR의 평가

가. 비재무 지표 평가

① 고객만족 ② Cycle Time 단축 ③ IN/out put의 효율 ④ 신뢰성(안전

재고 삭감과 품절방지)를 위해 생산 Unit당 노동시간, Case당 포장시간, 점포의 주간노동시간 등으로 대개가 직접 노무비를 기준으로 평가한다. 이는 직접 노무비 절감은 간접 노무비를 자동으로 절감케 한다는 원리를 적용하고 있다.

나. 재무 평가

ROA(Return On Asset : 자산수익률)을 기준으로 평가한다.

표준형 재무적 평가	ECR 재무적 평가
Cost Center → 예) 배송 | 부 분 → 건식품창고 | Cost Category → 노무비 | 원가계산 → 시간당 노무비	건식품 ROA | Category ROA | Vendor(판매업자)ROA | 상품 Line ROA | 상품 Item ROA

7. ECR System 참여 기업

Efficient Consumer Response(ECR)

Enhancing Consumer Value in The Grocery Industry
　　　　　　Produced for
Uniform Code Council, Inc.(미코드 센터)
Grocery Manufactures of America(미식품, 잡화공업회)
Food Marketing Institute(식품 마케팅협회)
National Food Brokers Association(전미식품 브로커협회)

America Meat Institute(미국식육협회)
by
Kurt Salmon Associates, Inc.
Management Consultants

January, 1993
ECR Working Group Member
Borden Inc. Campbell Sales Company.
The Coca Cola Company. Crown/BBK Incoporated
Kraft General Foods. The Kroger
Nabisco Foods Group. Oscar Mayer Foods Coap.
The Procter & Gamble Co. Safeway Inc.
Sales Force Companies, Inc. Scrinver, Inc.
Shaw's Supermarkets, Inc. Supervalue Inc.
The Vons Companies, Inc.

백화점식 내 점포 경영

-점포개발 연구를 토대로 한 실무 전서

초판 발행 · 1995년 8월 20일
개정판 발행 · 2000년 5월 20일

지은이 · 김배한
펴낸이 · 임종대/펴낸곳 · 미래문화사

등록 · 제3-44호/등록 일자 · 1976년 10월 19일
주소 · 서울시 용산구 효창동 5-421

전화 · 713-6647/715-4507
팩시밀리 · 713-4805

값 · 20,000원

· 저자와의 협의하에 인지는 생략합니다.
· 잘못 만들어진 책은 바꾸어 드립니다.